白钦先集·9

国家“双一流”建设学科辽宁大学应用经济学重点项目成果

中国改革开放四十年历程回眸

——白钦先经济金融论文荟萃

（上册）

中国金融出版社

谨以此书献给

我们的祖国和人民

思維思想思辨理念理論原創新思國情國門呼應呼與四十春為中國改革開放四十年歷程迴眸一書出版賀題

張亦春

我国著名经济金融学家张亦春教授为本书题词

“中国金融学科终身成就奖”奖牌

“中国金融研究杰出贡献奖”奖牌

万众一心、殚精竭虑，彰显哲学社会科学的中国特色、中国风格、中国气派。

前　言

2018年是中国改革开放四十周年之际。四十年，光辉岁月弹指挥间；四十年，中华大地沧桑巨变。中国人民的生活实现了由贫穷到温饱，再到整体小康的跨越式转变；中国社会实现了由封闭、贫穷、落后和缺乏生机到开放、富强、文明和充满活力的历史巨变；经济实现了持续快速增长，综合国力进一步提高；民生得到显著改善，人民生活总体上达到小康水平，科技教育快速发展，社会事业全面进步；人民群众主人翁意识显著增强，受教育水平和文明程度明显提高，社会整体文明程度大幅提升；中国科技也飞速发展，制造业正由“中国制造”变为“中国创造”。改革从城市到农村、从东部到西部、从经济领域到其他各个领域全面展开、逐步深化，中国社会正发生全方位的历史性转变。——这同时也彰显了习近平总书记关于中国道路自信、理论自信、制度自信、文化自信之远见卓识与无比正确。这一伟业缔造的背后是中国知识分子、理论工作者的潜心研究和精心策划、辛勤汗水和宝贵心血，白钦先教授就是这些杰出中国知识分子、理论工作者的典型代表之一。

白钦先教授是我国著名资深经济金融学家，全心全意、无怨无悔的教育家，是亲历中国改革开放四十年这一伟大历程并有突出贡献的历史见证者与实践者。作为1978年以来我国第一批硕士研究生，从改革开放伊始他的学术研究就紧密围绕改革开放、服务改革开放。可以说，在每一个历史转折的关头都可以找到白钦先教授笔耕不辍的身影。

白钦先教授还曾受聘国务院学位委员会第四届、第五届应用经济学学科评议组成员，长期担任中国金融学会常务理事及学术委员会委员、中国国际金融学会常务理事，在中国社科院研究生院、中山大学、山东大学等多所院校担任客座教授，是教学、科研、高级人才培养与服务社会“四结合四统一”模式的提出者与践行者，培养博士、博士后百余名，为中国金融学科建设和发展多付辛劳、有所贡献。此外，他主编的《比较银行学》

曾获优秀教材国家一等奖，他本人还荣获五年一届的“辽宁省人民政府哲学社会科学成就奖”，同时荣获首届“中国金融研究杰出贡献奖”和“中国金融学科终身成就奖”。

白钦先学术思想研究会的成立，为白钦先学术思想的研究工作提供了良好的契机与广阔的平台，特别是随着2018年7月“第三届白钦先学术思想高峰论坛”的成功举办，有不少与会学者提出借着“回顾中国改革开放四十年”这一东风，全面回顾白钦先教授学术创新四十年生涯历程。于是，我们组织了一批年富力强的中年学者和青年学者，历时半年时间精心挑选了37篇白钦先教授公开发表的学术论文、讲演实录和采访实录，本着求精不求量、求点不求面的原则，以简洁明了的篇幅尽可能突出展现白钦先教授学术思想中的闪光点，尽可能展现白钦先教授学术生涯与中国改革开放进程的互促互进关系。

传承是为了创新，创新则始于传承。本书的出版绝不仅仅是将过去的几篇文稿再次整理出版发行，而是包含了更多的总结、反思与升华，其中意味需要读者朋友多多品味；进一步地说，这本书更是一部抛砖引玉之作，是对更多有识之士再创新的深情呼唤。传承不止，创新不息——诸君共勉！

辽宁大学国际金融研究所
全国白钦先学术思想研究会
2018年12月

序　言

郑振龙①

2018 年 12 月 18 日是中国改革开放四十周年的纪念日。四十年间，中华民族经历了从由穷变富到由富变强的伟大历史转变，揭开了新的篇章，取得了举世瞩目的成就，这是奋斗在各行各业的中华儿女辛勤工作与无私奉献的结果。在高校理论、教育工作战线上也涌现出了一批优秀的理论工作者和杰出教育家，白钦先教授是其中的杰出代表。

白钦先教授是资深的经济金融学家、金融教育家，亲历了中国改革开放的全过程并作出了卓越的贡献。先是在 20 世纪 80 年代提出“比较银行论”、90 年代提出“政策性金融论”，又于 20 世纪末提出“金融资源论与金融可持续发展战略”，在本世纪初又提出“通过理论创新促进经济金融发展方式转变与结构调整”和“经济学的民族性特征”，近些年还提出了“经济学、金融学的哲学人文关怀关爱”。白钦先教授的学术研究始终围绕改革开放、服务于改革开放，具有鲜明的创新性特征和时代性特征。此外，白钦先教授还长期担任厦门大学金融学博士学位论文答辩委员会主席，对厦门大学金融学科的发展给予了大力支持，我本人在与白钦先教授学习交流的过程中也受益匪浅，切身感受到一位老前辈对后辈学人的关心与期望。

欣闻由“全国白钦先学术思想研究会”主编的《中国改革开放四十年历程回眸——白钦先经济金融论文荟萃》即将出版发行，受编委会之邀谈一谈对白钦先教授学术思想的理解和感悟，是为序。

---

① 郑振龙，经济学（金融学），厦门大学闽江学者特聘教授、金融工程学科带头人、国务院学位委员会第六届、第七届学科评议组成员、国务院政府特殊津贴专家、国家“万人计划”哲学社会科学领军人才，兼任中国金融学年会秘书长、中国金融学会常务理事兼学术委员、大连商品交易所理事会战略咨询委员会委员、郑州商品交易所理事会咨询顾问委员会委员、《金融学（季刊）》主编等职。

以金融体制为研究对象的比较金融学学科体系的奠定者

白钦先教授在他的《比较银行学》中首次以金融体制为学科的研究对象，提出了以九大金融相关要素有机整体为体系的新分析范式，开创了中国比较金融学全新的研究路径和方法论，并凭借这一开创性贡献获1992年全国高校优秀教材国家一等奖。

改革开放初期，“文革”十年浩劫后的中国百废待兴，禁锢已久的思想观念也亟须冲破藩篱。如何借鉴各国金融发展的经验教训，建立适合中国国情的金融体制及相关理论，成为摆在中国金融学者面前的一个历史任务。为应对这一挑战，白钦先教授首先提出并确立“各国金融体制”为比较金融学的研究对象，并将其定义为金融发展战略、组织形式、框架结构、构造方式、业务分工、监督管理、运行机制，运转环境（金融生态）和总体效应（功能）九大金融相关要素的有机整体，一举解决了比较金融学的研究对象这一长期悬而未决的基本问题，并且提供了一种新的分析范式和理论研究框架，奠定了这一学科的基本理论体系。

白钦先教授在比较研究方法上有独特的理解和全面的创新。他既比较异同，也比较优劣；既纵向比较，也横向比较，纵横交错比较；既静态比较，也动态比较，且常常动态静态交错比较；既比较个性，也比较共性。在不同角度、不同层次的比较研究中，阐明了各国金融体制发展演变的共同规律、特点和趋势，以及这些共同规律、特点和趋势在不同国家或同一国家不同历史阶段、不同的社会历史条件下、不同经济金融环境中的不同表现形式与不同作用形式，在各国金融体制无限丰富和复杂的特殊性比较中，揭示出了金融体制发展的最一般规律。

白钦先教授在研究中时刻秉持金融理论为中国改革开放实践服务、为中国争取国际话语权和思维的中国主体性等理念。他提出了比较研究中应该坚持的原则：“以我为主、适我国情、鉴别优劣、权衡利弊、谨慎选择、为我所用”。他非常强调要避免两种倾向性的问题：“其一是将比较蜕变为平铺直叙单摆平行并列的像杂货铺摆列不同商品似的客观展示，从而将这一方法庸俗化、简单化，从而丢掉了它的最优处的本质特征。其二是照搬照抄、生吞活剥，只见别人全无自己，只有因袭全无创造，必然是水土不服、食古不化、消化不良，更有甚者是忘掉自己，唯恐抛弃传统文化不彻底，且常以他人之长、之优、之强、之盛，比己之短、之劣、之弱、之衰，是更摆脱特定的经济金融社会环境的机械对比，结果越比越觉得己不如人、技不如人、体不如人、种不如人、族不如人、心不如人、脑不如人，丧失自我、自尊、自信与勇气，为他人所降服，掳了去，心衰、心死，为人所同化，只求行、不求意，只求形式，不求本质，以细节的真实精准美感掩饰本质的虚伪贫瘠，忘记自身是主、规律是主，外来因素是客，一旦座次颠倒，反客为主，一切就都颠倒了；这种倾向更普遍、更劣甚、更凶猛，以至于成为了一种潮流，一种思维方式、定式与模式，而不由自主地用，尤其是在中外比较中更烈，游魂出窍，往往成为洋现代的收荒匠——这是十分有害的"。

该学说的提出充分反映了白钦先教授深刻的哲学思想底蕴，以及对深刻的人文价值观的认同、秉持与贯彻。他向我们展示了学习研究本国与外国文化和经验应持的正确态度与原则，是富于远见并将影响深远的。

白钦先教授是国内外较早提出政策性金融理论的学者，他提出了中国政策性金融业务与商业性金融业务分离分立的主张，这一理论在中国政策性金融的艰难曲折发展进程中得到发展与完善，也经受了检验和考验。

白钦先教授的政策性金融说的准备与提出历时十余年的时间，这一理论学说的最初集中载体是其专著《各国政策性金融机构比较》，其后他同他的弟子们围绕政策性金融问题的八九本专著和几十篇相关学术论文的序列化成果，进一步发展、丰富、完善了这一学说。白钦先教授将政策性金融定义为"它是同商业性金融彼此对称、平行、并列的两大金融族类之一，是在一国政府支持或鼓励下，以国家信用为基础，不以利润最大化为其经营目标，运用种种特殊融资手段，严格按照国家法规限定的业务范围、经营对象，以优惠性利率或条件直接或间接为贯彻、执行、配合政府的特定经济政策、产业政策和社会发展政策乃至外交政策，而进行的特殊性资金融通行为或活动的总称。"

白钦先教授探寻了政策性金融长久存在发展的历史必然性和深刻的经济理论根源。白钦先教授强调指出，从不同层次与角度对商业性金融与政策性金融的比较研究表明，两者在性质、职能、定位、目标、运行机制、资金来源与运用等各方面都各自有自己的特色，具有很大的差异。政策性金融是财政性与金融性、无偿拨付与有偿借款、非营利性与营利性、行政性与市场性、宏观性与微观性、直接管理与间接管理、"看得见的手"与"看不见的手"的巧妙结合与统一。

21 世纪初，在对各国中小企业政策性金融体系的比较研究中，白钦先教授又首次提出了"强位弱势群体论"，进一步丰富与发展了政策性金融的理论基础。

对于政策性金融的特有功能，白钦先教授还有“一石二鸟双优化”之喻。政策性金融是各国金融体系两翼中的一翼，它同商业性金融是彼此相互合作共赢而非彼此竞争，是相互补充优化而非替代的关系。政策性金融一方面配合一国经济与社会政策目标的不同需要与侧重点，通过各种政策性融资活动与服务，充当调节经济和管理工具的角色，从而优化了一国宏观经济调控体系，另一方面又诱导或补充商业性金融机制与作用的不足，健全与优化了一国金融体系的总体功能，从而优化了一国的宏观金融调控目标，具有“一石二鸟双优化”之功效。

2014 年，在中国政策性金融运行 20 周年之际，白钦先教授又凭借自身的广阔视角，从哲学、历史、经济与社会、理论与实践等多个层次对该理论进行了深刻的综合性回顾与反思，提出了政策性金融十辨：政策性金融长久性战略决策与阶段性权宜之计的是与非之辨，三维金融构架视角下政策性金融不可或缺、不可替代之辨，政策性金融的本质特征及识别指标之辨，政策性金融机构是国家机关、政府机构或企事业单位定性之辩，政策性金融最高宗旨单一性目标与双重性目标之辨，政策性金融可持续发展必须实现的六大协调均衡之辩，财政性“输血”与金融性“造血”的利弊得失之辨，政策性金融立法严重滞后与适度超前的得失利弊之辩，政策性金融监督同商业性金融监管的是与非之辨，党的十八届三中全会全面推进政策性金融改革解读与落实之辨。

从思想和理论层面上说，政策性金融说的原创性是极为明显和不言而喻的，该学说提出同传统“一般金融”或商业性金融彼此对称、平行并列的另一类金融，对其给予明确而科学的界定，严密论证了它长期存在与不断发展的必然性及其对经济金融和社会发展的必要性，并阐述了其在经济金融上的特有功能、作用与影响，提出了可持续发展作为最终的目标并探讨了实现条件。

这一学说对我国的金融学学科建设发展和人才培养也产生了广泛影响。政策性金融说的提出不仅丰富与拓展了金融学理论研究的领域与内容，还在金融行业催生了一类新的金融机构，在高校产生了一个新的分支学科。

以金融资源学说为基础的金融可持续发展理论与战略的开创者

白钦先教授提出的金融资源理论学说，系统而全面地揭示了金融的资源本质属性，具有重大的金融基础理论原创性意义。白钦先教授将可持续发展的思想，创造性地扩展应用到社会经济金融领域，提出金融可持续发展理论与战略，拓宽了金融学的研究领域，确立了金融学研究的最终目标，是世界金融科学研究的创新成果。这一“理论与战略”在提出后十几年的发展中，已为国内外越来越多的学者所接受与认同，并日益成为中央与地方社会经济金融新发展的战略与政策选择。

金融资源学说以白钦先教授用20年时间潜心研究的现代金融的本质特征及战略重要性为基础，创新性地将传统自然资源观上升为新资源观或者说社会资源观。他认为“金融是一种资源，是一种社会资源，是一国的战略性稀缺资源”，包括：（1）基础性核心金融资源，即货币及货币资金资本。（2）实体性制度性中间金融资源，即金融组织与金融工具、相应的制度与法规、金融人才与金融意识等。（3）整体功能性高层金融资源。金融资源具有客观性、层次性、复杂性、脆弱性与稀缺性五大基本特征。

在经济学文献中，最早提及“金融资源”概念的西方学者是戈德史密斯，但这一概念在他的著作中只是被顺便提及的一个辅助性概念，因此没有引起西方经济学界的重视与研究。中国金融学者在20世纪90年代中后期，在学术讲演或文章中，也使用过“金融资源”，但都不是正面的和系统的，且其含义常仅指“信贷资源”，或是一种泛指的模糊概念。将金融资源作为专有学术名词郑重其事地提出并予以研究始于白钦先教授1998年5月26日在21世纪全球金融发展论坛上的发言，向中外学者公开提出了“金融是一种资源，是一种社会资源，是一国的战略性稀缺资源。”

可持续发展的思想最初是在20世纪60年代末，由挪威首相布伦特兰夫人提出来的。随着时间的流逝，可持续发展思想的含义和它的现实针对性都在不断丰富与发展。它最初的含义是今天的发展和福利不能以牺牲下一代人的福利和发展为代价，且直接针对发展中国家和生态环境这一狭小领域。经过十多年的研究与思考、不断地深入与拓展，白钦先教授把它的含义拓展到人与自然、人与社会、社会与经济的协调、稳定、有序、有效和谐的可持续发展，并把自己的可持续发展观概括为6个方面。

金融资源说与金融可持续发展战略，彰显深厚的哲学人文关怀关爱和它的普适普惠性及其世界性意义特征。该“学术与战略”自始至终贯彻了以人为本这一哲学理念与人文关怀关爱，而以实现人与自然、人与社会、社会与经济的和谐可持续发展、造福于全中国全人类为最终目标。

2007年美国次贷危机爆发后，白钦先教授从国家主权视角对金融资源的开发利用进行了研究，提出了现代金融意识、金融危机与金融风险意识、金融功能意识、国家金融主权与安全意识、反金融霸权意识、金融体制意识、金融资源意识、政策性金融意识、互联网金融意识、人本民本金融意识、普惠金融意识和金融强国意识等。

白钦先教授在经济全球化、经济金融化、金融全球化日益深化和知识经济初见端倪的形势下，提出并系统全面地揭示了金融的资源本质属性，极富时代特征，并由此引起了传统金融基础理论的范式转换、理论创新和方法变革，也引发了金融资源观和传统金融观的根本性变革，构成了知识经济条件下中国国家知识体系创新的一部分，具有重大的金融基础理论原创性意义。

发展金融学理论与学科体系建设的积极倡导者和推动者

白钦先教授修正、补充与发展了戈德史密斯的金融结构与金融发展理论，提出了“金融相关要素的组成、相互关系及量的比例”的一般金融结构观，并修正了戈德史密斯只考虑金融机构与金融资产变迁的量性金融发展观，提出了质性金融发展与量性金融发展相统一、以质性金融发展为主的金融发展观。白钦先教授长期呼吁将金融发展理论从发展经济学中分离独立出来，建立中国特色的发展金融学。在关于发展金融学的初步研究中，白钦先教授提出发展金融学应以金融功能的扩展与提升为研究的基轴，而以金融效率为研究的归宿，为发展经济学的构建和发展指明了方向。

罗纳德·麦金农、E. S. 肖和戈德史密斯是最早尝试研究金融与经济间的互动关系的学者，开创了金融发展理论的先河。1973 年，麦金农的《经济发展中的货币与资本》和肖的《经济发展中的金融深化》两本书的出版，标志着以发展中国家或地区为研究对象的金融发展理论正式形成。但它们两者的分析都是建立在经济分析的基础上展开的，因此从这个意义上说，麦金农和肖的金融发展论源于经济发展论。1969 年，戈德史密斯出版的《金融机构与经济发展》将金融发展理论由经济分析的视角转入金融分析的视角。他认为，“金融结构即金融工具以及金融机构的相对规模……金融机构的变迁即金融发展”。可以说，戈德史密斯提出的金融机构观及金融发展论大大地拓展了人们对金融问题观察的视野，具有重要的理论意义与政策含义，也受到了国内外学者的普遍认可。但在戈氏理论提出 30 年后，国内外学术界对这一问题的认识深度并未有太大提高。

白钦先教授在广泛吸取借鉴国外金融发展理论基础上，进一步修正完善金融发展理论，从而促进了金融发展理论的发展，形成了循序渐进、体系完善的白氏金融发展论。20多年来，白钦先教授持续不断地研究金融结构、金融功能的演进与金融发展理论的一系列相关问题，经历了由特殊到一般、由表及里、由浅入深的理论探索历程。具体而言，20世纪80年代中期，白钦先教授分别从间接金融与直接金融（即融资方式结构）这一特殊金融结构的演进和金融总体效应（功能）两个方面同时展开，20世纪90年代进而对金融结构与金融发展一般理论、金融功能的特征及从金融功能观视角研究金融问题的特殊优越性进行深入研究；21世纪初，特别加大了对金融功能演进与金融发展及以金融资源学说为基础的金融可持续发展理论与战略问题的研究，并在此基础上把相关研究成果梳理整合在发展金融学这一整体框架之内。

白钦先教授的金融结构演进与金融发展说的主要内容可以概括如下：（1）金融结构是金融相关要素的组成、相互关系及量的比例；（2）伴随着金融的发展演变，金融结构也经历了扩展与提升的过程；（3）金融结构的扩展与提升即金融结构的演进；（4）金融结构的演进既包括金融要素扩展扩张的量性增长，又包括金融要素提高提升的质性发展，是量性增长和质性提升的统一；（5）金融结构的演进即金融发展，金融发展是量性金融发展与质性金融发展相结合、以质性金融发展为主的统一。白氏的金融结构观与金融发展观是对戈德史密斯相对单一的金融结构、金融资产两要素特殊金融结构观和金融结构变迁即金融发展的量性金融发展观的修正补充和丰富。

白钦先教授在对金融功能的研究中，仍然贯彻了质性分析和量性分析相结合的理论原则与思路，并把金融资源理论和金融发展理论融入其中。白钦先教授的金融功能演进观可以概括如下：（1）金融功能是金融与经济相互协调、适应与吻合的程度，是金融与经济关系的核心；（2）可以通过金融效率的高、低、优、劣来对金融功能加以测度；（3）金融功能伴随着人类经济金融社会发展和科技进步，经历了逐步扩展与提升的过程；（4）现代金融功能，是金融资源的功能性高层金融资源，是比其他两个层次的金融资源更难能、更难成，更难为、从而更稀缺的金融资源；（5）现代金融功能，包括基础性金融功能（服务性功能和中介性功能）、主导性金融功能（资源配置核心功能和风险规避与经济调节的扩展功能）、衍生性金融功能（包括风险管理、风险交易、信息管理、公司治理、宏观调节、引导消费、区域协调和财富再分配等功能)；(6) 金融功能的扩展与提升即金融功能演进；(7) 金融功能的演进即金融发展，包含金融功能扩展扩张的量性金融发展和金融功能的质的提高、提升与升华的质性金融发展，且以质性金融发展为主；(8) 明确地将金融功能区分为金融正功能和金融负功能，并突出了金融负功能的研究，这同金融脆弱性、金融风险与危机密切相关。

白钦先教授认为，金融结构演进是金融发展，金融功能演进也是金融发展，从而将从两个不同角度展开的研究统一在金融发展观视角下，并强调量性与质性相结合、以质性为主的金融发展观。两者均以实现金融可持续发展为其最终目标。

2003 年 11 月，在上海召开的全国金融可持续发展理论研讨会上，白钦先教授正式提出研究与建立发展金融学的建议，得到同行学者的热烈回应与积极响应。白钦先教授认为金融发展理论应该从发展经济学中分离与独立开来，建立独立的发展金融学的条件与时机已经成熟。白钦先教授认为，发展金融学应该研究金融是什么、金融与经济的关系是怎么样的，它既研究金融本质的演进与发展，也研究与此相关的经济发展的科学。但它既不是孤立地研究金融的发展规律，也不是孤立地研究经济的发展规律，而是在经济与金融相互依赖、相互制约，即两者彼此互动的意义上来研究金融的发展与经济的发展，而金融功能就是联结金融与经济关系的节点或桥梁。

白钦先教授指出，发展金融学以金融本质演进基础上的金融与经济的互动关系及金融功能的扩展与提升为其研究的基轴，仍以金融效率为其研究的归宿。这样发展金融学就突出了功能的演进，突出了金融与经济的互动发展。

在金融资源论和发展金融学研究的基础上，白钦先教授又对商业性金融、政策性金融和合作性金融三大金融族类的关系进行了重新思考和研究，提出了三维金融架构观。三维金融架构观是对白先生自己原先提出的三元金融架构观的扬弃。所谓三维金融架构，是指在现代市场经济体制国家或经济体中，由商业性金融、合作性金融和政策性金融这三种相互联系却有着本质不同的金融组织形式和金融资源配置方式相互影响、相互作用、相互融合所形成的整体系统构架，该架构通过相关的金融组织提供金融服务来配置金融资源，作用于民生福利、经济发展与社会和谐，构成一国社会经济体系中重要的、相生相克的，相辅相成的、基础性的金融制度安排。三维金融架构观认为商业性金融、政策性金融和合作性金融彼此相克相生、相辅相成、相促相进，共同构成彼此交融但无法相互替代、互为补充但不会相互竞争的命运共同体。

三维金融架构观在理论上的贡献是从经济、金融、社会功能的多种视角研究三大金融族类，从而大大丰富与拓展了金融研究的视角与内容；在研究方法上的贡献是从自然的、社会的、人文的、哲学的、历史的、经济的和金融的功能视角综合研究金融发展方式与行为的一种新方法；而从国家宏观金融发展战略与政策的意义上来讲，这是对金融的一项顶层设计、整体关照与呼应。

经济学金融学哲学人文关怀关爱和国家性民族性的坚定秉持者

白钦先教授在40年的学术生涯中，始终把哲学人文关怀、关爱的理念贯穿于金融理论学说研究的整个过程，始终把确立中国的国家话语权和思维的中国主体性作为自己的历史使命。他始终高度关注民族文化、社会历史、经济金融社会环境要素，高度关注人的本体本性和经济学的思想性，高度关注弱势群体以及农民、农业、农村等社会问题，高度关注理论创新为中国改革开放实践服务，带头践行中国经济学、金融学理论工作者的神圣使命与历史责任。

近些年来，经济学金融学的人文性特征成为理论界越来越关注和热议的话题。经济学作为一门社会学科，其研究方法大量借鉴自然科学研究方法的同时，是否意味着一定要以放弃价值判断为前提？经济学的理论框架是否在效仿数学、建立公理化体系后，就可以完美地解释实际现象？经济学研究过程中的实证分析与规范分析是否在根本上存在对立？……这些争论背后，其实质是对“经济理性”和“人文关怀”的争论。金融学作为经济学的重要分支之一，强调研究的人文性特征，进而形成独具特色的金融人文反思。

白钦先教授把金融领域的终极问题概括为三个本元，它是对人文金融观的高度概括，即“金融从哪里来，到哪里去”“金融的属性是什么”“金融与实体经济的关系如何”。这三个本元问题是顶级的战略性问题，是世界金融、中国金融共同面对的永恒问题。

白钦先教授认为遵循哲学人文关爱发展理念是一种信仰、认知与秉持，是一种不同种族、民族共同拥有的一种信念、是非观、行为观。他认为，“哲学人文关怀关爱”或“深邃的哲学人文底蕴”应当包括如下一些要素：（1）秉持天本、地本、人本、民本理念；（2）对自然、对生命的敬畏、珍惜与尊重；（3）对人的本能、本性与本心的理解与尊重，对人类生存延续与发展本能本性与合理欲望的理解与尊重，对人的仁心、爱心、良知、良心的理解与尊重；（4）恪守经济金融伦理，诚实信用，公平正义，循法循规；（5）承担社会责任。

白钦先教授基于经济学金融学哲学人文关怀关爱的发展理念，综合国内外各界专家学者百家之言，以其几十年间对金融基础理论的研究路径切入，探索性地提出了普惠金融概念的再界定：普惠金融是引领、规范实现金融发展的，突出强调秉持金融的哲学人文发展理念，突出强调金融为促进人类经济与社会发展而生，突出强调金融为最广泛的社会大众竭诚服务的一种大众的贡献的金融发展方式。这个定义的中心词是引领、规范实现金融发展的一种大众的、共享的金融发展方式。中间用了三个突出强调阐释其前提条件和特征，也回答了金融的三个基本问题，即金融的社会历史定位，金融为何而产生，金融为谁而服务，最后落在大众的、共享的金融发展方式上，这是针对另一种"垄断的、独享的金融发展方式"而言的。

白钦先教授历来主张和强调经济学金融学的民族性特征，他认为"经济学的形式与内容，受到民族国家社会历史文化与环境强烈影响，展现着强烈的民族性特征。"白钦先教授的人文金融观所秉持的价值判断受到了儒家、道家、法家等诸子百家思想的影响，其本身也是对先哲思想的传承与发扬。白钦先教授的普惠金融概念同中华五千年文化文明，同中华传统优秀文化高度契合，同当代中国国家最新发展理念高度契合。

白钦先教授的经济学金融学哲学人文关怀关爱发展理念也体现在他的文化金融观中。他是最早从文化层面对金融进行考察的学者之一，他在不同场合和多篇文章中指出，"金融是有人性的，金融是有历史的。"文化金融观通过对"理性经济人"概念的质疑批评，揭示了人作为金融伦理本位的本质特征；强调了正义、诚信、节制、责任作为文化基本要素对构建稳态金融秩序的重要意义；凡是文化元素缺失，必将导致金融陷入病态，特别是关键性元素"正义"的缺失，更是"恶金融"之源，即金融危机之源。文化金融观对于认识分析后危机时代的金融有创新性的学术价值，它至少是提供了一种全新的视角，为重建朴素干净的金融伦理提供了借鉴，有助于人们探索后危机时代金融走向。

“教学、科研、人才培养和服务社会”四位一体的卓越实践者

白钦先教授的科研活动始终以“教学、科研、人才培养和服务社会”为最高宗旨原则，40年始终坚持不懈。从20世纪80年代初开始，一直致力于金融经济等方面的教学与科研工作，一生奉献于我国金融学经济学高等教育事业和本科生、研究生培养与指导工作，坚持以德树人、教书育人。对于教育事业，用他自己的话叫做“一次冷静选择，终身无怨无悔”。白钦先教授在金融教育战线工作期间，发表论文300余篇，出版专著40余部，主讲专题报告300余场，为中国金融学科建设和教育事业作出了突出贡献。

白钦先教授是中国金融学科建设发展的卓越引领者和全力践行者。早在20世纪80年代，改革开放之初百废待兴的特殊历史条件下，他积极向教育行政主管部门提出许多建议，在全国金融教育人才培养目标计划、课程设置、教材建设审定评奖及各门课程教学大纲制定等方面多有贡献。他主持了辽宁大学国际金融专业硕士与博士学位授权点的申报和建设，后者于21世纪初成为全国金融学十大国家重点学科之一。在受聘国务院学位委员会学科评议组成员期间，他认真履职，提出调整学位评审授权的学科与区位结构、优化中国学位评审制度、开创中国职业学位教育特别是金融职业学位教育以及“办中国大教育”等建议，均为教育部门所采纳，对中国金融学科的建设发展产生了积极影响。

白钦先教授是中国高端人才培养模式的积极探索者和终生奉献者。白钦先教授从教40多年，培养了7名博士后、100名博士研究生，60多名硕士研究生，他们当中的许多人已经是国家栋梁之才。

白钦先教授的学术思想，浸透着深邃的哲学底蕴和人文关怀，凸显了经济学金融学的人文价值观，凸显了经济学、金融学理论的思想性和民族性特征，凸显了思维的中国主体性和国际话语权的中国诉求，彰显着哲学社会科学的中国特色、中国风格、中国气派。

白钦先教授的学术思想，来源于他对人类文化与文明、中华文化与文明的传承，来源于他对哲学关怀、人文关爱的传承，来源于他对经济学金融学的人文价值观认同的传承，来源于他对经济学金融学的民族性特征的传承，来源于他对国家利益、民族利益至高至上的传承，来源于他对思维的中国主体性的传承，来源于他对扩大中国国际话语权和影响力的追求。

白钦先教授取得卓越的学术成果和为金融理论与实践作出的卓越贡

献，是与他高尚人格和坚持坚守分不开的。白钦先教授“人正、风正、气正、文正”。白钦先教授的人生和教育理念是“师道源于人品，人道归为自然”和“为人惟诚、为学惟新、为道惟真”。白钦先教授坚持科学研究的创新精神、人文精神和民族精神，不盲从、不迷信、不崇拜、不模仿、不抄袭、不惟书、不惟上、不惟洋、不人云亦云、不亦步亦趋、不标新立异、不哗众取宠。白钦先教授把自己的人生归结为“132”历程：胸怀一个中心（爱国爱民，为国为民的家国情怀），秉持三个基本点不动摇（一是秉持哲学人文发展理念不动摇，二是坚持理论创新不动摇，三是坚持教学、科研、人才培养和社会服务相结合统一不动摇），实现两个终极目标（一是为强国富民、利国利民贡献正能量，二是实现哲学社会科学的中国特色、中国风格、中国气派）。

《中国改革开放四十年历程回眸——白钦先经济金融论文荟萃》一书集中了白钦先教授学术思想和感悟的精华，不仅记录了白钦先教授孜孜不倦思考中国金融问题的足迹，也记录了我国改革开放各阶段金融建设实践发生的各种大事和面临的各次抉择。从这些论文中可以更详细地了解白钦先教授提出的各种理论的来龙去脉和内在逻辑，可以更深入地领会一位学术大家敏锐的洞察力和创造力，也可以看到一位有担当的知识分子忧国忧民的拳拳报效之心。这是白钦先教授留给我们最宝贵的遗产，值得我等学界后人仔细阅读和学习。

自　　序

翻开历史的画卷，无论是以中华民族五千年、三千年文化文明发展的历史，还是从新中国成立以来70年的历史来看，1978—2018年中国改革开放40年的辉煌历程都是最为光辉灿烂、最为艰苦卓绝、最为波澜壮阔和最为影响深远的伟大壮举！如今，中国这个泱泱大国已是世界人口第一大国、经济第二大国和进出口贸易第一大国；中华民族正处在站起来、富起来和强起来的和平崛起的历史进程中；改革开放与和平崛起所取得的彪炳史册之成就是战胜以美国为首的西方大国的阻挠和西方精英上百次“中国即将崩溃”的诅咒而取得成功的，想到这一点就越发使人扬眉吐气和欢欣鼓舞。然而“革命尚未成功，同志仍需努力”；展望未来，“路漫漫其修远兮，吾将上下而求索”。

我生于1939年7月，2018年正值八十高龄，1978年改革开放之时恰是四十岁，已然成年成家成熟，并育有儿女一双。我有幸经历了改革开放的全过程，全身心深度参与了许多改革的研究、策划与实践各个阶段，如资产租赁经营制、股份制、企业破产倒闭和地方国有小企业拍卖制改革全程，包括事前的策划、事后的宣传报道与经验总结。我主持参与《经济效益报》“股份制改制专栏”的系列成果还曾获得中共沈阳市委、市人民政府改革开放十周年优秀改革成果二等奖；我撰写的“中国金融体制改革的理论与实践”等一系列金融体制改革的文章曾获得“全国中青年金融体制改革理论与实践研讨会”公开征文一等奖……几十年中，我是中国改革开放的坚定拥护者和亲力亲为的弄潮儿，更是改革开放的经历者、见证者、参与者、实践者、贡献者与受益者。

我的弟子朋友们用心、用情、用行精心阅读、反复思考、反复推敲，从过去四十年伴随改革开放历程而撰写和公开发表的350多篇文章中选取了37篇论文与讲演，在纪念中国改革开放四十周年之际，由中国金融出版社正式公开出版发行了这本论文集，名为《中国改革开放四十年历程回眸——白钦先经济金融论文荟萃》，意在表明与展示中国改革开放大潮如何呼唤与吸引中国知识分子觉醒与深度参与；一位学者又如何伴随这一潮流的席卷而乘风破浪、成长成熟，服务改革、为推进改革开放鞠躬尽瘁、殚精竭虑、献计献策、死而后已的家国情怀；以及这二者相互吸引、相互激励、相互深爱的战斗心路历程，进而形成个体与国家民族同呼吸共命运、共生共长共繁荣的命运共同体。

2006 年，我在第三届“中国金融学年会”上做了题为“中国经济学金融学理论与教育工作者的历史任务”的讲演，其中谈到“归根结底，包括经济学金融学理论在内的哲学社会科学的命运，取决于其满足与适应时代呼唤和人类经济及社会发展的水平与需要程度，以及人类自身理性的发展与完善程度。在历史长河中，人类既是创新的产物，更是创新的主体。创新是一个民族与国家不断前进发展的不竭动力与源泉，创新不仅需要智慧，更需要胆略与勇气。”——所以要感谢我们这个伟大的时代，要感谢我们国家改革开放的伟大事业，也要感谢我们自己对这个伟大时代与伟大国家呼唤的感应与回应。

收入本书的 37 篇文章大部分都是“六五”“七五”中国人民银行社科规划项目成果以及国家社科基金、自然科学基金、国家软科学项目以及教育部社科重点项目成果，不少文章为中国人民大学资料中心全文转载，相关的专著与文章曾获得第二届全国高校国家优秀教材一等奖，两次获教育部全国高校优秀社科成果二等奖，辽宁省人民政府五年一届的哲学社会科学成就奖……这些成果许多还载入“中国金融研究杰出贡献奖”和“中国金融学科终身成就奖”的颁奖词中。

教学、科研、人才培养与服务社会、服务改革开放“四结合、四统一”，彼此相得益彰、相互促进。阐释这些其意不在这些事本身，而在于以此为证，证明这些文章的来龙去脉、社会认证以及社会影响的真实性和客观性；如此而已并无他意，只有期许期待，并无自诩自爱。

这 37 篇文章绝大部分公开发表于《求是》《经济研究》《世界经济》《金融研究》《国际金融研究》《财贸经济》《经济评论》《当代金融家》和《当代经济学家》等国家重点经济金融刊物上。

（一）

收入本书的文章中，属于 20 世纪 80 年代撰写与发表的文章有三篇，它们分别是 1984 年撰写，随后在辽宁省委机关报《辽宁日报》理论版公开发表的“关于发展我国个体经济和私营经济的战略与对策”一文，1985年撰写发表的“中国金融体制改革的理论与实践”一文和1988年改革开放十周年撰写与发表的“中国深化改革的方法论选择”一文。这三篇分别是有关中国经济体制改革、中国金融体制改革和改革的方法论选择，颇具那个年代的典型特征，代表着我当年的理论研究与社会实践活动的三个兴奋点。

20世纪80年代初，为便于投入改革开放理论研究与实践的需要，我同辽宁大学和市委党校的中青年教师发起成立了“沈阳中青年改革与发展研究会”。说起来也很有趣，当时不知应在什么样的机构挂靠，几经周折最终挂靠在沈阳市科学技术协会。经常下班后骑车到市科协开会，探讨与研究，周末更是夜以继日，大家不怕辛劳、不怕风雪严寒，撇家舍业，热情很高，心中饱含一腔热血。随后又成立了“企业租赁经营研究会”等。因为常常要下班后不回家直奔会场一直到深夜，就产生了晚餐的问题，周末也夜以继日地活动，也产生同样的问题。

“关于发展个体经济和私营经济的战略与对策”一文代表着我对当时中国经济体制改革的强烈关注，代表着我对发展商品经济、市场经济对国民经济极端战略重要性的认识。我抓住了单一公有制经济体制的一个短板、短项与禁区，就是当时谁也不敢碰、不敢说的一个“私”字。公开谈论中国经济体制改革中的这一敏感话题，直言发展中国的个体经济、私营经济的战略对策，在当时条件下是极为敏感和要冒相当政治风险的，但我就咬定这件事就是中国改革开放绕不过去、迟早必须面对、必须跨越的一个坎。

“中国金融体制改革的理论与实践”一文和“以市场经济原则重新构筑中国的银行体制”一文代表着我从80年代初至90年代初对中国金融体制改革理论与实践的整体思考，前者侧重理论与战略，后者侧重与改革脚步伴随推行的市场经济改革而带来的金融体制改革如何在微观层面全面贯彻市场经济原则——核心问题是机构企业化、资金（服务）商业化、利率市场化。前文最初是1984年为参加辽宁大学理论研讨会而作，1985年应中国金融学会中青年金融改革分会在《人民日报》和《光明日报》公开征文而进一步修改补充，最终获选并应邀参加在武汉东湖宾馆举行的“中国中青年金融体制改革研讨会”，并作大会发言；随后又被大会主席团推荐，代表与会学者向亲临大会的陈慕华行长和刘鸿儒副行长做大会汇报。汇报稿在我本人是文基础上做进一步修改、补充与完善，最终获大会优秀论文一等奖。散会后，应邀在湖北、山西等地金融学会做专题学术报告，后来放入专著《比较银行学》的最后一章成书；该书最终获第二届全国高校优秀教材国家一等奖——这是改革开放四十年中唯一一次国家级的优秀教材评奖，也是我获得的唯一一次国家奖。

“以市场经济原则重新构筑中国的银行体制”一文原是我自己命题的一篇科研学术论文，恰在完成不久时作为1993年在北京召开的“第十届泛太平洋国际经济技术合作与发展大会”的报告论文，我本人与会并做报告，引起热烈反响，随后刊于科技部的刊物《科技理论与政策》，这篇文章最终收入《白钦先集》第一卷。

“中国深化改革的方法论选择”一文初稿写于1984年，1988年定稿并在当时的《世界经济导报》和多家报刊杂志发表。文章认为：改革的方法论问题应是改革的一个基本战略性问题；文章从八个方面讨论了中国深化改革的方法论选择，包括：“目标明确、整体规划、系统工程与零敲碎打、走一步看一步的两种不同方法论选择”；“简单机械地强调实践、干起来再说与回顾历史、自觉吸取各国成功经验并以此为指导实践的两种不同方法论选择”；“法律制定适度超前、诱导和规范化与法律长期滞后、各行其是和无所遵循的两种不同方法论选择”；“可行性论证与论证可行性、可批性的两种不同方法论选择”；“简单地‘一刀切’、‘切一刀’与从实际出发、具体问题具体分析、区别对待的两种不同方法论选择”；“培育‘花盆’与‘花园’的两种不同方法论选择”和“自上而下与自下而上的两种不同方法论选择”。这八种不同的方法论选择即使在今天也同样有借鉴意义。这些不同选择之所以在当时有强烈针对性和具有强烈实践指导意义，是因为我亲历亲为、全身心投入改革，在实践中调查研究、观察思考、不断对比总结的产物，绝不是想当然、逻辑推理、梦出来、推出来、想出来的，而是经得起历史、时间和实践的考验与检验的。

（二）

接下来是20世纪90年代的文章，收入本书的共九篇。1991年撰写的“论外延扩张型经济模式的特征与后果”一文与1992年撰写的“中国重返关贸总协定的意义、机遇与挑战”一文，这两篇是关于经济体制改革的论文；以下五篇是关于金融体制改革及方法论的文章：1993年撰写与发表的“以市场经济原则重新构筑中国的银行体制”一文，1985年定稿、1999年发表的“比较银行学的研究对象与研究方法”一文，1999年撰写发表的“经济全球化和经济金融化的挑战与启示”一文，2000年撰写与发表的“面向21世纪：从战略高度审视和处理金融问题”一文，2000年撰写与发表的“再论以金融资源论为基础的金融可持续发展理论”一文。

1993年，“借鉴各国成功经验，尽速构筑中国的政策性金融体系——上报国家教委并呈中央有关领导同志的报告”一文是由我主持的、1990年开始的中国人民银行社科规划项目的特别报告。根据我对中国经济金融体制改革进程的预测，站在1990年，预期未来两三年内会推进到国有银行改革阶段，从而将商业性银行业务与政策性银行业务分离分立。故而提前立项研究并建议我的一位硕士研究生作为其学位论文的选题。项目最终成果专著《各国政策性金融机构比较》一书的书稿已在1993年7月提前完成，恰逢国家教委社科司在辽宁大学举行全国高校社科规划项目中期汇报会，这份报告最初是为汇报会准备的，在会上作重点发言，受到社科司司长的赞扬与肯定，会中又将这一项目提升为重点规划项目。会前，国务院及教委有关领导曾指示高校科研项目要为国家改革开放服务，不要都等到五年后规划结束才报告。本次汇报会后，国家教委专门向国务院有关领导汇报全国高校如何及时为改革开放提供服务，汇报中就以辽宁大学白钦先主持的项目作为典型代表，同时将我上呈有关领导同志的特别报告转交。1993年7月下旬，书稿递交中国金融出版社，在即将召开的中共十三届四中全会很可能会做出建立政策性金融机构的决定的情况下，在经过说明和解释后，诸位领导当即决定以最快的速度、最高的质量尽快出版发行。当1993年10月中央全会通过《关于建立社会主义市场经济体制若干问题的决定》，其中关于金融体制改革有八项，之一就是特别报告建议的将商业性银行业务与政策性银行业务分离分立，建立政策性金融机构。

20世纪90年代，这十年是国家加大力度深化国有企业改革，加速加入GATT与WTO谈判进程和经济全球化、经济金融化迅猛发展、金融资源理论与可持续发展战略提出的重要历史时期。配合国内改革进程加速，90年代初撰写的国企改革的文章是我对传统计划经济时代中国外延扩张型经济模式特征与后果、改革紧迫性和深化改革对策的建议。

还有一篇是关于GATT与WTO的。我的专业领域是国际金融，国际经济与贸易不是我的专业，也不太懂。我关注涉足此类问题不是由于专业而是源于一种社会责任。在改革开放前20多年时间里，我长期被聘为中共辽宁省委和省人民政府及中共沈阳市委和市人民政府决策咨询顾问委员会委员。1990年，我向省委领导同志建议加强对领导干部与群众有关

GATT 的教育与宣传，并应邀为省委、省政府副处级以上干部作专题报告，反响热烈。消息传开，便一发不可收拾，此后的两三年时间内，我先后为辽宁省各地市五大领导班子领导成员和干部、各高等院校、中国人民解放军、武警部队、国防科工委、全国许多国有大型企业、各金融机构对外经贸机构做一百二十余场专题报告，被称为刮了一场“白旋风”，产生广泛的社会影响。

在谈到中国加入 GATT 而后是 1995 年建立的 WTO 的历时十五年的漫长历程中，我撰写了三部有关专著、多篇文章，在国内各地提供了四五十场 WTO 的报告，单辽宁大学就有七场之多。三部专著中的第三本就是有关 WTO 的书，名为《跨入国际经济贸易奥林匹克大赛场——全球化、WTO 与当代中国的制胜之道》，书稿于 2000 年 12 月中旬完成，12 月 21 日我派人专程将书稿送到中国金融出版社，2001 年 1 月 9 日便正式出版，作为中国金融出版社参展国家新闻出版总署的全国书展的展销书与会，并配发了大中小三种彩色宣传画。

2001 年 3 月，我正在中山大学履职，正处在全校博士招生的命题、考试、判卷和面试的过程中。有一天突然接到中央电视台《焦点访谈》栏目的电话，言及他们收集了三四十本有关 WTO 的书，最终选择了白先生与姚勇博士合作的那一本，特邀尽快来北京做专题节目。这在当时是全国公众和舆论最为关注的热点话题，也是一项对国家有全局性意义，对学校与个人有巨大社会影响与专业声誉的大事，我深感激动与荣幸。然而最终权衡之下还是婉拒了，为什么？因为它会极大地影响中山大学博士招生的整体进程，影响上千名考生。关键时刻，学会和敢于说“不”，拒绝许多对个人有重要影响与意义的事，例如为参加国务院学位委员会全国的学位评审，而自动放弃了已完成全部准备工作拟出席的国际学术会议；又例如为不影响全校博士生的招生而放弃到中央电视台录制专题节目等。这样的事有两三次，我都自动欣然决定放弃不去，在利益诱惑面前不犹豫、不纠结，无怨无悔——我以为这是我做人做事的本分。

在长达 15 年的谈判历程中，中国总理在访美中曾深有感慨地说“已经谈了 15 年了，我从黑头发谈成了白头发”，而我研究与报告 GATT 与 WTO 也是从黑头发变成了白头发。收入本书的有关 GATT 与 WTO 的文章，题目是“中国重返关贸总协定的意义、机遇与挑战——一个划时代的里程碑”。该文是我曾经为之付出许多辛劳，全身心投入推进的一件大事的代表性象征文献。该文的最后一部分是此次文集作为中国改革开放四十年历程回眸的一个亮点，将为2001年初出版的有关WTO一书《跨入国际经济贸易奥林匹克大赛场——全球化、WTO与当代中国的制胜之道》而撰写的序言收入其中，算是对这一过程的总结与交代，即从GATT开始到WTO结束。

20世纪90年代是经济全球化、经济金融化与金融全球化日益加剧和金融危机频发的十年。我抓住这一重大变化撰写了“经济全球化和经济金融化的挑战与启示”一文。我总结概括了这两“化”带来的十大挑战、启示与相应对策。文章定稿以后，我的博士研究生、博导张荔教授阅读之后激动地对我说“读了这篇文章感到很震撼。”她是这篇文章的第一个读者，只可惜今天她已不在人世了，令我十分感怀。接着便是承蒙中国社科院世界经济研究所所长余永定先生特别推荐，决定在《世界经济》杂志发表，并以此文参加了上海财经大学召开的“国际金融安全与秩序研讨会”，我作大会发言，引起与会学者和新闻界的热烈反响与关注。不同报刊发了不同部分，许多刊物表示要全文刊载，我都婉言谢绝并告知已决定在《世界经济》发表，但还是有很多杂志在我不知情的情况下多次刊载发表的情形。

“再论以金融资源为基础的金融可持续发展理论”一文则是代表1998年5月在西南财经大学召开的“21世纪全球金融发展国际论坛”开幕式上，我代表中国学者发言，首次公开提出金融资源理论和金融可持续发展战略。以后的一系列文章与活动：5月26日，《金融时报》头版头条大字刊发报道了我提出的理论与战略；同日，该报还在证券版头版头条刊发了评论员文章，题目便是“21世纪呼唤理性的金融发展观”；接着该报又在理论版发表“再论金融可持续发展”的文章，并写了编者按语，认为该文提出了一个亟待研究的重大问题。之后，北京经济金融八单位联合举办沙龙，再次集中研究金融可持续发展问题，历时一天，反响热烈。6月下旬，《金融时报》理论版又连续两整版综合报道了各地反响和讨论活动，公开发表了“北京沙龙”上全国各地学者的发言。《中国金融》《经济日报》《经济参考报》《中国改革报》《国际金融研究》及《城市金融论坛》又陆续发表了对作者的长篇采访报道和系列相关文章，被称之为1998年中国金融界的一件大事。在这一理论与战略提出后的二十年中，已经有大的发展与深化，在国家宏观与微观层面的战略与实践层面有很大的影响与共识；尤其在国际领域，在联合国机构有更广泛的共识与合作，2019年1月14日，在香港召开的“共建可持续发展与共融的未来”会议上，由卢森堡财政部长皮埃尔·格拉美亚发言认为："金融可持续发展不能靠一国单打独斗所能完成，要将其与绿色金融概念相联系。"此外，本文也是我四十年持续性、系统性、系列性、原创性的理论创新典型案例。

2000 年撰写发表的"面向 21 世纪：从战略高度审视和处理金融问题"一文，是在 20 世纪末和 21 世纪初的世纪交替期，回顾 20 世纪金融的巨大变迁，金融安全成为国家安全的一部分，金融危机成为常态并显现出新特征，以及日本金融危机的深层化与长期化。这是中国改革开放面临的新形势、新挑战和新的外部环境，必须有清醒的认识与充分的准备。

（三）

21 世纪的第一个十年是 2001—2010 年，这十年收入本书的文章有 12 篇，大体上是目录中的第 11 篇至第 20 篇。

从目录中的"百年金融的历史性变迁"一文开始，连续有三篇都是"百"字开头，在我的科研成果总目录中有更多，这源于我同《国际金融研究》杂志的几位负责同志对 20 世纪末与 21 世纪初国际金融理论与实践总体发展演变形势的讨论与思考。我建议该杂志组织一批反思总结 20 世纪百年金融发展演变的文章，由此被他们抓住说"谁出主意，谁干活儿"，于是就有了 21 世纪初撰写与发表的以"百年"为头的一组文章。

"百年金融的历史性变迁"一文发表于《国际金融研究》2003 年第 2 期，文章是以 20 世纪百年金融的发展演变为研究对象，从 14 个方面加以反思与总结。这类文章本身就要求带有大气磅礴、高瞻远瞩、总览全局的气势，而这对于我来说是十分困难和条件远不具备的，只是由于一种责任感的驱使，鼓起勇气尝试性地勉强为之。文章发表后，外界反响热烈，纷纷给编辑部打电话，表示认同与祝贺，金融界同仁以及社会各界朋友也纷纷表示祝贺。受此激励与鼓励，这件事才得以继续。如今 15 年过去了，国人并未忘记，也常常引用提起，更多的是交流与讨论。一个月前，浙江大学经济学院的一位同仁学者发短信给我言及："您 2003 年写的'百年金融的历史性变迁'我每学期均与我的学生分享，每年在银行政府研修班分享近百次，好评如潮，每次分享讨论大家很兴奋，遗憾的是十多年来《金融研究》《国际金融研究》等期刊上再也难见类似论文了。晚辈定当认真研读，并有序引导我的研究生系统学习，强化新时代大学生金融人文素养。我也要认真研读并引导我的学生认真学习，光大学术之道。"这些短信令我异常感动，倍感惶恐；作为一位学人能有追随者、能对社会有用，能有知音，总是难能而可贵的，更是倍感欣慰的。

“金融全球化——一把双刃剑”一文发表于21世纪元年，中共中央《求是》杂志2001年第1期。记得是在2000年第四季度，我正在中山大学履职，某天突然接到《求是》杂志社编辑部负责同志的电话，言及2001年是21世纪元年，拟刊发学者的一组文章，想特别邀请我撰写一篇金融类世纪回顾与展望的文章。我同中国第一号刊物很少有联系和接触，觉得高不可攀、难以望其项背。当时我表示我很感谢，愿意认真努力去做，试试看。一半源于犹豫，一半源于我对该刊的不熟悉，对其意图与组稿风格吃不透，感觉心中无底。于是我尝试性地写了两三篇不同题目、不同侧重点和风格的文稿，由编辑同志选择或组合。于是最终有了“金融全球化——一把双刃剑”的发表。十多年后，申请辽宁省人民政府五年一届的“哲学社会科学成就奖”评奖时，材料递交中共辽宁省委宣传部审查后，他们从我的科研成果中看到此文，认为这是一项极重要的科研成果。于是遵此指令将申报材料重新调整、重新申报，最终获评该奖。在新旧世纪之交，金融日益成为大国之间竞争博弈和争夺的战略性新领域，伴随经济全球化和经济金融化这一态势日益深化，金融已成为世界各国经济与社会发展稳定的核心性、主导性、战略性要素，金融安全成为国家安全的一部分。针对有人说“全球化提高了全球各国资源配置的能力与效率”，文章指出：即使如此，也是理论的而非现实的，也有一个谁主导的全球化及资源配置能力与效率非普遍、非均衡的问题；进而指出：发展中国家的学者在西方强势文化和理论面前，既不能仰视也不能俯视，而应平视，保持独立的观察、思考与判断。

写于2004年、发表于2005年第1期《当代金融家》杂志的“金融资源学说和金融可持续发展理论孕育发展的心路与历程”一文，全面回顾了这一理论与战略提出的时代背景、主要内容、学术贡献、社会贡献与政策建议，此文也代表了我对这一时期发表的大量同类科研成果的总结。

2004年形成初稿，2005年定稿并发表于《经济评论》的“金融结构、金融功能演进与金融发展理论的研究历程”一文是我自20世纪90年代以来，对这些问题进行系统性、持续性观察研究的结果，包含着我对戈德史密斯金融结构与金融发展理论的评论与批判，并将金融结构重新定义为“金融相关要素的总和、相互关系及量的比例。”将戈氏的量性金融发展观修正为量性金融发展观与质性金融发展观相统一而以质性发展为主的金融发展观。80年代，我提出金融功能的概念，此后又经长期观察和研究，持续不断，并经过“论金融功能演进与金融发展”一文加以系统化与深化。从金融功能概念的定义、特征与优势深入研究，最终提炼为：金融功能的扩展与提升即是金融功能演进，金融结构与金融功能的演进即是金融发展。

这篇文章在2010年《经济评论》杂志创刊30周年暨学术期刊发展论坛上获得该刊三十年发表论文中的八篇优秀论文之一。会前，组成优秀论文评选委员会，从该刊过去三十年发表的论文中，按选题的前沿性、论文的思想性、创新性和社会影响力为标准，最终评选出八篇优秀论文。我记得获奖者包括北大、人大、复旦、南开、武大和辽大的学者。我以会议特邀嘉宾和获奖者的双重身份与会，我在会上以“中国经济学理论工作者与学术期刊的神圣使命”为题做了专题讲演。

发表在《经济评论》的文章获得该刊创刊三十周年优秀论文奖，从形式上看似乎不如官方的奖项那么正式、那么权威，而我却情有独钟，更喜欢、更钟爱、更珍重这种非政府的、民间的、专业性和学术权威性更强的奖项；前者有时可能受到评奖指标的多少、各省区域及高等院校某种利益的、非学术因素的影响，有时还常常受到某种权力或某种“学术霸权”、机会资源垄断的控制性影响，评奖的时间间隔或一年、两年、五年，或更为短暂性因素的影响，这同不定期的、更长时间间隔，例如三十年，有历史与实践的长期考验与检验相比，后者更占有优势。

2007年8月，发表在《财贸经济》上的“关于金融衍生品的虚拟性及其正负功能的思考”一文是我对金融虚拟性这一重大命题研究的阶段性成果。早在2004年10月，在南开大学召开的“第三届全国虚拟经济研讨会”上我首次公开提出“金融虚拟性”的概念，并分析了它的特征、演进及正负影响，并建议将金融虚拟性作为虚拟经济的重要研究组成部分。这一观点和主张在提出伊始就受到了与会学者的强烈反响，在这次大会上，成思危先生在闭幕式总结讲话中四次提到我的讲话，并予以充分的肯定和支持，他说：“看来金融虚拟性的研究很可能是虚拟经济研究的重要突破口……虚拟经济（主要是金融）既可能在一定条件下优化资源配置，也可能在一定条件下劣化资源配置；既可能分散风险，也可能累积和提升风险……今后虚拟经济的研究应欢迎更多金融学者的参与。”许多学者关注金融、研究金融，特别是就金融衍生产品这一问题，往往是从具体交易业务和微观运行操作这个视角上展开的，很少有人关注它在整体上隐藏着某种被人为操纵的可能性。由金融虚拟所导致的种种金融危机、经济危机的爆发表明：迄今为止，我们对金融的认知与研究仍是相当初步的和肤浅的，特别是对金融虚拟性的研究更是初步的和有待进一步提升的。对此，作为理论工作者必须时刻保持清醒的认知和足够的警惕，否则金融危机就在眼前。

21世纪最初十年发表的最后一篇文章是受中国社科院经济研究所所长裴长洪先生的特别邀请而撰写的，为学习与落实《中共中央关于制定国民经济和社会发展第十二个五年规划的建议》而撰写，题目是“通过理论创新促进中国经济金融发展方式转变与结构调整”，刊于中国社科院《经济研究》2010年第12期。该刊原给了三个星期的撰稿宽限期，但我一周就提前交稿完成了。文中的三个亮点：一是通过理论创新促进发展方式转变与结构调整，二是建议创新国际贸易传统统计指标理论与统计指标体系，三是提出经济金融发展方式转变和经济金融结构调整。

首先，需要创新传统国际经济贸易理论，现存的国际经贸理论与实践是在18、19世纪有形贸易和国别独立生产产品与进出口商品的事实和理论基础上形成的，而在20世纪下半期，经济全球化日益深入，跨国公司遍布世界，生产与交换出现了你中有我、我中有你、相互交织、相互交叉的复杂局面，此时再按一二百年前规定的单纯统计某国港口的“出口和进口”，这既不符合事实，也不客观真实，故必须改革创新。

其次，我提出“大国际经济贸易”的概念和“全信息统计指标与方法”。我提出一国进出口额应包括：第一，传统有形贸易的进出口额。第二，按最终出口商品的附加值权重调整计算一国的进出口值。第三，外资与合资企业在东道国就地销售额应分别统计在外国的出口和东道国的进口中。第四，服务贸易出口额与进口额。第五，非商品、非服务的投资收益。

再次，按此标准与口径实施统计，中美两国经济贸易活动的情况会完全不同：传统有形贸易仅占中美两国贸易的1/4，经过两国进出口权重调整的出口统计，中国对美国会比过去少得多，美国对中国的出口会比过去多得多；美国对中国服务贸易大量顺差，美国在华独资和合资企业就地销售的六七千亿美元商品应统计在美国对中国的出口以及中国对美国的进口；此外，还有美国对中国的投资收益也要算在美国的出口中。如此，中美经贸就不是中国出口大顺差，美国对中国出口则是大大的顺差，中国是逆差——中美贸易就会是根本逆转或者是大体均衡。

说到发展方式转变与结构调整这个问题，早在世纪之交，我在学术报告和博士研究生的讲课中，以及 MBA 与 EMBA 的讲课中都反复阐释了这一问题的必要性与紧迫性。期间，国家社科基金与教育部发文要求对下一年度的重大攻关项目选题提出意见与建议，2006 年我上报课题题目建议就是转变经济金融发展方式与调整经济金融结构；指出解决这一重大问题既是理性的、历史的选择，也是现实的、别无选择的选择。这是针对当时我国经济高增长、高耗能、高污染、低效益的现实而提出向相对中低增长、低耗能、低污染、高效益的发展方式转变，以及伴随这一转变而来的对严重失衡的经济金融结构的调整。2008 年在美国次贷危机蔓延的浪潮中，我的建议就是“防危机，抗衰退，转方式，调结构”这十二字诀。因为有之前长达十年的观察、酝酿、思考、准备，所以当 2010 年特邀撰稿给三周的撰稿期，我用了一周就提前完成了。

（四）

2011—2018 年这八年是我迈入高龄之后逐渐回顾总结、逐渐退出淡出到最后彻底退出学术江湖的尾声期。2013 年张荔不幸去世时，我手中连带张荔遗留的还有 14 名博士生没毕业，还有许多事要继续完成，凡事都要对国家、对民族、对弟子、对朋友、对家族、对家庭有所交代；加之严重的健康问题要面对，还要拼力抵抗疾病的破坏、干扰与消耗。这一阶段收入本书的文章共有 14 篇，都带有告别“江湖”的鲜明特征。

这 14 篇文章包括 2017 年在“中国金融学科终身成就奖”颁奖典礼上的获奖感言，排在本书第一篇的位置，意在表达这是本书的总领与统领，也是对我一生总体的回顾与总结；最后一篇则是 2018 年 11 月 1 日在亚洲金融合作协会“产业金融合作委员会”成立仪式暨首届国际论坛上的讲演，题目是“东北振兴的历史审视与现实思考：国民经济、国有国营经济、民有民营经济的演进”。我很荣幸以此文收官，也代表着我在改革开放四十年历程中关于这一重大问题的持续性观察、思考和实践的总体回顾与交代。

除获奖感言之外，在本书 37 篇文章中最后阶段的 13 篇文章中，第一篇是 2009 年初稿、2011 年定稿，并最终在中国社科院《经济研究》正式发表的由我本人与我在中山大学的博士张志文君合作完成的“外汇储备规模与本币国际化：日元的经验研究”一文。该文从最初的稿经多次修改与完善，直至发表，历时整整三年。该文根据影响日元国际化的长期决定因素：经济实力、金融市场发展、货币汇率升值、通货膨胀和货币惯性，设定回归基准，表明1970—2009年近四十年日本国际储备中畸高的外汇储备占比对日元国际化具有显著负面影响；在控制了日元汇率波动性、百年一遇的国际金融危机的冲击及日本超低利率的不利影响后，结论仍然成立。该文提出了国际储备货币由“美元一强独霸→美元、欧元、日元、人民币储备多元化→超主权国际储备货币”的技术路线图，还提出提高中国国际储备中的黄金储备占比的建议。路线图为人民币国际化创造了广阔的发展空间。这篇文章引起国内理论界与美国、日本官方与学界的高度关注，故特意将有关特别报告附在该文之后，以为参考。该文获第七届全国高校优秀社科成果二等奖。

“人民币汇率对CPI通胀的传递效应研究”一文，是应《国际金融研究》负责同志的特约而写，刊于该刊2011年第12期。文章针对理论研究，尤其是一些有影响的学者主张通过人民币汇率变动来治理通货膨胀的建议，文章研究结论证明，人民币汇率变动对中国通货膨胀的影响非常有限：人民币汇率升值10%，CPI衡量的通货膨胀率下降不到一个百分点。文章发表后引起学界的广泛关注，不少人打电话给我和杂志社表示赞赏。

发表于2013年《东岳论丛》的“论三维金融架构”一文是以综合视角的研究方法对三维金融架构进行研究。它的理论贡献在于：丰富了金融基础理论的研究视角与领域，倡导一种哲学、人文、历史、经济与社会的综合研究方法。

接下来的一个模块是关于经济学、金融学的人文性特征、文化阐释、民族性特征和理论工作者的神圣使命的文章。这涉及哲学人文发展理念与价值观认同这一根本问题。

再下来的一个板块是关于政策性金融与普惠金融，重点是“中国政策性金融二十年纪之十辨文”“论政策性金融的本质特征——公共性”“政策性金融公共性与财政公共性的比较研究”和“普惠金融概念的再界定及其本质性特征的阐释”这四篇。

“中国政策性金融二十年纪之十辨文”写于中国政策性金融发展二十周年之际，是一种历史的回顾与反思。文章从十个方面多视角展开论述，不回避矛盾、问题、分歧与争议，总结经验，吸取教训，不吐不快。实际上我在撰稿时就十分谨慎与平和，包括题目中的“十辨”还是“十辩”；最终选取了“辨”而不是“辩”，也是用心良苦的。该文在我一生撰写的众多文章中属于我自己十分钟爱和较为满意的少数几篇文章之一。

关于“论政策性金融的本质特征——公共性”以及“政策性金融公

共性与财政公共性的比较研究”两文代表我本人以及我的研究团队对政策性金融基础理论的持续性研究与创新，也展示一种不断自我更新、修正的哲学批判精神；是临界八十高龄挣扎在病魔中的最后一搏，既传承又创新。

属于最后一搏中的最后一拼的一个领域就是普惠金融。普惠金融的概念是混乱的和避重就轻的，无论是国际机构还是学术专家均是如此。所谓边缘化论、歧视论、排斥论或维护弱势者权利论，都不是结果而只是原因，那只是实现普惠金融的目的和原因。我给普惠金融概念下的定义是，普惠金融是引领、规范与实现金融发展的，突出强调秉持金融的哲学人文发展理念、突出强调彰显金融为促进人类经济与社会发展而生、突出强调坚持金融为最广泛社会大众竭诚服务的，一种共享的金融发展方式。这个概念强调实施普惠金融的最终目的是为实现金融发展和可持续发展，强调了金融必须秉持的哲学人文发展理念，强调金融为促进经济与社会的发展稳定而生，而不是资本为极少数人独占独享而生，强调了金融为最广泛社会大众竭诚服务，最后落在是一种大众的、共享的金融发展方式上，这同极少数人独占独享的资本资本化的金融发展方式是相对称的。所以我不认为普惠金融就是扶贫金融、是中小企业金融、是政策性金融的代名词，也不认同普惠金融就是在各类金融机构内部设立一个普惠金融事业部的金融，一切金融自始至终都应该是普惠的，金融的普惠性特征是一切金融的本质属性之一，而不是仅指某种特殊性金融而已的金融。

我的贡献还在于我证明了货币、信用从而金融从一开始就应该是普惠的，只是在资本资本化条件下，资本为极少数人独占投资收益、为极少数人独享的条件下，金融的普惠性才被异化，今天重新实施普惠金融只是金融普惠性被异化后的回归。

“创新是学术研究的灵魂”一文是对我一生科学研究中最显著、最基本特征的概括：持续性、系统性、综合性、原创性创新的高度概括。该文是2012年获得“中国金融研究杰出贡献奖”时，由中国金融出版社社长代表《中国金融》杂志对我的专访，以及2017年获得“中国金融学科终身成就奖”时由辽宁大学学报记者的采访两文的综合，颇具整体的回顾与总结，是社会评价与某种认同的典型性代表。

（五）

1978年12月18日，党的十一届三中全会发出中国改革开放的第一声进军号令。在此半年之前，我在国家研究生招生报名又延长半个月的最后一天，鼓起勇气，排除种种干扰，徘徊与犹豫之后到招生办报了名。我同我的儿子一起上学，准备各自开始学习征程，但又要二者兼顾，这是促使我最后放弃报考我的母校——中国人民大学以及中国社科院研究生院转而报考辽宁大学，在当地攻读的唯一原因。当时打倒“四人帮”不久，一切百废待举、待兴，考试的准备工作是在几乎一无所有的形势下开始的，连一本可供复习参考的教科书和词典都没有，特别是连一本外语教科书都四处找不到、借不到，环境之恶劣可想而知——所有的一切在经过十年文化大革命浩劫之后荡然无存了。所幸凭借当时老底与所学所记，还以较好的成绩考取了辽宁大学世界经济专业研究生。

可以说在这一年，我与我的祖国都做出了一个对国家与民族、对个人与家庭都具有极大战略意义的选择与决定：这一年四十岁的我与我的祖国一起出发，开启了中国崛起与改革开放的跨世纪之航。然而，祖国是大海，我只是一朵浪花、只是沧海之一粟；我愿分担她的忧患、忧虑与忧愁，我也分享她的成就、尊严、定力、骄傲与欢乐。我一次冷静选择，终身无怨无悔；如此贫贱不能移，富贵不能淫，身残不能停，霸权无所惧，家国重第一。

改革开放四十年，我同我的祖国血脉相依，命运与共，一起成长，披荆斩棘，乘风破浪。国家改革开放的第一声呼唤、我的第一声回应，一个大一个小，一个抽象一个具体，一个无声一个有声：1978 年下决心考研从教，教经济金融，教书育人，这是我对国家未来发展方向与趋势的坚定预判与预断；高瞻远瞩、令人向往神往——这是一个大的、抽象的、无声的回应。我的第一个有声回应是相对小一点的、具体一点的、有形有声的回应，就是 1984 年撰写发表的“关于发展我国个体经济和私营经济的战略与对策”一文，这是我自己给自己下的第一个进军号角，从此登上了“改革开放号”，扬帆远航！

航行到 2018 年 11 月 1 日，我以特邀嘉宾身份在“亚洲金融合作协会产业金融合作委员会成立暨首届国际论坛”上发表了以“东北振兴的历史审视与现实思考：国民经济、国有国营经济、民有民营经济的演进”为题的演讲，视为最后一搏、最后一拼、最后一声回应。这中间漫漫四十年历程，我以我特有的方式有许多回应：

由我主持的国家社科基金项目、国家自然科学基金项目、国家软科学项目、国家教委、教育部社科项目七八项是一类回应；我公开发表的三百几十篇文章算是我的另一类三百几十个专业专题回应；一生在全国各地、各高校有一百余场学术报告，还有二百多场有关GATT、WTO和美国次贷危机的报告；一生公开出版发行三十多部经济金融专著也是几十个回应；我一生培养指导一百位博士研究生、七位博士后、六十多位硕士研究生，许多人已是老师、学生、学生的学生，或是学生、老师、老师的老师……一代代一辈辈，薪火相传、传承创新；最后的回应是几个奖杯、几张奖状，算作是一种鼓励、激励与学术创新认同。正如中国社科院裴长洪所长在"中国金融研究杰出贡献奖"颁奖典礼上所言："中国金融研究杰出贡献奖"不是评一本书、一篇文，而是评一个人、一个人的一生：品德、操守、思想、理论创新、人才培养与社会贡献。"我一生获国家一等奖一项、教育部全国高校二等奖两项、省政府成就奖一项，还有"中国金融学科终身成就奖"和"中国金融研究杰出贡献奖"。如此星星点点、圈圈点点，是足迹、手迹、墨迹、心迹，都是对国家呼唤的回应、呼应、对应与答应。

如此一声呼唤，一呼百应；呼应一生，呼应终身。不管这些回应如何不同，但都是应对一呼的一颗中国心、一份家国情、一生笃力行；是时代的呼唤、祖国母亲的呼唤、民族神圣使命的呼唤！使命即生命！

一个人、一颗心、一躯身，骨硬志坚，不苟位卑、不苟力微、不苟愚钝、不苟富贵贫寒、不苟耳聋眼盲、不苟身残病痛，只要他有一颗中国心、一份家国情、一生笃力行，只要他能发挥一种正能量，肯定是正不是负，则必能万众一心、排山倒海、众志成城；只要他能尽十四亿分之一的微薄之力，他总能找到一个适合自身的定位与角度，以自己特殊的方式而做到这一点。四十年漫漫历程，我以或意见、建议、报告、战略、对策，深思熟虑皆精准应对，精微朗畅；或预言、预见、预判、预测，皆精确回应，超前谋定，谋定后动，高瞻远瞩，博约温润；或专著、文章、讲演、讲授、系列、综合，深入浅出，面向大众，植根民心、广开民智、鼓荡风雅。

一生不忘爱国爱民、为国为民之初心，坚持秉持哲学人文发展理念不动摇；坚持经济金融理论系统性、系列性、持续性、原始性创新不动摇；坚持教学、科研、人才培养与服务社会"四结合、四统一"不动摇——三个坚持、一种情怀，无怨无悔、从不违背。无愧于中国心、中华情、笃力行；以实现利国利民、强国富民之最终目标。

令我感到十分欣慰的是，这些论文在中国改革开放四十年历程的不同时期、不同阶段对改革开放有所借鉴、有所促进、有所贡献，并且都接受了某种历史与时间、理论与实践的考验与检验。伴随祖国的改革开放，我与祖国母亲一起发展成长，为此而倍感荣幸与骄傲，无愧于时代的召唤、民族的期待与一颗赤子之心肩负的神圣使命。当此之时，作为一名高校教师与学者，我期盼中华民族的伟大复兴，唯愿殚精竭虑、万众一心，为彰显哲学社会科学的中国特色、中国风格、中国气派而继续努力奋斗！

在举国隆重纪念中国改革开放四十周年之际，由辽宁大学国际金融研究所、白钦先学术思想研究会的研究人员、我的弟子与朋友们精心选择与编辑出版了这本论文选集。真诚感谢他们的付出与辛劳，感谢中国金融出版社过去四十多年来的鼎力支持与厚爱，感谢辽宁大学及经济学院领导与师生们的热诚支持与关爱。从多重意义上讲，这本书并非我独自一人而书，更是我在不同时期与不同研究团队精诚合作的结晶。

白钦先

2018 年 12 月 20 日于太原

目　　录

我的一生追求与我们民族的神圣使命

——2017 年度“中国金融学科终身成就奖”颁奖典礼上的获奖感言

尊敬的夏德仁主席、王广谦主任、周书记、潘校长，与会的各位嘉宾、女士们、先生们：

大家好！有来自全国二十余所高校的校长、副校长，来自全国 54 所高校、科研院所的 70 余位著名经济金融学教授博导、同仁，有近七十个银行机构和非银行金融机构的领导或代表，包括国有银行、民营银行、全国性银行、地方性银行及在华外资银行的代表以及来自国内各地和驻外机构的我的学生们朋友们，还包括我的粉丝们和亲人们，这么多的人士精英不远千里万里赶来，前来参加这个盛会，这令我既兴奋激动，又忐忑不安，请允许我向在座的领导嘉宾、师生表示我崇高的敬意与深深的谢忱，感谢大家的大爱与包容。此外，我还要特别感谢刘鸿儒老先生，他以八十八岁之高龄，不顾大家的劝慰，执意要从南方辗转移至北京，准备来沈亲临盛会，亲自给我颁奖，终因最后一刻身体不适未能成行；如此的深情厚谊，如此的关怀与关爱，如此的气度与气场，这令我异常地感动与感佩，万分地感悟与感谢，在此表示深深的敬意与祝福。我还要特别感谢省政协夏德仁主席欣然同意拨冗前来参加盛会，并亲自为我颁奖，如此的亲民接地气，如此的深情厚谊，着实令我欣喜与激动。我还要感谢过去十多年来刘鸿儒金融教育基金会对中国金融事业、金融教育事业所作出的重大贡献、义举与善举，以及它所发挥的深远影响，极有远见卓识、极富引领与导向性；也感谢基金会理事长许均华先生前来参加盛典。感谢林毅夫先生、李扬先生及许多高校等发来的二十多封贺信的盛情。还要感谢社会各界、前辈经济金融学家、领导同志、著名资深经济金融学家、金融业界、学术界同仁、著名画家、书法家、白门弟子以及粉丝们凡一百一十八位的题词及印章所代表的深情厚谊！

今天的盛会对我个人无疑是十分光荣和意义重大的，但我更想强调的是这一盛会更是一种见证，它代表着、象征着过去四十年来中国改革开放尤其是中国经济和金融体制改革的辉煌历程，以及中国金融教育事业的蓬勃发展，它为这个历史性进程培养了大批的高端金融人才，这为改革开放重要支撑力量的特征事实所见证。所幸我能为在这样的历史发展中贡献微薄之力，作为这一宏伟事业中的一名成员而倍感骄傲与自豪，倍感欣慰与欣喜。

此时此刻，我心里很忐忑，很感诚惶诚恐，因为自己做得还远远不够，但仍然给我这么大的荣誉，我理解为是对我的关爱、鞭策与激励。明年 7 月我将步入八旬，身患 11 种疾病，眼睛也只能看清一米以内，整个会场对于我来说就是茫茫一片，听力也丧失三分之二了，这是万物生长的规律，泰然处之便是。但我还要继续奉献，一些事还没做完，还有八位博士生没有送出去，《白钦先集》已出了七卷，最后一卷第八卷正在准备中，书名已经想好，叫做《人有道术亦有道》，这是在回顾与总结，在舍弃与抽象，在探寻那根源背后的根源。我会很努力，但是很微薄了，作为我对我们民族、我们国家、对领导与一切关爱我的人，对我的学生兄弟与朋友一贯以来对我的培养教育支持与包容的最后的感激与敬意。

人生是短暂的，竭尽全力也只能是沧海一粟，大江东去浪淘尽，千古风流人物，伊是弹指一挥间。过去一年来在病床上挣扎，但仍有较多的时间思考，也有时间回顾。但极端地说这种思考与回顾是断断续续的，因为当白细胞低于 2000 的时候，人会陷入昏迷或半昏迷，再没有力量思考，这才顿悟到自然辩证法那铁的规律，就是物质的力量必须用物质的力量来摧毁，精神思想力毕竟是需要物质的力量来支撑的。这一层我是在严重的疾病昏迷中才体会到的，这就叫做活到老、学到老，学无止境。

我这一生不当官、不经商、不炒股，只做一件事，就是教书育人，一次冷静选择终身无怨无悔。一生只做一件事要做好也仍然不容易，我这一件事就是从事金融事业高级人才的培养教育，相应的科学研究和对中国改革开放这一历史进程能做的微薄贡献。就这么一点点，也需要用毕生精力。概括一下这几十年，用一句话说就是“胸怀一个中心，秉持坚持三个基本点不动摇，最终实现两个终极目标，谓之我人生的‘132’历程”。

胸怀一个中心。这个中心，这个圆心、原点，这个出发点就是爱国爱民、为国为民的家国情怀。就是对她无比热爱、无限忠诚，就是始终如一、不离不弃，就是对她坚持不懈、坚定不移，自始至终无论何时何地、困难与顺利、成功与失败都毫不动摇，就是威武不能屈，富贵不能淫。仅举一例，1990 年我和刘亚先生到美国两所大学做访问学者，在回国前夕，恰遇当时的美国总统发布总统令，宣布“凡 1989 年 6 月 4 日至 1990 年 6 月 4 日期间在美国的中国人都可以获得美国绿卡，且办理有关手续所需的几百美元手续费也一律免收”，云云。对一些人可能是千载难逢之良机，我们两人却不屑一顾，毫不动摇，按时回国。我们有这种自信、有这种底气，他日只要有需要，我们还会再来，但不能以谩骂与诽谤自己的祖国为代价而长期留在美国，这就叫做人各有志。

秉持坚持三个基本点不动摇。一是秉持哲学人文发展理念不动摇，这是做人做事的底色与底线，也是做人做事的价值观认同。就是以人为本、以民为本，就是高度尊重人的或人类的生存延续与发展的本能本性与本心，他们追求幸福生活的欲望与需求，高度尊重人民的生存权、受教育权、知情权和发展权。我们是学习研究金融的，古往今来，交换、货币、信用从而金融归根结底都起源于人的本能本性与本心，以及他们的欲望与需求，金融为促进人类经济与社会的发展进步而生，并非源于什么利润最大化和对资本的垄断，金融应该为最广泛的大众竭诚服务而非极少人投资收益独享的工具。

二是坚持几十年理论创新不动摇。可以说创新就是我的生命，是生存工作的动力与源泉，是一种激情与愉悦，并不是创新本身。逆向思维可能是我思想的一个特征，就是大胆探索、无拘无束地奔驰，就是不崇洋、不迷信、不墨守成规，但并非哗众取宠的标新立异。当然我的创新领域集中在同教学、科研、人才培养和为国家改革开放服务的相关领域，尤其是思想和理论领域，其特点有二：其一是从 20 世纪七八十年代改革开放之初即开始的理论创新活动，一直至今；其二是原创性、系统性和系列性的创新。

三是坚持教学、科研、人才培养和社会服务四结合四统一不动摇。这是在长期实践中总结概括出来的，不是胡思乱想造出来的；也是吸取了中国古代工匠艺人带徒弟的办法，即言传身教，动眼动脑动手，用心用情用行，不间断、不拘泥。随时随地尤其在科研实践中或指点迷津、或拨乱反正，或捅破一层窗户纸、柳暗花明又一村，让学生深度参与其中，逐步琢磨、推敲、体验与体会，从中找到乐趣、找到感觉、找到自我，这是一种取精华去糟粕的扬弃。在我看来这四者简直就是一回事，是一件事的不同侧面与阶段，只不过教学、科研是手段，人才培养、服务社会是目的，彼此相互联系、相互衔接、相互统一。

上述坚持三个基本点不动摇，不是三回事，是一回事，是既具体又抽象、既静又动、既思考又实践的一个过程。是渗透在我一生中的各种活动行为中，教书育人、服务社会中，文章与讲演中，这一切行为的始终。

实现两个终极目标。一是为强国富民、利国利民贡献正能量；二是作为一个哲学社会科学工作者，有我的职业与专业，有我特别关注的领域，就是万众一心、殚精竭虑，一生追求实现哲学社会科学的中国特色、中国风格、中国气派。我这个人就是不怕鬼、不听邪、不怕洋人，在这里我举一个事例。在 2008 年“亚洲经济体与美国次贷危机国际会议”上，我代表中国学者做主旨讲演时，谈到当时国际上炒得火热的一个假议题，即他们认为中国出口得多、进口得少，因此才会积累两三万亿美元的高额外汇储备，他们可怜兮兮地说他们是受害者，中国是加害者。针对这一论调，我说中国是有许多钱，而且也想花钱，但愁啊愁啊，愁什么？我们有钱花不出去。为什么？因为发达国家，尤其是美国不卖给我们需要的东西，即高技术产品，他们只让我们买他们的剩余农产品、一般机械产品、汽车与民用飞机，以及妇女高级化妆品、男士伟哥、还有医疗垃圾，只让中国人坐美国飞机吃美国转基因大豆，我说没门儿。我说是发达国家它们对中国实行的高科技贸易保护主义造成了这一恶果，这是问题的本质，中国的高外汇储备只是一种歪曲了的表象。美国才是真正的加害者，中国才是真正的受害者。当时有欧盟和德国驻华使馆的外交官在场，我原以为他们会不那么高兴，可没想到午宴的时候，会议中方主席迟福林先生打电话给我，说我的讲演引起了强烈反响，欧盟与德国外交官向中方主席表示，希望有机会在北京能同白先生继续讨论这一问题。我觉得我敢于捍卫中国的国家利益，把握中国的国际话语权，我是尽可能地，只要有一个场合，有一个舞台，我就会为我们的国家我们的民族奔走呼号、不遗余力。

上述我人生的漫漫历程，胸怀一个中心是出发点；坚持三个基本点不动摇，更具专业化、具体化、实践化，是内容与坚守；实现两个终极目标是归宿。上述“一个中心、三个基本点、两个基本目标”三者是彼此紧密联系的，顺势前后都是一脉相承的，都是因果相连的。为此无怨无悔、矢志不渝、粉身碎骨、死而后已。这就是我个人一生的追求与我们民族神圣使命的高度统一。

最后我想说，任何个体，他的生命、他的活动时间范围总是有限的，所以我总有一天会离去，但是我对我们的国家、我们的民族的前途，对她的崛起、繁荣与富强，对我们的年青一代，充满信心、充满希望！谢谢各位。

中国金融体制改革的理论与实践

——1985年全国首届中青年金融体制改革理论与实践研讨会获奖征文

社会主义国家利用发达的银行体系对国民经济进行宏观控制调节，这在马克思主义传统经济理论和社会主义建设的长期实践中都是没有先例的。在改革的新形势下，我们在理论与实践方面都面临着一系列新情况和新问题，亟须进行探索性的研究。近年来，围绕中国金融体制改革，我们在理论研究和实际工作方面都进行了卓有成效的工作，但仍未能适应我国经济体制改革的需要，金融体制改革已成为顺利实现中国经济体制改革的关键。这需要我们从社会主义基本经济模式的战略高度，在更广阔的视野范围内对中国金融体制改革的理论与实践问题进行大胆的探索性研究。

金融理论的改革与创新

在对内搞活、对外开放的新形势下，原有的金融体制正受到商品货币经济的猛烈冲击，传统的理论正面临严峻的挑战。改革的实践表明，局部的、个别的、零敲碎打的金融体制改革和权宜之计的分割性政策调节行动，不能从根本上解决问题。这表明，随着事业的开拓前进，亟须理论的完善、突破和创新。

中国经济金融体制改革事业的开拓前进，亟须经济金融理论的完善、突破和创新。任何科学的理论体系都是一种开放性的体系，是一种不断完善和发展的体系，不应该是封闭和凝固僵化的体系。同样，马克思主义的社会主义经济金融理论体系也应是开放的、不断发展完善的理论体系。银行体系在社会主义经济金融理论模式和实践模式中的地位和作用问题至今仍未得到彻底的解决。所以，必须实事求是、解放思想，从根本上探索和解决银行体系在社会主义经济模式中的战略地位和作用问题，就像做出对内搞活、对外开放的战略决策那样，再来一次金融理论和实践的大突破。

——社会主义比资本主义更加需要银行。银行体系是商品经济和货币信用制度的产物。在历史上，银行体制的发展同资本主义经济发展的客观历史进程相适应。商品经济发展的不同历史阶段有不同职能和性质的银行，它表明决定银行体制发展的根本原因是生产力发展水平和商品经济发展的进程。银行的数量和规模，银行体制的结构、性质和特点，在国民经济发展中的地位和作用都同当时经济发展的客观进程相适应。银行资本与产业资本的结合是当代资本主义的共同特征。国民经济神经中枢和“万能垄断者”的角色正是这一特征的集中表现。

资本主义经济是商品经济，但商品经济并不仅限于资本主义经济。中国的社会主义经济是有计划的商品经济，这在国际共产主义运动史上是一次理论与实践的重大突破。从现代资本主义经济发展中某种程度的“计划化”，通过国家垄断资本主义实行的“市场调节基础上的某种计划调节”，以及一些发展中国家和社会主义国家在有计划商品经济基础上实行的“计划调节基础上的市场调节”，可以看出世界上不同经济、不同社会制度的国家出现的某些共同发展趋势。这种共同趋势的社会经济根源就在于生产社会化和国际化发展的共同客观历史进程和商品经济及货币信用制度的普遍发展。所以，银行资本和产业资本的结合既是当代资本主义经济的特征，也是伴随商品生产和交换及生产的社会化、国际化而产生的各国的共同特征。更重要的问题还不在于结合本身，而在于结合的程度和具体的联系形式。

银行是储蓄与投资、资金集中与分散的结合部，是使社会生产正常运行的“精巧机器”，是宏观经济与微观经济、间接管理与直接管理结合的最佳交叉点和转换部，是国民经济神经中枢和社会经济的调节机构。这就是“万能垄断者”的经济机制的含义。但是，这种“万能”的机制作用，在资本主义条件下，由于生产资料的资本主义占有制使它受到种种限制和阻碍，变得脆弱而充满危机，并成为投机和剥削的工具。发达社会主义社会建筑在比资本主义社会更高的经济发展水平和社会发展层次上，比后者更加需要银行。社会主义市场经济为银行体系发挥作用创造了现实的可能性，并且开辟了更加广阔的发展前景，使它真正发挥国民经济神经中枢和社会经济调节机构的重大作用。尽管各社会主义国家仍处在不断发展和完善之中，但即使是初级发展阶段的社会主义也比资本主义更加需要银行。

值得指出的是，长期以来，由于极“左”思潮及一系列“左”的政策的影响和干扰，错误地将商品经济和货币信用制度同资本主义制度等同起来，又同社会主义完全对立起来；将银行、资本（资金）、股票、债券、利息、金融市场等同金融资本、金融寡头、“万能垄断者”、投机诈骗、剥削和危机等同起来。这就增加了人们对银行一类事物的神秘莫测与恐惧之感。这种情况在改革的新形势下，会成为我们前进的沉重包袱。邓小平同志说得好，贫穷不是社会主义。我们既然承认社会主义经济是商品经济，也应承认伴随商品经济和货币信用制度产生的银行制度、股票、债券、金融市场、利润、利息等适应商品经济要求的一切金融措施，这一切都涉及传统社会主义经济金融理论和思想观念的重大突破。

——银行在社会主义经济模式中的战略地位和巨大作用。中国的社会主义经济是商品经济。在这一经济模式中，银行体系处在十分重要的战略地位，发挥着国民经济调节控制中心的巨大作用。这同在排斥商品生产和单一计划经济的旧模式中，银行体系被贬为计划部门资金管理处和财政部门的附庸的状况完全不同。突破这一传统模式，确立银行体系在社会主义基本经济模式中的战略地位和巨大作用，这在社会主义经济金融理论和实践模式中都是前所未有的创新。

传统上，在我们的干部和群众中，真正懂得货币、信用和银行的人不是很多，对金融理论的学习和研究也较差。这在历史上长期处于自给自足的自然经济、商品货币关系不发达的国度里，在新中国成立 30 多年来长期排斥和否定商品生产和货币交换，在高度集中的计划经济体制的环境下，是不可避免的。

长期以来，人们固守“社会主义制度优越，币值就必然稳定”的传统观念，忽视对货币流通的控制和调节。在现实生活中，“金融盲”的表现很多。一些老年人和农村妇女由于怕“露财招祸”，又毫无资金周转生息之观念，宁愿将大捆的钱埋在地下、藏在夹壁墙内或天棚里也不肯存入银行；许多干部和群众分不清人行、中行、农行和建行；经济计划、统计、财政与金融部门，长期以来只将现金纳入货币概念而排除了银行存款；对于货币发行，长期囿于“农村投放，城市回笼”，以为“货币多，多在农村”，而实际上农村通货仅占全国通货的 20%；关于究竟是信贷扩张导致现金投放扩张，还是现金投放扩张导致信贷扩张这一中外银行界古老而简单的问题，也变成了争不完、论不清的难题。在某些干部和厂矿企业领导人看来，银行就是“摇钱树、聚宝盆”，以为只要抓住银行，钱便源源而来，取之不尽，用之不竭。在改革的条件下，人们还将银行支持改革同给钱、给贷款等同起来，以为支持改革就是无限制地给钱、给贷款，就可放弃可行性论证和贷款审查条件而敞口供应信贷资金，岂不知信贷一旦扩张，社会货币资金必然膨胀；货币总资金一旦膨胀，每一元、每一分资金都含有膨胀的细胞或因素，于是就会产生通货膨胀的恶果。正是由于这种“金融盲”为本单位争钱、争物、追逐快速增长的数量冲动和投资饥渴症，才导致1984年的宏观失控。这一事实表明，无数个体目标明确的决策行为和行动，也可能导致灾难性的总体结果，最终既危害全局，也危害每个个体。

1984年的宏观失控表现在固定资产投资过快，消费资金增长过猛，货币发行和信贷双双扩张失控。这些从形式上看都同银行有关，仿佛是银行自身的错误判断和错误行动的结果，实际上，这是把复杂的问题简单化了。抛开我们的经济体制、过速增长的数量驱动、投资饥渴症和强烈的行政干预，抛开新旧体制转换的困难，而把问题完全归咎于银行，既不实事求是，也不公平。除上述原因之外，在搞活条件下，新旧体系转换过程中货币流通速度的相对加快，国民收入的超价值分配，资金支付结算总额剧增和结算手段落后、结算速度缓慢而造成的银行对大量在途结算资金的垫付，需求的超前和货币政策的时间滞后，基本建设战线太长、周期太长形成在一定的时间内巨额资金的投入和长期无相对应的物资的产出，社会物资的高消费和社会账面资金的不被如实表现，产品的质次、积压及其价值的实际降低，设备的无形磨损和价格的人为调整，等等，这些都会形成既不是由信贷扩张也不是由现金投放扩张引起的相对性通货膨胀。无视这一切，而对突然的经济失调所采取的全国信贷的硬性全面紧缩，确实使相当多的人感到茫然而不知所措。货币可以使一国经济持续稳定增长，也可以毁坏一座城市和一个国家，问题就在于如何控制和管理。宏观失控的事实应引起深刻的反思与回顾，从经济和金融体制、决策方式和管理方式等根本性的问题上，冷静而严肃地分析问题的根源，引导人们从社会主义基本经济模式的战略高度，从根本上认识和解决银行的地位和作用问题，进而提高它的独立性，强化它的手段和力量，赋予它同它承担的责任相对等的权力和权威。它启示我们，在商品经济条件下，必须下大决心，花大力气，就像在干部群众中普及政治经济学常识和法律常识那样，来一个扫除“金融盲”、普及金融知识的持久教育，使干部和群众，首先是领导干部和经济工作者逐步掌握有关商品、货币、信用与银行的有关知识，逐步树立货币的时间价值观念、资金运动与周转观念、投资风险、利率调节、资金转换等金融观念。在干部和群众中，牢牢地树立“银行体系在社会主义经济模式中具有战略地位和巨大作用”这一观念，这将有助于创造有利于改革的心理环境、社会环境和经济环境，有利于社会经济效益的提高和经济金融的发展与稳定。

——金融渗透功能的深刻广泛性和它在行业形式上高度专业化的独立性。金融具有天然的渗透性，这一特性并非始于今日。20 世纪 80 年代金融渗透功能的特征在于其渗透的深刻性和广泛性。金融信用关系已成为一种普遍性的独立存在，它渗透到社会生活，尤其是经济生活的一切领域、一切方面和一切过程的始终。不仅如此，金融的渗透功能已超越国界，成为一种国际性的现象。随着商品经济、货币信用制度的高度发展和生产社会化、国际化程度的惊人提高，金融的作用也发生了质的变化。金融不仅在国别范围内成为国民经济神经中枢、社会经济调节机构和“万能垄断者”，而且在世界范围内也日益成为世界经济的神经中枢、调节机构和“万能垄断者”。20 世纪 80 年代以来，随着国际贸易、国际经济金融活动的广泛发展，金融在世界范围的惊人扩张与渗透，引起人们的反思和再探索。如今，世界的国际贸易额，包括有形贸易和无形贸易已达到 3 万亿～4 万亿美元的空前规模，然而资本的国际流动、世界金融市场的成交额要比这大几十倍。世界金融市场中的外汇市场每天的交易额为 5000 亿美元，全年为 100 多万亿美元，是世界贸易额的几十倍。这些从不同角度提供的统计数字表明一个基本的事实，即金融信用作为一种独立的领域和一种独立的力量，广泛渗透到世界生活的几乎一切领域。它不再简单地是交换的中介，或大体与真实的生产与交易活动相联系，而是形成一种大大超越或脱离这一切的独立力量。它的经济与社会含义应引起人们的广泛注意和深刻的研究。

社会的再生产不仅是使用价值的再生产，也是价值的再生产。如今，社会再生产不仅表现为国别社会再生产，也表现为世界性社会再生产。价值的运动和资金的运动，不仅表现为国别范围内的运动，更表现为世界性的、国际性的运动。资金积累、资金构成、资金来源、资金运用、资金的扩散吸收、资金的供求平衡、投资信托、金融租赁、资金市场、金融服务、金融商品和资金的国际流动等，都同金融信用紧密相连。是否可以概括地这样讲：货币经济是商品经济发展的必然，信用经济又是货币经济发展的必然，金融经济、市场经济又是信用经济发展和金融广泛渗透与扩散的必然？

尽管在现阶段，中国商品经济货币信用制度还不是很发达，国际经济活动和国际金融活动的规模也十分有限，难以作为研究金融经济、金融广泛渗透与扩张功能的理想环境，但对此必须有清醒的认识、足够的思想准备和对策。要站在金融经济、金融信用广泛渗透与扩张的战略高度，来考虑、勾画制定中国的金融发展战略和中国金融体制改革的中远期规划。

金融的渗透功能的深刻广泛性和它在行业形式上高度专业化的独立性，造成金融内容（功能）与形式的不对称性和背离。这种功能与表现形式的不对称性越大，越表明功能的强化和形式的更加独立化，越是在认识上易于给人们造成一种错觉，仿佛金融只是作为一个行业、一种专业、一个部门，如同其他许多行业、专业和部门一样。假如人们的认识仅仅停留在这一外在形式的阶段，并以此认识和估价金融的地位和作用，那就南辕北辙，大错特错了。事实上，金融在功能上越是“万能”，越是垄断一切、渗透一切，它在形式上就越是需要作为一个独立的行业和部门存在，它的业务与技术就越具有高度专业性，就越容易掩盖它的广泛渗透性，也就越不易引起人们的极度重视和研究。

同这种金融渗透功能的深刻广泛性和它在行业形式上高度专业化的独立性相适应的是它在理论上的深层化和独立化。货币学、信用学、银行学、金融学、金融经济学就是这种深层化和独立化的理论表现。

尽管现阶段社会主义国家的商品经济和货币信用制度不如西方资本主义国家的发达，但由于各级政府组织管理经济生活的功能和经济的计划性比西方要高，所以从逻辑上说社会主义比资本主义更加需要金融，需要把金融提到国家基本战略的空前高度加以认识和发展，并通过金融广泛深刻的渗透功能，通过其连接宏观与微观、直接管理与间接管理、生产、分配、交换、消费、总供给与总需求的枢纽或交叉转换作用，使金融成为国民经济和社会生活间接控制管理最主要的工具和手段。

金融体制改革的理论

不仅金融理论本身需要改革、突破和创新，金融体制改革也需要理论的支持和指导。在具体的实践中需冷静地探讨可能的思路和确立一些最一般的指导原则。

——经济增长和货币稳定。在考虑和规划中国金融体制改革问题时，应同时考虑并协调经济增长和货币稳定这两个方面。中国金融体系自身有一个不断完善和改革的问题，经济发展和经济体制改革也产生对金融体系的要求问题。既不能不顾经济发展及改革要求而一味强调银行自身的改革和完善，也不能无限制地不考虑银行体系承受力的限度而提出过于苛刻的资金要求。在政府和银行间、在政治家的需求和银行家的可能间，应有高度的协调，应尽力找到二者的最佳交叉点。

——中国金融体制改革的艰巨性和复杂性。中国是一个正在发展中的社会主义大国。商品经济不发达，经济的货币化程度不高，经济的二重结构和资金物资的“两大缺口”，政府主导型经济和全国各地区经济与社会发展的严重不平衡，以上这些基本特点决定了中国经济和金融体制改革的艰巨性、复杂性和渐进性。这提醒我们注意三点：（1）中国形成总供给略大于总需求这一经济金融机制充分发挥作用的条件和较适宜的经济改革环境，将是一个困难和长期的转变过程；（2）经济调节体系中主要依靠直接管理向主要依靠间接管理的转变也将是一个长期的过程；（3）中国金融体制改革本身的推进也是一种不平衡发展的过程，各地成熟的时机和金融发育的程度也不尽相同。这决定了中国金融体制改革将是一个漫长的、渐进的历史过程，不可操之过急。

——中国金融体制改革的侧重点。在相当一段时间内，中国金融体制改革的侧重点：（1）对现有国家银行体系改革的重点不放在机构的撤并上，而放在企业化经营和资金商品化上；（2）着力推进建立一批非国有的股份制金融机构，大力发展各类政策性金融机构；（3）逐步创造适度竞争的环境。

——中国金融管理当局的注意重心。七八年来的改革实践表明，中国金融管理当局决策系统的注意重心常常放在机构撤并、设立和层层管理分配资金这两个问题上，这两个问题的处理原则都未摆脱行政区划的原则。结果在某种意义上说，七八年的改革转了一圈，又回到垂直、纵向、“大一统”银行模式中去。鉴于此，金融管理当局的注意重心应放在金融法规的研究制定和实施上；放在努力创造金融体制改革的社会环境、经济环境和金融环境上；放在制定中国金融总体发展战略和对外金融发展战略上；放在模式、方法和构造方式的选择上；放在总体规划和对策上；放在加强和改善中央银行宏观经济调控能力和金融监督管理能力上；放在改善金融服务、降低金融服务单位成本和提高金融体系总效益及竞争能力上；放在提高全体金融职工业务素质、工作效率，进行金融教育和培训上。

上面讨论了中国金融体制改革的若干思路，下面我们进一步讨论金融体制改革的一般指导原则。理论的改革推动了改革的理论与实践的突破和创新。在当前金融体制改革的进程明显地落后于经济体制改革进程的条件下，金融体制改革已成为我国经济体制改革成败的关键问题之一。

金融体制改革需要改革的理论依据与指导。经济现象是多种因素交叉作用的复杂的复合体，任何单一的理论都不能囊括有关金融改革的一切理论与实践问题。改革中国金融体制，建立中国式社会主义金融新体制所应遵循的具体理论原则：

——商品经济原则。银行制度是商品经济和货币信用制度发展的产物。银行是经营货币这一固定充当一般等价物特殊商品的特殊经济组织，它不可能不受商品交换和价值规律的制约和影响。所以，首先经济体制和金融体制必须从总体上最大限度地满足和适应社会主义商品经济的要求，这是改革金融体制所应遵循的最基本的理论原则。这一原则应渗透和贯穿在金融体制改革的一切阶段、一切环节和一切领域。这是因为金融体制存在和发挥作用的最一般的经济环境是商品经济的环境，它发挥作用的经济机制是建立在商品经济基础上的价值规律的机制。其次，建立中央银行与商业银行关系的原理也是商品经济的原理。中央银行通过商业银行调节宏观经济的作用机制在于银行机构的企业化，以及货币政策工具和手段的经济杠杆化，在于中央银行调节宏观经济的自觉政策行动通过影响商业银行自身利益的内在冲动，外化为调节经济的社会行动。再次，金融市场之所以需要建立，原因在于商品经济本身要求广泛的横向经济金融联系。证券市场等金融市场活动和运行的原则也是商品经济原则。最后，中央银行内部组织机构的设置和外部分支机构的建立原则，也应当是商品经济原则。显然，按商品经济原则来建立中央银行的分支机构，不能是按行政区划而应按经济区划设置，并且布局合理，数量适当。近年来，中国金融体制改革难有实质性进展，究其根源，是因为始终未彻底贯彻商品经济原则，未抓住银行企业化、资金商品化和利率市场化这一基本问题。按商品经济原则使资金商品化，意味着将财政、银行与企业之间的资金往来关系纳入商品经济关系之中，抓住财政与信贷资金所有权进而享有对企业利润分割权；意味着将企业对资金使用量与所创造的利润量及职工福利进行比较和调整；意味着资金所有权与使用权的分离；意味着通过股份经济彻底实现这种分离。

——中国化原则。中国经济与社会要现代化，这种现代化是中国化的现代化，对一切国家来说，都有一个本国化或民族化的问题。中国是一个正在发展中的社会主义大国，中国有自己的国情，有自己的困难、优势与劣势。不能简单照抄照搬西方发达资本主义国家商品经济和货币信用制度中的一套制度和做法，必须使中国金融体制适应社会主义中国的特殊社会、经济和金融环境。中国金融体制改革的适应性原理指的就是商品经济原理、经济金融体制、政策机制的中国化原则。

——替代和转换理论。资本（资金）所有权与使用权的适度分离，资金的适度集中和积聚是现代社会经济发展的必要条件。搞活经济必须大力发展横向经济联系，横向经济联系是社会主义商品经济存在和发展的基本条件之一。社会主义公有制应打破人为的“条块分割”和“封锁”，应更有利于形成统一的社会主义商品市场和资金市场。像中国这样幅员辽阔、人口众多和经济规模相当大的国家，宏观经济的稳定是一个十分重要而突出的问题。“投资饥渴症”和“消费饥渴症”的长期存在，使巨额居民储蓄这一消费资金引向投资资金问题的紧迫性变得更加突出。

在中国的金融体制中，必须构造宽广适度、通行无阻的资金转换机制和渠道；必须使国内和国外之间，国内各地区之间，各行业和各部门之间，财政和银行之间，中央与地方之间，直接金融和间接金融之间，短期资金和长期资金之间，国家、企业与个人资金之间，消费资金与投资资金之间，有合理、相对稳定、相互渗透和相互制约的转换渠道及相互替代的机制。通过各种货币和非货币型金融商品的转换和替代，资金流动的空间范围扩大了，加速了资金流动的速度，缩短了资金流动的时间，促进资金按效益高低和能量大小进行重新调整和组合，使增量投资的边际效益提高、机会成本降低，便利投资风险的转移和分散，从而为社会各界提供不同时间配合、不同流动性、不同风险、不同成本、不同收益率、不同发放形式和不同收益形式的多样化的金融资产形式，从总体上加速资金在不同地区、不同部门和不同所有者之间的流动，提高社会资金的总效益，搞活金融，搞活经济。

——规模经济原则。中国陆地面积有 960 万平方公里，人口有十多亿，经济的总规模相当大。这要求中国的金融体系有巨大的吞吐能力和容纳量。因此，在考虑和设计中国金融体系的容量、规模和结构时，必须时时想到并充分贯彻规模经济原则。表面上看这一点似乎平凡而简单，然而它的经济含义是不可忽视的。关于这一点，可以从三个层次来理解：一是金融体系的总体规模、吞吐量和总功能只有同中国国民经济的总规模、总需求相适应，才能发挥它应有的作用；二是金融体系本身及其结构只有达到一定规模时，才能发挥规模经济的效应；三是某一金融机构的规模、业务种类和业务量需要保持适度的规模（既不是越大越好，也不是越小越好），金融商品和金融服务的单位成本才是相对最低的。金融体系和金融机构的规模经济效益问题应成为我们研究和注意的一个重要问题。

——综合配套的系统化原则。整个改革是一项伟大的系统化工程，经济和金融体制改革尤其如此。金融体制改革应适应于经济体制改革，并与之配套同步进行。金融体系的总体结构与层次，货币政策与财政政策的相互渗透、相互制约，货币政策、财政政策与其他经济政策的协调配合，直接管理与间接管理运用侧重点的转换和协调配合，中央银行行政手段、经济手段和法律手段间的协调配合，中央银行、商业银行、各类非银行金融机构间的协调配合、业务的分工与交叉的协调，各种非货币型金融资产以及不同信用工具、手段和形式间的相互转换与替代，中央银行地位、作用、政策工具、机构设置、人员素质与它的职能的适应与配合，银行国内业务与国际业务间的协调配合，本国银行与外国银行、合资银行有关政策、待遇的协调及公平竞争问题，等等，要求必须将整个金融体制改革作为一项系统工程从总体上加以勾画和协调。改革的所有方面、上下左右、近期远期、轻重缓急、措施与反措施等，必须相互协调配套、综合平衡。不能没有系统规划和总体战略，不能头痛医头、脚痛医脚，走一步看一步。

——适度竞争原则。金融机构是经营特殊性商品的特殊企业，不能等同于一般的工商企业。世界各国都认为无限制竞争的原则不适用于金融业，但又不能取消竞争而使金融业失去活力。事实上，在相当长的时间内，中国金融业的竞争，也只能是有限的竞争，所以，必须奉行金融业适度竞争的原则。不能简单地从金融机构的绝对或相对数量上，而应从企业与公众获得各项金融服务的可选择性程度上判断竞争，以金融业务的再分配来打破目前四大国家银行的金融垄断。

为形成中国金融业的有限竞争，金融管理当局必须有意识地限制国有银行业务量及其比重的发展，积极鼓励非国有商业银行和非银行金融机构的发展。此外，非中央政府的金融机构在开展业务和分支机构的设置上，在行政区域上必须是开放的。中央银行应积极支持和鼓励这些金融机构跨地区设立分支机构，从而有效地防止出现新的金融区域垄断。

——全新构造原则。中国金融体系的全新构造原则指的是在改革过程中新建立的一切金融机构，包括非中央政府的银行机构和所有非银行金融机构，必须是改革的产物，并反映改革的成果，绝不能人为地再建一批新的改革对象。具体来说可以掌握如下原则：（1）不从属或依附于任何行政领导机关，必须跨越行政区划吸股或提供服务；（2）必须是独立法人，坚持自主经营、自我发展、自负盈亏、自担风险、自行平衡的原则；（3）可采取股份制、合作互助制；（4）商业化，特别是资金商品化；（5）对各类金融机构的最低资本额提出不同要求；（6）对业务性质、业务种类、负债与资产类型、结构进行适当限制；（7）一系列不同口径的资本资产比率要求；（8）内部财务关系硬化；（9）对各类金融机构高级管理人员的素质和经营管理水平进行严格审定，并提出具体要求。

金融体制改革的战略模式选择

改革是一场巨大的历史性社会变革，是一个渐进的历史过程，是一项伟大而复杂的系统工程，是生产方式、生活方式和思想方式的转换和根本改革。改革需要胆略、勇气和信心。改革会形成新旧体制的转换困难和许多新的不协调，带来许多新问题，需要付出代价和牺牲。改革是权力和利益的再构造，利益是权力结构的调节器，利益是改革的动力，也是一切保守的原因。改革必须在社会、经济和公众的价值承受能力和心理承受能力的限度内稳步前进。

中国金融体制改革经过一些年的积极准备，即将进入更为实质性改革的重大历史转折时期，这是一个更为艰难的时期。一系列涉及中国金融体系框架结构、业务划分、机构分布、管理体制及涉外金融发展战略等重大问题，尖锐地摆在人们面前。对于这些问题，必须在总体上有明确的选择和决策，并制定科学的规划和对策加以实施。具体来说，这些问题包括：（1）中国金融总体发展战略选择；（2）中国金融体系框架的总体结构；（3）关于全国性银行制度、地方性银行制度或全国性地方性混合银行制度的选择；（4）关于专业化银行业务制度或综合化银行业务制度的选择；（5）关于银行或非银行金融机构的总体勾画；（6）关于中国金融对外发展战略问题；（7）构造方式选择。从目前的情况来看，中国对上述问题尚无明确的选择和决策，在实践上难免混乱盲目乃至前后矛盾。有一些问题理论界及银行业务部门的同志已有不少讨论和争论，有的意见大体一致，有的分歧很大；还有一些问题，如中国的银行到国外和外国的银行来中国开设机构扩展业务问题，就既未引起足够的重视，也未进行充分的讨论，更无科学的长远发展战略规划。

——金融超前与滞后的争论及战略选择。金融发展“超前”与滞后的争论，是在中国经济体制改革深入发展的历史条件下，如何处理经济体制改革和金融体制改革在社会总体发展战略中的地位和先后问题时产生的。一种意见认为，金融改革必须超前于经济改革，若无金融改革的超前，经济改革便不能成功；另一种意见认为，金融改革是经济改革的一部分，经济改革是金融改革的条件，没有经济改革作基础，金融改革就难以起步。争论的实质在于如何处理经济改革与金融改革的关系问题，即到底是经济改革超前、金融改革滞后，还是金融改革超前、经济改革滞后。

比这一争论更为重要的问题是，在中国经济与社会发展的较长一段历史时期内，在制定和选择社会总体发展战略时如何处理经济与金融的关系问题。就世界各国而论，大体上可以概括为常规型、超前型和滞后型三类。世界大多数国家，特别是资本主义发展较早的欧美国家，大都属于常规型一类，即伴随商品经济和货币信用制度的发展，金融体制也自然地逐渐形成和发展起来。这是一个自然的、缓慢的、逐渐的发展完善过程，没有产生谁前谁后人为选择的问题。滞后型金融发展战略是几乎所有社会主义国家长期执行的一种金融发展战略。这些国家由于排斥或抑制商品生产和货币信用制度的发展，执行高度集中的计划管理体制，银行体系退化为财政的账房及计委与物资部门相对应的资金的管理局，使金融体系的发展远远落后于经济的发展水平。这是自觉执行滞后型金融发展战略的典型。超前型是一种逆反的、超常的思路和发展战略，即以金融为社会经济发展的前导和启动器，人为地强力扶植发展金融，用金融体制促进商品经济和市场机制的发育，进而推进经济的发展。回顾历史，只有明治维新以后的日本选择了反弹琵琶的金融超前发展战略，并且获得了成功。在某种意义上说，1871 年以后的德国也采取了与日本相类似的战略，但远不及日本那样典型。日本的金融超前发展战略确实获得了成功，但付出的代价相当大，后果也比较严重。这一模式的启发和借鉴可以归结为：（1）像中国这样正在发展中的社会主义大国，需要一种超常思路和战略，需要将金融问题提到国家基本战略的空前高度加以重视和推进，并自觉地充分利用金融体系推动经济的发展。在第二次世界大战结束后，日本政府高度重视对金融体系的整顿和发展，充分地利用金融体系推动经济的高速发展，获得了成功。（2）采取金融适度超前发展的战略是可取和可行的。实行分阶段、分单元金融有限超前发展战略，即在经济体制改革总的进程中，从实际出发，把金融体制改革和经济体制改革分为若干阶段或单元，然后区别不同阶段或单元，有些是金融改革单元超前，有些是经济改革单元超前，绕开一些矛盾和困难，灵活变通发展，在各个单元中寻找过渡形态，从而逐步深化金融改革的进程。

——中国金融体系框架的总体结构选择。中国金融体系框架的结构到目前为止已大体勾画出来，即以中央银行为核心，以商业银行为主体，以政府政策性开发银行和各类非银行金融机构为两翼，以中外合资银行或外国独资银行为补充的现代金融体系。在这种现代金融体系结构中，仍有以下一些问题有待于解决或完善：(1) 中央银行的内部与外部机构设置必须根据商品经济原则和自身职能的特点进行重大改革调整，中央银行各项货币政策工具和各种金融管理手段亟待加强、改革、完善及形成体系。(2) 商业银行体系有待进一步调整和形成，工商银行、农业银行、外汇银行、交通银行，这些全国性银行和区域性地区性银行都属于面向工商企业服务、以中短期贷款为主要业务的商业银行。原有的全国性银行面临“大一统”的垂直管理体系、“三级管理，一级经营”的头重脚轻的体制和企业化难以进展的问题；交通银行和已经或正在筹建的一系列区域性地方性商业银行面临地方行政干预和各项改革措施政策不配套等问题。(3) 政府政策性开发性专业金融机构有待重建。在旧有金融体系中，政策性开发性金融机构和商业银行在机构与业务上都是混合的，在新形势下，商业银行和政策性开发性金融机构在机构设置和业务划分上都必须严格分开。(4) 非银行金融机构有待于大规模发展。改革前期是种类少、规模小、结构不合理、政策不配套、控制多、扶助支持少。后来又造成数量过多，管理失控、乱而滥。(5) 涉外金融问题。

提出或规划中国金融体系框架的总体结构是重要的，也是比较容易的。困难的是如何逐步形成、发展、完善和协调中国金融体系各构成要素及其相互关系，使之成为一个协调的、开放的、充满活力和富于效率的新金融体系。

——全国性、地方性银行制度的模式选择。关于全国性银行制度、地方性银行制度或全国性地方性混合银行制度的选择问题。像中国这样一个地域广阔、人口众多和情况复杂的国家，显然需要选择全国性地方性混合银行制度，即一部分银行分支机构的设立和服务地理范围是全国性的，另一部分银行分支机构的设立和服务地理范围是地区性或区域性的。需要说明的是，地方性或区域性银行并不是指在行政上隶属于地方或地区政府的银行，从各国金融体制机构设置模式类型及其优劣的对比性研究中也会得出如上的结论。在这一问题上已无多大争论，并已作出了正确的决策。全国性银行和地方性银行应有适当的竞争环境，它们在机构设置、业务对象和服务范围等方面如何协调分工，金融服务的业务量如何重新分配调整，比例以多大为最优，这些问题都有待于进一步研究探讨，以便作出恰当的决策。

——专业化银行制度或综合化银行制度的选择。这是一个金融业务分工的重大选择和决策问题，目前争论较大，亟待决策。在正常情况下，世界大多数国家都是专业化银行制度，只有后起的、特殊发展类型的德国选择了综合化银行制度。前者是自然逐渐构造的结果，后者是人为选择构造的产物。从金融历史发展总的进程来看，专业化银行制度在前，综合化银行制度在后，这不仅仅是一个产生发展的时间先后问题，更重要的是一个在空间上的发展层次问题。20 世纪七八十年代，银行业务综合化趋势是人类金融体制发展演变的更高和更深层次，是商品经济、货币信用制度和银行制度高度发展的产物，不是人为主观臆造的结果，80 年代以来发达资本主义国家金融自由化发展的特点和趋势证明了这一点。近年来在中国的报纸杂志上，主张中国实行综合化银行制度的人很多，这种主张忽略了综合化银行制度在人类金融发展史上有时间和空间的历史背景及层次特点。假如抛开具体的适用条件，抽象地比较专业化银行制度和综合化银行制度，当然是综合化银行制度更为优越。问题是哪一种选择更适合中国的具体情况。现代化必须中国化，简单模仿、照抄照搬苏联的东西已使我们吃了不少苦头，照抄照搬西方的东西也不会更妙，中国和各国的历史与实践都证明了这一点。中国生产力发展的较低水平及生产力、所有制形式的不同发展层次；中国经济社会发展的三级梯度结构形成的严重不平衡，二重的经济结构和不合理的产业结构；中国商品经济和货币信用制度、银行制度都欠发达，正在发展之中；中央银行宏观控制调节能力和对金融机构的监督管理能力也较有限。这一切都决定了我们还不能采用综合化银行制度，而必须采用专业化银行制度基础上的适度业务交叉体制，才更适合中国目前和今后相当长时间的情况。否则，若实行综合化银行制度，没有恰当的业务分工和业务侧重，什么业务都做，不仅金融机构自身力量有限，力不胜任，而且各类企业也不适应。要地方性的、集体性的中小企业同全国性的、国有的大企业在相同的利率和贷款条件下公平竞争，这本身就很不公平。这对调整我们的经济结构，促进落后地区和落后的经济与社会的发展肯定是不利的。但是，过于严格的专业分工会减少企业的选择自由度，限制金融机构间的合理竞争，降低整个金融系统的社会效率与效益。所以，保持相对专业化银行制度基础上的有限的、适度的业务交叉体制，对国家、企业和银行都是适宜的。

专业化银行制度基础上的适度业务交叉意味着：（1）长期金融业务与短期金融业务的基本分离和有限交叉；（2）间接金融业务与直接金融业务的基本分离和有限交叉，最主要的是银行业务与证券发行业务的分离；（3）商业性金融业务与政策性开发性金融业务分离而又适度有限的专项代理；（4）银行业务与非银行金融业务的适度分离及有限交叉；（5）间接金融与直接金融在正常情况下都是以前者为主，后者为辅，这一格局很难改变，是自然地保持二者的这种不均衡状态，还是像日本那样自觉地通过“倾斜金融发展方针”使前者更为优先发展，对后者加以抑制，中国也面临这一选择。交叉必须是有限的、适度的和必要的，必须既有利于适度竞争，又保持各类金融机构的特点、业务主体分工和优势。我们指的专业化银行制度，是指按金融业务分工形成的大多数国家通用的一种银行制度，而不是中国目前实行的那种专业银行制度。中国目前的专业银行制度，实际上是行业银行制度——工商银行管城市工商企业，农业银行管农业和乡镇企业，它们同属商业银行一类，不是各国通用的长短期金融、间接金融与直接金融、银行业务与非银行金融业务分离的那种专业化银行制度。在这种背景下，业务交叉就变成“工商银行下乡”和“农业银行进城”。国际上正常的业务交叉是指长短期金融业务、直接金融业务与间接金融业务的交叉，不是机构设置的地理交叉。

这样，经过相当长时间的专业化银行制度基础上的适度业务交叉，将可能逐步创造条件向综合化银行制度过渡。

——中国金融对外发展战略选择。中国金融对外发展战略问题，包括中国自己的银行如何“打出去”、外国的银行如何“引进来”、外资利用、外债管理、金融市场国际化及其他对外金融关系等几个方面的问题。中国的银行“打出去”和外国的银行“引进来”构成中国金融体系对外金融发展战略的主体，二者都必须遵循平等互利、公平竞争的对等原则。中国自己的银行如何适应中国经济发展、进出口贸易和国际经济活动发展的需要，有计划地“打出去”，在国外建立银行分支机构开展业务，这涉及发展战略、地理分布、业务种类和总体规模等问题。现在，问题比较多、比较复杂的是在中国的外国银行问题，包括在中国的外国银行分支机构、代表处及中外合资银行。中国的有关政策不配套、不协调，中国自己的金融体系远未最后形成和完善，银行的企业化问题迟迟难以进展，行政干预有增无减，非正常政策约束还非常多，竞争能力极其有限。在这种情况下，把大批银行引进来，外国银行凭借中国的各种优惠政策，有本国银行的强大后盾支持，凭借外汇及业务技术方面的优势和许多超经济竞争手段，会以侵略性的价格和条件与中国的银行争地盘、抢业务，形成严重的不公平竞争。由于中国对外国银行和中外合资银行缺乏明确而富有远见的战略政策，对它们开展业务的地理范围、种类、竞争条件和资金运用尚无严格的限制和规范，于是就造成放开手脚的外国银行和捆住手脚的中国银行的不公平竞争局面。到 1986 年 9 月底，中国人民银行已批准 23 个国家和地区的 101 家金融机构，在中国 11 个城市开设了代表处、联络处、办事处共 166 个，批准 17 家外资、侨资、中资银行在深圳、厦门和珠海等地设立分行，批准一家中外合资银行——厦门国际银行。连外国舆论界也注意到"外国在中国的银行过多"这一问题。无论是发达资本主义国家、发展中国家，还是其他社会主义国家，对于外国的银行都采取极其慎重而严格的政策。除了美国和英国由于自己的大批银行要"打出去"，本着对等的原则对外国银行相对管理较松以外，日本和澳大利亚只是最近一两年才有限度地放开，发展中国家就更加慎重。闭关锁国一概排斥外国银行肯定不对，但条件不具备，大批引进来，让其开展侵略性竞争，改变中国利用外资的初衷，形成"外资利用中国"这一不正常局面也不可取。应该采取明确的、逐步的、分阶段的、有限的和严格谨慎的政策。当前，应对本国银行进行特别的保护，至少应当使中外银行处于公平竞争的经济和金融环境之下。

——人为构造和自然构造方式的选择。各国金融体系构造方式的选择运用，大体上可以概括为自然间接构造方式和人为直接构造方式两种。构造方式可以分为初始构造和对既成体系的再构造两个层次，每一个层次又分为自然与人为两种不同构造和再构造方式。一般地说，任何国家金融体系的形成发展都是该国经济与社会发展过程的一个平行的侧面。所以，一切国家都有金融体系的初始构造和再构造的方式选择问题。自然初始构造与自然再构造、人为初始构造与人为再构造常常是对应的，这形成自然构造和人为构造两种循环。实践中也有不少人为构造与自然再构造、自然构造与人为再构造交叉的事例。以初始构造而论，英国和美国是典型的自然初始构造方式，日本、大多数发展中国家和社会主义国家是典型的人为构造方式；美国金融体系 20 世纪 30 年代的大改革和 80 年代关于国际银行业务设施的决定就是典型的人为再构造方式，80 年代的大多数金融改革是顺应经济金融发展创新的自然再构造方式；日本明治维新以后现代金融体系的初始形成和第二次世界大战以后对金融体系的整顿改革选择了典型的人为构造方式，新中国成立后“大一统”银行体系的形成和七八年来的金融体制改革都使用了直接的人为构造方式。

在金融体制改革深入发展中，研究金融体系构造方式选择问题的现实意义在于：（1）从思想上明确在各国金融体系形成和改造过程中，客观上存在着两种构造方式的选择，而不是单一人为构造方式的不断运用。（2）在一切可能的条件下，尽力选择自然再构造方式加以运用，即在国家金融法规的总体约束下，顺应经济和金融自然发展的客观要求，主要依靠市场机制的自然调节作用，逐步实现金融体系和金融机构的重新构造和自我完善。中央银行应尽力少用直接的行政方式去人为地具体干预金融机构的建立、撤销或分并，而通过金融法规和有关政策确定各类金融机构建立、存在、撤销、合并的一般原则和业务的大体范围，使各类金融机构在国家规定的法律环境下，主要依靠市场机制、最大利益原则和规模效益原则，在自主运营和市场竞争中逐步自然分化组合、紧缩扩张、优胜劣汰、自生自灭，实现中国金融体系的重新再构造。这样，就会自然形成与经济金融发展内在规律要求相吻合、符合区域构造原则和多层次金融服务需求的、较完善的新金融体系。（3）有选择、有针对性地自觉运用人为再构造方式。原有“大一统”银行体系和一整套运行方式都是直接的人为构造的产物，对此只能通过自觉的人为再构造方式加以消除、改造或弱化。

强调自然再构造方式的选择运用，并不否定或削弱金融监督管理部门的能动性作用，也不排斥人为再构造方式的选择运用，更不将人为再构造方式等同于违反客观发展规律的强行行政命令干预和瞎指挥。事实上，在中国的现实条件下，金融监督管理体系还应加以完善和强化，自觉地符合客观形势需要的行政手段和指令仍是不可缺少的。例如，（1）在金融体制改革过程中，阻碍改革顺利进展和市场机制充分发挥作用的种种行政壁垒，仍须以行政手段强行排除；（2）改革的进程和结果在很大程度上取决于金融管理当局设计形成的法律环境和政策环境的优劣松紧；（3）市场机制难以发挥作用的政策性开发性金融机构的调整、重新创立和发展运行仍然主要依靠政府和金融管理当局的规划、创立和管理；（4）中国金融体系的对外金融发展战略和政策，包括中国的银行走向世界和世界各国来中国建立银行分支机构以及外资利用、外债管理、资本的国际流动，这些领域都需要更多的人为自觉规划管理和协调。

——中国金融体制改革的区域性构造问题。经济和金融结构中的区域性构造问题并不是对所有国家都同样重要、同样突出。国土小、人口少和经济规模十分有限的国家，虽存在这样的问题，但并不突出，而中等以上的国家就必须注意这一问题，大国应格外注意。

中国是拥有广阔国土和近十多亿人口的大国。各地的自然地理状况、资源、人口、经济结构和发展水平、文化与技术的发展程度差别相当大，显示了严重的不均衡性态势和复杂多样性。此外，客观的经济联系并不以人为的行政规划隶属关系为限，呈现一种区域性分布。以中心城市为依托的经济区域的存在是从古至今的一种基本事实，只不过在现代商品经济条件下更为突出鲜明而已。与某一经济区域中心城市相对应的金融中心的发展，也将是自然的和不可避免的。

中国地域辽阔，西高、东低、中中。西部多山丘高原，气候寒冷，人口密度小，交通不便，经济发展水平较低，发展速度较慢；东部地势平缓，多平原，气候温和多雨，人口密度大，经济发展水平较高，发展速度较快；中部居中，另有特色。三个地带在人均年产值、人均金融资产、人均储蓄率等方面东高西低，差异很大，资金利税率东部在25%以上，西部在15%以下，中部在15%～25%。这种自然地域“西高、东低、中中”的三级梯度性，恰同经济文化发展水平“东高、西低、中中”的三级梯度形成相反耦合态势。由此形成生产力各要素、资金、资源、信息和劳动力的聚散性逆向差。例如，东部资金量大、效率高、技术发达、信息多，但人口密度大，人均自然资源拥有量贫乏；西部恰相反，自然资源储量大而资金信息量小、技术落后、人口密度小，人均自然资源拥有量较丰富。以农村经济发展水平而论，在全国农村货币投放总量中，东部地区占60%，中部地区占30%，西部地区仅占10%；全国农村贷款的50%在东部，35%在中部，15%在西部；全国农村存款的55%来自东部，28%来自中部，17%来自西部。这种态势既表明三个不同梯度地带的重大差异和特性，也表明彼此相互补充资源、资金、信息、技术以及劳动力的必要。由此可见，“地带性梯度理论”，可以作为考虑我国金融体制改革中的区域性构造的依据之一。

在各梯度地带中，由于地理、资源、交通及种种历史原因，自然形成了以一些大经济金融中心城市为依托辐射的大经济区域。在这些大经济区域中，大经济金融中心城市周围又形成一系列中小型城市。据1985年的资料统计，约占全国 70% 的固定资产和 80% 的税收集中在全国 200 多个大中城市，这些城市大部分集中在东部和中部。这些特点构成中国金融体制改革区域性构造的基本出发点和理论依据。

在相当多国家里，区域性构造原则对其金融体制、机构设置、管理监督、金融政策等方面有广泛的渗透和影响。这些国家当中，尤以美国、加拿大、联邦德国、日本、巴西、印度等国表现得最为突出和明显。

理论与实践都表明，市场经济客观上要求按经济区域组织经济生活。在中国国土辽阔和各地区发展严重不平衡的背景下，商品生产、物资流转、资源配置和资金运动都呈现出多样性和多层次性，必然影响到金融结构的布局、金融深化的差异程度和金融构造方式的多样化，影响到金融政策的多样化和区域化。必须放弃制定和推行一个适用于全国统一的标准金融模式的想法，事实上，不能也不应有一个统一的模式去适应无限多样性的要求。

——产业结构和银行与企业、政府关系的模式选择。中国目前亟须制定科学的产业结构发展战略和产业管理政策，这是一项根本性的基础工作。

在世界各种不同类型的国家中，银行、工商企业及政府三者之间的关系，都毫无例外地构成各国经济体制的一个共同的基础性问题。这是一个原则性问题，也是一个多层次的综合性问题，其核心是银行同工商企业及政府间彼此联系的方式和依赖程度。在世界近现代历史中，这个问题的格局和演进曾经极大地影响了许多国家的经济、政治和历史的进程。它曾极大地推动和促进了美、英、日、德等西方资本主义国家的迅速发展，也曾导致震撼世界的 1929 年美国及世界性的金融经济大危机和德国、日本发动的两次世界性法西斯侵略战争，形成一系列国家银行、企业自主权的丧失和政府对二者的强而有力的干预及经济金融的低效率……所有这一切表明，产业结构和产业政策问题、银行与工商企业及政府的关系问题，是一切国家无法回避的重大问题，因此必须妥善处理。

中国在经济体制改革、金融体制改革和政治体制改革中，必须注意研究并妥善处理以下一些问题：（1）在国家的基本产业结构和产业政策中，金融企业同工商企业的关系应采取何种形式，它们彼此依赖的程度应有怎样的适度控制。这一问题不仅涉及国家经济的总体效益和稳定性，也关系到国家监督管理的方式、程度和格局。（2）在具体的金融发展战略中，银行是否可以直接持有工商企业的股份，持有形式和持有量的比例限制如何；是否可以与企业有较紧密的人事渗透；企业是否可以持有银行的股份。(3) 商业银行是否可以成为证券市场的直接成员或会员，银行能否从事公司证券的发行和交易活动。(4) 银行能否同工商企业一起形成银工、银商或银工商企业集团，是否可以建立企业集团内部银行或行业银行。(5) 银行同政府的关系应采取何种形式，是西方国家政企完全分离，或是南斯拉夫的银企完全自治，还是社会主义国家传统的银行对国家各级行政领导机关的直接从属关系。

以上这些关系是直接影响一国基本经济金融结构、管理方式、宏观经济金融风险和稳定性、宏观金融控制中的“阻抗”与效率等的重大战略关系问题。从所有制形式和管理体制的角度讲，它们还是直接涉及国家控制和行政干预乃至经济金融与政治的结合方式及密切程度的重大原则问题。这些重大问题必须从广阔的国内外视野范围内，站在战略的高度，深思熟虑地加以研究，从总体上作出基本战略选择。当前，中国正是缺乏这种基本的战略原则研究和决策，只是在个别的、局部的、就事论事的基础上作出决定和采取措施，并且常常受到新闻报道倾向性宣传的影响，从宏观和长远的角度看，其后果和影响将是严重的。近几年来，一些在全国很有影响的报刊或杂志，还有电台和电视台，以鲜明的倾向性大力宣传支持建立银企集团，认为这是金融改革中的新尝试、新创举和新探索。然而，国家宏观经济金融监督管理部门的看法和行动却是另一回事。这些原则性问题是构成一切国家金融证券法规、银行业务分工体制和监督管理原则及内容的根本性因素，不能不加以指导和约束，不能在临时和个别的基础上作出机会主义的决定。事实上，银行和企业的关系、银企集团问题，世界各国已探讨和实践了几百年，得失利弊和运转条件早已一清二楚，中国可以加以研究和分析，然后决定取舍。

建立银企集团，在世界各个国家中，这样做的不到百分之几。许多国家的法令严禁这样做，这其中的道理和奥妙本应引起人们的深切注意与反思。假如就事论事，可以举出成百上千的事例，证明建立银企集团和银行持有企业股份的种种好处，也不能说对“推行规模经济及谋求企业规模结构合理化”无裨益，这都是无可争辩的事实。但是，从更为宏观、更为长远和更为全面的战略总体上讲就很可能不可取，很可能利小于弊。对于建立银企集团，世界上大多数国家都认为弊大于利，基本不可取。假如这一模式在相当多发达国家和几乎一切发展中国家都不可取，那么在中国就更加不可取。中国是一个正在发展中的、仍处于初级发展阶段的社会主义大国，资金与物资的两大“供给缺口”是巨大的和长期持续的，银行基本上都是国家垄断的，工业中除国有企业外，有278万个集体中小企业。在这种背景下若允许建立银企集团，允许银行持有某些企业的股票或债券，实行优先贷款、贷款免予抵押等一系列优惠措施，将会形成一些银企间的特殊利益集团或特殊利益关系，导致企业间竞争条件和竞争机会的不平等，使已经很短缺的资源更加短缺，使不合理的资源分配更加不合理，使中小企业对资金需求更为饥渴，使二重经济结构更加畸形。还会使宏观经济的稳定性、可控性减小，风险性和失控性变大。特别是当一国经济金融发展水平处在较低层次，间接控制机制不完善和间接控制手段不够强而有力时，就尤其如此。在这方面，不能抛开社会环境、经济环境和金融环境方面的巨大差异，机械地同世界20世纪80年代某些最发达的国家相类比或模仿它们。而且，由于银行基本上都是国有的巨型特殊企业，银企集团的形成很可能建立国家干预和外部干预的第二条新渠道，使企业回到改革前的从属地位而失去独立性，这与改革的基本目标模式相背离。

——间接金融与直接金融的自然倾斜与人为倾斜发展战略模式选择。世界各国近现代三四百年经济和金融的发展历史中，在处理间接金融和直接金融的发展战略模式方面，存在着两种发展类型，即自然倾斜型和人为倾斜型。绝大多数国家都属于自然倾斜型，极少数国家属于人为倾斜型。

就人类历史发展顺序而言，是先有间接金融形式，后有直接金融形式；先有短期金融，后有长期金融。在间接金融与短期金融之间、直接金融与长期金融之间，有一种大体上的对应关系。这两组对应关系，不仅在产生、发展时间上明显地一个在前一个在后，不是平行的，而且在总的业务量或市场占有率方面也远不是均衡的，间接金融所占的比重大大超过直接金融，即使在直接金融很发达的国家也是如此。间接金融与直接金融间的这种不平行发展和不均衡发展被称做金融倾斜。金融倾斜并不是任何人为设计和构造的结果，而是商品经济和货币信用、经济发展水平和积累量、国民收入分配结构和方式不断变化及自然发展的产物。

迄今为止，绝大多数国家都是顺应历史发展要求，自然地适应和维持这种倾斜局面，既不人为地推进，也不人为地抑制。间接金融与直接金融的这种发展模式称为自然倾斜型金融发展战略。金融倾斜既然是一种客观的事实，反映了经济和金融发展的某些内在的必然规律，那么任何国家或任何当局都不可能随心所欲地加以改变或消灭，但是可以通过自觉的能动性行动加速或抑制这一进程。

第二次世界大战以后的日本，就明显地采取了“以间接金融为主，自觉地抑制直接金融发展”的人为倾斜金融发展战略。日本政府考虑到战后百废待举、资金严重短缺的困难局面，为鼓励投资和稳定物价，通过人为地降低利率而同时实现上述两个目的。由于间接金融的成本相对较低，有利于维持低利率，间接金融风险性较小和可控性较大，所以确定以间接金融为主的战略是很自然的。此外，直接金融成本相对较高，这同基本经济战略需要相悖；直接金融的风险性较大和可控性较小，又同日本当局宏观间接控制机制不健全和管理体制不完善相矛盾。因此，自觉抑制直接金融的发展也就同样是必然的事了。自觉抑制直接金融发展而造成的企业对长期资金的需求，则通过商业银行“短贷长放”的“贷款滚动”方式得到了解决。第二次世界大战后 40 多年的实践表明，日本选择这一发展战略是成功的。当时过境迁，日本在经济金融高度发展，资金严重剩余，经济和金融体制迅速国际化，宏观经济金融调控机制和手段比较完善以后，就一反常态，采取了自觉促进、鼓励直接金融迅速发展的另一种形态的人为倾斜金融发展战略。第二次世界大战以后，韩国也采取了以间接金融为主、积极促进直接金融发展的人为倾斜金融发展战略。

那么，中国采取哪种发展战略模式呢？中国不可能根本改变间接金融与直接金融不平行发展和不均衡发展这一倾斜金融发展态势。是听其自然发展呢，还是通过自觉的政策行动促进或抑制直接金融的发展呢？在这方面，首先面临的选择是自然倾斜金融发展战略或人为倾斜金融发展战略的选择。从中国的历史、现实条件及需要来看，从世界 20 世纪 80 年代的发展潮流来看，从当前经济体制改革和金融体制改革的进程及总态势来看，选择人为倾斜金融发展战略是适当和难免的。因为中国当前面临的问题和所处的内外环境颇似第二次世界大战以后的日本及大多数发展中国家。其次是在人为倾斜金融发展战略中，在以间接金融为主的前提下，是人为促进还是人为抑制直接金融的发展战略选择问题。人为促进还是人为抑制的问题实际是调节间接金融和直接金融原来的倾斜度问题，选择抑制直接金融发展战略会扩大原有的金融倾斜度，选择促进直接金融发展的战略会缩小原有的金融倾斜度。人为扩大还是人为缩小金融倾斜度的选择，比第一种选择更为困难和更应慎重。这是中国当前在宏观经济金融控制管理战略规划和选择中面临的重大决策问题。即使是已经选择了人为倾斜金融发展战略的中国，从一般可能的选择和目标来说，应像第二次世界大战后的日本那样，确立“以间接金融为主，自觉地抑制直接金融发展”的人为倾斜金融发展战略。但从这两年的发展态势和需要来看，采取的是“以间接金融为主，积极自觉地大力促进直接金融发展”的人为倾斜金融发展战略。采取了同80年代的日本和第二次世界大战后的韩国基本相同的战略选择。在两种完全不同的背景和环境下，选择了完全相同的战略，这是很少有先例的。中国虽然在许多方面与韩国有相同或相近之处，但在企业所有制模式及管理体制等方面的差别却极其明显。

中国之所以这样做，可能是出于对资金总供给短缺的深切感受，对信贷的几乎是全部的额度管理的失望和对绕过直接行政计划干预而对直接金融市场的热切期望，以及对投资主体多元化和消费基金向投资基金转化的渴望。这种紧迫的需要、深切的感受，都是可以理解的。然而，这种战略选择是否是实事求是的和效果最佳的呢？

金融体制改革的若干对策

中国金融体制改革将进入更艰难的实质性改革阶段，下面仅提出若干可供选择的对策，作为改革的参考。

——对中国金融体制改革的总体描述。随着中国中央银行宏观控制调节体系功能的不断完善和加强，一方面对现有国家银行体系进行适度的收缩、改造和加强，另一方面对现有国家银行以外的一切金融机构进行扶植和强化，以便逐步创造一种适度的合理竞争的环境。对现有国家银行的业务范围、业务量和机构设置应施加某种限制，通过这种适度性收缩措施，通过国家银行自身减少管理层次和基层银行的企业化来加强自己的功能。通过提高经济管理效率，通过企业化来增强活力，通过适当收缩来收紧拳头使自己成为名副其实的国家大银行，充分发挥国家银行在中国金融体系中的骨干作用和资金融通中的主渠道作用。这样，通过收缩、改造和强化，将会打破目前国家银行系统的金融垄断局面，大大促进中国新金融体系的形成。在此基础上，随着中国经济体制改革的深入发展，投资主体的多元化，各种经济信号、各类企业决策和投资行为的正常化，中央银行金融宏观监督控制管理能力提高，将会使中国金融市场发展到一个新的高度，从而有效地促进经济的发展。

——尽快制定实施金融法。银行制度改革工作最重要的是搞好金融立法工作。必须在适当的时候尽快制定和实施银行法、货币法、票据法、证券发行交易法等一系列金融法规，从而使银行体制、组织结构、职能和作用具有坚实的法律保障和依据。有关银行法的准备工作必须抓紧进行，努力搞好调查研究，精心设计不同的方案，并对各种方案进行反复的比较研究，以便能选出既符合中国国情又能取得最佳经济效果的最优方案。

——建立中国国家金融委员会。建立具有相对超然地位、具有相当权威和影响的国家金融委员会，将其作为中国金融体系的最高决策和领导机构，使它成为隶属于人大常委会或国务院总理的超级综合性委员会。这是因为货币政策是一种全国性的、综合性的、非部门性的、持续性的有时甚至是国际性的政策行动。“大财政、小银行”体制下软弱无力的中央银行，无法有效地完成宏观经济控制调节的职能，必须采取有力的措施从根本上改变这一点。一位很有影响的经济学老前辈主张中国中央银行获得超然地位，隶属于人大常委会而与政府平行，如能实现，非常好，然而尚需时日。隶属于政府的超级综合性委员会——国家金融委员会，是相对切实可行的现实方案。

——中央银行作为金融委员会的执行机构应是强而有力的。中央银行作为国家金融委员会的执行机构和金融体系的最高行政管理当局，它应有相对超脱的独立地位和足够大的权威、足够强的力量及足够多的灵活而有效的货币政策管理工具。这不是出于某种个人意志的主观臆断，而是理论与实践证明了的一种经济的必然性要求。中央银行自身的结构必须合理化，内部信息、统计、调研和管理部门应大大强化，外部分支机构应尽力集中化。中央银行必须高度集中，分支机构不宜过多，这是世界各国的通例。中央银行分支机构成百上千，这是世界上没有的。中央银行自身庞大的机构网，会产生人为的集中困难、机构臃肿、行动不灵和效率降低的新问题。一定要按客观经济区划建立数量有限和适度的分支机构网。在条件基本成熟时，首先在各大经济区的中心城市建立经济区中央银行分行，以便以此为核心形成大经济区金融中心，并从组织结构上造成各地方行政机构无法任意指挥和干预的格局。

关于中央银行的问题，应着重注意以下几点：

第一，中央银行各级机构职能的明确和科学化。中央银行总行和省分行应着重资金的分配与调度，宏观中观金融规划、金融信息和金融货币政策；二级分行则着重加强对金融机构的监督、管理和稽核，并提供货币发行和清算服务。

第二，中央银行的二重的或双向的货币政策体系。由于中国的特殊国情，决定了二重经济结构、资金与物资“两大缺口”的情况将是一种长期的现象，经济的货币化程度的提高和货币信用制度、银行制度的发展完善，将是一个长期的、逐步的发展过程。因此，发达国家运用的一系列货币政策工具在中国的使用受到很大的局限，执行二重的或双重的货币政策势不可免，即货币供应量和信贷规模的“双向调控目标”、综合信贷计划和全社会金融规划相结合的“双向计划体系”、中央银行各级机构和各国家银行本系统管理相结合的“双线金融管理体制”、中央银行总行宏观控制调节和分行宏观中观控制调节相结合的“双层控制调节体系”。

第三，建立全国性的电子划拨清算系统，以加速资金周转，提高资金使用效益。这既是中央银行的一项重要的服务业务，也是它获得经济金融信息的重要手段。

第四，在搞活经济和搞活金融以及对外开放的条件下，必须不断完善人民银行的各种职能，强化它的作用。世界上绝大多数国家的中央银行，无论是过去还是现在，都不是不从事任何银行业务的纯机关。目前，中国中央银行的“纯机关化”倾向必须尽快改变。它必须：（1）自己独立控制货币发行和管理发行库；（2）拥有发达的调查研究、信息收集分析和统计机构；（3）拥有现代化装备的资金调拨、资金清算和票据交换系统；（4）拥有一支训练有素的专业化的金融监督管理队伍，能对一切金融机构进行有效的以现场检查为基础的监督管理。只有牢牢掌握住以上四点，有效地提供各种金融服务，它自身才能不断地得到强化，才能真正发挥中央银行宏观经济控制调节的职能。各国的历史和实践表明，中央银行的宏观经济调节职能，不能离开服务性职能而孤立地存在和发挥作用。中央银行自己的事自己不做，委托—代理的办法已被历史和国内外金融实践证明是不可取的。这种办法一方面导致中央银行自身权力的转移和功能的弱化；另一方面，在未来新的、比较复杂的、企业化了的金融体系中，又不符合对所有金融机构平等对待和合理竞争的原则。

第五，分阶段逐步建立大经济区中央银行分行。打破行政区划，在取得中央有关部门同意和配合的条件下，在主观和客观条件成熟的时候，尽快建立各大经济区中央银行分行，作为经济区宏观经济的控制调节机构。考虑到中国的某些特点和实际困难，鉴于旧体制的惯性行为一时还难以立刻消除，这一工作可以分阶段地进行。

——建立银行和财政相互渗透和相互制约的新体制。在中国，计划、银行和财政部门是主要的宏观经济调节部门。与商品经济相适应，金融体制集中表现在对信贷和货币发行量的总额计划控制和对定向性、选择性货币政策的重点使用。总结历史经验，为适应新经济体制的要求，必须建立银行和财政相互渗透、相互制约和相互影响的新体制。（1）银行代理国库，向政府贷款仅限于十分必要情况下的短期透支。但对透支的总额度和时间应有严格的法律限定。（2）银行代办国库券发行事宜，使用非货币手段为政府筹款。（3）大力发展财政性金融即政策性金融，这样通过银行营利投向引导与财政金融营利投向引导以及财政非营利投向引导，使银行与财政在相互协调、渗透、制约和默契的配合中实现对国民经济的总体控制调节。

——中国金融体系的结构应是“海绵体”。中国新金融体制的结构必须是能吞能吐、吞吐量具有相当规模，资金能上下左右、东西南北、纵横交错、流通自如、富于弹性的“海绵体”，不应再是单纯纵向性资金流动、排斥横向联系和流通的僵硬“胶着体”。

金融结构的“海绵体”是金融体制改革所遵循的商品经济原则、适应性原则、替代和转换原则以及规模经济原则的集中要求和集中体现。

应当建立宽广适度的、流通自如的、发达的货币市场和资本市场，但需要有一个逐步的长期发展过程。

——相对独立的银行体系。相对独立的银行体系的含义是指在建立国家金融委员会和地位相对超然的中央银行以后，如何摆脱各级地方政府行政领导机关对中央银行地方机构和各个国家银行地方机构及其他各类金融机构的强烈干预，从领导体制和法律规则的双重角度解决强迫性命令贷款及中央银行地方机构“地方向心力”的问题。只有这样，商业银行的企业化问题才能得到事实上的承认和实现，中央银行的地位和作用才能得到进一步的集中和加强。

对企业特别是对银行强而有力的行政干预是苏联经济和金融模式的痼疾。所以，在中国现有行政体制和经济体制之下，银行体系的相对独立性问题，既是一时难以解决的困难问题，又是影响宏观经济稳定和效益而非解决不可的重大问题。

——中央银行与各类金融机构的关系。中央银行与其他各类银行的关系问题，在新中国成立以来的金融发展史中始终未能得到很好解决。在旧的经济管理体制和金融管理体制下，这种关系不可能理顺。在当前经济和金融管理体制全面改革的条件下，理顺这种关系不仅必要，而且可能。随着中央银行地位的提高和权力的加强，各类银行的企业化，中央银行与各国家银行、地区性银行的关系应是宏观与中观、微观的控制调节的关系，是国家行政机关对金融企业的监督管理关系，是心脏与动脉间的最后贷款者关系和货币政策发动器与传导器的关系。

——关于大力扶植发展非银行金融机构问题。在对现有国家银行体系的改革由于种种原因而难以迅速推进的条件下，非银行金融机构的建立和发展对于完善中国现代金融体系，扩大现有金融体系的功能，促进各银行的企业化管理，对在加强金融宏观控制前提下搞活金融、开放和组织中国金融市场都有重要意义和作用。

当前，中国非银行金融机构的发展面临如下一些问题：(1) 中央银行在对四大国家银行及非银行金融机构的政策目标与政策方向上存在着明显的背离和矛盾；(2) 非银行金融机构面临着行政机构的多种干预，缺乏应有的独立性；(3) 由于业务技术和人员素质不高，对原国家四大专业银行的依赖性很大。

为大力发展中国非银行金融机构，中央银行必须进行观念和政策的某种转变：(1) 金融管理当局对非银行金融机构发展可能造成的某些危害不必过分担心，应放手让其有一个较大的发展；(2) 应积极扶植推进非银行金融机构的发展，并为其创造比较宽松的环境，不必告诉它们怎样做，而只告诉它们不能做什么就可以了；(3) 中央银行不应着眼于严格的控制管理，而应着力于引导和提供服务，当然并不排斥必要的监督控制和管理。

有必要建立专门从事证券发行和买卖的证券公司，以使这一工作专业化并由此而得到加强。

对于保险系统的改革完善应予以特别的注意。保险业的发展是中国经济体制改革的重要配套措施；是社会的重要安全“稳定器”；同时从金融体制改革的角度看，是形成有效的机构投资人，从而推进金融市场发展的重要措施。为此有必要：(1) 建立专门的保险管理机构。国家保险事务管理局，这一机构与职能应从中国人民保险总公司分离出来，隶属于中国人民银行。(2) 按专业建立保险公司。建立地方保险公司、合作保险公司和股份化保险公司；实行多元化保险体制，通过分保和再保险制度以打破目前中国人民保险总公司独家垄断的局面，有利于开展竞争。(3) 扩大各种类型的社会保障保险制度，扩大保险基金的积累。(4) 改变目前保费收入大部分上缴财政的做法，允许保险公司开展各种金融性投资活动，降低保险费率，扩大业务范围，使它成为真正的金融机构，成为金融市场的重要机构投资人。

——建立各种类型的政府政策性开发性银行和非银行金融机构。在中国旧有金融体系之下，商业性金融业务和政府指令性政策性金融业务是混合进行的，这是“大锅饭”的必然产物。在经济体制改革和金融体制改革深入发展，搞活经济、搞活金融及金融机构企业化的条件下，必须使二者相互独立、分离开来。建立政府的政策性开发性专业金融机构是发展国民经济的需要，是稳定经济和社会的需要，也有利于现有四大国家银行的企业化改革和资金的商品化，是金融与财政相互协调渗透的有效方式，是世界各国，无论是发达国家还是发展中国家金融体系中必不可缺少的重要组成部分。业务的政策性、开发性和资金运用的有偿性、非营利性是这类金融机构的基本特征。

这类政府开发性专业金融机构可以视需要和可能逐步建立，如农业开发银行、边远落后地区垦殖开发银行、进出口信贷银行、工业开发银行、技改银行、住宅储蓄贷款银行、国家风险投资银行、各种农业开发性保险公司等。建立的方式可以有如下几种选择，或者是几种选择齐头并进混合使用：(1) 可以在现有国家银行内将商业性业务和政府政策性业务在人员、资金、管理体制上分开，各自独立进行管理与核算；(2) 可以从现有国家银行中分离出一部分人力、物力和机构单独建立；(3) 也可用财政拨款或者专项基金全新建立。

——金融风险和金融风险管理。金融的基本特征在于其天然、广泛、深刻的渗透性。如今，可以说金融广泛渗透于社会生活的一切方面，绝不仅仅是经济生活方面。正因为这种强烈深厚的渗透性，所以金融的稳定或波动问题就成为一切国家政府十分关注的重大问题。金融风险和金融波动会直接影响社会经济的稳定，并进而影响社会的安定。

在社会主义条件下，由于“大一统”的银行体系和国家对金融业的高度垄断，金融风险问题至少在实践上似乎从未发生。但是，在这种情况下，金融风险问题在一定程度上是被分散、转移或掩盖了，而不是被消灭了。这造成一种错觉和更大的风险，即绝大多数人，包括工商企业和金融企业的管理人员、国家宏观经济监督管理部门的工作人员缺乏风险观念。在对内搞活和对外开放的新形势下，在商品经济和货币信用制度不断发展的条件下，对工商企业的经营风险问题，特别是金融风险问题应给予特别的注意。

从宏观的角度讲，对金融风险实行的风险管理是多层次的和广泛的。首先是严格严密的金融法规，这是法定的最基本的安全防线；其次是对金融业的日常监督管理，内部和外部审计，以防患于未然，这是第二道安全防线；再次是实行全国金融业的强制性存款保险制度，以便在风险发生时得以妥善处理，不致诱发社会性金融风潮，这是第三道安全防线。以上是世界上大多数国家实行的金融风险多重管理。在搞活金融，金融体系多元化、多层次化和金融机构企业化以后，中国实行金融风险管理已势不可免。但在上述三道安全防线中，第一、第二道安全防线残缺不全，有的流于形式，第三道安全防线目前还根本没有，这种情况是危险的。所以，在金融体制改革的总体战略中，必须把金融风险管理问题专门列出，专门加以规划，并渗透到金融法规、政策方针和管理体制的各有关方面。

——关于银行企业化的思考。几年来的改革实践表明，银行的企业化，内在动力、外在压力和活力问题是中国金融体制改革成败的关键，这一关键问题在进一步推进改革中实难回避。

在现存的中国金融体系结构范围内，在现行所有制关系、经济关系和行政关系范围内，要真正解决中国的银行企业化问题、资金的全面商品问题实在是太难了。几年来围绕银行企业化问题进行了大张旗鼓的宣传呼吁，然而很少有任何实质性的进展。

各地围绕银行企业化问题所做的大量文章，如行长任期责任制、储蓄网点承包制等，都未触及企业化问题的实质。

在关于银行企业化问题的一系列构思建议中，比较一致的意见是实现银行的自主经营、自负盈亏、自担风险和自求平衡。这些主张都不错，但在若干关系中界限模糊不清。银行内部下级行对上级行以“大锅饭”为特征的种种隶属关系如何切断？在工商企业尚未真正实现企业化、贷款软约束的条件下，银行同企业如何真正形成平等的商品交换关系？银行、企业如何从政府行政机关的直接控制下解放出来？

（1984 年初稿，1987 年定稿）

以市场经济原则重新构筑中国的银行体制

——1993年第十届"泛太平洋国际经济技术合作与发展大会"报告论文

在中国确立社会主义市场经济和即将重返关贸总协定，从而逐步实现国内国际两个市场、两种价格体系对接的新形势下，改革、开放、"下海""复关"这四件事就高度交叉统一于"市场"了。现代各国的货币信用制度和银行制度，是商品经济高度发展的产物。市场经济和银行体制之间具有密不可分的内在联系，它们需要和遵循一定的社会经济环境和运行规律，市场经济主要以市场机制实现资源最佳配置，所以，就一刻也离不开银行体制。所谓银行体制，是指一国银行体系的发展战略、构造方式、框架结构、组织形式、业务分工、监督管理、运行机制、运转环境和总体效应等金融相关要素的有机整体。在近现代世界各国经济与社会的发展历程中，特别是在世界经济一体化的条件下，各国在经济、金融体制等方面的相互吸引、借鉴、渗透和影响是显而易见的。在这个过程中，任何国家或民族都应有勇气承认别国的长处和自己的不足，这是充满自信的表现；任何国家和民族都应有能力吸收、接受和消化别国的优秀文化和先进经验，同时又保持自己的民族特性而不被同化、异化或弱化，这是强而有力的表现。对待外国的文化和经验，凡健康有用者一律拿来，为我所用；不分青红皂白地一概排斥，闭关锁国肯定要不得，然而不分良莠、真伪和适用条件，全盘盲目照抄照搬，也不可取。学习研究别人的东西，切忌只有因袭而无创造，只见别人而无自己。遵循上述原则，笔者拟对中外银行体制各要素中的一些问题进行对比性研究。研究借鉴世界各国的成功经验，最根本的一条就是以市场经济原则重新构筑中国的银行体制。

中国的金融体制改革已进行了十几年，取得了不小的成就，实为举世所瞩目。但在总体上是同"有计划的商品经济"或"以计划调节为主，市场调节为辅"这一总格局相适应的，而同以市场经济为基础的自由竞争原则相悖。金融体制改革在总体上仍脱节、滞后于经济体制改革，成为全面推进我国经济和社会改革的重要制约因素。在乌拉圭回合服务贸易总协定即将签署和《巴塞尔协议》实施的新形势下，更面临一系列新的严峻挑战。显然，中国的银行体制面临一场革命性的重大变革。

中外银行体系总体框架的比较与对策
——中国银行体系的现代化、规范化与国际化

市场经济是现代化、国际化、世界经济一体化了的商品经济，而现代货币信用制度、银行制度又是商品经济高度发展的产物。所以，适应市场经济发展的客观需要，各国都形成了与之相对应的现代银行体系。

现代各国银行体系一般都是以中央银行为核心或领导，以商业银行为主体，以各种专业性银行机构和非银行金融机构为两翼而组成的一个统一整体。这个金融大家庭，由各种不同种类、不同特征、不同职能的金融机构所组成，它们在金融大家庭中所处的地位和所扮演的角色各异，它们彼此相互联系、相互协调配合，作为一个整体对社会经济的发展与稳定发挥巨大的作用。

十几年的中国金融体制改革，取得了不小的成就与进展，特别是在中央银行的建立、金融市场的初步发展和银行体制的国际化等方面成效更为显著。但也存在一系列困难与问题，成为发展市场经济、加速改革开放和实现两个市场对接的重大制约因素。所以，当前，中国银行体系仍处在不断的调整与变动之中，并面临一系列重大的根本性变革。

——中国中央银行面临的重大变革。（1）中国中央银行缺乏相对独立性，严重依附于行政领导机关，使其难以根据客观经济金融形势的需要，独立地制定和实施货币政策，完成稳定币值和发展经济这一根本任务。这同计划经济“大财政、小银行”的旧体制相适应，但同市场经济体制不相容。（2）中央银行缺乏必要的权威性，难以发挥它监督管理金融和控制调节货币与信贷供应量，进而调节经济的重任。（3）货币政策工具作用有限，僵化而无弹性，软弱无力且远未形成体系，也缺乏货币政策传导的良好的经济与金融环境。（4）中央银行自身内部机构设置、人员素质和监测调查统计手段都同市场经济发展这一新形势不相适应。例如，大大提高中央银行调查统计部门的地位与作用，使之成为中国货币政策决策体系的支柱，是我们面临的一大任务。（5）中央银行外部机构设置以行政区划为原

则，从中央到地方分支机构林立，众达几千家，机构庞大、人员众多、包袱沉重、运转不灵，同世界各国按经济区划设立有限的和数量适当的分支机构这一原则根本相悖。在新的形势下，亟须按经济区划彻底调整撤并分支机构，并逐步建立各大经济区中央银行。

——重构中国的商业银行体系。根本任务是按市场经济原则，重新构筑中国的商业银行群体。（1）形成以国家商业银行为主体，多种所有制形式（股份制、合作制、中外合资、外国独资）、多种组织形式和不同辐射半径的商业银行群体。（2）将原四大专业银行逐步改革为国家四大商业银行，将它们原来承担的政策性业务逐步分离分立出去。（3）逐步实现银行机构企业化、资金商品化和利率市场化。（4）根据需要和可能，新建一批全国性、区域性、地方性、国际性商业银行。（5）使中国商业银行体系的资本比率、资产负债管理、业务和机构现代化、规范化、国际化。发达的商业银行制度既是发达的中央银行制度的基础，也是中央银行货币政策传导体系的主体和国民经济稳定发展的支柱。

——中国的各种专业性银行体系面临的重大变革。需要特别强调指出的是，这里的专业性银行不是指我国现存的国家四大专业银行，而是按国际口径和惯例划分的，与商业银行业务种类、业务对象和业务范围最为多样、广泛和全面相比，更为狭窄、单一和专业化的另一类银行机构。目前我国的专业性银行体系尚未形成，任务很重。亟须：（1）新建一批政府政策性银行，通过将原国家四大专业银行分离出来的政策性银行业务集中或重新组合改建一批政策性银行，形成政策性银行体系。这一问题后面将单独讨论。（2）新建一批专业性银行，如互助储蓄银行、邮政储蓄银行、中小企业银行等。

——中国非银行金融机构体系面临的重大变革。非银行金融机构体系的数量和种类的多少、业务量比例的高低，是衡量当代世界各国经济和金融发达程度的重要参照指标，也是金融深化的重要标志。（1）这一体系在中国现已初步形成，数量也已不少，如保险公司、信托公司、投资公司、证券公司、财务公司、金融租赁公司、金融咨询评估公司等，但有点乱而滥，亟须整顿、治理，使之法治化、规范化。（2）随着改革的深入和经济的发展，着力培育建立一批基金组织，如各种专项基金、私人基金、投资基金、养老基金、风险基金、奖励基金、发展基金等，从而构造一批有实力的机构投资人，为中国证券市场的健康稳定发展奠定基础。（3）填补缺项，新建一批政策性非银行金融机构，如存款保险公司、风险投资保险公司等。(4) 使商业性非银行金融机构企业化，资金与金融服务商品化和利率（价格）市场化。

——中国银行体系的外部组织形式选择。这里主要是指商业银行的外部组织形式选择。世界各国商业银行外部组织形式有如下几种：(1) 地方性单一银行制度（如美国)；(2) 全国性银行分支行制度（如英国以及大部分发展中国家)；(3) 全国性和地方性银行分支行制度（如日本、巴西、印度等国)。中国地域广阔，人口众多，各地区各行业经济与社会发展严重不平衡，差别性非常之大，显然适于选择并确立全国性和地方性银行分支行制度。至于其他类型的银行和非银行金融机构的分支机构设立，切不可继续沿袭计划经济体制下简单地以行政区划不区别情况一律普遍设立的老做法，应以市场经济原则为指导，在实现机构企业化的基础上，或不设分支机构，或在需要的地方设立有限数量的分支机构，或委托商业银行广泛专项代理业务。

——中国银行体系的运行机制。从根本上讲，一国银行体系的运行机制同整个国民经济的运行机制是相同的，即均为利益驱动机制、价值规律机制、竞争淘汰机制，这是最基本的运行机制。但光有这一经济性运行机制是不够的，除此之外，还有国家各种行政性监督管理机制和法律的强制与保护机制。在经济和金融的实际运行中，上述三类机制是同时交叉作用的，不可偏废。

——中国银行体系的总体效应。银行体系的总体效应是指一国银行体系的总体效率、效益和各构成要素间相互协调适应的吻合度。在重新构筑中国银行体系时，必须自觉地考虑并追求银行体系总体效应这一总体目标。具体包括以下几个方面：(1) 中国银行体系整体同中国社会、经济、金融环境相互协调适应的程度，特别是同市场经济这一基本环境协调适应的程度，即外部效应。(2) 银行体系内部各构成要素，即中央银行同商业银行、各种专业性银行、非银行金融机构间相互协调适应吻合的程度，即内部效应。(3) 银行体系总体及各类金融机构自身的功能、效率与效益。

银行基本体制和机制的比较与选择
——机构企业化、资金商品化和利率市场化

商品是为交换而生产的劳动产品，是使用价值和价值的统一。这句看似简单的话包含着极丰富的内容： (1) 交换是目的，生产是手段；

(2) 交换是一种社会经济关系，是两个独立的不同所有者之间的物资（使用价值）和资金（价值）的变换；(3) 交换在各类市场中展开，市场的主体与客体是基本要素，主体——交易双方，是完全独立的不同所有者，客体——交易的对象或标的是各种商品，包括物品、劳务、资金（金融资产）、外汇等；(4) 交换的比率或价格主要由市场的供求来决定，物价、工资、利率和汇率是几大类基本商品的价格。各类金融机构是专门经营货币与信贷业务的特种企业；金融机构买卖的标的或对象是资金（包括外汇资金）——各种金融资产商品；在一定时间内借（买）或贷（卖）一定量资金的价格，即利率，也由市场的供求来决定。用一句话高度概括，就是金融机构企业化、资金商品化和利率市场化，这三者是相互联系、相互制约、不可分割的统一整体。其中，金融机构是金融市场的主体之一，市场主体企业化是市场交换的前提；资金是市场交换的客体，客体商品化是基础；利率是资金这一特殊商品的价格，利率市场化是前二者的必然结果。货币制度、信用制度和银行制度是商品经济不断发展的产物，并同后者发展的客观历史进程相适应。现代世界各国都是如此，唯独中国例外，所以要改革。

中国的情况是金融机构机关化、附庸化，信贷资金财政化，利率行政计划化。这是产品经济、计划经济体制的必然结果，并同市场经济原则格格不入。所以，改变这一不正常状况是下阶段中国经济体制改革和金融体制改革的基本目标，这将是一场根本性的大变革。

——金融机构企业化。金融机构企业化，首先是银行机构企业化，特别是原国家四大专业银行的企业化，国有商业银行的企业化，这是基本经济体制问题。使银行机构真正成为自筹资金、自主经营、自负盈亏、自担风险、自我约束、自我发展和自求平衡的独立经济法人。它应是能够独立决策、独立经营、独立承担经济法律责任的经济实体，它不依附、从属于任何行政机构或经济政治集团。对金融机构企业化如何理解，目前也多有分歧：一是使金融机构本身成为企业；二是对金融机构实行企业化管理，至于它本身是企业还是机关或是别的什么，不清楚，回避了。

——资金（服务）商品化。银行既然是经营货币与信贷业务的特殊性企业，它经营的特殊商品——资金，必然商品化。商品化，就得讲商品的种类、规格、质量、用途、期限、责任、权利、成本、收益和风险，核心问题是借贷双方平等互利、自愿而不强迫、有借有还、付出代价、承担风险。这同信贷资金的财政化相对立。

——利率（价格）市场化。利率是一种资金买卖的价格。商品的价格主要由市场的供求来决定，这是天经地义的，它同利率的行政化、计划化、僵化相对立。利率必须既反映资金的成本，又能自动调节资金的供求，成为调节生产要素最佳配置的有力杠杆。利率是一种动态的资金价格体系，利率有高有低，有各种档次和差别，形成阶梯式利率体系，并随经济形势和资金供求自动波动与调节，这是一种绝妙精巧的经济机制。

我国现行利率制度是计划经济的产物，它并不是按价值规律以市场平均利润为基础，而是以主观需要和企业承受能力为依据确定的。一经确定，轻易不变，利率不分档次、差别，全国“一刀切”。它既不管市场银根的松紧和货币供应量的多少，也不管信贷资金规模大小和社会需求程度，背离价值规律，不能正确反映资金的真实价格和资金供求关系，更难以有效地调节信贷资金的结构和流向，所以必须改革，利率必须市场化。

中国的经济体制和金融体制改革已进行了十几年，银行的企业化改革却雷声大、雨点小，步履艰难而成效甚微。根本原因在于以下三点：(1) 是各级党政领导机关对银行业务的强而有力的行政干预使其无法对自己的行为作出独立的判断并承担独立的经济和法律责任；(2) 是一般工商企业的企业化改革进展缓慢，企业仍然躺在银行身上吃“大锅饭”，贷款只讲借、不讲还，使银行无法真正独立核算、自负盈亏、自担风险；(3) 是中国银行体制本身的传统弊端——各专业银行集国家商业性银行业务与政府政策性银行业务于一身的这种“一身而二任”的相互矛盾的状况，使银行的真正的企业化改革无法深入进行。简而言之，我国各银行机构的企业化、资金的商品化和利率的市场化改革必须以银行体系的相对独立化、非附庸化，一般工商企业的彻底企业化以及国家商业银行的商业性业务商品化和政府政策性银行的政策性业务专门化为前提。否则，便无从谈起。

银行业务分工制度的比较与选择
——综合化银行业务制度与专业化银行业务制度

银行业务制度是各国银行体制九大构成要素之一，是制定银行法的基本原则和主要内容，也是世界各国经济金融监督管理当局共同关注的一个重要问题。根据对世界大多数国家商业银行所能从事的业务的概略统计分析，明显地显示出不同类别的银行业务制度，即德国的综合化银行业务制度，英国、美国、日本等国的专业化银行业务制度和混合性银行业务制度。

——各国银行业务制度的划分标准。迄今为止，国内外理论界并未对综合化和专业化银行制度这两个概念的内涵做过明确的界定。区分这两种业务制度的标准也各种各样，既不一致，也不系统，在对世界各国银行体制进行了大量研究和系统归纳以后，我在所著《比较银行学》中第一次提出了如下的划分标准：（1）短期性银行业务与长期性银行业务的分离或结合；（2）间接金融业务与直接金融业务的分离或结合；（3）银行业务与非银行业务的分离或结合；（4）商业性银行业务与政策性银行业务的分离或结合。一般来说，凡上述二者结合的属综合化银行制度，分离的属专业化银行制度，其他属这两种业务制度的混合、交叉或变形。这些业务分工制度，或者是由于历史的习惯和自然的构造演变（英国、德国），或者是由于法律规章的诱导、约束或强制（日本、美国）。

——专业化银行业务制度。一些国家的银行体系是由按不同业务性质而设立的各类金融机构所组成，这种银行制度被称为专业化银行业务制度。世界上属于专业化银行业务制度的国家相当多，如大部分西方发达国家（如美国、日本、英国、加拿大、澳大利亚等）以及大部分发展中国家。无论是在历史上，还是现在，日本都是实行专业化银行业务制度的典型国家。日本的金融机构都按不同的业务领域设置。在现代日本金融体系中，有专门从事工商企业短期存放款业务的商业银行（商业银行又分为面向大城市及全国各地的城市银行和面向本地区服务的地方银行），有专门从事长期信贷业务的长期信用银行，有专营信托业务的信托银行，有专营外汇业务的外汇专业银行，有专营有价证券业务的证券公司，有专门负责短期、大额资金融通的短期融资公司，有专门为中小企业提供各种金融服务的相互银行、信用金库和信用组合，有专营人寿保险的人寿保险公司和专营火灾及其他意外灾害保险的财产保险公司，有专为农、林、渔业提供服务的多层次的农林渔业金融系统和为全国各行业提供服务的由政府资本组成的九大金融公库及其他政策性银行。

日本第二次世界大战后专业化银行制度的形成和确立有其深刻的民族、社会、历史、经济和政策原因。日本二重的经济结构要求一种二重的多层次专业化分工的金融机构；战后日本严峻的经济形势——经济濒临崩溃、企业破产倒闭、经济结构畸形、经济急需恢复发展、急需大量资金而又严重缺少资金，要求银行体制的形成既考虑到经济结构和形势的现状与需要，又便于发挥集中资金的职能；日本民族社会的历史沿袭因素也是不可忽视的重要方面；专业化银行制度特别便于政府的严格控制管理，显示了多方位分层次、分系统严格监督控制管理的特征。

在一定的历史条件下，专业化银行制度具有明显的优越性。(1) 专业化银行制度特别易于集中资金、重点运用。这集中表现在长期信用银行、城市银行、政府开发性银行和输出入银行的设置与活动中。城市银行实力最强，拥有全国 1/3 的存款；长期信用银行通过发行金融债券集资；政府系统银行靠财政资金和巨额邮政储蓄资金使信托业务独立于普通商业银行；使人寿保险与财产保险分离、使外汇专业银行长期保持特殊地位等也都是为了集中长期性资金、集中外汇资金，以便能重点有效地使用。由此可见，专业化银行制度在资金严重不足而又急需发展的国家，对于财力的有效集中和重点使用到重点工业部门和企业，促进工业的现代化，从而带动整个社会经济的发展是卓有成效的。(2) 专业化金融体制有利于一国经济结构的调整和改革，有利于经济的稳步发展。长期性金融机构和短期性金融机构分离，长期性金融机构资金来源于金融债券发行或者信托资金，期限长而稳定，适于长期贷款业务，而商业银行资金来源于短期资金，势必主要应进行短期性、流动性资金的贷放。把银行业务和有价证券业务分离，由证券公司专营有价证券业务，各类金融机构买卖有价证券受到严格的限制。总之，上述种种严格的业务划分和限制，在一定范围内和一定程度上抑制和减缓了资本主义生产方式所固有的不稳定因素，维持了金融秩序的稳定，有利于经济的稳步发展。金融机构按大小、行业、地区等方式划分，既有利于集中财力投入急需重点发展的重点行业和企业，又可避免中小企业、落后地区或行业的破产和衰落，支持和保护中小企业，促进落后地区或行业的发展，从而适应二重经济结构的需要。此外，为数众多和种类各异的各类中小金融机构的存在，缩小了工业与农业、大型企业和中小型企业、发达地区和边远落后地区的经济差异，促进了一国经济的一体化，有利于畸形经济结构的调整和改革。(3) 专业化银行制度有利于宏观经济的控制和调节，有利于政府的监督和管理。专业化银行体系有利于政府和中央根据不同情况区别对待，使政策工具富于弹性，易于对口管理，效能更佳，避免“一刀切”。由于专业化，管理控制的严格程度可以不相同，金融机构分门别类，各自在经济中所占的比重很不相同，为有关当局分层控制管理提供了可能。较之联邦德国综合化银行制度更易于达到干预经济的目的。专业化银行制度适于利用各种直接的“量”的控制，具有代价低、见效快、波动小和富于弹性等优点，从而不仅为宏观而且也为微观控制调节创造了必要的条件。不同贷款期限、不同贷款限额、不同贷款对象、不同准备金比率、不同利率限制等都是可用的灵活调节工具。

——综合化银行业务制度。这一制度也被称为“万能”银行制度，明显地区别于专业化银行业务制度，以德国最为典型。德国的银行机构，不管哪一类，除极少数例外情况，可以说什么业务都做，又与各企业有着特殊密切的关系。概括地说，德国大商业银行所从事的业务有新企业公司的创办业务、将独资企业改组为股份公司组织形式的变更改组业务、企业的联合合并和并吞业务、证券发行和买卖业务、票据贴现业务、存贷款业务、其他各种非银行金融业务。这一制度形成于19世纪七八十年代德国那种特殊的历史背景和社会经济环境之下。德国资本原始积累过程短暂而不充分，民间资本的积蓄十分有限，难以吸收大量存款以形成短期信贷的雄厚基础。另外，与英、法、美等国相比，德国经济的起步相当晚，客观外界压力相当大。政府企图通过强而有力的措施加速该国经济的飞跃发展，极力提倡和鼓励银行为大企业创办、合并与发展提供资金。商业银行从事长期信用业务和投资业务以及同工商企业特殊密切关系，使这一格局得以形成。

——德国的综合化银行业务制度同20世纪七八十年代的各国银行体制的综合化的比较。如前所述，最早的综合化银行业务制度产生于19世纪后期的德国那种特殊国内外环境与背景之下，而且这一模式在导致社会经济和金融的风险性、金融垄断寡头独裁统治以及对外侵略扩张等方面的消极后果和影响，也是不容忽视的。除此之外，银行业务制度的综合化发展趋势作为一种世界性现象，是在20世纪七八十年代的事。这是人类金融制度发展演变的更高和更深层次，是商品经济、货币信用制度和银行制度高度发展的产物，而不是人为任意主观臆造或选择的结果。它是一系列复杂因素作用和长期历史演变发展进程的产物，既不能人为地搬用，也不能用强力加以阻止。特别不容忽视的是这一制度赖以存在的社会、经济和金融环境。此外，20世纪七八十年代发达国家出现的银行业务的综合化（或业务交叉一体化）也只是一种明显的趋势，并不就是综合化银行制度在世界各国的确立。例如，美国、英国、日本、加拿大等金融体制一体化、综合化进展很大的发达国家，今天专业化银行业务制度这一基本格局并未根本改变。更何况这种演变趋势对经济金融秩序带来的风险性、稳定性问题，越来越引起各国的重视和反思。

——中国的选择以及这一选择的原因。近几年来，随着中国改革开放事业的深入发展，在报纸杂志上主张我国实行综合化银行业务制度或大规模的业务交叉的人很不少。例如，提出国家专业银行间业务交叉、外汇业务交叉、银行业务与证券发行交易业务交叉、银行业务与非银行金融业务交叉，搞金融企业与工商企业相互持股或合办金融企业、工商企业。这些主张和做法概括地讲，无非是主张中国实行综合化银行业务制度。有些主张和做法已使中国的经济和金融秩序产生了相当的混乱，急需治理与纠正。如前所述，这些主张和做法忽略了综合化银行业务制度在19世纪德国的特殊环境背景，同时也忽略了西方发达国家20世纪80年代银行业务的综合化趋势在人类金融发展历史上有时间和空间上的历史背景及层次特点。简而言之，它是商品经济、货币信用制度和银行制度高度发展的产物，是经济生活更高程度社会化和国际化乃至一体化发展的产物，是金融深化的产物，是资金总供给大大地大于总需求，从而竞争进一步尖锐化和金融企业追求规模经济效益、降低单位金融服务成本的产物。尽管人们可以把西方发达国家最新最时髦的业务制度和概念搬到中国来，然而任何人也难以人为地创造这一新业务制度、金融制度赖以生存的社会经济和金融环境，这便是结论。任何选择和决策都必须符合中国的环境和情况。20世纪50年代我们简单模仿、照抄照搬苏联的东西已使我们吃尽了苦头，如今照搬照抄西方发达国家的东西结果也不会更妙。中国和各国的历史与实践都证明了这一点。简而言之，并不是中国的银行业务制度永远不能综合化，而是现阶段不能，因为环境和背景不具备。

在现阶段，既然中国的市场经济、货币信用制度和银行制度都处在初级发展阶段，处于较低的社会发展水平，选择综合化银行业务制度显然不适合，中国应选择专业化银行业务制度基础上的适度业务交叉制度。以专业化银行业务制度为基础，这一选择意味着：（1）长期金融业务与短期金融业务在机构上的完全分离分立；（2）间接金融业务与直接金融业务的分离分立，特别是银行业务与证券发行交易业务的分离分立；（3）银行业务与非银行金融业务的分离分立；（4）商业性银行业务与政策性银行业务的分离分立；（5）不允许金融企业与工商企业相互持股或紧密结合。适度业务交叉制度意味着必须是有选择的机构种类（如商业银行体系中的综合性银行——交通银行）、有限业务种类数量或有限比例；适度交叉必须是有利于竞争、有利于优化金融服务、优化金融秩序并以此为度的交叉。

银行业竞争原则的比较与选择
——充分竞争与有限适度竞争

竞争是市场经济体制和经济细胞充满活力与生机的必要条件。但世界各国都认为：(1) 金融企业不同于一般工商企业，它是经营货币与信贷这一特殊商品的特殊性企业；(2) 特别在市场经济和世界经济金融一体化的条件下，以货币信用制度和银行制度为主体的金融结构，具有极其广泛深刻的渗透性和扩散性功能，金融体系成为国民经济的神经中枢和社会经济的调节机构；(3) 它具有影响国家最高利益和社会经济政治发展稳定等特殊的公共性和全局性。因此，不允许银行业像一般工商企业那样按充分竞争原则频繁倒闭和淘汰，这就要求对银行业实行不同于一般工商企业的特殊监督管理原则。这一原则就是有限适度竞争原则，而不是充分竞争原则。

有限适度竞争原则的“有限”“适度”又如何衡量呢？很遗憾，这是一个只能定性而难以准确定量的模糊概念。但我们可以描述，“有限”和“适度”的区间，可以定在高度垄断毫无竞争和高度破坏性竞争这样两极之间。竞争实现的程度不取决于人们的主观意志，而要看满足社会总供给略大于总需求（物资与资金）这一基本条件的程度。因此，衡量金融业务竞争的程度就不能简单地看某国某地区金融机构的数量多少，更要看各类金融消费者对各种金融服务的选择性的实现程度，以及单位金融服务成本最低化和总体规模经济效益最佳化。从这个意义上讲，目前中国金融业并未真正具备开展有限适度竞争的基本前提，而由机构与业务在空间地理范围内的交叉而引起的各种“机构大战”“储蓄大战”“贷款大战”“开户大战”“外汇业务大战”，并未能真正达到促进竞争和提高效益的目的，反而可能导致种种不正常状况的产生，演变成各种形式的破坏性竞争，进而搞乱经济金融秩序，影响社会与经济的繁荣稳定。

各国金融监督管理当局为协调缓和同一类或不同类型金融机构间的矛盾或摩擦，为实行有限适度竞争原则，主动限制各种破坏性竞争行为，采取了各种具体的办法。例如，美国的国民银行与州立银行并存的双线银行制度，单一州原则和单一银行制度，银行业务与证券发行交易业务的分离，20 世纪 90 年代以前长期实行的活期存款不许支付利息和定期、储蓄存款利率最高限的规定，以及银行登记注册和分支机构设立的严格审查制度，等等。又如，日本长期实行的各类金融机构业务与范围严格限定的专业化银行业务制度，13 家城市银行在全国各地设立分支机构面对全国大中型企业贷款，63 家地方银行在“一县一行主义”原则指导下，大体在一个县范围内设立机构对地方中小企业贷款等做法，都是在刻意执行银行业的有限适度竞争原则。

由上述比较，我们可以看到：(1) 世界各国遵循市场经济原则，都提倡竞争，反对垄断，反对不公平竞争；(2) 但银行业又不能像一般工商企业那样实行充分有效竞争，只能实行有限适度竞争的原则；(3) 这一原则贯彻在金融监督管理的一系列活动中，特别是在机构设置、业务分工制度等方面；(4) 在中国，自觉明确地确立金融业有限适度竞争原则，具有深远的历史意义和紧迫的现实指导意义。由于违反或破坏这一原则，在实践中已经造成一系列的消极后果和影响，亟待纠正。事实上，这中间有些模糊认识和误解，以为银行家数越多、分支机构越多，就越有利于竞争；这一类金融机构的业务另一类金融机构也干，彼此交叉就更有利于竞争。实则不然。首先，这里忽略了国外银行业务交叉，其交叉的机构主体是银行机构和非银行金融机构以及交叉的业务内容是银行业务与非银行金融业务这一根本点。其次，在不适当地运用“业务交叉”这一概念的同时，又在同一类型金融机构间开展空间地理范围的机构交叉，形成“工商银行下乡”“农业银行进城”“中国银行上岸”“建设银行下海”这一不伦不类的局面。美国商业银行长期实行单一州原则和单一银行制度，至今在 14000 多家商业银行中 60% ~70% 是单一制小银行，并无任何分支机构，更不搞你“下乡”、我“进城”，然而没有人说美国银行业没有竞争。

商业性银行与政策性银行业务的分离与机构的分立——国家四大专业银行的重大变革与中国金融体系的总体优化

如前所述，现代各国银行体系一般都是以中央银行为首，以商业银行为主体，以各种专业性银行和非银行金融机构为两翼组成的一个统一整体。政策性银行是各种专业性银行的重要构成部分，也就是说政策性银行一定是专业性银行，但专业性银行就不限于政策性银行。政策性银行基本上都是政府的银行，但政府或国家银行就不仅是政策性银行，还有国家商业银行。因为政策性银行基本上都是政府主办的，所以我们常常称为政府政策性银行。只有极少数国家在个别情况下有私人或民间主办的政策性开发性银行。但在这种情况下，它同政府也常具有一种特殊的关系或机制。商业银行和政府政策性银行在各国金融体系大家庭中，是性质、职能、运行机制、目标、资金来源与运用、与中央银行及政府的关系极不相同的两类银行。

——商业银行和政策性银行的概略比较。商业银行是各国金融体系的主体，是最典型的金融中介机构，它通过市场机制在获利的基础上实现资源的相对合理配置。但市场运行机制既是商业银行的特点和优势，又是它的局限性之所在。在价值规律、竞争淘汰的市场利益机制之下，资金流向效益高的地区、部门或行业，那么“马太效应”就会出现。不仅一国相对落后的地区、部门或行业会得不到或不易得到所需资金，相反还会出现资金的倒流现象，进而给一国经济与社会发展的全局带来许多问题。由此可见，价值规律的作用不是万能的，它也存在某些缺陷。“看不见的手”达不到或不能充分发挥作用的地方，“看得见的手”就应自觉地参与进来发挥作用，以促进经济与社会的稳定、协调与均衡发展，于是，政府政策性金融机构便应运而生。政策性金融机构是各国金融体系中两翼的一部分，是补充商业性金融机构作用的不足而不是替代它。它一方面配合一国经济与社会发展不同历史时期、不同阶段经济社会政策目标的不同需要和侧重点，通过政策性金融活动充当经济调节和管理工具的角色；另一方面又诱导、补充商业性金融机构机制与作用的不足，健全与优化一国金融体系的整体功能，充分发挥其在一国经济与社会发展中的不可取代的重要作用。在政策性金融机构的运行机制中，具有财政“无偿拨付”和金融“有偿借贷”的双重性机制，是二者的有机结合而不是简单加总。“无偿拨付”的财政性表现在政策性金融机构的非营利性，对贷款低息或无息的贴补性和对风险的硬担保性。有时即使赔钱也在所不辞。“有偿借贷”的金融性表现在政策性金融机构资金使用的有偿性和效益性上。从某种意义上可以这样讲，政策性金融机构是财政与金融、计划性与市场性、宏观与微观、直接管理与间接管理、有偿与无偿的巧妙结合体。

——各国的政策性金融机构。在现代世界各国中，不管是西方国家还是东方国家，不管是发达国家还是发展中国家，都设有各种各样的政府政策性金融机构，成为调节和管理社会经济的重要工具，它们不以盈利为目标，专为贯彻、执行和配合政府经济社会政策或意图，在特定业务领域内从事政策性资金融通活动，充当政府经济与社会调节管理的工具。例如，几乎一切国家都有的政府政策性金融机构有进出口银行、农业开发银行、工业开发银行等。又如，美国的政府政策性金融机构有：（1）联邦农业信贷机构中的联邦土地银行和12个联邦中期信贷银行。（2）联邦住房放款银行体系——联邦全国抵押协会（半官方机构）、联邦住宅行政管理处（主要对建造廉价房屋和学生宿舍发放优惠贷款）、联邦残废军人行政事务管理处（主要为老军人取得建房修房贷款提供保证）。（3）美国进出口银行和其他支持出口的信贷机构——对外信贷保险协会、本国对外销售公司、私人出口融资公司、国外私人投资公司和农业部所属的商品信贷公司。（4）联邦存款保险机构——联邦存款保险公司、联邦储蓄与贷款保险公司和全国信用管理处。它们分别是商业银行、储蓄银行、储蓄贷款社和信用社协会的存款保险机构。这些措施大大加强了美国金融机构的稳定性和社会经济的均衡发展，已为各国所仿效。

——日本的政府政策性金融机构体系。日本作为后起的东方国家，它的政府在其经济与社会发展的过程中，始终发挥着重要的作用。其中，发达配套的政府政策性金融机构体系和财政投资贷款就是典型一例，很值得我们借鉴。

在日本，银行资本的形成和发展比商业资本和产业资本早，金融资本与政府的关系极为密切。这同大多数欧美国家相比有很大的不同。不仅如此，日本政府还要自己直接控制管理一些特殊性金融机构，以服务于国家的经济和社会政策，服务于内政和外交政策。早在19世纪末20世纪初，日本就形成了一批执行政府特殊目的、依据特殊法律成立、受政府特别支持保护和严格监督管理的特殊性金融机构，如北海道拓殖银行、长期信用银行以及台湾银行和朝鲜银行。这些特殊银行在发展日本经济和对外扩张侵略中发挥了重要的作用。第二次世界大战以后，日本逐步建立起配套齐全的政府政策性金融机构体系，并且在资金来源和运用方面形成稳定的体制。

日本的政府政策性金融机构由日本开发银行、日本输出入银行、海外经济合作基金、九大金融公库组成。（1）日本开发银行。该行建于1951年，是根据《日本开发银行法》建立的，是政府长期信贷金融机构。其职能主要是通过对企业进行长期低利贷款，以支持重点产业的发展和新兴产业的开发，弥补民间金融机构长期资金的不足。（2）日本输出入银行。该行建于1950年12月，行政上属大藏省领导，业务上与通产省、外务省和经济企划厅关系密切。其主要职能是对日本进出口商品提供低利中长期贷款，以推动日本商品与技术的出口，并资助原材料的进口，促进国际收支的平衡。(3) 海外经济合作基金。该行是政府对外经济援助的专业金融机构。(4) 九大金融公库。包括国民金融公库、住宅金融公库、农林渔业金融公库、中小企业金融公库、北海道开发金融公库、公营企业金融公库、中小企业信用保险公库、环境卫生公库、冲绳振兴开发金融公库。这九大公库是比前三类银行专业性更强、贷款范围更窄、政府开发支持色彩更浓、政府控制管理更严、自主性更弱的政府政策性专业金融机构。人们切不可小视这些公库，它们之中有几家规模相当之大，实缴资本大大超过日本任何一家商业银行。九大公库对各特定行业民办或官民合办企业提供优惠贷款。一些公共事业或行业，或因需长期资金而又力量单薄，或因民间金融机构不愿承担风险不愿贷款，故难以发展。九大金融公库正解此难，它按政府规定的特定政策和目的从事金融活动，经营民间金融机构不愿经营的金融业务，从不同角度，在不同程度上弥补了民间金融机构的不足，成为有关行业振兴发展的重要力量。

日本政府政策性金融机构种类众多、行业齐全、信用卓著、地位显赫、作用巨大，形成完整的体系。它们的共同特点在于：(1) 都是政府全资建立，行政上皆归大藏省监督管理，业务上由大藏省和主管省厅领导；(2) 一般由政府担保支付债务本息，风险很小；(3) 一般不接受存款，也不从民间借款；(4) 专业性极强，均有特定的贷款支持范围和对象；(5) 有政府强大后盾的支持，信誉相当好，可免除某些赋税，又可不参加存款保险，因而运营成本低，竞争能力强；(6) 各政府政策性金融机构除政府国拨资本外（大体占 20%），还可以发行政府担保的金融债券筹资（大体占 10%），此外，更多的资金来源于日本邮政储蓄（约占 70%）。日本邮政储蓄通过全国的庞大网络吸收了日本金融机构存款总额的 1/3。然后交给日本大藏省的资金运用部，由资金运用部根据需要分配给政策性金融机构使用。各政策性金融机构发放的优惠贷款占日本金融机构贷款总额的 1/3，成为日本政府调节管理经济与社会发展的强大力量和有效工具。

——着力构筑中国的政府政策性金融机构体系。如果说世界各国都建有各种政府政策性金融机构体系，在国家经济和社会发展中发挥强而有力的作用，因而是十分可取的话，那么这一点在日本就表现得更为典型，因而对中国借鉴意义更大。不仅如此，中国自身的许多特点也决定了它比世界各国都更加需要庞大完善的政府政策性金融机构体系。中国地域广阔、人口众多、地区经济与社会发展严重不平衡、经济结构与产业结构严重不合理，多样性、差异性和不平衡性巨大，以公有制为主体，多种经济成分、多种所有制形式、多种经济运行机制与体制并存这些特点，使中国比其他各国更加需要形成政策性金融机构体系。

着力构筑中国的政府政策性金融机构体系，可以通过多种渠道、多种方式实现。(1) 将现存的国家四大专业银行加以根本改造，使它们的商业性业务和政策性业务先在同一机构内分离，单独核算，待条件成熟时相互分工，原四大专业银行变为国有商业银行，政策性业务则形成相应的单独的政策性银行，如中国工业开发银行、农业开发银行、基本建设投资银行和中国进出口银行。(2) 新建一批政策性银行，如房屋储蓄贷款银行、中小企业贷款银行、邮政储蓄银行、科技投资银行、对外经济合作银行（或同中国进出口银行合并）、老少边远地区开发银行等。(3) 新建、改建一批政策性非银行金融机构，如目前已有的国家八大专业投资公司、存款保险公司、社会保障（养老就业）保险公司等。(4) 逐步建立各种基金，相当于日本的各种公库或金库。(5) 通过邮政储蓄业务扩大资金来源，形成稳定和强大的资金供应系统。

中国原国家四大专业银行商业性业务与政策性业务的分离分立，是中国经济体制改革和金融体制改革深入发展的必然结果，是有革命性意义的关键一步。彼此的运行机制、目的、作用、资金来源与运用、与政府的关系、与中央银行的关系都有很大的不同。中国四十多年的历史实践表明，将二者人为地结合在一起，结果是双双削弱；各国的实践和成功经验表明，将二者分离分立，是对二者的解放与加强，并使我国金融体系的总体效应大大优化，也使我国宏观经济和社会调节控制体系更为加强。例如，中国银行号称是中国的国家外汇专营银行。外汇专营银行，首先必须是商业银行，是国际商业银行，它在国内外有庞大的分支机构和代理行网络，所以它才可以对外对内进行本外币支付、转账和结算。例如，日本的东京银行是日本政府指定的外汇专营银行，但它首先是日本 13 家城市银行之一，是一家商业银行。将支持进出口业务的政府政策性业务分离分立出去，另建中国进出口银行，这使中国银行和中国进出口银行二者都双双得到解放和加强。中国银行可以堂堂正正地作为一家国家商业银行，大力发展人民币业务，以此为强大后盾，才能进而更有力地发挥国家外汇专营银行的作用。

银行与工商企业关系的比较与选择
——银企关系模式与联系形式

银行与工商企业关系的不同模式和不同联系形式问题，即银企关系或产融结合问题，是涉及一国基本产业结构和根本产业政策的重大问题，是对一国经济和社会政治生活具有压倒性控制垄断影响的重大战略问题。这一问题的影响比较隐蔽，消极后果和影响的暴露需要更长的时间，故易于为人所忽略；一些紧密结合的模式又有许多局部的、直接的短期利益，而短期利益是十分诱人的，有时甚而是难以遏制的，故易于为人所乐于接受。近百年来，银企关系的不同模式和不同联系形式问题一直是世界各国经济和金融监督管理部门和最高立法当局选择和决策的基本问题，也是中国建立社会主义市场经济新秩序和金融新秩序的基本问题之一。

——各国银企关系的不同模式。由于世界各国的经济与社会发展的历史阶段、发展战略、民族社会历史、政治、法律等环境与特点不同，有关银企关系的法律规定和关系模式也有很大差异。综合观之，有如下几种模式：（1）法律上严格禁止银企相互持股的美国模式；（2）原则上不限制银企紧密结合的德国、日本模式；（3）法律上并未严格限制而实际上较为松散的英国模式；（4）监督、资金供给和依赖共生的苏联模式；（5）银企完全融为一体的南斯拉夫模式。

——各国银企间联系的不同形式。从最根本的意义上讲，金融业的发展是商品经济发展和生产社会化、国际化的产物。所以，银行与工商企业间的比较紧密的联系和相互依赖是自然的和可取的，关键在于二者必须有适宜的联系形式和依赖程度。概括地讲，有如下一些具体的联系形式：（1）信贷联系；（2）银行对企业的持股关系；（3）企业对银行的反向持股关系；（4）银企集团；（5）债权股权化；（6）银行对企业的人事结合；（7）银行代股东行使投票权；（8）国家授权银行全面监督企业；（9）银行对企业的资金供给制和企业对银行的高度依赖；（10）银行企业利益共享、风险共担的“金融自治共同体”；（11）企业对银行的人事结合渗透；（12）间接的股权控制和人事参与。

——不同关系模式和联系形式的综合分析。聪明的读者稍加思索就会发现，在不同的银企关系和联系形式之间有一种内在的必然联系。上述12种联系形式并不同时与每一种关系模式相联系，有的只同特定的模式相联系。例如，第（1）种联系形式同每一种关系模式相联系，第（2）种联系形式同德国模式相联系，第（2）、第（3）种联系形式则同日本模式相联系，第（8）、第（9）种联系形式只同苏联模式相联系，第（10）种联系形式只同南斯拉夫模式相联系，等等，不能一概而论。各国的不同模式和不同联系形式依赖于各国特殊的环境和背景，并且在实践中得失利弊也相当不同，切不可盲目照搬。鉴于这一问题对一国经济和社会生活关系重大，所以各国都非常谨慎地选择和决策。它们在选择和决策时所考虑的基本因素有：（1）与一国产业结构和产业政策规划相协调；（2）垄断程度和对竞争的影响；（3）经济和社会发展的需要程度；（4）经济和金融的稳定性；（5）对社会稳定和政治生活的影响。这些都是对一国经济与社会生活有根本性、全局性影响和决定性意义的基本战略问题，切不可等闲视之，贸然行动。

——中国的选择与决策。迄今为止，中国在银企关系模式和具体联系形式方面尚无郑重的选择和决策。改革开放以来，在尊重基层群众的创造精神的口号下，任各地八仙过海各显神通。先是建立银企集团，进一步发展到银企相互持股，合办金融企业或一般工商企业；近一两年就走得更远了，金融企业创办工商企业，工商企业创办金融企业，且发展迅猛、势如破竹。这种情况在世界各国也是罕见的，已经和正在造成严重的经济和社会后果，应引起特别的警惕。

笔者认为中国的银企关系过于紧密是极其危险的、不可取的。原因在于：（1）银行对一部分企业的偏爱会导致不公平竞争的加剧，与建立市场经济新秩序的基本原则相悖。（2）银行既是企业的监督者又是利益竞争者，集裁判与球员于一身而二任，不符合逻辑。（3）脆弱的中央银行将无法抵御银企紧密结合产生的对货币政策的“阻抗”。（4）导致经济高度垄断和竞争严重削弱。（5）削弱经济金融稳定性，诱发经济金融波动或危机，诱发社会动乱，影响社会安定。中国改革的实践表明，在中国的特殊环境下发展市场经济的历程将是艰难曲折的；市场机制和权力机制的斗争和较量将是长期而尖锐的；在中国，防止经济金融甚至社会生活的高度垄断，提倡机会均等和公平竞争，明确划分经济、金融和政治三者的界限，比西方发达国家和许多发展中国家都更为紧迫与艰难。因此中国在这个问题上必须有所选择和决策，不能无所作为和听其自然，但又不能轻率地贸然选择和决策。

法律在银行体制变革中地位与作用的比较

市场经济是法制经济、契约经济。同样，银行体制的建立、发展与变革也需要完善配套的金融法规。金融法制建设在西方各国和许多发展中国家经济和金融事业发展中的作用是重大的。这些国家一般都是法制制定、实施适度超前，使法律在经济和金融的发展中充分发挥它特有的诱导、规范、约束、强制和保护作用，而不是滞后于它，简单地承认既成的事实或现状。如日本，从明治维新到 20 世纪初的三四十年中，除日本商业银行——私立银行是在“类似银行的公司”大力发展和《国立银行条例》废除以后才颁布了《银行条例》加以确认和规范化以外，其他一系列变革和银行体制的最终确立都是以正式的金融立法和灵敏的法制修改变革为前导的。早在 1896 年日本就颁布了《银行合并法》，而银行业事实上的合并集中则是 1916 年（20 年以后）的事。这种金融立法的适度超前，对于银行结构和体制的形成起了重要的指导、规范化和政策导向性作用。尽早规定银行可以做什么，不可以做什么，这样进展顺利、反复很少、矛盾较少、摩擦小、总体效益高，避免了事到临头的草率应付和许多不必要的损失和延误，并使经济金融秩序得到稳定和优化。

中国的情况是经济金融立法长期滞后于经济金融形势和客观需要，上面自动放弃了法律的诱导、规范、约束、强制与保护作用，下面各行其是，我行我素，名目与做法繁多、不规范、不统一，总体目标不明确，反复、返工和矛盾较多，摩擦较大，总体效益较低。时至今日，中国还没有一部正式的银行法、证券法、票据法、保险法，只有一大堆试行草案和临时办法。临时性法规和政策的严肃性、权威性和稳定性远不能同正式法律相比，中国有必要提高法律在经济金融秩序建立中的地位与作用，并且尽快制定相应的法律。

（写于 1992 年）

关于发展我国个体经济和私营经济的战略与对策

中国十多年改革的一项基本经验就是，任何改革措施必须着眼于生产力的解放和发展，改革成效的检验也必须以是否进一步解放生产力和大大促进生产力的发展为标准。笔者认为，中国的个体经济和私营经济应有一个前所未有的突破性的重大发展，应将大力发展个体经济和私营经济作为进一步发展我国商品经济，特别是实施沿海地区经济发展战略的一项重大总体战略决策。这一决策将会进一步解放思想，解放生产力，从根本上优化经济体制改革和金融体制改革的社会总体环境，极大地缓解当前面临的种种矛盾和可能潜伏着的危机，有效地实现存款分流，促进投资主体多元化和金融市场的发展。这一决策有利于改革的深化，有利于经济的持续增长和社会的基本稳定，有利于社会主义商品经济新秩序的建立。总的原则是解放思想、政策放开、充分发展、综合规划、强化管理。现将有关战略与对策分述如下。

历史地位与现实作用

在人类社会发展的漫长历史过程中，商品生产和交换的存在与发展已有两三千年的历史。各国商品经济发展的历史实践表明，个体经济和私营经济在商品经济发展的过程中，在创造和发展人类物质文明和精神文明的活动中，曾经起过难以估量的历史性作用。如今，它也仍然对世界一百多个国家和地区的经济与社会的发展作出巨大的难以取代的贡献。可以这样说，商品经济是人类社会发展的一个不可逾越的历史阶段，而个体经济和私营经济是发展商品经济的有效形式。迄今为止，世界上还没有一个国家或地区能在排斥个体经济和私营经济的条件下充分有效地发展了商品经济，从而使经济与社会得到迅速的发展。这一历史事实和经验是令人深思的。

20世纪30年代以来，许多西方发达资本主义国家盛行的国有化热潮，在经过几十年的实践以后，也都不理想，于是80年代又形成西方国有化经济私营化的回流。中国等社会主义国家长期认为商品经济、个体经济和私营经济是资本主义的代名词，是万恶之源，并与之相对应大力发展自给自足的自然经济、产品经济和国有经济，以为公有化、国有化程度越高便离资本主义越远，离社会主义越近。几十年的实践表明问题远没有当初想象的那么简单。在付出了重大的历史性代价之后，终于认识到商品经济是人类社会发展的一个不可逾越的历史阶段，也是社会主义发展的一个不可逾越的历史阶段。认识到商品经济发展必要的各种形式、途径、手段、工具，发展的不同历史阶段和过程，也同样是不可避免的和必要的，也就不应再反对和排斥个体经济和私营经济。此外，有必要强调指出，东西方各国的发展历史都表明，个体经济和私营经济并不是国有化经济的对立物，恰恰相反，个体经济和私营经济是国有化经济发展的基础和必不可少的补充或配套。通过对历史的回顾和对现实的思考，我们必须勇敢大胆地冲破束缚生产力发展的种种“主义”和“理论”，必须勇敢地冲破凡事不是从事实和实践出发而是从“主义”出发的传统“主义第一”观念；必须冲破研究经济问题不揭示其经济必然性而是引入一大串非经济的、理想的、信仰的、伦理的和道德的标准或论证的老模式；抛弃将商品经济等同于资本主义经济的“等同论”和将商品经济同社会主义经济对立起来的“对立论”；抛弃将个体经济和私营经济看作是万恶之源的“万恶论”；必须勇敢大胆地承认个体经济和私营经济在人类文明发展中的历史性贡献和巨大现实作用；必须勇敢大胆地放手发展社会主义个体经济和私营经济，逐步建立适应商品经济发展的新思想、新观念。

总之，解放思想，放开手脚，让我国的个体经济和私营经济有一个突破性的、充分的发展，在一段时间里有一个不受不必要限制的自由发展是十分必要的。

发展的内在必然性和现实可行性

中国个体经济和私营经济的大力充分发展，将会改善或创造适合社会主义商品经济发展和经济、政治体制改革的总体社会环境。十多年来的改革使我们不得不优先应付许多十分紧迫的问题，主要围绕改造旧体制做文章，而在创造和优化改革的总体环境，创造和优化适合商品经济发展的总体环境方面则作为较少。个体经济和私营经济的充分发展将会在我国以往传统僵化的旧所有制结构中和旧的经济体制模式中注入一种新的形式与新的内容，促进市场的发育，注入一种新的活力和生机。它将会优化我国的所有制结构，改善基本经济环境和更多地引入竞争机制，提高中国经济总体的效率和效益，从而大大促进经济体制改革和金融体制改革的深入发展，也将有力地推动政治的民主化进程。

通过发展个体经济和私营经济，将会催生一批私人合伙企业和股份制企业。各国商品经济的发展，一般大体经历了个人独资、私人合伙和股份经济等发展阶段。在现阶段我国经济体制改革中，由于种种因素的制约和影响，原有国有或集体所有制工商企业的股份制试点遇到种种困难和问题，进展迟缓，范围也极为有限，至今许多问题的透明度很低。在个体经济和私营经济经过一段较长时间的自由、充分和巨大发展以后，随着资金的积累、技术水平的提高和产品的更新换代，将会对资金和设备提出更高水平和更大规模的要求。在这种情况下，将会在完全自觉自愿的基础上出现若干个体户合作兴办较大规模私人合作或合伙企业，以及由个体经济和私人合伙经济向股份经济的过渡或转化，从而逐渐形成个体经济→私人合作或合伙经济→私人股份制经济→国有经济→国有和私有混合股份经济间的相互关系链。前者是后者的基础，后者是前者的发展与完善；表示了这一循环链中每一要素间的不断变化、不断补充、转换替代和相互促进。当然需要说明的是，这一循环链所表示的仅仅是一种经济形式结构关系，而不是全部经济形式结构关系，是一种示意性的图示而不是机械僵化的模式。人类迄今为止的实践表明，股份经济是发展商品经济的一种普遍而又有效的形式。它的所有权和经营管理权统一、内在动力和外在压力统一，具有明显的优越性。通过发展个体经济和私营经济而催生的这一批股份制企业，将会优化我国的所有制结构，具有广阔的发展前景。

大力充分发展个体经济和私营经济，有利于改变我国历史上长期形成的畸形经济结构、产业结构和不平衡的社会综合发展水平。在我国原有发展模式和条件下，形成我国重工业畸重、轻工业畸轻和第三产业落后的畸形经济结构和产业结构。对世界各国经济与社会发展状况的综合研究表明，在近现代各国各地区发展历史中，每一发展阶段，经济与社会发展的某一水平都有一个人均国民收入水平相对应。对比研究表明，我国的基础性工业发展水平相当于许多人均国民收入在两三千美元国家的发展水平，而农业和第三产业却只相当于人均国民收入一二百美元国家的发展水平。这种畸形的经济结构和产业结构，以及由于严重落后的第三产业形成的社会发展综合水平的严重不均衡不协调，成为我国经济起飞和发展的沉重包袱和硬性制约因素。个体经济和私营经济全部或大部分集中于第三产业的各行各业和微型、小型工业企业，放手充分发展个体经济和私营经济将可能迅速地改变畸形产业结构，有利于调节我国各产业不均衡不协调的社会综合发展水平，为我国经济的高速起飞和良性循环奠定坚实的基础。

大力充分发展个体经济和私营经济，有利于人们冲破保守僵化思想和鄙视商品经济的陈腐观念的束缚，促进我国商品经济的发展。自古以来，我们民族一直有轻视和鄙视经商的传统思想观念。所谓“饿死不经商”“好人不经商、经商无好人”“奸商、奸商，无商不奸”，就是这种传统观念的写照。时至今日它仍然束缚着我们的手脚，困扰着人们的心，这种状况北方比南方尤甚。1987 年北方某省某县遭灾，在救灾中当地大街上贴出了“××人民有志气，宁死不去做生意”的大标语。江浙一带的木匠、鞋匠、弹棉花匠、砖坯匠占领了北方各省各市直至穷乡僻壤的县城和乡镇，而当地人却不屑一顾，认为不值得一干。这些北方人看不起的事恰恰是商品经济相对发达、相对宽裕的浙江人愿意干的事业。这其中的道理是颇为令人深思的。

大力充分发展个体经济和私营经济，将会激发和培育人们的投资观念，改变畸形的消费结构，促进投资，抑制超前消费，促进金融市场的发展。例如，到 1987 年底，全国城乡居民个人储蓄存款达 3070 亿元人民币，据估计，在居民个人手中尚有 1200 亿元现金。1993 年底相对应的数字是 15000 亿元和 3000 亿元。如此庞大的一笔游资若不恰当地疏导，一遇风吹草动，储户不用全部挤提，就是提取 1/3 也会使银行告急，给全国商品市场带来难以估量的冲击和后果。

由于“左”的影响尚未彻底肃清，一部分先富起来的人怕政策多变，再加上有关部门缺乏正确的宣传和引导，国家没有从法令、政策和规划上给群众发送一种长期稳定地鼓励投资兴办企业的坚定信号，这就形成一种“投资压抑”。人们有了钱大都往吃、穿、用的高档化上使劲。中国城镇居民家庭电视机普及率为 93%，收录机为 52%，洗衣机为 60%，电冰箱为 13%，相当于 1966 年人均国民生产总值 1000 多美元的日本。难怪外国评论家惊呼“中国人的高消费令西方瞠目结舌”。主要高档消费品都有了的家庭便开始讲究吃了，曰“食不厌精”。但是问题并不在于消费品的高档化和食品的高质量本身，而在于这种高档需求表明了一种不正常的社会心理和经济导向，潜伏着一种危机和矛盾。人均国民收入两三百美元的生产或收入水平在某些方面同相当于人均国民收入两三千美元的消费水平相对应，这实在是一种严重的扭曲和奇特的现象。这种严重的扭曲和奇特的消费超前，与挥霍浪费、奢侈、少积累、寡投资相伴随，都是对“投资压抑”的一种恶性反弹。这种现象带有一种侥幸的和暴发的心理，人们得手便“抓一把”“咬一口”就跑，具有很强的投机性和贪婪性。任何一个民族或国家，当它处于现代化发展的初期颇类似于资本原始积累时期，百业待举而又严重缺少资金，适度地抑制今日的消费，注意节俭，将一部分消费基金经过兴办工商企业或购买股票和债券而转化为建设基金，无疑是正确的和必要的。资本主义各国大都经历了这样一个过程。即使在今天经济高度发达的日本，节俭和储蓄投资也仍然是其国民的美德。

从历史的观点和经济的必然性来看，个体经济和私营经济的蓬勃发展，资本原始积累的加速和财富的相对集中是一种历史的进步、发展的契机和必要的代价。社会较低发展水平时期财富的过于平均化，将造成有限财富的高度分散化和非积累的消费化，最终导致经济与社会发展的低速增长。理解和承认这一点，既可以大大缓解作出发展个体经济和私营经济重大决策时的心理压力和失落感，也可以大大减轻对个体经济和私营经济大发展而造成的收入较大差异的担心和忧虑。鉴于此，国家应通过法律保护和政策诱导，向国人郑重宣布大力鼓励私人兴办各类个体和合作企业，大力发展个体经济和私人经济，大力鼓励私人进行实业投资和金融性投资。这样，不仅可以通过发展个体经济和私营经济而发展商品经济，也培植了国民的商品经济观念、资金周转观念和投资观念，增强了对投资风险、市场竞争淘汰的心理承受能力；还为国民巨额储蓄存款开辟了新的流向，实现了存款分流，缓解了潜伏着的矛盾和危机，促进了金融市场的发展。所有这一切将有利于创造一种适于商品经济迅速稳定发展的经济环境、金融环境和社会环境，加速改革和“四化”事业的发展，促进社会主义商品经济新秩序的建立，实现中华民族的历史性腾飞。

在当前，大力充分发展个体经济和私营经济具有明显的优越性和极大可行性。中国是正在发展中的社会主义大国。所有发展中国家，在其发展的进程中都长期面临资金和物资的两大缺口，总供给小于总需求的状况造成种种经济和社会压力与矛盾，一个明显的情况就是僧多粥少，百业待举而又严重缺少资金、物资和技术。在这种情况下，一种惯常的本能反应便是由国家控制和分配一切，其结果常常是“抽刀断水水更流，举杯消愁愁更愁”。人们可否放弃传统的思维方式和反应方式，从另一个角度思维和处理问题呢？可否不由国家统包统办统配一切，而采取多种方式加以解决呢？个体经济和私营经济，顾名思义就是公民个人独立或合伙兴办某种企业或事业，自筹资金、自我发展、自主经营、自负盈亏、自担风险、自求平衡，具有责权利统一、利益与风险对称和市场机制导向的优越性。资金和风险全部由私人承担，国家不拿一分钱，不造成任何负担。国家只要下决心，只需出政策，不担任何风险，即可使我国商品经济有一个巨大的发展与繁荣。此外，大力充分发展个体经济和私营经济，还具有有利于就业、增加税收和利国利民的优越性。个体经济和私营经济在相当长的时间内只能分布在第三产业和微小型工业企业，而第三产业和微小型工业企业具有最低起点资金需求量小、技术设备条件要求相对较低等优点，它作为劳动密集型产业尤其具有劳动力需求吸收量高的特点，因而更具有有利于社会就业的优点。在今后相当长一段时间内，随着农业商品率的提高，集约化和专业化经营的发展，将会有很大数量的农业剩余劳动力游离出来；随着工业企业法的贯彻和经济体制改革的深入，将会有大量在职失业的人员从原有企业中剥离出来；随着政治体制改革的发展，各级国家机构的精简和职能的转换也将有相当数量的在职干部精减下来。从全国总体的角度讲，这种游离、剥离和精减的过程将是长期的持续性的，人员数量也是巨大的，对社会造成的安排就业的压力也将是沉重的。这批劳动大军固然可以通过多种方式和途径加以安排吸收，但是全部由国家包下来肯定不可能。因此，需要高瞻远瞩、深思熟虑地探讨和规划新的途径、新的方法，而在这些新途径、新方法中，通过大力发展个体经济和私营经济加以安排吸收将是一种最为可靠、简单易行、无风险、无震动而又高效益的。

前文已述，由于种种原因，尽管我国许多省市的工业基础雄厚、工业化的程度较高，然而我国这些省市的城市住房、交通和通信设施、各类服务行业都居全国下游，已严重影响到生产和生活，并成为上下普遍关注的社会问题。通过大力发展个体经济和私营经济而发展第三产业，将会弥补历史欠账，开辟新的产业和部门，大大方便生产和市民生活，促进社会综合发展水平的提高和协调。在全国城乡的个体经济和私营经济有一个充分的、长足的大发展以后，国家的税收将会由于一个较大新税源的开辟和所占比例的逐步提高而大大增加。国家和地方财力的增强会促进我国城乡经济与社会发展的良性循环和综合协调发展，促进就业，方便群众。这些都既有利于经济的发展，又有利于社会的稳定，如此利国利民之事，何不乐而为之！

发展个体经济、私营经济的设想与对策

综上所述，个体经济和私营经济在人类文明发展中具有难以估量的历史性作用。它在社会主义经济模式中仍具有存在发展的内在必然性、合理性、优越性和现实可行性。大力充分发展个体经济和私营经济，绝不是一时的权宜之计，而是着眼于社会主义商品经济新秩序的建立、改革的深入、经济和社会的发展与稳定的重大战略决策。以下我们将着重探讨发展个体经济和私营经济的若干设想和对策。

首先，放开手脚，大力发展。将第三产业，特别是城市（包括乡镇）服务行业，如中小商业网点、理发业、饭店、旅店、浴池、照相、服装、洗染、电器修理、综合修理、初级医疗卫生保健、生活服务等行业，全部或大部分个体化或私人合伙化。这样做三全其美，即：国家和地方政府丢掉了高亏、微利、发展乏力和劳保退休高比例等沉重包袱；有关企业自身得到解放，获得了活力和生机及迅速充分的发展，繁荣了经济；消费者也由此得到服务质量优化、生活方便的实惠。同时还可将无利、微利的小型工业企业、手工业逐步个体化或私人合伙经营化。在有条件的地方和行业，还可鼓励在自觉自愿的基础上创办股份制私营中小型工商企业。在发展比例和发展速度方面可以充分放开，在相当一段时间内可不设任何框框，让其有一个自由的、充分的、大规模的发展。发展方法可以多样化，可以鼓励新生新创，现有的可以通过转制拍卖、抵押转让、分期付款分期转让等变通方式逐步个体化、私营化。

其次，放宽政策，创造环境。可以考虑采取如下措施：（1）将同上述行业有关的原主管局、公司、总店、联店等行政领导机构撤销；（2）国家制定政策鼓励私人创办个体和私营经济企业，简化和便利私人兴办或购买有关企业的手续；（3）通过地方性法规保护它们的正当权益，提高它们的社会政治待遇；（4）进行配套改革，逐步创造适于个体经济和私营经济发展的社会环境、经济环境和金融环境。如创办专为个体经济和私营经济服

务的地方性专业性金融信贷机构，为其提供资金存取、结算清算和融通便利。

再次，综合规划。要想使个体经济和私营经济有一个自由的、充分的、大规模的发展，必须进行全面的综合规划，使其能长期存在，稳定发展。第一，在原主管局、公司、总店和联店撤销以后，普遍实行行业公会或协会自我管理制度。行业公会或协会是个体经济和私营经济单位的一种自治性、自助性行业组织，不是官方机构，国家也不承担它的运营费用。它的主要职能：（1）制定行业规则、行业行为道德准则；（2）协调行业发展规划，交流信息，交流经验；（3）为会员单位提供决策指导、咨询建议；（4）负责行业业务技术培训与考核；（5）向国家有关部门反映同行业的愿望、要求和困难，提供有关建议，同时将国家的要求和意图传达给会员；（6）管理各种基金。第二，建立综合性社会安全保障体系，免去后顾之忧。可考虑分别采取法律强制和道义劝说两种方式形成综合保障体系。（1）通过地方性法规强制形成个人就业保障和养老基金，按月按一定档次存入指定的银行账户，所有权归个人并支付利息，作为一旦经营失败的生活保障和养老基金；（2）凡私营企业雇主和雇员应分别按月按雇员工资的一定比例交纳雇员就业保障和养老基金，存入银行特别账户专门管理；（3）除了法律强制实行的保障措施之外，可在道义上劝说诱导和在行业公会主持下，自愿建立各种风险基金，实行行业自助。

最后，强化管理。在我国传统的行政监督管理体制之下，常常是应由企业自身决策管理的问题反由上级领导机关包办代替，而真正应由国家各监督管理机构监督管理的事往往是无人管。长期以来有一种误解，以为要管就包办代替一切，管住、管死；一放便放开不管，乱而滥。所谓放，应是免除一切不必要的行政干预，不告诉它怎样做和能做什么，只告诉它不能怎样做和不能做什么，排除一切不必要的条条框框的束缚，将它们推向市场竞争的汪洋大海中自由航行；所谓管，应是设立航标灯、指示塔，规划航线。这样，它们便可以在大海中按一定的航线乘风破浪，自由航行。在个体经济和私营经济的发展中，解放思想、政策放开和强化监督管理必须同步，缺一不可。放手不管，消费者的利益无法保护，还会败坏个体经济和私营经济的声誉，恶化进一步发展的社会心理环境。这一点非常重要，当前却非常薄弱。所谓强化管理，绝不是强化传统的主管局等行政管理，至少第三产业，特别是服务行业大部分不必有主管局，让它们成为没有“婆婆”的自由经济法人。强化管理只是要强化对个体经济和私营经济的工商、税务、物价、环卫、能源等专业性监督管理，是要从不同角度切实保障消费者的利益，是对个体经济和私营经济进行综合长远规划，制定和调整政策，使之能健康稳定地发展，成为社会主义商品经济新秩序大家庭中一名合格的充满活力和生机的基本成员。

（写于 1984 年）

论外延扩张型经济模式的特征与后果

——关于搞好国有大中型企业的深层次思考

搞好国有大中型企业是当前举国上下的一件头等大事，这不仅由于大中型企业在我国工业总产值和国家财政收入中所占的压倒性主体（60%左右）地位，从而在我国经济生活中具有举足轻重的影响，而且它对于社会主义制度优越性的充分发挥、社会的发展与稳定以及国家的统一等重大问题也具有重大的政治意义。因此，我们可以毫不夸张地说，搞好国有大中型企业不仅是一个非常紧迫的经济问题，更是一个十分尖锐的政治问题，是关系到国家前途和社会主义命运的战略性问题。我们必须站在这样的历史性战略高度，从更深的层次上，即根本经济模式与体制上来认识、研究和处理这一问题。

由国有大中型企业问题引起的思考

十多年前，我党开始实施改革开放的伟大战略方针时，是从给企业放权让利让其充满活力与生机从而更健康地发展开始的，以后又陆续采取了一系列的政策措施，包括制定和实施企业法和破产法这样的重大法制行动，其决心与魄力不可谓不大，然而成效却很小。十多年过去了，时至今日，国有大中型企业仍然步履艰难，以至于相当大的一部分企业或严重亏损，或勉强维持，面临一个能否或者如何活下去的生存问题。严峻的现实促使人们进行认真的研究、冷静地反思，这一切到底是怎么一回事呢?

十多年的改革实践表明，国有大中型企业问题并不仅仅是个“搞活”的问题，也不仅仅是这个问题本身，它涉及更多、更广、更深、更远的一系列复杂问题。它既是一个经济问题，也是一个政治问题；既是一个经济机制问题，也是一个管理体制问题；既有宏观问题，也有微观问题；既有内部管理运营问题，也有外部气候环境问题；既有设备技术等“电脑”问题，也有思想作风、精神状态等“人脑”问题。总而言之，笔者认为它是一个全国性的持续性的深层次的复杂问题；是长期累积的综合征，不是单一症；是根本经济模式问题。

1991 年初，笔者在一篇咨询文章中写道："近一两年以来，全国上下围绕搞好大中型企业问题展开了热烈的讨论，智者见智、仁者见仁，百种思路，万种措施，各有千秋。但这些思路和措施并未能完全触及问题的实质与要害，往往是治标而非治本，是他动而非自动，是一次性启动而非常动，是临时变通而非长久贯通，在某种意义上讲只能在旧体制、旧模式、旧思路的怪圈中开始新的一轮转动，而不是新模式下更高层次良性循环的开始。要从根本上解决问题，单纯靠哪一副药、哪几副药都不好使，而必须下大决心，花大力气，从根本上彻底转变模式，有针对性地采取一系列与常规逆反的综合性治理措施，使之走上良性循环的轨道。"

"辽吉黑现象"和全国 35 个城市排列表的启示

近两三年来，在举国上下治理整顿和经济面临许多困难的形势下，种种震动以辽吉黑三省为最甚：（1）经济滑坡的速度快、谷底深、持续的时间长；（2）当全国许多省市经济明显回升，甚至出现高速增长时，辽吉黑三省却迟迟走不出谷底，出现低增长或负增长。经济学家把这一现象称为"东北现象"。考虑到"东北"一词，在传统上还包括内蒙古东部地区，所以严格明确地讲是"辽吉黑现象"。那么是什么原因造成了"辽吉黑现象"呢？概括地讲主要有两点：一是这一地区由于长期历史原因形成的重工业畸重、轻工业畸轻和第三产业严重落后的"重重轻轻"经济结构；二是这一地区商品经济意识淡薄，产品经济意识浓重，产品质次价高，品种少，对消费者不具吸引力，在全国处于边缘产品地位，即这些产品在消费者抢购时尚可卖出，选购时却首先被淘汰。由上述两原因导致的社会经济影响是："重重轻轻"经济结构的严重困扰和商品经济意识与产品经济意识的对立与矛盾形成的现实后果。

与此同时，像辽宁沈阳、山西太原这样一些省市在改革开放的形势下，在经济与社会发展方面同许多兄弟省市相比，差距拉得一年比一年更大，形成在全国许多兄弟省市中的相对或绝对劣势地位。这一严酷事实引起人们更多的思考。思考什么？思考是什么原因使差距一天天拉大，地位一年比一年更加后移。简而言之，是两种经济形态（产品经济和商品经济）、两种体制（计划管理体制和市场竞争体制）、两种经济运行机制的对立和反差。在改革开放前，全国各地当然也有差异，但经济与社会发展水平、速度、运行状态是大体相同或相近的：一种政策，一套计划，一种机制。全国各地经济要热一齐热，要冷一齐冷，要上一齐上，要下一齐下。总之一个模式，一种状态。除了由于国家计划投资人为自觉倾斜而造成的那种“人为差距”和“人为地位”之外，其他都是一样的，并无明显的地区差异。但在改革开放的条件下，在计划与市场的双重体制下，一部分市场力量比较大，市场调节比重大，“三资”企业、乡镇企业、个体和私营经济比较发达的地区，就发挥优势，趁热打铁，经济迅速发展，而另一些地方，像辽吉黑这类计划调节比重特大，市场力量相对弱小的地区困难就比较大，二者相比差距拉大和地位后移的问题就日益突出起来了。关于这一点，我们可以通过分析《中国统计信息报》最近公布的国内生产总值超百亿元的35个城市统计表而得到充分证明。人们从统计表中可以看出，像沈阳、武汉、哈尔滨、长春这类中心大城市或工业基地城市的排列位置大幅度后移，而一大批沿海开放城市、经济特区城市、乡镇企业发展快的新兴工业城市却迅速崛起，像苏州、大连、杭州、青岛、无锡、扬州、潍坊、宁波、烟台、深圳、南通、佛山、汕头、徐州、淄博、盐城、淮阴这些城市，或者是相对排列位次大幅度前移，或者是以自身的实力新挤进国内生产总值超百亿元城市的行列。

“辽吉黑现象”也好，35个城市排列位次变动也罢，在相当大的程度上反映了国有大中型企业存在着一个关键性的焦点问题。国有大中型企业既是我国工业的主体，是“重重轻轻”畸形经济结构的主要体现者，也是传统旧体制的集中承受者，因而应是改革的重心和着力点。

外延扩张型经济模式及其特征

马克思曾说过：在根源的后面有更加深刻的根源；提出一个问题比解决一个问题更难；问题和解决问题的方法是同时产生的。我认为，以上三句话很有发人思考的深刻的方法论意义。

我们沿着由国有大中型企业问题而引起的一系列思考和由“辽吉黑现象”及全国35个国内生产总值超百亿元的大中城市排列表而得到的启示继续思考，寻找在这些根源后面更加深刻的根源。经过反复研究与思考，终于认识到，在改革开放和引入市场机制的新形势下，我国经济，特别是国有大中型企业面临的种种严峻挑战与困境，原因盖出于我国传统外延扩张型经济模式的惯性运动。原因找到了，对策也就自在其中了。

以往我国经济学界许多同志把我国旧体制下的经济称为速度型经济，这是抓住了问题的核心，然而这一概念还未能更确切地概括它的全部特征和内容。我认为使用外延扩张型经济模式这一概念更为科学些。

所谓外延扩张型经济模式，是在脱离市场需要和客观实际可能的条件下，按上级主观敲定的计划或指令，使生产和基本建设项目在尽可能大的空间范围内从外延上不断地调整扩张其总量或规模，而置效益与实际可能于不顾，或宁肯牺牲效益也要确保速度的一种经济运行方式。

外延扩张型经济模式的内容可以概括为“十三重十三轻倾向”：(1）重速度、轻效益；（2）重总量、轻结构；（3）重数量、轻质量；(4）重外延、轻内涵；（5）重计划、轻市场；（6）重生产、轻流通；(7）重发展、轻平衡；（8）重需要、轻可能；（9）重增量、轻存量；(10）重粗放经营、轻科学管理；（11）重定性分析、轻定量分析；(12）重眼前、轻长远；(13）重物、轻人。

外延扩张型经济模式有如下一些特征：

——脱离市场需要和客观实际可能的主观随意性。例如：脱离市场需要和客观可能按主观意志敲定计划的随意性；只重发展、只重经济与社会发展的需要而忽视实际可能，以致计划自觉地留有很大缺口；长期忽视综合平衡；在进行调查研究与可行性论证时只讲单一方案的定性分析，讲如何“需要”、如何“可行”、意义如何“重大”、影响如何“深远”及“效益很高”，不讲多重方案的比较研究和论证，不讲机会成本，没有确切的数量分析，空泛而不实际，如此等等，充满了脱离客观实际的主观随意性。

——高速度与低效益并行，目的与手段颠倒。本来，在社会经济活动中发展速度只是一种手段，而提高或获得实实在在的经济效益才是目的。但是对于这样一个意义重大而又十分浅显的问题，在外延扩张型经济模式下，目的（效益）与手段（速度）却完全颠倒了。手段（速度）变成了目的本身，真正的目的（效益）反而不见了。手段变成目的的直接结果就是全面持久地追求高速度、高增长、高指标、高产值，而这一切都是以低效益有时甚至是负效益为代价的。可以这样讲，以高速度、高投入、高产值、高消耗、高成本开始，势必是以低产出、低效率和低效益而告终。实践表明，这种体制、这种模式，不愁速度，只愁效益；速度不争也高，且常常居高不下，效益却争也不高，且常常超低不上，高速度与低效益得以并存。这一现象和态势是很值得认真研究的。

——外延的全面持久扩张性。外延扩张型经济模式以追求高速度、高增长为核心目的，而又以不断扩大生产总量，增加数量，不断投入大量资金，大上项目，扩大规模，以不断强调经济与社会发展的需要来制订宏伟蓝图和计划为基本手段，不难发现这一切都是在资源和生产要素外延方面的持续全面扩张。与此同时，对于效益、结构、质量、市场、流通、实际可能、综合平衡这些更为实实在在的经济变量、质量、结构、状态、价值实现等这些内涵方面的问题却长期忽视不顾，或口头重要行动不要，这已成为困扰我们几十年的一种顽症。我们报刊上公布的各种经济统计数据，大都是生产总量、增长率等这些外延性指标，而对于与此相关的效益是否随速度的提高而提高，抑或随速度的提高而降低，或效益虽提高但与速度不同比例提高，以及经济结构是否科学合理却不闻不问，或轻描淡写了事。例如，在1991年初国家统计局公布的经济数据中，讲1990年我国出口贸易总值达623亿美元，但没有提应收外汇收回来多少，即出口收汇率多高。地是种了，却不管粮食打了多少。至于出口收汇率与出口收汇平均周期及换汇成本这些涉及效益的实质性问题，却从来不讲。讲生产，只讲生产了多少，不讲市场销售了多少；或只讲市场，而不讲市场占有率，问题的要害恰恰就在这里。恰恰就是鲤鱼跳龙门（市场）这“惊险的一跳”，只有跳过去了，价值实现了，才真正获得了社会的承认。

——模式本身蕴含着宏观失控的机制。在一种追求速度、规模与总量高度增长的模式下，在经济决策高度集中化和政治化的社会经济背景之下，在以国家为唯一投资主体，或虽然投资主体已多元化但国家仍然是占压倒性优势的投资主体的格局之下，基本建设的巨额投资通过国家银行无偿拨款这种供给制而变得难以控制。在一种只讲投入不讲产出，只管伸手要而不必承担任何责任的机制之下，“投资饥渴症”便成为不治之症。银行对企业流动资金事实上的供给制、企业对银行只讲借不讲还以及行政机关对贷款的强行豁免权，是使信贷扩张的又一经常性原因。在这种模式下，造成宏观失控的内在必然因素还在于：各级政府对银行的干预控制和银行对政府各级党政机关的事实上的从属；银行对企业资金的敞口供应，银行对企业全面资金活动名为监督而实际是承担了一种对企业的无条件照顾看护责任，由此而造成企业对银行的主动依赖；银行与企业各自都缺乏独立自主权，它们既缺乏内在动力也缺乏外在压力，双方都不讲经济效益，双方行为都缺乏合理的理性约束。在这种政府、银行和企业的三角关系中，只有政府是真正独立的，而银行和企业都是从属的；政府是主动地命令或指示，银行是被动拨付和被迫贷给，企业是积极接受，消极使用，不用偿还、不想偿还和不负责任。但经济决策却高度集中化了，经济指标年年增长，不断增长，而下面则执行不断增长的计划，伸手向上要钱要物。在这里，谁的行为都需要约束，谁的行为却都不受约束。事实上都没有约束。于是，宏观经济金融的双双失控就实难避免而成为一种常态。此外，不断扩张的投资膨胀导致严重的财政赤字，而财政赤字又通过财政向银行透支来加以弥补，银行信贷收支的失衡又通过货币的超经济发行加以平衡，这种模式投资的“外延不断扩张→财政赤字→银行透支→超经济发行→通货膨胀”就成为一种刚性管道式封闭连通器。于是，公开的或隐蔽的通货膨胀就成为我国经济运行中的一种常态。

——以短期行为为特征的急功近利与好大喜功。本来，一个国家，不管其社会处在怎样的发展层次与水平，它总要面临许多困难的经济和社会问题，这种压力有时还相当大。从内在机制上说，各届政府、官员都有相对的任期，在任期内还要考核政绩，有时稳定又是压倒一切的紧迫问题。在这种趋近趋利的内外压迫性诱导机制之下，以短期行为为特征的急功近利和好大喜功就易成为一种常态。但是，在我国传统的外延扩张型经济模式之下，在国家为单一投资主体的投资体制下，投资总量在外延上不断增加，项目不断地上，既证明形势的大好与成绩的卓著，也可暂时解决诸如就业之类的紧迫问题。这一模式的长远影响比较隐蔽，消极后果和影响的暴露需要更长的时间，因而易于为人所忽略；相比之下，这一模式却有许多局部的直接的短期利益，而短期利益是诱人的，有时是强烈的，甚而是难以遏制的，故易于为人所接受。于是具有浓厚功利主义色彩的短期行为往往难以遏制和避免，而长远利益则只有在长远和全局上加以考察才能充分显示出来。长远利益和全局利益往往是比较抽象的，作出有关长远利益和全局利益的决策常常十分恼人，因为需要放弃十分诱人的眼前利益。紧紧抓住眼前利益不放几乎是许多错误决策的根源。在改革开放和大力发展商品经济的条件下，制造业、轻纺工业迅速发展，各种彩电冰箱生产线大上快上，恶性膨胀，结果造成设备利用率不足，各省工业结构出现严重的趋同现象，使得长线更长，短线更短，经济结构的调整雷声大、雨点小，成效甚少。原因很简单，能源、交通运输、电力这些基础性工业，投入巨大、建设周期长、见效慢，因而长期喊要调整，要“短”变“长”而变不长，而制造业、轻纺业等工业，投资不多，周期较短，见效快而收入丰，故易于为人所选择、接受，于是长线更长，经济结构调整更加困难。这就是以短期行为为特征的急功近利和好大喜功在经济模式上、体制上和运行机制上的深刻根源。

外延扩张型经济模式的若干实证分析

几十年来，几乎所有社会主义国家的经济都属于这一类型。在这些国家中，又以重工业畸重、轻工业畸轻、第三产业严重落后、国有大中型企业比重最大、指令性计划所占比重最大的那些地区为最典型。辽吉黑三省即属此列，而又以辽宁为甚，辽宁又以沈阳为最。传统旧体制、旧模式的弊端在这些地方和国有大中型企业中表现得特别集中、强烈而鲜明，这就是为什么在改革开放和大力发展商品经济条件下许多中心大城市、工业基地、基础产业城市差距拉大、地位后移和面临严峻挑战的根本原因。

一种模式、一种体制、一种机制会随着社会再生产的进行而不断地再生产出来，它会在漫长的历史过程中顽强地持续地从各方面表现出来，它会表现出某种规律性的特征来。以下我们将就这一模式的种种表现进行若干实证性分析。

——四十年来我国经济的几次巨大波动。1988 年末至 1989 年初，笔者在为某领导机关写的咨询建议中曾指出："新中国成立 40 年来，我国经济出现过多次大起大落，进行过几次大调整，'关、停、并、转'，'调整、巩固、充实、提高'，以及这次的'治理整顿'。经济的'过热''大起'导致了不得已的'刹车'和'大落'；而强制的人为的'大落'过后，又激起新的'大起'，如此多次循环出现，这实际上是一种经济危机或波动。经济危机的最一般的解释应是社会再生产正常运行所需条件和比例的破坏……我们的经济波动不管它是不是周期性的，但它已多次重复出现，表现了某种节律或规律性则是不容否认的。""所以，治理整顿是重要的，但比这更为重要的问题是，如何从我们的政治经济管理体制、运行机制和运转环境这样一些更为根本性的问题上探寻和解决造成'大起大落'的根源。""否则，治理整顿几年，还可能依然故我，再次出现大起大落。"近两三年来的实践表明，笔者的上述看法是正确的。

——外延扩张型经济模式在治理整顿形势下的新表现。1991 年以来，在我国社会经济生活中出现一种前所未有的新现象。（1）一部分地区，特别是南方沿海各城市生产迅速上升，经济增长率高达 20% ~30%，出现了明显的过热现象，零售物价指数增长率接近或达到两位数，通货膨胀的压力再度出现；（2）另一部分地区生产迟迟走不出低谷，市场疲软，经济过冷，上半年经济增长率仅比上年（已很低）同期增长 2.4% ~7.3%，大部分城市市属预算内工业实现利税在 -0.6% ~3.5%，大部分城市地方财政预算内收入比去年同期（已很低）增长 -7.3% ~3.7%；（3）上述过冷过热两种不正常现象同时出现，共生共存，这表明我国经济波动（大起大落、大上大下、过热过冷）的节律明显加快，间隔期大大缩短，两次波动重叠，使我国经济的总体协调程度降低，困难加剧。这是值得我国经济理论界和高层决策机构特别警惕的。

从 1991 年上半年全国 15 个城市 12 项主要经济指标的统计分析中可以发现，凡是涉及速度、规模这些外延方面的经济指标，大部分是中高速或超高速的，而利税、效益、财政收入这些内涵方面的实质性的指标则往往是低速的，或超低速的，乃至于出现很高的负数，这仍然是传统外延扩张型经济模式惯性运动的结果。在效益、结构、质量、管理、市场、观念这些实质性的问题没有根本解决的情况下，规模的扩大、速度的提高并无多大的实质性经济意义，或者是高速地、大规模地再生产出高亏损来。也就是说，在我国，抑制总量膨胀与结构失衡的体制性基础尚未形成，而使投资和消费双双膨胀的体制性机制性原因并未消除。在这种情况下，双膨胀的机制还会被不断地再生产出来。

——治理整顿中几次贷款启动启而不动与清理“三角债”过程中前清后欠的深层次原因。在治理整顿中，为刺激生产的增长，国家采取了不断投入新贷款的政策性行动，一曰收购启动，二曰投资启动，三曰生产启动，四曰市场启动，结果是启而不动，巨额贷款掉入“启动陷阱”。1990 年，我国各项贷款增长率高达 22%，超过年初所定年度计划的 60%，而全国国民生产总值却只增长 4.5%；工业贷款增长 26%，工业产值却只增长 6%，换言之，工业贷款增长 1 个百分点，只能带来产值增长 0.23 个百分点。按我国 20 世纪 80 年代的平均效益计算，1990 年全年信贷的增量应当带来 10% ~11% 的国民生产总值增长，但实际只增长 4.5%，二者相差 1 倍以上。据中国工商银行对全国 4 万户企业的调查，到 1990 年 8 月底，新增贷款的 65% 被产成品占压。启动、启动，启而不动也就毫不奇怪了。因为这些措施都是靠外力，从外部新投入，仍是外延的扩张，并不是体制和机制的根本转换，是治标而非治本，是他动而非自动，是一次性启动而非常动，是临时性变通而非长久性贯通。

“三角债”这一名词是把复杂的问题过于简单化了，实际是“多角债”，是债务链，是债务网。形成债务链的原因很复杂，这里且不必管它。这里想强调的是，债务链是现代社会经济生活中的一种很复杂的经济金融现象，并非能靠人力外部简单地通过清理而得以解决的。只要造成债务链的一系列复杂深层原因不消除，那么，前清后欠、名清实欠也就毫不奇怪了。1991 年以来由国家高级官员主持，通过银行注入 300 多亿元清欠贷款来解决债务链问题，应当讲是有些效果的，但这种效果能持续多久，值得怀疑。

简而言之，启动、启动，启而不动，清欠、清欠，前清后欠，名清实欠，它们的深层原因都在于我国传统外延扩张型经济模式的惯性运动。而依靠外部新投入进行的启动和清欠这种办法本身却也仍然是这一模式的自然延续，还是在外延方面的简单扩张。这种办法是颇为令人深思的，它至少表明人们要想挣脱这一传统模式的羁绊，绝非轻而易举之事。

——我利用外资与外资利用我。从根本上讲，各国之间从事经济贸易活动应遵循平等互利的原则，这一点是不言而喻的。但在各种形式的利用外资活动中，却有一个以谁为主的问题，有一个目的性问题。以我为主，在具体实施时，就应是“我需要什么你来什么”，而不是“你来什么我要什么”。我们经常说的“利用外资”，实际明确一点讲应是“我利用外资”。明确这一点很重要，搞不好会形成相反的态势，即“外资利用我”。在实际工作中，在一种忘记目的、只顾手段不顾一切的紧迫心态之下往往是忘记自我，以“外”为主，对方来什么，我就要什么，就搞什么，结果是外国独资、中外合资的楼堂馆所林立，多头引进、重复引进彩电、冰箱生产线，高级轿车、洋烟、高级化妆品遍地，而这些与国民经济的现代化并无直接关系。在中外合资企业中，外方以设备技术抵充外汇投资这一模式中，常常易于造成外方所投设备陈旧，技术并非先进，而对方赚完钱后对合资企业反而毫不关心的结果。这是“外资利用我”的典型表现。

造成这种背离从事对外经济贸易活动初衷的状况，其体制机制上的深层原因仍然在于传统外延扩张型经济模式本身。它把大量引进、大搞外国独资、中外合资企业当做目的，追求在大项目、总规模、总金额这些外延方面的扩张，而对其中的实质性问题反而忽略了。关于这一点特别明显地表现在外经外贸系统的许多考核性指标中。例如，长期以来只考核出口额或出口值，而不考核出口收汇额或出口收汇比率（出口收汇额与出口额之比）、出口收汇的平均周期、出口换汇成本比率、外汇或外债的投入产出比率、利用外资项目的投入产出平均周期、进口替代率等。这些都是外延扩张型经济模式重速度、轻效益，重总量、轻结构，重数量、轻质量，重外延、轻内涵的必然结果。

——虚盈实亏与虚亏实盈。长期以来，在传统外延扩张型经济模式之下，重速度、轻效益，重生产、轻流通，重计划、轻市场的结果，一般表现为我国国有、集体企业虚盈实亏、工业报喜、商业报忧，这已不是什么秘密。在改革开放的条件下，在我国的外方独资企业或中外合资企业，则与我国自己的企业正相反，一般表现为虚亏实盈、工业报忧（公开于国内账面）、商业报喜（隐蔽于国外）。这前后两种表现形式上完全相反的现象，实际如出一辙，盖源于外延扩张型经济模式。既然引进外资成为目的本身，数量越多越好，那么引进外资的真正目的、对它的严格监督管理和税收审计反而变得无足轻重了。

——从“挺一阵顶一气”到“等、靠、要”一筹莫展。记得三年前国家开始治理整顿、实行严厉的紧缩性财政与信贷政策时，许多人并未十分在意，他们以为顶一下挺一阵子就会过去，不会碍事。针对这一点，笔者在对某领导机关的咨询建议中曾写道：“治理整顿工作最乐观地估计也要三四年，经济结构调整所需时间会更长。干部和群众中以为‘挺一阵顶一气’就会过去的思想在实践中是极其有害的。”随着治理整顿工作的深入发展，通货膨胀虽然得到有效控制，但生产滑坡、市场疲软却几年少有转机。在这种严峻的形势下，作为外延扩张型经济模式这一传统旧模式、旧体制、旧思维方式的惯性运动，将这种困难简单地归结为信贷紧缩、市场疲软而导致生产滑坡，于是从上到下不由自主地焦急地等待。等什么呢？等中央发话，给政策、开口子、松袋子，等基本建设再度大规模上马，等信贷扩张，等大量新投入，等经济再度过热，等通货膨胀，等物价上涨，等群众再度抢购，多年积压产品即可一扫而光，利润便可通过涨价而成倍增长。一句话，等旧体制、旧模式重新启动、高速运转，也就是仍然在外延扩张型经济模式的怪圈中徘徊，一切都不用变、不用动，只靠惯性运动就可以了。然而守株待兔之事不可能成为常例。青山遮不住，毕竟东流去。今日之中国，已处于社会主义商品经济的大潮中，市场力量已势不可当。全国乡镇企业的崛起、个体经济和私营经济的大发展、南方沿海各省市经济的腾飞和“三资”企业的扩展，都是对传统旧体制、旧模式的否定与挑战。旧体制、旧模式最典型的地方同改革开放、市场机制的对立与反差也就最大，困难与挑战也便最烈，用老办法，靠新投入、外延的大量扩张，“等、靠、要”已不灵了。必须彻底转变模式，靠内部深化改革，靠科学管理，靠市场，靠科学技术，靠充分调动和发挥劳动者的生产积极性，靠内涵深化，靠减少消耗，靠降低成本……这是当前唯一能行得通的办法。

从“挺”“顶”到“等、靠、要”，主体已不再是物而是人。由此可见，在外延扩张型经济模式背后，实际是一种体制、结构，有一套理论、规章、制度和法令与之相协调配套，是一种思维方式、思想方式，甚至于是一种文化。由此可知改变之困难和挣脱之不易。让我们试举几例：

我们国家各级经济计划统计机构的各种经济指标，多年来大都在外延一类的总产值等总量上，而很少有考核效率、效益等内涵方面的指标。甚至工商企业的级别待遇也与它们总体规模直接挂钩，多少人以上是科股级，多少人以上是局处级，多少人以上是军师级，只要人数够了，官位和级别就自动有了，不管有没有效益，是盈是亏，到时候工资照拿，奖金照发，小车照买。

产品经济思想根深蒂固而又不求进取。写到这里，笔者想起几年前的一件事，很耐人寻味。1985 年，笔者根据改革开放和大力发展商品经济的新形势，预测到伴随货币信用制度和银行制度建立发展而形成的复杂的信用关系，有可能形成企业之间的复杂的债务链，由此可能引起我国经济的巨大波动，故而提出建立国家与企业信用风险管理体系的建议。文章寄到北京一家全国性的权威经济刊物编辑部，编辑和编辑室主任都认为很好，打算发表，而最后总编以他“怎么也看不懂”为由硬是给砍掉了。这位总编看不懂什么？他看不懂那个类似“多米诺骨牌”式的长长的债务链。假如从那时起全国上下就进行宣传、学习、研究，并采取相应对策，或许不会有现在这么严重的“三角债”、债务链的困扰了。

中央关于搞好国有大中型企业决定的一系列措施中有将企业的利税捆在一起计算的规定。税与利是两个完全不同的经济概念，企业可以完全无盈利乃至高亏损，但许多税还要上。这种办法实际仍在暗示或诱导企业在产量、产值、规模等外延方面扩张，仍然是重数量、轻质量，重速度、轻效益，重生产、轻流通的传统旧模式的一种反映。

彻底转变模式进行综合治理

十多年前我国开始经济体制改革时，是从搞活经济，发展商品经济，让企业从党政机关的束缚下解放出来，使之更好地发展，成为内有动力外有压力、充满活力与生机的独立经济实体开始的，并为此采取了一系列措施，包括制定和实施企业法和破产法。应当说成绩是不小的。但并未从根本上解决问题，相当大比重的国有大中型企业长期走不出困境，面临一场生存危机。尽管有企业法和破产法，但如今国有大中型企业面临的困难同十多年前并无根本不同。最近一些报刊杂志发表的一些权威人士的对策性文章也没有提出更新的东西。从某种意义上讲，十多年艰难曲折地转了一圈，又大体回到原来的地方，这是非常值得深思的。这到底意味着什么呢？它至少说明：（1）改革是一项伟大而复杂的系统工程，改革须科学配套，不能“单科”独进；改革是一个漫长的渐进的历史性过程，改革需要付出代价和牺牲。（2）改革必须有明确的目标、科学的规划，有一系列对策与反对策，试图人为地淡化或回避某些棘手的实质性问题，有意超越某些必经的阶段或程序，企图避免某些根本性改变，不伤筋动骨、不付代价、不做牺牲、不吃苦药、不经阵痛地解决中国的经济问题和国有大中型企业面临的问题，实践表明这已完全不可能，到头来一切还得重新开始。这既是经验也是教训。以上两点直到今天我们才真正认识到，尽管已经有些迟，然“亡羊补牢，犹未为晚”。

鉴于此，笔者一直不断呼吁不能再零打碎敲、头痛医头脚痛医脚、避重就轻，更不能讳疾忌医或你感冒我吃药，必须从根本上整体解决问题，即彻底转变模式，进行综合性治理。痛定思痛，因剧痛而令人更清醒！

在新的形势下，要根本解决国有大中型企业问题，必须毫不动摇地下大决心，花大力气，彻底变外延扩张型经济模式为内涵深化型经济模式，有针对性地采取一系列与常规逆反的综合性治理措施，使之走上良性循环的轨道。

从根本上彻底转变模式这一选择本身就意味着必须综合治理，因为这一模式的基本特征和内容中的那“十三重十三轻倾向”是相互联系、相互影响、相互制约的一个整体。从理论上和总体上讲，不好说速度与效益、数量与质量等哪个要、哪个不要，哪个重要、哪个不重要，应当说都要、都重要，要并重、并举。其中，控制总量、调整结构、提高质量、面向市场和提高效益是更为关键性的因素。但从当前讲，从 40 年的病症积重难返这一现实倾向性上讲，在一段时间内必须把传统旧模式那“十三重十三轻倾向”倒过来，硬着头皮挺过去一段时间，直到彻底走上良性循环的轨道。或者换句话说，例如当速度和效益二者发生矛盾时，当二者不能同时兼顾而必择其一时，就应下决心宁肯牺牲速度也要确保效益，宁肯以质量求数量，宁肯以销定产，宁肯把劲使在内涵深化上。

变外延扩张型经济模式为内涵深化型经济模式首先意味着树立整体性、全局性观念，从不同层次、不同角度，用不同措施、不同手段，对准同一目标、实现同一目的。其次，要把注意重心由外延扩张转向内涵深化，变他动为自动，变治标为治本，变启动为常动，变临时变通为长久贯通，把劲使在内部科学管理上，降低消耗，降低产品成本，提高产品质量，调整结构，提高效益，提高市场占有率和竞争能力。再次，在外部环境大体不变的条件下，在工资总额和奖金总额大体不变的条件下，大幅度改变企业内部分配制度，打破“大锅饭”，下决心拉大差距，倾斜分配政策，切实实行差别待遇，以调动管理者、技术人员和工人的积极性；大幅度精简机构，裁编裁员，打破“铁饭碗”，使人人产生危机感。一个“大锅饭”，一个“铁饭碗”，一把“铁交椅”，埋没了一批能人，保护了一批庸人，养活了一批闲人，其害无穷。在经济工作中，要特别注意解决各种非经济因素问题，解决精神状态、思想作风和廉政建设问题，解决领导班子特别是主要负责人的精神状态等“人脑”问题。总之，人的问题应给予特别的注意。我们只要留意就会发现，在许多情况下，我们所遇到的并不是设备技术等“电脑”问题，而恰恰是精神状态等“人脑”问题。有时无形的东西要比有形的东西更重要、更可贵、更难拥有、更难驾驭，而外延扩张型经济模式重视的恰恰是物而不是人。

（1990 年初稿，1991 年 11 月定稿）

中国深化改革的方法论选择

——对十多年改革的反思和进一步治理的对策性建议

中国的经济和金融体制改革已经经过了十多年艰难而曲折的历程，取得了很大的进展与成就，难能而可贵，实为举世所瞩目，但也面临一系列困难与问题。如今，在大力发展社会主义市场经济和即将“复关”大步走向世界、跨入国际经济贸易奥林匹克大赛场的新形势下，特别是在“乌拉圭回合”协议全面签署和开始执行《巴塞尔协议》的新形势下，我国的经济、金融和社会改革必将面临一场深层次的全局性的革命性变革。在这历史性转折的关键时刻，对于我国十几年来的改革进行冷静的、严肃的和实事求是的回顾与反思，对于进一步的改革无疑是十分必要和有益的。

中国的改革是在思想准备和理论准备不很充分，研究和论证不很深入，而且是在对改革的期望度过高和过急的经济压力和心理压力下进行的。这就往往使一些改革措施的出台缺乏全面的规划和系统的指导，理论研究、可行性论证和实际的实施行动常常停留在较肤浅的层次上，加之传统上又很不重视理性的思考和方法论的研究，甚至机械地强调实干。所以，时至今日，人们对改革的种种具体问题、具体方案、具体措施和具体失误议论纷纷，讨论热烈，而对于指导改革的方法论问题却很少涉及。恩格斯说：一个民族要想站在科学的最高峰，就一刻也不能没有理性思维。事实上，方法论问题应是改革的一个基本的战略性问题，不从战略性高度来认识和重视方法论问题，认为它抽象而不具体，不直接见利，是缺乏远见和肤浅的表现。为什么我们在不少问题上的失误、混乱和曲折会一再重复出现呢？为什么我们会多次重复犯许多相同或相近的错误，重复走许多弯路呢？其中的重要原因就是缺乏科学的方法论选择。当然，方法论选择问题实际是决策方式民主化和科学化的问题，是涉及政治体制改革的一个问题。以下我们将顺次研究有关的改革方法论选择。

目标明确、整体规划、系统工程与零打碎敲、走一步看一步的两种不同方法论选择

改革是一种持续性的、非部门性的、全国性的，有时甚至是国际性的重大变革行动；改革是一个较长时间的历史过程；改革充满了艰难险阻，需要付出重大代价和牺牲；改革是一项庞大复杂的伟大系统工程。十多年改革的实践表明，改革取得了重大成就，但也存在不少矛盾和问题，并非在改革的大潮中出台的任何措施都是改革，也并非是一切改革措施都是成功的。当然，要求任何改革措施都百分之百地成功，这既不实际，也不可能。但是，从改革的方法论上讲，如果确立了一切改革措施都应有明确的目标、整体的规划、严密的论证、严肃的选择和系统工程指导，而绝不是走一步看一步的话，那么改革的失误会很小，摩擦也会很小，结果会更接近于原来的目标。

中国的改革，一个正在发展中的社会主义大国的改革，是经济体制、金融体制、政治体制和社会文化意识密切交叉、相互协调制约的复杂改革。各地区、各行业基本经济和社会条件、发展水平及历史状况不同，各项政策和措施的时间差、空间差、误差和反差，政策行动和效果的超前与滞后，彼此交织在一起。中国社会主义商品经济新秩序的总体框架、发展战略、组织形式、产业结构与产业划分、经济组织的构造方式、监督管理的制度、运行机制、运转环境和总体效应这些重大问题都缺乏认真系统的研究论证和多重选择。又如，某种改革措施的总体目标，所需的社会经济、金融和社会环境，与其他改革措施的协调配合，社会意识、心理准备和承受能力，正负效应、对策和反对策，都应有系统的规划。不然，盲目干一阵，也许到头来才发现与原来设想的正相反，原想它是改革的理想产物，到头来才发现又创造了一个新的改革对象、治理和整顿对象。这种事例并不是罕见的。例如，几次全国性的工资调整、烟酒的几次调价都有类似的问题。

经济体制改革同政治体制改革二者必须密切协调适应，如果试图离开政治体制改革单独推行经济体制改革，想走“中学为体，西学为用”的老路，历史已证明此路不通；或者二者不同步，避重而就轻，优先推行经济体制改革，政治体制改革明显地滞后于经济体制改革。实践表明，这就会使改革出现僵持和胶着状态，失去许多有利时机，经济体制改革常常面临

着抛锚、滑坡、不断反复和无穷困扰的艰难状态。人们不难发现，就是投资扩张、通货膨胀这些经济问题，也难以排除政治管理和决策体制强烈影响的阴影。人们记得，从1978年开始的经济体制改革，是以搞活经济，给企业以自主权和活力，使企业从行政机关附属物的状态下解放出来开始的，然而艰难曲折地转了十年，是以党政机关自身经商办企业和“官倒”的泛滥成灾而结束的。可以说，十年来，在政企关系这一根本问题上，是艰难曲折地转了一圈却又回到了原来的地方，且比原来更甚。故曰：“醒来发现是黄昏”。这不正是零打碎敲，走一步看一步，缺乏明确的目标、整体规划和严肃论证的恶果吗？又如，《破产法》已公布好几年，但在实践中却无法推行，究其原因是相关配套措施跟不上：产权关系没有明确，社会保障体系没有建立、完善等，这从另一个侧面说明改革是一项系统工程，不能零打碎敲。

在确立社会主义市场经济和即将重返关贸总协定的条件下，金融体制改革必须从总体上适应这一新形势。假如以为我们可以在传统的金融体制下做一点零打碎敲的修修补补、局部性变革，而不进行彻底的整体性变革或重新再构造，那就大错特错了。例如，市场经济要求建立高度统一的全国性市场和全球性市场，要求资金畅通无阻地流动或转换，以此实现资源在全国或全球范围内的最佳配置，要求金融机构的企业化、资金的商品化和利率的市场化，要求外汇管理的和缓化，要求人民币可自由兑换和逐步国际化，而这些要求又同强烈的行政干预，资金的纵向性层层额度管理和条块分割，以及金融机构的机关化、信贷资金的财政化和利率的计划化形成尖锐的矛盾，也同严格的外汇管制和人民币的不可自由兑换相矛盾。这也不是靠零打碎敲能够解决的。又如，货币政策的“时间滞后”问题，即从货币政策制定实施到实际发挥作用需要半年到一年半的时间。在这种情况下，如果没有明确的目标，没有高瞻远瞩而又深思熟虑的行动，走一步看一步，如何行动？

具体到建立中国政策性金融机构体系中的方法论选择而言，应充分注意和解决如下几个整体性问题：（1）从整体上认识适应市场经济需要并遵循市场经济原则这一点出发，重新构筑中国的政策性金融体系，这是推进和深化经济体制、金融体制和社会保障体系配套改革的需要，不是解决或应付某些紧迫性困难的权宜之计。（2）政策性金融机构体系是中国金融体系中不可分割的有机构成部分，与其他类型商业性金融机构的关系是平等的伙伴关系。（3）政策性金融机构是一个体系，是多种机构而非一种，它们各有自己的特定使命，在特定领域开展专门性金融业务，彼此分工而又协作；有局部性相互渗透和交叉，形成一个体系。（4）制定构筑、发展和完善中国政策性金融机构体系的总体规则，确立总体目标、阶段目标、对策与反对策。（5）确立若干基本原则，明确规定可以和不可以从事的业务、种类与行业或地区限制，资金来源与资金运用，与政府、中央银行、商业性金融机构、外国政府或国际金融机构、业务对象的关系等。

简单机械地强调实践干起来再说与回顾历史自觉吸取各国成功经验并以此指导实践的两种不同方法论选择

哲学原理同人们具体的生产和社会活动之间是一种什么关系？记得20世纪60年代《人民日报》曾开展过关于“桌子的哲学”的讨论。简单地说，从根本哲学原理上讲，是先有物质后有意识，是先有实践后有理论，而人们的具体实践活动却常常是“先有思想后有实践”，即先设计、构思桌子房子的图纸，而后才开始具体实践施工的。显然，“实践第一”这一哲学原理并不能简单地等同于、指导于人们一切具体的生产和社会实践活动。可是经过“文化大革命”康生的大众哲学——明白学的普及，却把这一复杂的哲学问题异乎寻常地简单化了。从此，干、干、干，运动便成了一切，目的是微不足道的了，理论和理性思维，也便没有了自己的位置。我把这种方法称为“运动式”方法。简单地强调干、强调实践，只是片面地抓住了理论来源于实践这一半，忘记了理论高于实践，服务于实践和指导实践这一更重要的一半。实践—理论—实践，这才是人类认识的全过程。时至今日，有些改革措施的决策、推行或刹车，采取“运动式”方法指导改革，常常是某位领导一句话就干起来，另一位领导一句话又停下来，朝令夕改，无所遵循。

资本主义各国商品经济已发展了两三百年。各国经过无数次实践，经历种种艰难曲折、成功和失败，逐渐总结形成一整套行之有效的体制、模式、方法、工具、手段、方针、政策和法令，具有很大的共同性，这些在社会主义商品经济条件下也基本适应。别人经过长期反复实践禁止或反对的东西，我们却在“中国式”的借口下重新捡起来，当作“新事物”和群众的“新创造”加以宣扬和推广，其后果将是危险的。

前面提到的党政机关和官员经商办企业这样的事，假如这件影响国计民生的大事在事先经过民主讨论和科学决策，便不会泛滥，假如研究一下世界各国近现代对官员经商办企业严格禁止的各种规定，便可知此事其害无穷，绝不可为；假如我们事先及时通过法令加以明确禁止的话，哪还会有今日中国“官倒”兴风作浪，群众不满和对“官倒”及官办公司的清理整顿呢！像“官倒”和各种“官办公司企业”这样的事，就不能说是必然的和不可避免的，而是完全可以防止的。不能总是蛮干胡干有理，借口交“学费”难免而心安理得了。当前新闻媒体广泛宣传推广的党政机关的各种“承包制”就很值得研究，把企业界的办法移植到国家行政机关，其影响将是深远的和不可取的，应引起注意。

又如，银行与工商企业的关系，以及这种关系采取何种模式的问题，就是一个影响一国基本社会经济和政治生活的重大问题。这一问题既涉及一国的基本产业结构和产业政策，又涉及竞争、垄断、经济稳定、银行资本与工业的结合、金融资本的形成和对社会政治生活的操纵这些重大问题。银企或者说产融的紧密结合，主要是指银行与工商企业间是否可以相互单向或双向持股和进行直接的人事结合，双方是否可以合办金融企业或一般工商企业。对于这样一个问题，世界上绝大多数国家，特别是发达资本主义国家，都通过法律严厉加以禁止。它们为什么这样做？有什么坏处？出于何种考虑？有什么后果和影响？历史上产融紧密结合的德意志帝国和日本，都形成金融垄断寡头极端统治的典型的封建性军事帝国主义，并成为第一次世界大战和第二次世界大战的战争策源地，这不是偶然的。人们不应轻易忘掉这一点。在我国金融体制改革中，首先是某地的某些金融机构同工商企业建立银企集团，之后某些有权威的报纸又大加宣扬，说这是一种“新形式”“新创造”，仿佛人们又发现了“新大陆”。之后，又推出银企单向或双向持股，创办金融企业或其他工商企业的事，将产融紧密结合作为推行股份制的重要措施、突破口或途径加以推广。由于这一模式具有许多明显而诱人的短期局部性直接利益，故易于为人所接受；而它的全局性长期严重后果和影响却为人们所忽视，或者在短期局部利益的诱惑和眼前困难的压力下铤而走险，明知不可为而为之。笔者在此不准备讨论产融紧密结合问题本身，只想强调这一问题是重大的和影响深远的。从改革的方法论上说，关于这一问题的决定不应是或然的、即兴的、奉命行事的和简单功利主义的，而应是瞻前顾后、深思熟虑和严肃认真的，应有详尽的论证、冷静的思考和多重的选择。既不应跟着“群众的创造”、基层追逐短期经济利益的行动跑，也不应被新闻媒体大加渲染的关于产融紧密结合“优越性”的宣传所左右，更不应忘记世界各国的经验教训而一意孤行。在重大问题上，“没有看见出口就不进去”这句格言，肯定是不应忘记的。值得指出的是，银企交叉办工商企业和金融企业一再泛滥成灾，严重恶化了市场经济的金融秩序，已经造成了严重的社会后果，切不可一错再错。

再如，要整顿经济秩序，要治理经济环境，整顿治理的总目标和基本标准是什么？应是遵循和建立社会主义商品经济新秩序，而社会主义商品经济新秩序的基本框架结构又应是什么样的呢？（1）应从法律上明确和确立党与国家（政府）间的科学基本关系；（2）确立权与法的科学关系；（3）确立政党和国家同企业的基本关系；（4）确立一般工商企业同金融企业的正确关系；（5）确立企业与个人的正确关系；（6）还应从法律上确立公平交易、机会均等、平等竞争和反对垄断的基本原则。上述六大关系和基本原则是具有决定意义的根本战略关系，是一切问题的基本出发点。假如离开这些基本战略关系和基本原则而谈整顿治理，就是舍本而求末，就只能治标而不治本，就会没有总目标和总标准。显然，整顿、治理与深化改革是紧密联系的。

法律制定实施适度超前、诱导和规范化与法律长期滞后、各行其是和无所遵循的两种不同方法论选择

中华人民共和国成立已40多年，改革也已进行了十多年。然而，时至今日，中国还没有一部公司法、票据法、银行法、证券法和公平竞争反垄断法，有的是数不清的会议、讲话、指示、方针、政策、规则和临时实施办法。而且“一临时”“一暂行”就是三四十年。这些讲话政策和实施办法终究没有立法部门制定和通过的正式法律那样庄严稳定，它的权威性和严肃性远不能同正规法律相比。其结果是国家各种法律制定实施长期滞后，国家自动放弃了对经济行为和经济秩序的诱导、约束和规范化，下面八仙过海各显神通，各行其是，“对策”“变通”和“三灯”的问题泛滥，等到各种坏事和恶果累积形成某种危机或社会热点问题时，才不得不急急忙忙加以清理、整顿、治理，常常是为时已晚，事倍功半。假如在作出对外开放、对内搞活，大力发展商品经济的决策时就尽速地制定必需的各种法律的话，今天经济秩序的许多混乱就可以避免。例如，各级党政机关对金融体系的强烈干预这一“老大难”问题，尽管国务院总理、国务委员、

政治局委员也都在不同场合下讲过不许干预的话，但实践表明，这一问题若无法律的强制便永远无法解决。没有这种法律强制或约束，各种命令贷款和透支便有令不止，通货膨胀也就难以消除。又如，倘若能从法律上确认和保障个体经济和私营经济的合法性和权益，那么十万元、百万元、千万元和亿万元“富翁”便不会“抓一把”就走，“咬一口”便跑，便不会消费花钱如流水，便不会三层楼住房安装自动扶梯，就不会放出金钱这一“凶猛困兽”扰乱流通；假如几年前就通过法律严禁官员经商办企业，假如官员的行为能受到法律的严格约束，那么今天政府的形象会更好，腐败的问题会不那么严重，廉洁的问题会不那么突出。80 年代初，欧洲某国一位教育大臣到巴黎出差，住了超标准的旅馆又乘了超标准的轿车，多花了两三千美元，回国后舆论大哗，最后该大臣不得不辞职，还得将超支的钱补上。如能如此，中国的集团消费、超豪华轿车和超标准饭店怎会泛滥禁而不止呢！几年前一位 20 多岁的年轻乡长敢于花 20 多万元公款购买豪华轿车，这不是全国绝无仅有的吧，贫困县干部乘十几辆轿车到省里要贫困补助的事也不是罕见的事例。这种令人啼笑皆非的怪事，若有法律的约束便根本不会发生，或发生了便立即受到法律的严厉制裁，更多的人也不会跟而效尤。

世界各国大都采取了法律适度超前，自觉运用法律对企业和经济秩序的形成起诱导、规范、约束和保护作用。大都通过公司法或企业法确立股份公司的最低标准、组织形式、管理与监督制度、财务制度和对社会的责任；又通过平等竞争和反垄断法来约束或规范企业的行为，调解此类矛盾，维护经济秩序。例如，早在 19 世纪下半叶，当资本主义垄断才刚刚开始时，美国就制定了《谢尔曼反托拉斯法》。日本 1868 年明治维新之后就立即从美国引入许多经济金融法规（如公司法和银行法），对日本资本主义发展初期经济秩序的形成起了良好的作用。日本银行业的集中垄断是 1916 年后才开始的，可是早在 1896 年就提早制定和颁布了《日本私人垄断法》，让企业按政府和公众利益需要的方式、程度、方向的限制进行集中。

上述中外有关情况的比较，从方法论的角度讲，形成截然相反的两种方法论选择。中国的方法是经济金融立法长期滞后于经济金融发展形势的客观需要，上面自动放弃法律的调整、诱导和规范，下面各行其是，形式和名目繁多，行为不规范、不统一，总体目标不明确，缺乏总体协调，反复和矛盾较多，摩擦较多，总体效益较低。欧美各国的方法是经济金融立法适当超前，自觉地运用法律手段，目标明确和整体规划地催生、促进、完善经济和金融体制的形成与发展。这种方法发展速度快、反复较少、摩擦较小、总体效益较高。

这一方法论问题表现在我国银行法的起草和制定工作中最为明显。我国银行法的起草工作在十一届三中全会以后不久就开始了。时至今日，十几年过去了，仍然未能出台实行。原因固然很多，但其中最主要的是金融改革中关于法律适度超前、诱导、规范、限制、调整与长期滞后、各行其是的两种不同方法论选择问题。假如我们通过银行法对各类银行和非银行金融机构可以和不可以从事的业务作出明确规定的话，那么银行或非银行金融机构利用信贷资金大规模从事房地产、股票、债券、商品和金融期货炒买炒卖活动的事，金融机构乱办工商企业的活动便不会发生。

在构筑中国政策性金融机构体系时，有必要研究吸取各国的成功经验，充分发挥法律在建立经济金融秩序中的作用。政策性金融机构不同于商业性金融机构，后者受制于一般银行法，而前者则依据于单个的特殊金融法律，如进出口银行法、开发银行法、农业政策性银行法、住房政策性银行法以及各种社会保障基金法等。一定要一反过去的做法，要先立法后建机构，切不要像过去那样先建机构开展业务，长期无法可依。一定要变“人治”为“法治”。

再以当前成为上下头痛难题的，由国际商品期货和金融期货交易而引发的种种问题为例。国际期货交易是迄今为止在全球市场经济体系中处于最高层次的一个新领域，是风险性和信用性最高的一个领域，它需要有比股票债券交易更为发达完善而严格的监督管理体系，以及相应配套的物质条件与法律保障体系，就是在西方能有多少人敢于“玩”这种游戏？可我们全不顾这一切，相当一段时间里仅仅由工商行政部门全权处理注册审批事宜，一时间全国各地一阵风疯狂地热起来，不少国际期货公司内外勾结对付中国客户，或在境外坐庄设盘与客户对赌，或以保盈利为诱饵鼓励客户向前冲套牢而后快。不到一年时间，已积成一大堆经济诉讼案件，大都无法规可依，谁也说不清，法院只好不接受此类案件。在改革已进行了十多年的今天，我们有些人的思维方法和工作方法一如十多年前一样，先干起来再说。一切都说清楚了，定明白了，水不浑了，怎么能“摸鱼”“养鱼”呢？如今，国家对外损失千百万元，国内留下成千上万宗经济纠纷案件，还留下众多发人深省的问题。这不能不说是一种失策、失误、失败。试想，这件事如果能认真研究一下西方各国的经验教训，在充分准备和有基本法律约束保障的条件下再开始干，晚一年半载再干也未必有什么了不得，肯定不会有那么惨重的损失和混乱，更不会有从发烧到冰冻这么大的折腾与反差。这里，再次提出了“人治”还是“法治”的问题，法律超前还是滞后的尖锐方法论问题。

多种方案、多重选择与单一方案、别无选择的两种不同方法论选择

党政领导机关、企事业单位，在作出某种重大决策前，一般都要事先提出某种方案，以此为决策的背景，且常常成为决策的基础。一般来说，事先有某种方案当然比没有要好得多。因为方案总得要讲许多道理，说明它的必要性、优越性、可行性、主客观条件、历史与现状、成本与代价、直接与间接影响、对策与反对策等，但有时也未必比没有方案更好。因为这种方案可能是某种决策的“陷阱”，它可能只提供了一些经过特别加工选择的材料，只反映了某一方面的意见和要求，只用一种方法，例如静态的方法，测算了它的成本与效益，没有将许多动态性因素考虑进去，没有说明它的机会成本；只讲了所具备的主要条件，没有讲相关条件与后继条件；只讲了直接的主要影响，没有讲相关影响与间接影响。只提供一种方案，决策层只能要么接受，要么根本放弃，除此之外别无选择。正确的方法应是提供几种不同的方案，最优的、次优的、最次的，上策、中策、下策。某一笔资金，可以投向国内，也可以投向国外；可以投向南方，也可以投向北方；可以投向某一行业，也可投向另一行业；可以购买某国某企业的某项技术或设备，也可以是另一国另一家企业的技术或设备；还有性能的优劣、质量的好坏、价格的高低，不同的计价货币、结算货币、支付货币、支付方式与支付条件、资金融通、售前与售后服务等。提供多种思路、多种方案、多重选择，决策者可以权衡利弊、相机抉择，可以选取某一方案，或取各方案之长处，综合成另一种方案。从方法论的角度讲，多种方案、多重选择比单一方案、别无选择要优越得多，成功的可能性要大得多，作出错误决策或片面决策的可能性要小得多。

例如，国家在作出让一部分人先富起来的这一重大战略决策时，从承认差别、承认现状、承认绝不可能在短时间内让全体人民都同时富起来这一事实，从打破几十年来形成的绝对平均主义的观念和政策定式的角度看，无疑是完全正确的和富于远见的。现在看来，在这方面存在的问题不

少，影响也不小。试想，问题可能出在当初做出让一部分人先富起来这一重大决策时，有关机构缺乏多种方案的选择，缺乏配套性决策和限制性决策。再如，风行一时的各种国际商品期货交易、金融期货交易，在不到一年时间内，全国各地的期货经纪公司如雨后春笋般发展起来，来势凶猛，来头不小，气派很大，紧锣密鼓、迫不及待地操作起来。一时间，中央批，地方也批，有关当局批，行政首长也批，很快即达三四百家。实践表明，它们之中的一部分是不法之徒、亡命之徒，内外勾结，在香港设盘，同大陆对赌、对盘，先让你赚给你甜头，诱使更多的人、更大的投资涌入，然后设盘狠狠咬你一大口，大捞一把；或者事先已将资金倒出国境，然后逃之夭夭。受害客户怨声载道，或跳楼，或哭啼，或游行，或请愿，或法院告状，或冲击领导会场，被骗几千万元的公司客户不下十来家，损失几百万元、几十万元的众多中小客户更是不计其数。据估计，此类交易已使我国损失几十亿元人民币，近 10 亿美元。问题出在哪儿？不是都有审批、有注册吗？不是有章程、有方案吗？不是有论证、有宣传、有推广吗？不是说好处大大地有吗？说什么与国际接轨、什么价格发现、什么转移风险，实际上 99% 都是投机性交易。发现什么价格了，转移什么风险了，同谁接轨了，不是大部分都上了贼船了吗？除了有人要故意自觉地捞一把，故意要浑水养鱼、浑水摸鱼之外，从方法论的角度讲，当初可能就出在做出此项决策时是多种方案、多重选择，还是单一方案，别无选择上？方案可能讲了许多正面意义、理论上的好处，但没有讲需要配套的种种实际条件，以及它面临的种种实实在在的风险、种种陷阱、种种重大失误。

可行性论证与论证可行性、可批性的两种不同方法论选择

可行性论证同上面讲的做出决策时的多种方案或单一方案选择是紧密相关的，在许多情况下可能是一个事物的不同侧面。

国家有关部门、企事业单位，在选定某一重大项目，决策某项投资，做出某种经济的、政治的、政策的重大决策时，一般都要事先进行可行性论证。可行性论证本身应当是客观和公正的，从各个角度对某项决策做出可行或不可行的论证，并不是一定要做出一定可行的论证。当可行性论证一旦变成一定得做出一定可行的结论时，可行性论证就转变为论证可行

性、可批性了。

如前所述，可行性论证确切地讲是是否可行或可行与否的论证，不是一定可行的论证。这项近年来由国外引入的科学管理方法，是决策科学化和民主化的重要措施，但在我国具体实施中，由于种种复杂原因大部分都变质变味了、走样了，本来是手段，现在变成了目的。这一质变，它的后果是重大的，影响是深远的。笔者经过长期观察思考，认为有必要从方法论的战略高度，严肃地提出可行性论证与论证可行性、可批性的两种不同方法论选择这一问题。

至于为什么会使可行性论证变成可批性论证，这其中的原因就复杂了。可能是出于某种无知与误解，以为可行性论证报告就应当是论证可行性、可批性的报告；可能是上面出于某种需要，事先已决定要做某一件事，然后授意部下寻找一些证明可行的道理，以证明领导既定决策的正确性；也可能是下面或主管部门出于某些特定的利益或动机，要诱使领导按下面设定的思路方案、期望和结论做出决策或批示，而自觉设计、诱导的结果。上述三种原因都可能导致同一结果。领导者或领导机关的任务就在于自觉地意识到这种可能性，有针对性地加以预防，尽力不跳入决策时的“论证陷阱”，尽力减少或避免错误决策或决策失误，以提高领导水平和艺术，减少决策失误的经济社会损失。

例如，在十几年来流行的利用外资、引进技术设备时的可行性论证，就常常变成论证可行性、可批性。十多年前某大城市引进外国劣质煤液化气化大型成套设备与技术这一特大型项目，其可行性论证就更多地属于可批性论证，是想方设法获得中央计划拨款和领导首肯的可批性论证。已先后投入几亿元资金，引进的设备已成一堆废铁，至今一事无成，它的社会后果与经济损失是巨大的。

再如，从20世纪七八十年代至两三年前，我国各地先后引进电视机生产线近160条，如今实际运转的不到1/3，损失浪费惨重。请问，想当初哪一条生产线没有可行性论证，哪一条生产线的论证报告不是说如何如何需要，怎样怎样可行，各有关部门公章几十个、上百个都审批同意了，都认为可行，到头来为什么大部分都不可行？都闲置报废了，谁应当负责，是将可行性论证变成可批性论证的人负责，还是接受或批准了可批性报告、批准项目可行的领导机构或领导者负责？实际上谁也不负责。不少金融机构的信贷可行性论证也属此类。

这种恶作剧式的可行性论证同现代技术电脑办公设备配合，其欺骗性和后果就更为严重，不是吗？如今许多地方的外资企业、项目审批机关，按可批性设计好了软件，把有关数据输入，套入固定可批模式，输出来肯定可批，一定能批，就如变戏法一般神奇。

简单地“一刀切”“切一刀”与从实际出发、具体问题具体分析、区别对待的两种不同方法论选择

把复杂的问题简单化，多层的问题单层化，多样化的事物单一化，简单机械地划一、归一、统一，久而久之，演化为“一刀切”的一种方法论。如此大的中国，各地区自然状况、经济、文化和历史的差别性非常之大，各种政策的制定和实施必须从这种众多差别性的实际出发，而不能整齐划一。要上，全国各地、各行各业一齐上，有时甚至是等比例上，要翻两番都翻两番；要下，一声令下一齐下，谁下得快、下得狠、下得多，谁就受表扬；要放开、搞活，就撒手不管，乱而滥；要管，就卡住，管死；要么就是好人不经商，经商无好人，商品经济“万恶论”，要么就是十亿人口九亿商，党政机关办企业、官员办企业、官倒泛滥，党政军全民皆商。总之，一种模式、一个口径、一种政策、一个比率、一个方向，非此即彼，“一刀切”，绝无例外。这种“一刀切”的办法理所当然地引起各地干部和群众的议论与抵制，于是又来一个“切一刀”的办法，曰：“不‘一刀切’，也得‘切一刀’；先‘切一刀’，然后再说。”总之，都得挨一刀，都免不了“刀”和“一”，这是共同的，当然，从语义上讲，“一刀切”和“切一刀”是不同的，但是在事实上，在实践中，任何人也说不清分不明“一刀切”与“切一刀”到底有何区别。

在当前全国的治理整顿工作中，在反通货膨胀和经济过热的工作中，采用“一刀切”的方法，将会使治理整顿产生许多新的矛盾和问题，将会使不平衡的经济结构、产业结构更加失衡，将会使有些地区的经济温度过冷以至于结冰。以经济增长率而言，广东、福建等地，同辽宁沈阳差别非常之大；全国工业总体中，基础工业就不是过“热”而是过“冷”，能源、交通电力就是如此。全国工农业相比，工业过“热”，农业就过“冷”，几年停滞低徘徊。继续采用“一刀切”的方法，一齐下，有的地区、有的行业或部门就将是“雪上加霜”，辽宁等省市首当其冲。这种“一刀切”的办法，结果将是“抽刀断水水更流，举杯消愁愁更愁”。明智的办法是实事求是，从实际出发，具体问题具体分析，差别待遇，倾斜政策，采取

某些转换、变通、缓冲和“软着陆”的办法。因此，就全国或某一地区而言，应是有保有压，有松有紧，有上有下，松紧适度，上下协调，紧中求活，下中有上，狠抓总供给，限制总需求。这样，全国性地区性调整的方向、规模和幅度就可能有时一致，有时不一致。例如，对于辽宁、沈阳、上海、山西这样一些基础工业比重大的省市，在整顿治理中就应极力争取给予保护，不然，全国的不平衡会更烈，失调会更甚，必须采取一系列宏观经济微观化的措施。全国是在总量控制平衡的基础上做到结构的调整平衡；而辽宁、沈阳等地则应是在结构调整平衡的基础上做到总量控制平衡。

全国整顿治理的任务在两年时间内是否能按时完成？看来需要三四年或更长时间。生产的“滑坡”，滞胀局面的可能出现，国家 1990 年以后内债和外债还本付息高峰期的到来，几千万来自农村的民工涌向城市，都是不应忽视的大环境或可能的发展趋势。对此应有极高的警惕和较充分的对策准备。

更为重要的是，整顿治理中应同时考虑比整顿治理更为深刻和更为根本性的问题，就是如何彻底解决解放 40 多年来经济的“大上大下”“大起大落”“过热过冷”的某种虽不说是周期性，至少也是节律性地反复出现的经济态势。“大上”导致“大下”，“大起”引来“大落”，“大落”又激发“大起”，这是怎么一回事？必须从我们的经济政治管理体制、经济运行机制和运转环境这样一些根本性问题上寻求根源。否则，“大起大落”“大上大下”这种波动何时了？我们的国家和民族再也没有时间如此折腾反复了！

培育“花盆”与“花园”的两种不同方法论选择

像中国这样一个发展中的社会主义大国的改革，在世界范围内是前所未有的。我们常常需要不断调查研究，小型试点，不断总结经验教训，然后完善推广。这是正常的和必要的。然而需要指出的是，40 多年来，我们的许多“典型”、许多经验，常常在更大范围内推不开、用不上。在十多年改革中，全国城乡，特别是一些省市出台不少改革措施，取得了丰富的经验，对全国的改革是有贡献的。但是，人们常常问，你们能出经验，能培养典型，即能培养“花盆”（盆花），但你们能大面积推广，即培养万紫千红的“花园”吗？排除许多具体的困难和问题不说，就全国而言，确有一个培育“花盆”与“花园”的方法论选择问题。

从改革的方法论上讲，我们需要强调：(1) 各种改革试点的选点、政策、措施和环境、软硬约束等的选择、制定实施，都应符合典型性即普遍性一般性的特征；(2) 试点的目的是取得经验教训大面积推广，这个“点”必须是能变成“线”或“面”的点，即典型经验措施必须具备大面积普遍推广的可行性；(3) 典型培养出来以后，应不断完善，并全力普遍大面积推广，使“花盆”变成“花园”。假如人们在典型试验中，选择特殊背景、特殊类型、特殊环境的“点”，又给予种种特殊“照顾”，让利让税，给予种种优惠政策，那么这种试点就不具备典型性和可行性的特征，就难以全面普遍推广；或者人们把试点出经验变为目的本身，以后再不注意推广、扩展，那么“花盆”便无法变成“花园”。这其中，的确有两种不同方法论的选择。

“自上而下”与“自下而上”的两种不同方法论选择

纵观人类历史，古今中外，大凡历史性变革，一般都采取自上而下的方法而不是自下而上的方法才能成功，其道理不言而喻，中国古代的商鞅变法、王安石变法、魏孝文帝的变法，以及近代日本的“明治维新”，沙皇俄国农奴制的废除和德意志帝国的统一与变革，无一不是采取自上而下的方法成功的。

中国的改革，总体上当然是在党中央和国务院的领导协调下进行的。但是，中国改革的思路有些是自下而上，反反复复碰撞，慢慢累积，常常是下面一步步地往上“推”“拱”“挤”。中国的改革，是从经济体制改革开始，社会配套改革明显地滞后于经济体制改革的进程，许多经济体制改革措施由于政治体制问题而犹豫、徘徊、搁浅、反复、僵持或处于胶着状态。自下而上，就缺乏总体目标和总体规划，就会八仙过海各显神通，五花八门、莫衷一是；自下而上，就易于各行其是、无所遵循，就易于“乱”而“滥”；自下而上的方法产生许多不协调和新矛盾，摩擦大，反复多，效率低；一旦出现“乱”而“滥”时又急刹车，严厉整顿控制，于是乎旧的一套又易于恢复，常常形成对前一段改革的否定或反动。

回顾十多年的改革似乎可以这样讲，旧体制给予改革的余地已几乎全部用尽，不自上而下地进行大幅度的变革，改革已很难深入推进。改革的实践表明，中央集权制国家的改革必须采用自上而下迎风而进的方法才能彻底成功，否则将是非常困难的。

但也不要对以上的两种不同方法论作机械的理解。有些改革，例如农业改革，地域广大，情况复杂，各地差别性大，适于自下而上地进行，到适当程度和时机再自上而下地加以规范化和完善化；有些改革，例如金融体制改革，如前所述，这是一种全国性的、全局性的、非部门性的，有时甚至是国际性的变革行动，大都涉及全局性宏观性问题，不应自下而上地进行，只能由中央科学统一规划自上而下地推行。如若自下而上地进行，当前经济金融活动中的“三乱”就势必再次发生。其中，政策性金融机构体系的建立与发展也一样，就只能自始至终选择自上而下地推行的方法，切不可重复以往那种撒手放开不管，让各地“自由创造”，各行其是。应当是新形势、新原则、新起点、新体系、新机制、新思维、新办法。一切改革新举措的出台，如开展国际商品期货和金融期货交易这件事，就只能采取自上而下地科学论证、严格审批、严格监督管理、自觉预防各种风险的方法逐步推开。不能像过去一年那样自下而上，一哄而起，漏洞百出，国家风险巨大，后果很难收拾。

（1984 年初稿，1988 年定稿）

中国重返关贸总协定的意义、机遇与挑战

——一个划时代的里程碑*

恢复中国在关贸总协定缔约国地位这一历史性事件对于中国本身和世界都具有重大的战略意义。这一事件发生在20世纪和21世纪对接转换的关键时刻，以鸡年（1993年）的“雄鸡一唱天下白”为象征，预示着世界一个新纪元的开始。历史的这种安排与巧合，显然具有承前启后、继往开来的象征性意义。人类以龙为21世纪的吉祥物，预示着中国东方巨龙发展市场经济和全面参与国际竞争，将一举奋起腾飞世界，标志着一个时代的开始。中华民族将自立于世界民族之林，“中国”——巨龙腾飞世界。然而这只是一种千载难逢的良好机遇，是发展的一种契机、转变的一个杠杆。这一历史性事件对于我们的民族、国家、企业与个人都将带来巨大的机遇与严峻的挑战。能否将可能变为现实，这就要看我们中国人自己了。看中国人有多大的胆略和勇气，肯付出多大代价和牺牲，肯忍受怎样的痛苦去迎接21世纪——“中国世纪”的曙光。

如何理解“复关”？关贸总协定的问题是当今中国各行各业思考和讨论的一个热点和焦点问题，这无疑是天大的好事，然而美中不足的是相当多的干部和群众自觉不自觉地把“复关”的问题看作是一个行业性或地区性很强的问题。例如，有可能享受幼稚工业保障条款保护的行业，有一种盲目乐观、松一口气的倾向；某些基础性重工业似乎一时还有一种沾沾自喜的高枕无忧的情绪。这是十分有害的，应引起足够的警惕。这种片面性主要表现在以下几个方面：

---

* 本文是1990—1993年有关GATT为社会各界所做一百二十余场专题报告的整理稿，收入本书时又将2000年由中国金融出版社出版的第三本有关GATT与WTO的书，即《跨入国际经济奥林匹克大赛场——全球化、WTO与开放中国的制胜之道》一书的序言附到本文最后，是为尾声与交代。

第一，浅层次理解。认为“复关”也就是降低关税和减少非关税壁垒。经济方面，企业界不同程度地面临着一些冲击、挑战和转变，而没有认识到“复关”的问题本质上是一个市场经济的问题，是两个市场和两种价格体系对接的问题，是机制和体制的根本性转换问题，是涉及经济、政治、法律观念等一系列根本性转变的问题，而不是临时抽调几名干部，搭班子，研究几条操作性很强的对策性建议就可以了事的。

第二，局部性行业性理解。前不久，一家很有影响的报纸的记者曾经要求我写一篇“复关”对青年人的影响的文章。我听了以后笑了，我说：“您还真把我给难住了，您出了一个大难题。”“为什么?”对方不解地问道。我说：“太阳就是太阳，月亮就是月亮，您让我论证太阳或月亮对辽宁、河北、广东有何特别的影响，或者对某些行业有何与众不同的影响，这就太难了。”记者听了我的话也哈哈大笑起来。再如，某省一位领导还以为“关税与贸易总协定”顾名思义也就是同外经外贸部门有关的一个问题，指示外经外贸部门研究研究，提出一些对策就可以了，不必要让所有部门、各部委局的干部都学习研究。

第三，零打碎敲，缺乏整体性。某市召开了一次规模很大的第三产业发展会议，市长作了长篇主旨报告，会后这个报告在报纸上全文刊载了。我读了两遍，应当说这次会议开得好，报告写得也相当不错，很有水平和深度。但美中不足的是它在讲了那么多为什么要发展第三产业的道理和面临的挑战与机遇以后，一点儿也没有提及关贸总协定“乌拉圭回合”服务贸易总协定即将签署而产生的一系列重大影响、挑战和机遇。这一疏忽的象征性意义是很有典型代表性的，是很值得思索的。窗户纸虽然很薄，但不捅不破，而且如果力度不够还真是捅而不透。新闻宣传报道的时限性要求是完全必要的，但每一节目、每一板块，都追求多样化、新颖性，那么像“复关”这一全面性广泛性影响的事，每次都是一点点，表面上看热热闹闹，总这样零打碎敲，缺乏总体性，“窗户纸”天天捅，结果是总也捅不透。读者、听众总听、总看但总也没有总体性概念，总也不能掌握关贸总协定的基本原则以及进行“复关”以后影响的分析方法。

第四，重结果，轻过程。据我的观察和了解，大多数人最关心的是中国哪一天能正式“复关”，对此，笔者也同样关心。但相比之下，我以为哪一天被接受“复关”并不重要，重要的是中国重返关贸总协定的历史过程早就开始了，可以说近五六年来，我们天天在进，时时在进，我们离“关”一天比一天更近。我们不断地改革开放，经济生活的市场化，关税与非关税壁垒的不断降低，外汇制度、外经外贸制度、会计审计制度的重大改革，都是这一全方位“复关”进程的总体构成部分和重要步骤。所以，只关心“复关”的具体时间而忽略它是一个历史性的全方位转变过程，这是有点本末倒置，而且容易放松“复关”的准备，是很有害的。

利也弊也，福兮祸兮

重返关贸总协定这件事对我国经济与社会发展的影响将是全面的、广泛的、巨大的和深远的，它的影响将会涉及我国的任何一个地区、任何一个省市，任何一个行业、部门和企业，任何一个个人，其深度和广度将不亚于一场持续性的8级地震。对于这样一个层次的总体估价，举国上下是大体一致的，并无什么明显的不同。然而再进一步分析，就有很大的差异，显示出明显的分歧。翻开报纸刊物，打开电视机、收音机，就可以看到或听到各种不同的估价、看法和分析。诸如，利也弊也？福兮祸兮？它表明全国各界对复关这件事都非常关心，大家思想非常活跃、畅所欲言，这是一件大好事。以下我们将就“复关”的影响问题进行总体分析。

——利也，弊也？比较有代表性的一种总体估价是利弊论：或利大于弊；或弊大于利；或利弊相当彼此共存；或短期内弊大于利，长期内利大于弊；或10年内弊大于利，10年后利大于弊。笔者1992年初在给某领导机关写的咨询建议中是这样估计的：“在总体上、全局上、长期上是‘利大于弊’，在局部上，短期内是‘利弊参半’，某些行业和部门甚至是‘弊大于利’，然而这是发展和进步的一种代价。我们这里笼而统之地使用‘弊’这个词，在许多情况下，既不合适，也不确切，说它是我们面临的一种新形势、新局面、新的挑战和机遇、压力与考验更为恰当些。”

我认为，（1）使用“弊”这个词来概括中国复关后对我国经济与社会发展产生的某些影响，例如，关税降低、国门大开、冲击、困难、压力、问题、挑战乃至可能的失业和企业倒闭……“既不合适也不确切”。如降低关税、对外开放这是对等的事，中国也将由此而加速发展获利，这明明是“利”，怎么能说是“弊”呢？中国“走出去”，别人“走进来”，彼此开展竞争，竞争才能发展，竞争才能进步，几十年高关税保护闭关锁国的恶果将可能消除，这明明是“利”怎么能说是“弊”呢？至于说到可能的“失业”和“企业倒闭”，这是竞争、市场机制、价值规律优胜劣汰的必然结果，从经济与社会总体看，这是保持经济机体活力、生机、效率与效益所必需的，是“利”，怎么能说是“弊”呢？更何况“失业或企业倒闭”是只要有市场经济就可能有的，并不单单是“复关”而特别带来的。（2）我认为无论在长远上还是短期内，中国“复关”都是大好事，都是利，是重大机遇和历史性转折，当然也面临一系列困难的问题，这是发展与进步的代价，阵痛之后是希望。

——福兮，祸兮？“福祸论”已不是前面说的“利弊论”了，比“利弊论”更前进一大步，“福”与“祸”是两个对立的极端。中国的大众宣传媒介在1992年上半年是一派极为乐观的情绪，有的则欢呼雀跃，手舞足蹈。这是“大福论”者，他们认为中国复关后洋货将滚滚而来，物美价廉，青年人身穿意大利时装，喝美国可口可乐，洒法国香水，玩日本卡拉OK，驾驶德国奥迪轿车。“如果我国政府签订加入关贸总协定……你会发现日本的彩电、录像机价格一夜之间魔术般地掉了下来。许许多多你熟悉或不熟悉的外国产品溜了进来……”在五花八门的价格低廉的外国轿车面前，几十万元一辆的桑塔纳也不那么神气了。这种“大福论”，轻松乐观得让人陶醉，“简单”得可爱，略带点罗曼蒂克的“傻气”，颇有点“天方夜谭”的味道。这种议论“俘虏”“抓住”了相当多的人，因为它迎合了中国广大消费者购买“物美价廉”商品的“渴望”，很快过上“现代化美好生活”的“渴求”，这是很可以理解的，但却是很不实际的。至于某些经济类的报纸杂志，或者经济类文章的作者，假如他们仅仅是为商业宣传价值，迎合某些人的心理和需要，虽然不妥，但倒也不必特别责怪。但另外，中国“复关”这是非常严肃的重大问题，是不可以哗众取宠任意当儿戏的。因为一阵“洋货大降价”的香风吹来，“暖风熏得游人醉，直把杭州作汴州”。广大消费者都持币待购，眼巴巴等着宣布中国“复关”买便宜洋货，诸如彩电、冰箱、汽车……中国流通领域开始出现“梗阻”，开始影响到我国的经济生活。尤其是它大大淡化了、扭曲了大众对中国复关问题应有的严肃的深层次思考，产生了极有害的后果。复关问题是一个重大的历史性事件，是一个历史性的转变过程，它的影响是全面的和广泛的、巨大的和深远的，绝不仅仅是个经济问题、进出口问题、价格问题，价格问题也不仅仅只是个单纯的“降价”问题。此不赘言，详细阐述将放在对中国消费者的影响一节。

与“大福论”相对立的另一个极端，是“大祸论”。这种观点认为复关是一场灾祸，将会大难临头。关税降低，市场开放，洋货如潮水般涌来，将解放后辛辛苦苦惨淡经营搞起来的社会主义经济冲垮，乃至于洋人卷土重来，中国沦为半殖民地。这一看法虽然由于种种原因大都未见之于公开的报道，但私下里的议论也很多。这是一种极悲观的论调，根源于思想僵化、保守，缺乏自信与勇气，模糊了许多“形相近质相异”的问题，颇有点“杞人忧天”的味道。这种极悲观的论点是毫无根据的，是站不住脚的，是极其有害的。迄今为止，在总协定的103个正式成员中，还没有找到任何一个国家或地区是由于“加入”了关贸总协定，降低了关税，开放了市场，引入国际竞争而大受冲击，大祸临头，从而使某国经济与社会削弱、冲垮、大伤元气的。相反，不入关不搞竞争，由闭关锁国高关税保护而造成的长期落后的事却不乏其例。其实，只要你稍加思考，就会发现悲观论毫不合乎逻辑。既然入关那么“坏”，对中国只有害处并无好处，对别国只有好处而无害处，那为什么各缔约国还要严格“审查”“评估”，三番五次讨价还价，横跨六七年至今还没有完呢？事实上，总协定是权利与义务的平衡，其中有许多例外，有许多特区，有许多自动“安全稳定器”。中国“复关”，降低关税，削减非关税壁垒，也不是从此就“无关可守”，任人宰割！

——喜哉、忧哉？“亦喜亦忧”待复关，这种看法比较全面，比较公允。中国复关，既是好事与喜事，同时也有许多困难与问题；既不应盲目地“喜”，狂喜，也不应高枕无忧，更不应一味地“忧”，滥忧。

狂喜者有之，高枕无忧漠不关心者有之。有一部分人，根据三四十年来的老经验，他们用老眼光看新问题，他们高枕无忧，说“什么复关不复关，什么冲击不冲击，管那么多做什么？天塌大家死，车到‘关’前必有路”。我想说的是，如若一味盲目漫不经心无所谓、无所忧，到头来可能发现车到“关”前疑无路，多歧路，无退路！你怎么办？人无远虑，必有近忧。至于说到“天塌大家死”，“天”肯定不会塌下来，这一点大可以放心；但肯定有“死”（企业倒闭或失业），这一点也不必怀疑。问题是谁“疑无路”“无退路”，谁先“死”！

滥忧者，也有之。前面说的“大祸论”就很可能是滥忧，是忧而过度的产物。

“中国”——东方巨龙将腾飞世界

中国发展市场经济，中国重返关贸总协定，按国际标准和规则迅速实现经济与社会的现代化，这对于中国和世界来讲，都有重大的战略性意义，是一个划时代的里程碑。对这一点，再过几年，站在历史的高度放眼全球，会看得更加清楚。

——21世纪——东方巨龙腾飞世界。放眼全球，20世纪80年代以来，亚洲国家，特别是东亚和东南亚国家，经济发展速度最快，超过全球任何一个国家和地区，这一点是有目共睹的。而在这一地区，又以中国经济与社会发展的成果最大。再过几年即将跨入21世纪。21世纪是亚洲世纪，东方世纪，亚太世纪，中国世纪，对此世界各国的政治家、学者和新闻媒介几乎都没有分歧，算有点“舆论一律”，因为这是事实。

美国一家很有影响的杂志《外交》季刊在1992年冬季号刊登了前世界银行行长、现任美中关系委员会主席巴伯·科纳布尔和美中关系委员会会长戴维·兰普顿合写的一篇文章，题为《中国：未来的大国》，指出中国对美国的利益至关重要。文章指出，“中国对美国的利益来说是重要的，克林顿政府的政策应该以这个事实为前提。中国大陆、台湾和香港正在出现经济繁荣。这个地区的发展不仅给美国的投资、贸易以及两者能给美国人带来的就业提供了巨大的潜力，还可能使东亚较为稳定”。“按中国的亚洲邻国的标准来看，中国的经济制度运转得很好。从1984—1990年，中国的年经济增长率为9%，是菲律宾的4倍以上，几乎是印度尼西亚的2倍。百分点比泰国高。在亚洲主要国家的经济中，中国的经济增长率仅次于韩国。中国的制度在控制高出生率，满足人的基本物质需求以及在某种程度上平衡发展的轻重缓急次序方面做得相当出色”。“在当今世界上，难民也是一个大问题。柬埔寨、越南和东欧的难民造成的混乱同中国发生大移民潮而产生的大骚乱相比则是小巫见大巫。中国没由于政治失误、自然灾害或大范围的经济崩溃和农业歉收而导致人口外流是符合世界利益的，更不要说符合中国周边邻邦的利益”。“从地区来说，美国的利益既多又重要。教训是，地区稳定需要可行的美中关系”。“对美国在亚洲的安全和经济利益的最严重的威胁……没有中美两国的充分合作，这些问题都不能有效地加以解决”。“从双边关系来说，美国在当今世界经济发展最迅速的地区占有一席之地事关重大。在最近的经济衰退期间出口是维持美国经济运转的动力，出口对美国的未来将发挥越来越大的作用。美国人尚未充分认识到香港、台湾和中国大陆经济上日益增多的相互依赖正在创造新的经济机会，引起政策问题和建立有希望加强地区安全的依赖关系”。

英国《经济学家》周刊在1992年10月10日一期的一篇文章中指出：“西方那些不愿相信亚洲的经济崛起是一种威胁的人过去10年的大部分时

间都在为日本的问题烦恼；比较有洞察力的人可能要开始为中国的问题烦恼了。在许多人看来，中国取得的迄今最大的经济奇迹令人难以置信。它使12亿人民摆脱了贫困，有可能在一代人的时间里建立起一个大于美国的经济。中国的经济正充满活力。”“民主国家要想使中国接受西方的民主观念，最好的办法就是鼓励已经使这个人口众多的国家产生如此巨大的变化的经济力量。这就是说，要无条件地同中国开展贸易，重新接纳它恢复关贸总协定缔约国地位，把它纳入世界经济的范围。”

日本《景气观测》杂志1992年6月20日发行的一期文章中说：“改革开放政策使中国由停滞走向发展。80年代是亚洲新兴工业化地区的时代，90年代大概将是中国时代。”

新加坡李光耀资政于1992年国庆前夕访华后，在香港发表谈话，他坚持未来几十年内中国将是一条东方巨龙。

世界各国各种不同背景的人士都认为21世纪，中国巨龙将腾飞世界。那么海峡两岸的中国人，是否对此都有清醒的认识，并且从思想上、心理上、战略和政策上做好了迎接这一千载难逢新机遇的准备?！不管中国人怎么想，怎么做，西方舆论正在提醒各国对此有足够的心理准备。1992年英国《经济学家》杂志在11月28日出版的一期文章中指出：“西方国家最近倾向于考虑有关中国一些较小的问题，如进口壁垒和武器销售。但在2010年以前，西方的决策者们应该开始考虑比这更重大得多的问题。当占世界1/5人口的大国（它已经成了大量工业产品和食品的最大生产国）真正开始实行工业化和出口产品时，会出现什么情况？当他们开始提供大量消费品和像汽车和电信系统这样的基础设施产品时，会出现什么情况?”文章最后说，“西方不能说它没有发出足够的警告。拿破仑在忠告西方让中国沉睡后又加上这么一句：一旦中国醒来，将会使全世界地动山摇”。

——如今“中华经济圈”已不再是梦。几年前，美国印第安纳州博尼大学经济学家郑竹园教授曾提出建立“中华共同市场”的设想。1992年8月，美国著名经济学家、经济发展分析专家理查德·金又进一步预测，在未来5年内，一个以中国大陆、台湾和香港（应包括澳门）结为一体，并影响全世界经济发展前途的“大中国经济圈”即将出现在亚洲地区。几年前郑教授提出此议，人们似乎还有点跟不上，以为这仅仅是善良学者憧憬的“梦”，但到去年，美国的理查德·金再次预言时，“梦”已不再是梦，它部分地变为现实，一个正在形成的经济和社会现实。

“中国”也好，“中华经济区”“中华共同市场”“中华经济圈”也好，总之，不是“中国”就是“中华”。中国就是中华，中华就是中国，中国就是中国的大陆、台湾、香港和澳门四个地区的总称。我们暂且就称“中华经济圈”吧，这就是未来独立、完整、统一的中国的代称。怎样称呼并不是最重要的，最重要的是一个正在形成的经济和社会现实。

“中华经济圈”在世界经济一体化、区域化、集团化的今天，不仅是时代与历史的必然，而且有其鲜明的特点：（1）原本同文同种同一民族同一国家；（2）在构成上，表面并无条约或正式协议之类的东西，而是在中国大陆推行改革开放的政策这一大背景下，各方出于各自及共同利益的需要，在自觉自愿的基础上，自然地形成的经济合作区域；（3）四个地区彼此之间的互补性很大，彼此的协调合作易得事半功倍之效；（4）发展前景非常广阔，举世瞩目，最后会形成中国最终统一的坚实基础。

面对这一建议与进展，我国官方与民间反应热烈。我们也注意到台湾当局的有关人士也曾提出“壮大台湾，结合大陆，同步天下”的设想，并表示不反对“中华共同市场”的提法，赞同搞“中华共同市场”。1992 年 10 月 14 日，台湾的经济学家获悉中共十四大召开的有关信息后说：“鉴于大陆继续进行改革，台湾海峡两岸一体化有可能实现。”

总之，不管仍然存在什么样的政治与心理障碍，“中国”“中华经济圈”已是一个正在形成的经济和社会现实，这是一个不可逆转的历史趋势。

“中华经济圈”的形成，不仅是中国本身历史发展的必然趋势，也是顺应时代潮流，适应世界经济一体化、区域化和集团化这一趋势的战略性对策。“中华经济圈”中的中国大陆、台湾、香港及澳门加在一起有 12 亿以上的人口，近几年来，大陆和台湾在世界进口和出口贸易排列次序中大体在第 12 ~ 14 位交替，1992 年大陆的进出口贸易总额为 1656.3 亿美元，台湾超过 1500 亿美元，接近世界第 10 位或第 11 位；1992 年大陆的国民生产总值为 23000 亿元人民币，约为 3000 亿 ~ 3500 亿美元，台湾的国民生产总值超过 2000 亿美元；1991 年大陆的纺织品出口值居世界第三，数量居世界第一。如果人们换一个角度，从“中华经济圈”的角度，即大陆、港、澳、台四个地区作为一个整体去研究一些统计数字，对中国在当今或未来世界上的地位就会产生完全不同的看法。其影响远远大于大陆本身的影响，或其他 3 个地区中任一地区的单独影响。

“中华经济圈”中仅大陆和台湾就拥有 1150 亿美元的外汇储备，居世界第一；国民生产总值5000亿美元以上，进出口贸易排世界第四，仅次于美国、联邦德国和日本；纺织品出口数量和出口值都居世界首位。这些都不是统计上的游戏，近几年来这个真正中国的不同地区，特别是大陆，已进入经济与社会发展的一个新时代。

在建立和发展“中华经济圈”的过程中可以首先实现台湾和大陆之间的“直接三通”。在此基础上，大陆、港、澳、台四个地区建立“中华共同市场”，对内一律取消“关税”，逐步消除“边界”，平等互惠，实现名副其实的无边界经济。当今区域化、集团化趋势日益突出，欧洲统一市场、美加墨北美自由贸易区、中南美洲共同市场、东南亚贸易区……这一点尤为重要。

黄皮肤、黑头发、黑眼睛，黄河、黄山、黄鹤楼，长江、长城、长廊，12亿同胞、5000年文化，3000万富裕而爱国爱乡的海外游子，“举头望明月，低头思故乡”。大陆、港、澳、台同文同种同一始祖炎黄同一民族国家，由于历史的种种原因，人为地分割为几个地区，这原本是落后挨打的产物，是民族的耻辱，或是历史曲折的苍黄、国家的不幸，如今“本是同根生，相视奈无语”。求同存异，面对未来，联合起来，团结起来，统一起来，是光复，是雪耻，是彻底独立，是完全统一，是中华文化的博大精深，是爱、是宽容、是大度、是智慧、是伟大、是振兴、是腾飞。待中华腾飞世界时，顿作倾盆泪雨飞。

——大陆、港、澳、台由“复关”而通向民族的繁荣与国家的统一。如前所述，由大陆、台湾、香港和澳门形成的大中华经济圈已是一个基本的经济与社会现实。这一进程将由上述四个地区的先后“入关”而强化与加速。

香港与澳门目前已在“关内”，大陆与台湾也将于不远的某个时候几乎同时“复关”。尽管从政治的角度看，这四个成员有主有次，派驻在关贸总协定的首席官员有的可称“大使”，有的则只能称“代表”，然而最重要的是它们都是关贸总协定的正式成员。彼此之间原来是由于同文同种、同一民族、同一国家，由于各自的共同利益自觉自愿结成经济合作区，并无正式条约或协议的保证或约束。初一看，似乎这是它的弱点，不是吗？缺乏条约或协议的保证和约束！但换一角度看，这恰恰是它的优势和特色。根本的保证就在于彼此的共同文化历史背景，共同的经济利益与需要。条约可能由于某种特殊的原因而废除，但彼此的文化与历史、利益与需要却是更为稳定和根本的因素，岂能通过人为“废除”而消除！

现在大家都是关贸总协定的正式成员，彼此都是市场经济，都遵循以市场经济为基础的自由竞争原则；成员之间彼此市场开放，平等贸易；彼此非歧视，平等互惠、多边互惠、最惠；彼此信息公开，发生贸易纠纷协商调解。彼此经济制度、外经外贸制度、统计制度、会计制度、审计制度、公司制度，以及一系列的经济、金融法规都基本相同或相近。大家彼此协调合作一体化，你中有我，我中有你，你离不开我，我也离不开你。逐渐，共同的利益和语言越来越多，感情也越来越融洽，隔阂会逐渐消除，从而在促进中华民族的共同繁荣的同时实现国家的最终统一。这将是一个划时代的里程碑。

获得了更好地维护自身权益的手段

中国重返关贸总协定，这就为我国提供了一个争取和维护自身权益的场所和手段。我国恢复缔约国地位，同号称“经济联合国”的总协定建立正式关系，使我国可以进一步走向国际社会，更充分地利用国内国际两个市场和两种资源，促进我国经济建设和对外开放事业的发展。使我国对外经济贸易体制多元化，避免不必要的过度集中，避免某些大国或集团的牵制、影响，通过多元化分散风险，能更好地维护自身的权益。

——中国的企业和商品在国际上待遇最差。事实上几十年来，由于我国置身于关贸总协定之外，我们的企业和产品在国际上所受的待遇是最糟的。假如我们不进去，全世界 100 多个国家和地区半个世纪以来七八次全球性多边贸易谈判所取得的成果我们都享受不到，而且还将继续遭受种种歧视。以轴承出口为例，我国轴承产量的 20% 依赖于出口，在美国海关，一般关税税率为 69%，但最惠国待遇税率为 11% ~13%，差别如此悬殊，歧视程度由此可知。

——中国商品在国外屡遭厄运与刁难。不仅在总体上享受最差的待遇，我们还要遭受许多额外的刁难或限制。例如，欧共体尚属对我国比较友好的集团，可仍然有 200 多种中国商品不准输入该市场。再如，在对国外屡屡控告我们倾销的案件处理中，在反倾销调查中，往往以中国不是市场经济国家同其没有可比性为由，由它们另找一个同中国相似的实行市场经济的发展中国家作为调查对象，然后以它为“替身”，以此为依据判案。这其中的任意性就很大，是很不合理的。而一旦国外对某种中国商品实行反倾销调查，由于存在着种种风险与不确定性，以及缴纳保险金等原因，就使大部分进口商不敢再进口这种被进行反倾销调查的中国商品，从而使中国商品出口受挫。例如，20 世纪 80 年代中期，中国的棉纱枕巾曾被美国企业控告倾销，法院进行反倾销调查尚未进行最后裁决（这种调查又往往旷日持久），就使当年中国出口到美国枕巾的数量大减，金额由近 900 万美元锐减到 40 万美元。由此可见，这种不公正的待遇和不公平的调查程序，对我们的损害与后果是相当严重的。假如中国重返关贸总协定，那将享有多边最惠国待遇，美国、欧共体等国家对中国的许多歧视性的规定就可以消除，反补贴、反倾销调查也可以依照总协定有关规定合情合理地进行。从我国有关部门对关贸总协定关于反倾销调查的 100 多个案例的裁决所作的分析看，总协定的裁决还是比较公正的。

——美国将不能再继续维持对中国最惠国待遇的年审制度。美国至今保持着对中国最惠国待遇问题的年审制度，至今拒绝给中国普惠制待遇，这是不公平的。假如中国重返关贸总协定，根据非歧视性原则的多边最惠国待遇条款，美国给予任一缔约国的好处、减让、豁免和利益，都必须无条件地给予中国，则那种单方面的歧视性年审制度便不能继续维护，同时也得无条件地给予中国普惠制待遇。

——获得阐述自身观点、维护自身利益的场所。中国经济的总体规模越来越大，中国经济融入世界经济总体的程度也越来越高。中国离不开世界，世界也离不开中国。中国加入了，全面参与它的一切活动和谈判，中国和发展中国家要求什么、反对什么，在建立国际经济新秩序的斗争中就可以有与它的地位相适应的发言权和影响力，就可以更好地维护中国自身和发展中国家的利益。例如，1984 年中国没有参加国际多种纤维协定之前，中国纺织品的出口值仅六七十亿美元，参加国际多种纤维协定后仅六七年，纺织品出口就猛增 200 多亿美元之巨。

外经外贸的外部环境根本改善

十几年来，伴随着改革开放事业的不断推进，中央和地方党政领导机关陆续出台一系列的改革措施和优惠政策，使企业经营的内部和外部（社会）环境有较大改善。但是这都属于中国改革开放外经外贸的内部（国内）环境。另一方面，由于中国长期留在“关外”，作为“局外人”，我们的企业和产品一走出国门面对国际市场，便屡屡遭冷遇、受歧视、挨刁难，再加上狂风暴雨的袭击，使机会减少、竞争力减弱、发展受阻、效益降低。重返关贸总协定，使我国改革开放、外经外贸的外部（国外）环境得到根本性的改善。这无疑又开辟了一个广阔的新天地。从今后海阔凭鱼跃，天高任鸟飞，展现出一个驰骋发展的全新机遇。

——外部（包括内部）环境更为稳定、明朗、优化。总协定多边贸易与关税的这种全球性框架结构，形成良好的平等的和稳定的贸易外部环境。这主要表现在：（1）明朗化、稳定化。信息公开和透明度是关贸总协定遵循的一个重要原则，也是总协定全部机制和活动得以有效进行的基本条件；关税水平、关税减让表、非关税措施的守则、商品出场和进场（市场）规则、争端的解决方式与程序，这一切都明明白白地写在纸上，是公开的、透明的，谁都知道；它的规则的修改或增补须按一定程序经协商或谈判形成，并经缔约国大会批准，不受国别意志、利益或关系变更的左右而轻易改动。（2）优化了。复关后，中国商品在国际市场上受的待遇会大大优化，关税和非关税壁垒大幅度降低，规则更为合理。（3）由于有国际条约、协定、规则的约束，中国的内部政策法规也较前稳定化和明朗化了。从今以后，许多政策再不能朝令夕改，“初一十五不一样”，再不能政策无限多样化，再不能维持内外有别的一系列“双轨制”双重性标准差别待遇的政策了，从而创造了企业经营的稳定的、透明的和平等的内部环境。由于上述三点，使企业投资建厂、上项目、搞试制、上品种、跨国际经营的可见度、可测性、确定性增强，决策的科学性和稳定性提高。

——多边最惠国待遇比双边最惠国待遇要稳定优越得多。多边（至少是现在的“103”，更不要说30个联系成员了）最惠国待遇比两个国家之间的双边最惠国待遇其范围要更大得多、内容要广泛得多、时间要长得多、体制要稳定得多。中国重返关贸总协定，立刻就可以根据非歧视性原则中多边最惠国待遇条款，享受所有缔约方半个世纪多次谈判多次降低的相当优惠的关税和非关税措施方面的待遇，在各国国内市场上享受东道国企业和产品享有的国民待遇，这是跨越历史性的决定性的“二道关卡”，迈出了几十年迈不出的“两大步”，它的好处是无法估量的。关税和非关税壁垒方面的多边最惠国待遇和国民待遇的享有，将大大提高我国商品在国际上的竞争能力，扩大出口增加外汇收入，大大改善我国的贸易条件，促进国际收支的平衡。例如，乌拉圭回合纺织品贸易协议签订，将可能使我国纺织品出口在10年内增长3倍以上；近几年内我国机电产品出口将可能以年30%～40%的速度增长。出口的增长和贸易条件的改善，将可能使我国从两方面增加外汇收入，增强我国的对外支付能力，增加先进技术与设备的进口，加速大中型企业的改造和现代化，加速我国“四化”事业的发展。

——中国作为发展中国家，将可享有一系列非互惠的优惠待遇。重返关贸总协定后，中国作为发展中国家，可以依法享受“差别的和更为优惠的待遇”，即非互惠的优惠。这种待遇是发达国家得不到的、我们也不必对等地“回报”的单方面优惠。包括：（1）普惠制待遇；（2）发展中国家可以相互提供优惠，发达国家不报复；（3）发展中国家的幼稚工业可以经过谈判在有限的时间内有限的程度上得到保护；（4）允许发展中国家在一定限度内可以使用补贴来促进工业的发展，包括对某些工业品和矿产品的出口补贴，而不至于受到发达国家的报复，即不征收反补贴税；（5）国际收支失衡时可临时采取某些进口限制。这些非互惠优惠待遇的享有，可以从“进攻”和“防御”两方面既相对增强在国际市场上的竞争能力，又增强了中国抵御“复关”后冲击的能力，是一种安全“稳定器”“缓冲器”。这也是前边我们讲的中国“复关”后也不是国门就彻底大开，从此再“无关可守”的原因之一。

——外贸体制多元化，市场更广阔，地区结构更合理，风险分散，稳定性加强。中国1992年进出口贸易总值已达1656亿美元，分析一下它的地区结构，就会发现许多问题。中国进出口值的90%是同美国、日本、欧共体等有限的几个经济合作与发展组织成员国进行的。一个国家，它的对外经济贸易的国别和地区结构过于集中，发达国家贸易保护主义又日趋严重，在政治、经济、金融等方面的利益与风险也可能高度集中，这会产生许多极为严重和微妙的敏感问题。中国对美、对日、对欧共体的贸易都有这种问题。把“鸡蛋都装在同一个篮子”里，就不符合风险分散的原则。

另外，发展中国家在国际经济活动中越来越扮演一个重要的角色。根据关贸总协定的统计，1990年发展中国家出口增长13%，金额达7350亿美元，进口增长15%，金额达7200亿美元，其进口或出口总额约占世界贸易总额的20%。

1991年发展中国家的进出口贸易额在1990年大幅度增长的基础上继续有所扩大，特别是亚洲发展中国家对外贸易的增长更为突出。1991年各地区进口贸易额比1990年增长的幅度和金额分别是：亚洲主要出口制成品的发展中国家和地区（指中国台湾、中国香港、韩国、新加坡、马来西亚和泰国）进口增幅为17%，金额达3850亿美元（占世界进口总额的10.5%）；中东地区进口增幅为16.5%，金额达1200亿美元；拉美地区进口增幅为12%，金额达1950亿美元；只有非洲地区进口比上年略有下降（为1%），金额达900亿美元。整个亚非拉地区进口金额合计共达7000多亿美元，这是一个进口容量相当大的市场。世界上100多个发展中国家，分布在不同的地域，它们拥有不同的资源，各国的产业结构亦有差异，还处于不同的发展阶段，形成了多层次的消费结构，因此它们在经济和贸易上互补性较大。自中国执行对外开放政策以来，中国同发展中国家的贸易迅速增长。据中国海关统计，1991年我国同亚非拉发展中国家（不包括港澳地区）的双边贸易额为241亿美元，比1990年的77.55亿美元增长2.1倍。中国同发展中国家贸易，虽然经过长期努力已有显著发展，但是，双方的贸易额在整个发展中国家贸易总额中所占的比重还不到2%，中国对这些国家的出口约占亚非拉国家全部进口额的1%，这表明，今后发展我国同发展中国家的贸易尚有巨大的潜力。进一步扩大改革开放的步伐，不仅要发展同发达国家、周边国家和地区的经贸关系，而且要更加充分地使用国内、国外两种资源，开辟国内、国际两个市场。这样就使中国的对外贸易体制逐步多元化，不再过分地集中于某些发达国家或地区，同时也扩大同进出口市场日益增大的发展中国家和东欧国家的贸易，使地区结构合理化、外经外贸的风险相对分散，稳定性增强。从而在扩大我国进出口贸易和增强我国综合实力的同时，也增强了我国在外交和对外经贸谈判中讨价还价的能力和回旋余地。

大大地有利于我国对外资的吸引和利用

中国大力发展市场经济并且恢复关贸总协定缔约国地位后，正式加入了这一国际多边贸易与关税体系，就从国内外两方面优化和改善了我国利用外资的条件和环境，对外资的吸引力更大了，从而使这一工作在深度和广度上有一个更大的突破。

——国内外环境的优化大大增强了对外资的吸引力。中国发展市场经济，中国重新“复关”，找到了更好地维护自身权益的手段和工具，多边最惠国待遇的获得和外部环境的优化、稳定化和明朗化，这一切都大大增强了对外资的吸引力。尽管1992年尚未“复关”，但“复关”是一个过程，条件和环境都在一天天改善之中。随着这种改善，就会有更多外资引入，到1991年底，我国累计利用外资金额达800多亿美元。1992年利用外资步伐进一步加快，1～11月，共批准外商投资项目40291个，协议资金额458.9亿美元，比1991年同期增长2.6倍和3.8倍。实际引入外资83.4亿美元，比1991年同期增长1.5倍。外商投资领域进一步扩展，在生产性项目继续增加的同时，一些第三产业也开始引入外资。利用外资的经济效益和社会效益明显提高。1992年1~11月，在我国的6万多家“三资”企业出口产品127亿美元，比1991年同期增长65.4%，占我国出口总额的比重约为15%~20%；涉外税收累计100亿元，比1991年同期增长47%以上。

——在中国的“三资”企业也可以享受普惠制待遇和对发展中国家的各种特殊待遇。许多外商来华考察投资可行性时，都向中方探询产品可否享受普惠制待遇，有的甚至以中方能否提供普惠制证书作为来华投资建厂的先决条件。在中国的“三资”企业制造的产品，特别是工业制成品，大都可以享受给惠国给予的普惠制待遇，这样发达国家的投资者将更有兴趣在制造业投资。随着中国国内外投资环境的改善，外资向中国基础工业、能源、交通、电力等基础产业、资本密集和技术密集型产业等部门投资的前景也一天天看好。

——中国的旅游业这种特殊的“利用外资”行业收汇也将大增。旅游业是一种特殊行业，是一种基本上无污染的高创汇产业。中国在这方面有特殊的优势。1992年到中国旅游的总人数达3700万人次，创汇36亿美元，比1991年增长26.5%。1994年到中国旅游的入境人数达4000万人次以上，创汇46.7亿美元。不仅是旅游业本身，而且随着中国投资环境的改善和更多的国家给中国普惠制待遇，特别是美国给予中国普惠制待遇，二三十个发达国家——普惠制的给惠国的国民到中国来旅游，在中国买的许多品种的工业品，他们回国后凭中国的发票和普惠制证书可以免税或减税，这样，发达国家的国民到中国旅游时会购买更多更大件的中国制成品。

通过市场力量促进产业结构的调整

新中国成立几十年来正反两方面的经验教训表明，单纯依靠行政力量，定政策，发文件，发号召，试图在排斥市场机制、经济利益这一根本问题的情况下解决国家的产业结构调整问题，根本不可能。利益是社会前进发展的杠杆。利益是一切改革的动力，也是一切保守的原因。在“复关”实现两个市场和两种价格体系对接的过程中，将可能通过市场力量，在调整经济利益实现资源最佳配置的基础上，大大促进我国产业结构的调整，并进而提高我国经济的总体协调程度，解决提高经济效率和效益这一根本问题。

——由“重重轻轻”的畸形产业结构到“趋同化”。新中国成立30多年来，实行高度集中计划型的优先发展重工业的经济发展战略，口里讲的是“农、轻、重”，实现起来往往是“重、轻、农”。口号呢？是“先生产，后生活”。最终导致“重工业畸重、轻工业畸轻”的“重重轻轻”的产业结构。这种畸形的产业结构在改革开放以来的十多年中，得到一定程度的调整。在市场力量的诱导下，个体经济、乡镇企业、街道企业、“三资”企业有了长足的发展。仅乡镇企业产值已占全国工业总产值的1/3，“三资”企业出口已占全国出口总额的1/5，1993年这一比例达27.5%。这些种类的企业大都集中在加工工业和第三产业。一大批民用工业、轻纺工业、家电工业、食品、酿酒、烟草工业如雨后春笋般地涌现出来，“轻工业畸轻”的不合理局面有了根本性的扭转。但同时又产生了另外一个新问题，即全国各地区、各省市，乃至于县区，经济结构、产业结构“趋同化”的现象，在趋同的同时又膨胀成为长线，这造成资源的高度浪费，总体成本的提高和总体效益的下降、五花八门的各种“争夺大战”和日益严重的假冒伪劣问题。以此为代价，在另一端，就是能源、交通、电力等基础性工业发展缓慢，供应严重短缺，价格上涨，形成经济发展的“瓶颈”，严重制约着国民经济的发展。

——高关税壁垒和高财政补贴的“核保护伞”导致这一恶果。查一查我们几十年来的各种中央文件，领导讲话、新闻宣传报道，便可以知道几乎年年讲“调整经济结构、产业结构”。几十年来的几次大调整，包括“关、停、并、转”，“调整、巩固、充实、提高”，“治理整顿”，其核心内容除了总量控制之外就是结构调整。可见，结构调整问题一直是困扰我国经济长期得不到根本解决的老大难问题。而且，任凭你指示如山、文件似海，“调整结构”就是调不动，而且越调短线越短，长线越长。

为什么会这样？最主要的原因就在于我们的行为和信号是自相矛盾的，是“误导”。所以然者何？原来一方面号召调整经济结构，要长线变短、短线变长；另一方面又通过内外两方面的双重性保护政策，不断加剧和深化了这种不合理状况。对外，以高关税壁垒和种种非关税壁垒形成高高的保护“墙”，将国外质优价廉的商品挡在国门之外；对内，又通过中央和地方政府的各种优惠政策、财政补贴、信贷只借不还的支持和无条件的“安定团结贷款”，这些高补贴不断地打“强心剂”“兴奋剂”，吃“偏饭”、喝“麦乳精”。结果是不管你管理怎么差、质量怎样低、成本怎样高、价格怎样涨，在一个封闭的缺乏竞争的狭小市场上，通通都能卖出去，照样能赚钱，日子照样过得不错。既然最次的都能卖出去都能赚钱，或者卖不出去的又有人给补贴，日子照样舒服。那么企业为什么要“关、停、并、转”呢？为什么要“调整”“整顿”呢？简而言之，企业赚的是高关税封闭的钱，花的是各种形式的高补贴的钱。这两大“核保护伞”，就是问题的根源。

总而言之，上面调不动，下面调也不动的根本原因都是一个利益问题。对地方、企业来说，有利可图就调也调不动，没利可取时就不调也得动。

——通过全国性、国际性统一大市场进行经济强制性的产业结构调整。在改革开放前，中国的市场实际上是一个全封闭的市场，是一个视竞争为洪水猛兽的高度垄断性市场。改革开放以来，这种情况有了很大转变，但这种改变是很有限的，并不是根本性的。仅就国内市场而言，实际上是一个地方性、地区性保护主义占统治地位的“关卡”林立的分割性市场，是一个以行业和部门垂直控制为主体的半垄断性、行业性、部门性市场。迄今为止，全国统一大市场并未事实上形成。只要全国性统一大市场尚未形成，则要实现生产要素的最佳配置和合理的产业结构调整就绝无可能。

改革开放以来，我国的对外经济贸易有了长足的发展。但这仍然是在国内市场和国际市场严格分离的状态下进行的，是在国内与国际两种不同的价格体系间进行的。在这种双重分离状态下进行的交换，不大可能产生资源合理配置和产业结构调整的积极作用。只有国内形成全国统一大市场，各种行政性补贴和保护消除，国内市场和国际市场逐步对接，两种价格体系逐步趋于一致，才能通过市场力量、竞争机制、价格机制作用实现优胜劣汰、优生劣死的强制性产业调整。优（物美价廉）者胜，劣（质次价高）者汰，这一目标才能实现。手段就是市场经济、自由竞争、市场开放、平等贸易，关税和非关税壁垒大幅度降低。

我们仍然以汽车工业为例，在200%～220%的高关税保护下，中央的、地方的汽车制造厂林立，家数是全世界的一半，产量还不如美国通用汽车公司一家的1/3多，能形成规模经济吗？成本能降下来吗？能物美价廉吗？就这样汽车厂照样赚大钱，所以大家一齐上，不管三七二十一，上去就是胜利，就是钱。电子计算机，国内价格一般是国外（包括台湾）的2~4倍。大家赚的都是封闭的钱、高关税壁垒的钱。关税一旦大幅度降低，保护墙一旦大部推倒，则进口汽车、计算机价格“翻跟头”现象一消失，某些原来靠高关税保护拥有优势的国产汽车的“神气劲”就会立刻消除，“冰消雪融长溪媚，爆芽杨柳小楼羞”。如此，该关的关，该停的停，该并的并，该转的转，该死的死，该生的生。长线就会变短，短线就会变长。

本世纪最后的机遇与空前严峻的挑战

中国重返关贸总协定是本世纪最后的一次机遇，同时也会带来空前严峻的挑战，简单地说就是机遇与挑战并存。前几节我们侧重阐述了中国复关所展现的良好机遇，本小节将侧重分析我们所面临的种种挑战。机遇中有挑战，挑战中有机遇，概括地说中国将乘关贸总协定之船驶入世界商品经济大海，实现两个市场和两种价格体系的转换与对接。

——全方位、持续性的挑战与机遇。1991年初以来，我国公众，包括大众宣传媒体在内，对中国复关这件事的反应是敏感而热烈的，某些方面则是初步的、浅层次的和片面性的。例如，认为关贸总协定顾名思义，也就是“关税”与“贸易”，就是进出口贸易，是一个局部性行业性问题；说到两个市场对接，也就是国门大开，“洋货潮水般进来”，商品大降价，企业遭殃，消费者受惠，关税降低，“等于每人长三级工资”，如此等等。这种片面性的看法在实践中是极其有害的。笔者认为中国复关，机遇与挑战并存，这种机遇与挑战又是全方位的和持续性的。它要求我们从更广阔更深刻的背景上观察与思考问题。

“复关”问题并不像它表面所展示的那样简单，它既不是一个部门性的行业性的问题，也不是针对某些特定领域、特定社会群体的局部性问题，它的影响是全方位的：（1）就地域上讲，涉及中国的每一个省、每一个市、县、区和乡，不管是北方或南方，东部、中部和西部，沿海还是内地，城市还是乡村，山区还是平原。（2）就社会领域上讲，不仅涉及外经外贸，也涉及经济全部领域；不仅涉及经济金融，更涉及政治、文化教育、思想观念、干部制度、人事制度、用工制度、社会保障保险制度、税收制度、会计制度、审计制度、招工分配制度等更为广泛的方面。（3）就部门行业上讲，几乎涉及一切部门和行业，工业、农业、商业、服务业、金融保险业……（4）从层次上讲，不仅涉及众多的较浅层次的问题，更涉及一系列诸如机制、体制、利益、政治体制、管理体制、思想文化等深层次的问题。（5）不仅是国内的一系列变革，也是一个国际问题，涉及国内外两大物资货币系统、两种资源、两个市场、两种价格体系、法律体系，内政与外交，以及上述两方面的相互交叉、对接、转换、摩擦、矛盾、震荡、不适应与风险。（6）涉及长期与短期的挑战、机遇、影响与对策。

“复关”的机遇与挑战，特别是变革、转换、对接、适应，将是一个历史性的过程。我们必须狠下决心牢牢树立持久作战的观念。确立历史性转变过程的观点：（1）长期性；（2）持久性和持续性；（3）过程性。以为顶一下、等一下、挺一阵、咬咬牙就可以过去，车到“关”前必有路；或者像过去搞运动那样，一阵风吹来轰轰烈烈，过后一个令一风吹。笔者强调这一点也不是没有根据的，不是吗，如前一段时间报刊广播中讲中国即将“复关”，那么有关的讲话、研讨会、对策会就一个接一个，大张旗鼓，紧锣密鼓，连有关的书籍、杂志都会被抢购而至于脱销；如果又传出因某种原因中国“复关”有可能推迟一段时间，则前面那种“热潮”立刻就会冷却下来，乃至于偃旗息鼓，有关的报刊杂志便很少有人问津。不要说大众是这样，就连我们的新闻宣传媒介也是这样，甚至于某些领导机关和领导干部也跳不出这个圈。这是十分有害的。

——下海“复关”，更剧烈的震撼在中国的国内。中国将要来关贸总协定的航船，驶入世界商品经济的汪洋大海，实现两个市场两种价格体系的转换与对接。外面的世界很精彩，外面的市场更精彩。中国要“走出去”，同时也必须让别人“走进来”，放开自己的国门和市场。“复关”的实质是中国市场与国际市场对接，市场的对接是价格的对接，而价格的背后是体制、机制和利益，谓之牵一发而动全身。效率是国际竞争的先决条件，而效率不可避免地要同利益挂钩。（1）首先是由市场准入而带来的对国内市场的严重冲击。因我们的许多工业产品在质量与价格等方面都难以同发达国家竞争，所以势必使原来在国家高度保护下的产业和产品受到前所未有的冲击，导致国内市场更为激烈的竞争。（2）对我国企业经营也将产生重大影响。下海复关以后，我国经济将在更大程度和更大范围内纳入世界经济体系。我们的企业习惯于按红头文件办事，不习惯于按国际惯例办事。今后我国企业适应国际市场和转换企业经营机制的问题将十分突出，也会有相当一部分企业不能很快适应两个市场对接这一重大转变而举步维艰，乃至破产倒闭。中国企业与产品将同时面临国内与国际两个市场的双重竞争，企业的外部环境也较严峻，控制总量、调整结构、转换机制、面向市场和提高效益的问题将更为紧迫。

——面临特别严峻挑战的“第一线领域”。中国重返关贸总协定，两个市场和两种价格体制的对接将是一个历史性的转变过程。在这个转变过程中，不同地区、不同领域、不同部门、不同行业所面临的挑战与机遇在不同的时期也是各不相同的。面临特别严峻挑战的领域，我们称为“第一线领域”。

属于“第一线领域”的问题包括：

对我国政治、经济和管理体制的严峻挑战。主要表现在以下几个方面：（1）关卡林立的地方性市场同全国性统一市场、地区分割规模不经济与规模经济的矛盾。过去“大一统”的、高度计划化的主观主义的经济体制给我们留下沉重的包袱。企业组织是小而全、大而全、企业办社会；产业结构或是“重重轻轻”、或“趋同化”、或是第三产业严重落后，或是严重缺乏规模经济；地区分布是各自为政、自成体系、重复立项、重复布点、重复建设，大量的规模不经济。市场经济本身要求形成全国统一市场。两个市场对接更要求全国统一市场；国内国际市场自由竞争就讲成本、讲价格，就讲规模经济，规模不经济与之尖锐对立；入关要求透明度、国民待遇、经济政策法规的全国统一性，这又同各自为政地方保护相对立。这一切都要求一系列相应的根本性改变。（2）政府职能与企业经营机制的根本转变。这本是十几年改革的基本问题，在发展市场经济和“复关”走上国际市场的条件下，这一问题就更为尖锐紧迫。因为在“复关”的条件下，中国市场便成为国际市场的一个有机构成部分，中国的经济体制、市场要素都有一个国际化、规范化、标准化的问题，否则一切转轨、对接、转换都办不到。（3）全面的价格体制改革与以关税和汇率调节作用为主体的贸易保护手段的协调配合。价格体系的改革是经济体制改革最具风险性和最为困难的问题，我国已向各缔约国承诺在“八五”期间基本理顺价格体系。这里要强调的是，首先，价格改革涉及广泛的利益关系，价格改革至少包括物价、工资、利率、汇率、税率这五大类基本价格，每一类基本价格的变革又会引起一系列的相关变革。其次，只有形成上述全面配套的市场性价格机制，关税这一杠杆才有坚实的着力点，那么在由原来以高关税、高非关税壁垒为主的贸易保护手段转向以关税及汇率为主的贸易保护手段，才能依靠价格机制来调节。（4）一整套双轨制双重性差别待遇的体制与政策将不能继续维持。十几年来对内改革对外开放，沿海内地，特区、开发区，特厂、“一厂两制”，以及全国各地一系列的一个比一个更“特”的遍地开花的优惠政策，这一切都以“区别对待”“差别性待遇”为特征。而市场经济讲平等竞争、机会均等，关贸总协定讲“非歧视性”，讲“多边最惠国待遇”，讲“国民待遇”。这就形成一系列的矛盾，并要求一系列的变革。（5）中国经济管理体制和经济运行机制以及产业性政策乃至发展序列都面临大变革大调整。

对我国工业的严峻挑战。处于“第一线领域”的工业，主要是重化工基础工业和高新技术产业，受直接冲击的产业约占总产值的1/3，再考虑到产业与产业的相关度，影响面也将是相当广泛的。概括地讲：（1）对国内机电产品市场形成前所未有的冲击，使我国机电工业在一定时期内承受来自进口产品的沉重压力。突出地表现在以下三方面，一是正在起步的高新技术产品受到严重挑战，幼稚工业的发展受到一定程度的威胁；二是一些重复建设严重的行业和低素质企业将面临严重困难，其生存空间和市场占有率将逐步萎缩；三是缺乏价格优势和质量优势的产品会在激烈的竞争中被逐步淘汰，量大面广的企业和产品将经受重大考验。这三方面据粗略分析，大体有计算机、录像机、复印机、汽车、摩托车、彩电及彩管、数控机床、广播电视设备、通信设备、自动化精密印刷机械、精密加工机械、工业用各种控制仪表、自动化仪表、照相机等50多种机电产品。从短期看挑战大于机遇，但从长期看是挑战更是机遇——一次根本性大调整、大改组、大改造，提高整体水平和整体竞争能力的机遇。例如，有相当一批企业属盲目重复建设，生产能力大大超过市场需求，如彩电整机生产企业多达76家（除西藏和宁夏之外，28个省市区均有布点），先后引进彩电生产装配线166条，绝大部分装配线年产量在10万台以下，年产30万～40万台的只有10多家，达45万台的仅1家。目前全国生产能力达2125万台，年产约在1100万台，生产能力闲置一半以上。电冰箱厂家达到100多家，年生产能力1600万台，有51家先后从13个国家26个公司引进60多条生产线，目前年产量在500万台左右，全国生产企业平均年产量不足160万台，开工率不及生产能力的1/3。汽车1990年全国共有整车制造厂163家，改装厂600多家（除西藏外各省都有汽车厂）。1992年生产量达100万辆，但年生产能力大于10万辆的只有“一汽”“二汽”两家，超过1万辆的仅20家。数百家企业的生产能力不到1000辆，规模经济根本无从谈起。据初步估计，我国加工业约1/3～1/2的设备闲置，因开工不足每年少上缴财政利税逾百亿元。(2) 将使几大纺织行业和产品面临巨大冲击。一是化纤工业，价格高于国际市场，品种少、质量差、竞争抗衡能力低；二是高级印染后整理产品仍处于开发和小规模生产阶段，产品数量与质量都不能满足国内市场需求；三是纺织机械行业，技术水平低、机电一体化程度差。纺织工业出口“三大优势”已不明显；原来的劳动力优势逐渐丧失，工资成本仅占5%左右；技术优势越来越重要，但我们技术设备跟不上。(3) 对化工医药行业的严重冲击。这一问题由于“乌拉圭回合”谈判知识产权保护协定即将签署，《中美知识产权保护谅解备忘录》已经签署而面临许多新问题。据海关总署统计，我国化工产品进口额，1980年为25.3亿美元，1990年为69.76亿美元，1991年为96.1亿美元；化工贸易逆差1981年为15.5亿美元，1990年为31.1亿美元，1991年高达56.1亿美元。我国化工医药产品主要靠仿制，如农药行业，现在生产的146个品种，95%是属仿制的；染料300个品种，国产化率仅60%；新兴化工有60个类别产品尚属空白，精细化工目前生产约3600个品种，属仿制或低档产品占97%～98%。据初步测算，如果创新能力跟不上，仿制的路又被堵死，仅农药、染料、助剂等精细化工品主要靠进口满足，每年需付汇100亿美元。强化与贸易有关的知识产权保护，将对我国以引进、仿制国外技术为主的行业、部门和企业产生广泛影响，使技术引进成本大大提高，重化工医药行业首当其冲。(4) 与贸易有关的投资措施对引进外资有较大影响，对服务贸易自由化产生更为广泛深刻的影响。

——市场的对接是价格的对接，而价格的反差是巨大的。价格问题是市场经济的核心问题。讲自由竞争是说商品的价格主要由市场的供求来确定，因此价格问题是一系列经济因素的综合产物。中国国内市场价格体系同国际市场价格体系间的差距是巨大的，这是最直接简单的对比。如若将收入水平同价格水平结合相比，那差距就会更大得多。

不少商品国内市场价比国际市场价高得多。例如小轿车，天津夏利车国内市场卖8万元人民币一台，国际市场同类车最多6000美元；上海桑塔纳国内市场价格18万元人民币，国际市场同类车1万美元不到；21英寸彩色电视显像管，国内市场价人民币940元，国际市场合人民币500元；同样的计算机，台湾卖300～400美元时，我们卖16000～17000元人民币；复印机国内价格3万多元一台，与国际市场价格相差1.5～3倍；照相机价格每台也相差2～4倍；聚氯乙烯国内市场价每吨为3800～4000元，而国外同类产品只售380～400美元/吨；食糖国际市场价比我国的生产成本还低；铝锭国际市场价比国内市场也要低得多。

还有一大堆商品，尽管国内价格低，国际市场价格高，但我们的商品到国际市场上卖不了高价。原因是不是名牌产品；做工、包装、装潢差，进不了大市场；不受专利保护的谁都能造的低档商品，如药品，中国医药在国际市场的售价只及国际市场平均价格的1/20。

——反差巨大的价格的均衡化运动是非常痛苦的。在两个市场对接的条件下，从价格方面来说有一个逐渐趋于一致的问题（当然价格始终是波动的）：高于国际市场价的逐渐下降；绝对低于国际市场价的逐渐上升；相对（由于质量、商标等原因）低于国际市场的，如不能上档次、上质量、创名牌，就只能仍然卖低价了。

在两个市场和两种价格体系对接的过程中，价格的对接沿着由高向低和由低向高从两个相反方向对向运动，直至趋于均衡。对中国来说，大量的是由高向低运动，即价格逐渐趋于降低，至少这是一种趋势（且不考虑通货膨胀、利率、汇率和税率的变动）。这意味着我国企业技术水平的提高、成本的降低、质量的提高、管理的优化，这将是市场机制、竞争、优胜劣汰、优生劣死的过程，这是一个艰难痛苦的过程。对某些基本能源价格来说则是由低向高运动，即价格较快地趋于提高这趋势是确切无疑的，上升的速度也比前面的“下降”要快得多。例如，辽河原油1993年大幅度调整价格，由每吨220元提高到550元，这意味着价格翻一番；相应地航空运输、内燃机车、汽车等以汽油为动力的运价或成本也将大幅度提高；一切以原油为基本原料的化工厂、化肥厂、维尼纶厂的生产成本也将大幅度提高，的确良布的价格、衬衫等最终产品的价格也将大幅度提高，那么工资能否大幅度提高呢？工资的提高又以社会劳动生产率的提高、最终效益的提高为前提。由此可见，提价的局限性很大，而且如果都把主要的“牌”打在提价上，那么价格均衡以后又靠什么？仅仅原油和煤炭价格的提高这一项，就对全国的一切领域、部门、行业、地域产生广泛的影响。概括地说，在我国传统僵化的计划价格体系下，上游产品例如石油、电力、煤炭等和农产品的价格偏低；而下游产品即工业制成品的价格偏高。这种一高一低、一长一短的价格结构导致国民经济的长期不均衡和产业结构的畸形。在下海复关的条件下，将在不很长时间内，出现剧烈的价格“均衡”化运动，将上游产品推到应有的较高水平，同时将迫使下游产品的质量提高、价格趋降，同时全国物价全面放开，实行全面的市场定价。上游产品即能源、电力、农产品价格的提高将导致加工制造业的成本剧增，成本推动型通货膨胀的幽灵可能在中国游荡。

高有高的难处，低有低的苦衷，两者趋向于“均衡”的运动都是一个充满风险的非常痛苦的过程。

——机遇中的挑战与挑战中的机遇，机遇挑战、挑战机遇，这两个词在中国“复关”前后是人们谈话中、报纸杂志中、新闻宣传媒体报道中使用频率很高的词。用这两个词来形容“复关”同一件事，当然各有各自确定的含义，但也并不绝对。对于某一阶段、某一地域、某一行业、某一部门、某一企业，既可能是机遇更是挑战，也可能是挑战更是机遇。不要搞片面性，不要搞绝对化。而且我想强调，假如精神状态好、准备充分、战略正确、对策得当，挑战也可以变为进一步发展前进的机遇；如果精神状态不好，缺乏准备，战略失误，对策不对，那就机遇也可能变为挑战，乃至于失败。中国的纺织业（包括服装）在世界市场是有一定的地位的，并占有世界纺织品贸易总额的10%，但如不能在不太长的时间内提高高新技术装备，形成集团化、高附加值、高质量的系列化名牌产品，则现在的优势很可能失去，关贸总协定纺织品自由化协议提供的进一步大发展的机遇就可能失去。美国王安电脑公司，在七八十年代曾名噪一时，但1991年突然请求破产保护，至今抢救保护仍未见成效，回升很吃力。这都是优势与劣势、机遇与挑战的辩证法的生动事例。

复关对中国消费者的影响

消费者是一个庞大的社会群体。在现代市场经济体系中，消费者和生产者构成市场的主体。而且，在这一主体中消费者所扮演的角色越来越具有举足轻重的分量，以至于在各国都毫无例外地尊崇为至高无上的“上帝”或“国王”。现在我们所要讨论的问题是在“下海复关”的条件下，在中国，怎样为沦为“奴仆”的“上帝”——消费者恢复他应有的地位与权利，进而对他们有怎样的影响，以及影响的程度与方式？财富和幸福会不会随着“复关”从天而降，提出了怎样的挑战与机遇。

——消费者——一个多层身份、多重角色、多种责任的群体。消费者是一个群体，浩浩荡荡，芸芸众生。在现代社会里，在商品生产和交换成为最普遍的社会活动的条件下，可以说人人都是消费者、买者。人人都要生活，人人都有七情六欲，又无法样样自给自足，于是就得购买，就得充当“买者”的角色，这就是消费者。另外，从最一般的意义上讲，人人又都是生产者（或曾经是，或将要是，或现在就是），是“卖者”（直接或间接）。作为消费者，他可能购买房屋、粮食、蔬菜、水电煤气、服装鞋帽、化妆品、补品；他可能购买各种书籍、接受教育培训、欣赏歌曲音乐、参观旅游，以及接受其他种种服务。作为生产者、卖者，他可能向社会、向买者提供某种形式的产品、劳务、服务或知识产权……消费者是一个大群体，这个群体由每个个体组成。作为个体的人，他具有多层次的“身份”，扮演各种各样的“角色”，承担各种各样的责任。他（或她）既是买者、消费者，又是卖者、生产者；既是国家干部、教授、工人或农民、个体劳动者，又是公民、居民、同事、同学、朋友；既是老子、儿子，又是孙子、丈夫（或妻子）……这种多层次的身份和多种类的角色产生了多种多样的责任。例如他可能为家庭购买房子，为儿子结婚购买各种家电产品，为女儿上学交纳学费，他可能为女友购买高档服装、高级化妆品，为祖父、岳父购买健身球、生日蛋糕、高级补品，资助兄弟出国就学，赞助朋友解决意外困难，或全家欣赏杂技表演、听贝多芬的英雄交响曲……多种形式的支出、购买、消费。种种形式的支出、购买、消费，他的支出多少？能支出多少（这要看他的收入）？得到的物品或服务质量如何？价格高还是低？值还是不值？作为消费者，消费者主权或权利实现的程度怎样？他作为生产者，作为产品或劳务的提供者或卖方，市场需要量大小、价格（包括工资）高低？他作为存款人或借款人，利率高低？他要购买进口商品或出国旅游，用人民币购买美元、马克、英镑，那么汇率水平是升是降？作为公民和纳税人，税率高低？

所有这一切的一切，都同中国的改革、开放、下海、复关这些事息息相关。

——下海复关对中国消费者的总体影响。中国大力发展市场经济重返关贸总协定，这是一个历史性的事件，是一场大变革、空前的大震荡。每一个中国人、消费者都面临种种机遇与挑战。如前所述，这种机遇与挑战是全方位的、持久性的和深刻的，并不是简单地降关税、买便宜“洋货”“长三级工资”。从总体上讲，这种影响、提供的机遇与挑战同国家、民族、企业一样，对消费者个人也并无根本不同。对于这一点，请聪明的读者千万注意。

从总体上讲，有如下一些机遇与挑战：（1）首先是精神准备，转换或更新观念，确立以市场经济为核心的价值观念、竞争观念、风险观念，以新的姿态迎接全新的机遇与挑战。（2）随着改革的深化，“大锅饭”和

“铁饭碗”已经或即将要被打破。这从积极的方面讲，是为个人提供了施展才能的更为广阔的天地，提供了更多的选择机会；从另一方面讲，可能面临企业倒闭、破产或不景气而造成的失业、开不出工资或福利大幅度降低，社会不同群体的收入与消费差距可能大幅度拉开。简单地说最高限（广阔天地）没有了。这叫做上不“封顶”；最低限也没有了（“铁饭碗”“大锅饭”“铁交椅”），这叫做下不“保底”。任何懒惰怯懦、因循守旧和好逸恶劳都终将被淘汰。中国人特有的不罢工的“罢工”——“泡”也将会自动消除。你对此有无足够的心理准备？（3）在两个市场对接、国内与国际市场逐渐融为一体的条件下，个人活动的舞台扩大了，领域变广了，但总体层次提高了，对就业者的性别、年龄、文化程度、专业性质、特长、社交能力、道德水平、实践能力的要求更高了。越来越多的人认识到单凭胆子、膀子（体力）赚钱的机会越来越少，今后将越来越凭“脑子”“点子”（智力）拼搏奋进。南方一些个体户 1991 年纷纷关掉店铺去国内国外学习进修就是证明。（4）从作为严格意义上的消费者、购买者的角度讲，“下海复关”是大好事。在两个市场对接的条件下，人类资源更接近于合理配置，商品价格趋降，商品和服务质量逐步提高。选择的范围更广，消费者主权更接近于实现，从前“上帝”被贬为“奴仆”“撒气筒”“垃圾站”的“挨宰”地位可能改变，越来越接近于它的真实身份——“国王”“上帝”。竞争的结果是消费者的利益、愿望、“主权”实现的程度提高，实惠更大。所以消费者不必对中国“下海复关”忧心忡忡。市场放开，商品供应会越来越丰富，价格趋稳趋降，消费者获利。考察一下近 10 年来，粮食、蔬菜、鸡蛋、花生米、肉类这些生活必需品一年四季的价格，不同年份的价格是稳中有降，花生米、鸡蛋最突出。（5）多年形成的职业、收入、支出的格局与定式被打破，变动性、波动性、机动性、适应性的问题日益突出。从职业看，可以一辈子在一地干一行，也可以在南方、北方、国内、国外，从政、经商、执教、卖艺、卖画；收入的构成、收入总量可高可低，越来越同你个人的文化教养、实际能力、道德品质，同企业的兴衰、产品的质量档次联系在一起；支出的结构会有重大变化，住房、教育、发展、养老、保险等方面的开支越来越大，不能再光考虑买吃、买穿、买彩电冰箱。（6）在物价、工资、利率、汇率和税率不断变动的情况下，风险性增大了。你的反应能力，抗风险能力，生存发展能力，知识结构，投资选择，金融资产的保值、增值、收益性、流动性、安全性等问题都出现了。（7）个人选择性的增强和选择自由度、生存发展空间的扩大，同企业的名牌商标、商品的质量、市场占有率和效益的提高，同国家、民族、宏观经济的发展、社会的繁荣与稳定这样一些外在因素紧密联系。不应光看到前者个体选择自由度的增大，而忽视同群体社会联系更为紧密这一事实。

——彩电、冰箱、小汽车真的会大降价吗？这是近一年多来人们谈论的一个热门话题，烫得很啊！看来我得认真考虑如何回答、怎样分析、说真话说假话的问题了。我的看法是，社会上流传的种种吸引人的说法，有的对，有的不对，有的不完全对，有的完全不对。所以我曾经考虑过，既然有些事说不好，不好说，那就还是不说好。但又一想，科学无禁区，经济里面有科学，是可以大体说清的。所以我想斗胆试一试。大众议论最多的当然是价格问题。而且大家说的还是这些商品的大幅度降价问题。这需要有三个前提条件：第一，是找到一个比较的“基期”，即以这些商品1990年、1991年、1992年的平均水平还是某一时点的水平为参照“基期”。不确定这个基期、这个原点，就无法比较。正如二楼是一楼的楼上、三楼的楼下一样。第二，是假设国内和国外的物价水平不变，既不升、也不降。若双方升、双方降，或一方升一方降，这个比较就变得复杂了。第三，假设影响这些商品价格的因素只有“关税”这一个因素，其他的因素或者是假设都不变，或者是假设都不存在，都舍弃了。在这样的条件下分析某种进口商品的价格就简单了：(1) 进口商品的关税降低多少，国内销售的市价就降低多少。例如，小汽车原来关税税率是200%，降低100%，则市场价格也降低原来的1/3，原卖18万元一台的小轿车，现在就卖12万元。这不错。(2) 关税的降低是逐步的，不能一次到位，一般3~5年，或者更长。现在中国平均实际关税22.5%，在3~5年内降到发展中国家的平均10%的水平。从总体上看，在3~5年的时间内中国的关税总水平要降低一半以上，但某一种商品的关税可能提高、下降、少降或降到零，降的时间也不一定同步。具体就小汽车来讲，是3~5年内原来卖18万元一台的可能降到6万元。那么某年、某月、某日降多少？谁能算出来？

现在让我们将前面那三个条件中的第二、第三个假设不变或舍弃的条件恢复，在实际上考虑某种进口商品的价格时，这些假设条件就不能再舍弃，不然就靠不住。一恢复就复杂了，就得考虑以下这样一些因素，这些因素都影响物价水平：(1) 中国和世界的总的经济情况、稳定情况；(2) 总供给与总需求情况；(3) 国内外通货膨胀率；(4) 利率；(5) 汇率；(6) 国内各种税率；(7) 假冒伪劣商品的情况、走私货的情况；

(8) 消费者的收入与支出状况。举几个例子看，在通货膨胀率——物价上涨率是年 10%，那么去年 18 万元一台的车今年就变成 19.8 万元，关税降 100%，12 万元一台的车又变成了 13.2 万元。在汇率是 1 美元兑换 6 元人民币的情况下，一台 1 万美元的车打 200% 的关税，价格应是 18 万元，打 100% 的关税，价格就是 12 万元；当汇率变为 1 美元兑换 8 元人民币时，车价也就相应地变为 24 万元或 16 万元。原油价格翻一番，汽油价格相应留一番，那么出租车的运价至少涨 30% 以上。出门打车的人越少，出租车的需求量减少，这又是汽车的降价因素。出租车上牌照营业要交 3 万元的“费”，又是一个减少出租车购买需求的因素。各种高档小轿车的走私日益猖獗，也是影响汽车价格的一大因素。以彩色胶卷为例，目前全国彩色胶卷的生产能力已达年 1.6 亿卷，国内需求量只有 6000 万到 7000 万卷。1990 年通过海关进口彩卷 1300 万卷，非正常渠道 3000 万卷，占全国销售总量的 60% ~70%。走私品根本不打税，关税的升降对它不起作用。

综上所述，我们把影响彩电、冰箱、小汽车价格的因素，关税以及其他上述因素都考虑进去，就形成一种价格的缓慢的逐渐的升或降的经济运动，这是一种趋势、一个过程，是逐渐的，不是一次性的，不是突发性的。总之，在下海“复关”的条件下，中国消费者购买冰箱、汽车的相对价格趋于降低（包括质量的提高和售后服务的优化这些都间接地降了价）；但它的绝对价格（某一年、月、日购买时实际付出的纸币数量）就比较复杂，由于有国内外宏观经济因素、总供求状况、收入与支出水平、物价总水平、利率、汇率、税率、走私等因素的影响，就可能比观察“基期”降、平、升不等，冷静地说实话，就是这样。这同大众传播媒介说的或不大一样，或大不一样。不过，我只是提供一种分析、一种思考，仅供参考。

——“复关”议定书不是无偿赠款协议书，更不是汇款通知书。中国的“复关”，以最后议定书的谈判和签署而结束，将能最终进入。但“复关”只是提供了一种发展舞台、机会和可能，而不是发展本身。“复关”不是“长生不老药”，不是“救生符”，不是“救世主”，是下海，是越洋，是光明，是征途，是战场。各国平等互利、多边互惠、最惠，“议定书”是一种“权利与义务”的平衡，是妥协的产物，有获得也必须付出。不应将此事神化，抱有任何不切实际的幻想。前边说了，美国人爱美国，中国人爱中国，各有所爱，各有所图，大家讲友谊、友好，但友好必须有利，这是最基本的一条。明白这个道理，那么就会对“复关等于每人长三级工资”这件事有自己独立的分析。

“复关”议定书，既然是权利与义务的平衡，你要获得同时也必须付出。不会无偿赠送，不会无中生有，不会单方面转移。既然无人送，又不能无中生有，那么每人长三级工资每月所需的200多亿元人民币又从何而来呢？只能靠我们自己发展生产，提高质量，降低消耗，降低成本，提高劳动生产率，提高效率与效益获得，只能靠我们的智慧和勤劳，靠把握机遇迎接新挑战去创造。

结束语：20世纪的最后一次机遇

中华民族在人类五千年的文明史中，曾创造了灿烂的文化。在当时那个历史时代，中国的科学、技术、经济、文化等方面都曾长期站在历史的前列。然而，或许由于这种文明过于古老悠久，火药的发明引向制造歌颂太平盛世歌舞升平的烟花，指南针转向占卜，剩下的就只有以秦兵马俑的古老与壮观而自慰了。海湾战争虽然已基本结束，然而世界的政治家和军事家们围绕这场战争而展开的关于未来世界政治、经济和军事战略的反思却刚刚开始。简而言之，未来的战争，是高电子、高科技、高智能武器的战争，是强大的经济实力的较量。假如你造不出比别人更先进的武器，赚不来比别人更多的钱，你就打不赢这场战争，你就没资格在这弱肉强食、你争我夺的世界经济、政治、军事大角逐中立足、生存。

在漫长的历史上，特别是在近一个半世纪的近现代历史中，中国曾多次失去发展的机遇，因而才被后来者纷纷抛在身后，才被列强瓜分、践踏、宰割，才签了数不清的屈辱条约，割地、赔款……鸦片战争已过去150多年，当时大清帝国的“一把手”道光皇帝只知“天圆地方，中国在中央”，全不知天下时势。他在致英国国王的信中曾大言不惭地写道：“汝区区英伦三岛、弹丸之地……”其实，当时的英国岂止是“区区三岛”“弹丸之地”呀！早在1825年已完成了工业革命，已进入自由资本主义的新时代，殖民地面积已达2250万平方公里，是其本土的100余倍，人口达2.519亿人，已成为世界最大殖民帝国，占全球面积的1/4，号称“日不落帝国”。道光皇帝还蒙在鼓里，还以“区区”“弹丸”之地讥讽，真是傲慢得可以，昏庸得可怜。1994年是甲午战争100周年，尽管时过境迁，然而中国又一次在时代风云的变幻中，面临20世纪的最后机遇与抉择：中国，沉下去，浮起来？只有“下海复关”这一条路了，中国已无退路，已别无选择。如今是机遇与挑战并存，而机遇转瞬即逝，时不我待，有如一场激烈的世界足球赛中射门的机会稍纵即逝一样。如若机遇挑战抓不住，势必导致严重的民族危机。

“下海复关”，决心已下，义无反顾。毕竟中国已作出了艰难的明智的历史性的选择。我们正在发展，正在进步，正在走向世界，这将是一个划时代的里程碑。然而我们也需付出重大代价和牺牲，经历一个痛苦的过程。唯一的出路是改革。青山遮不住，毕竟东流去！正可谓：“雄关漫道真如铁，而今迈步从头越。从头越，苍山如海，残阳如血。”

附：

为《跨入国际经济奥林匹克大赛场——全球化、WTO 与开放中国的制胜之道》一书所写的序言

斗转星移。

1999 年 11 月 15 日，在历史上应该留下浓浓的一笔。

这天下午 4 点，中国对外贸易经济合作部部长石广生与美国贸易谈判代表巴尔舍夫斯基在北京正式签署了中美关于中国加入世界贸易组织的双边协议。鉴于美国在世界贸易组织和国际经济中的地位，此协议的签署意味着中国扫清了“入世”道路上的最大障碍，中国加入世界贸易组织的谈判因此取得了实质性的进展，并进入了百米冲刺阶段。

从 1986 年到 1999 年，中国“复关”“入世”走过 13 年历程之后，终于在 20 世纪的最后几十天里，露出了黎明前的曙光。

13 年，中国“复关”“入世”的谈判之漫长和艰难，可谓异乎寻常。人们议论它、期待它，为它欢喜为它忧。

13 年里，关税及贸易总协定（GATT）和世界贸易组织（WTO），这几个英文字母现在在中国很多不懂英文的人也很熟悉，就像 VCD 一样。

13 年里，我们一直在思考一个问题：对于中国，对于中国的企业，对于每个中国人，“复关”“入世”意味着什么？

13 年的思考让我们发现，对中国“复关”“入世”问题的理解，很大程度上取决于观察的角度。

在经过 22 年的改革开放和漫长的马拉松式的谈判之后，中国即将加入 WTO，这个泱泱大国终于踏上向世界开放的不归之路。

这一事实表明：中国坚定不移地、义无反顾地和不可逆转地融入国际

经济体系，也表明国际社会在经过许多曲折与权衡之后，终于承认了中国改革开放的成果和市场经济体制的初步建立，并以郑重其事的法定程序全面地和不可逆转地接纳了中国。中国与世界、世界与中国彼此融合，相得益彰。这也就是说，中国需要世界，世界也需要中国。

对于这一重大事件，举国上下都在广泛议论：赞成者众、犹豫者多、反对者也不很少，智者见智，仁者见仁，众说纷纭：什么利也、弊也，福兮、祸兮，狼呀、虎呀，喜呀、忧呀，生啊、死啊，天堂啊、地狱啊……凡此种种，不一而足。以笔者之见，中国加入 WTO，既不是上天堂，也不是下地狱，是跨入了国际经济奥林匹克的大赛场。

说到影响，应特别强调的是它将是逐步的、持久的和全面的，而不是突发的、暂短的和局部的。

分析和预测这些影响，也必须考虑到尚有正面与负面、有形与无形、微观与宏观、近期与远期、短期与长期、局部与整体、直接与间接、国内与国外这些不同的方面或空间之分，还有经济、金融、社会、政治、科学、技术、文化、教育、思想、观念、体制、管理、法律与法规这些不同的领域之别。不能不分青红皂白、不论魏晋、功利主义地、哗众取宠地、笼而统之、堂而皇之、一言以蔽之。趋利避害、适者生存，选择权衡、要在平衡。

选择有主动的选择与被动的选择、超前的选择与滞后的选择、多重选择的选择与别无选择的选择、高瞻远瞩的选择与鼠目寸光的选择。任何选择都有成本与机会成本，任何改革与进步都要付出代价和牺牲，关键不在于成本、机会成本、代价或牺牲本身的大小，而在于战略需要、机遇把握和总体收益的选择与权衡，这种选择与权衡既需要智慧与远见，也需要胆略与勇气。

利益这东西，千百年来着实令人类痴迷。利益是社会发展演变的“调节器”，既是改革进步的动力，又是一切保守倒退的原因。

单纯从经济上考虑，中国“复关”“入世”可能是用算盘就理得清的货币得失。

但实际上，中国“复关”“入世”的谈判过程已经充分表明，无论是对中国还是对世界而言，中国“复关”“入世”不仅仅是贸易和经济问题，而是有着更为复杂深远的国际政治背景。离开这些背景，简单地从对中国经济各行各业的影响去理解和处理加入 WTO 问题，片面、短视、迷惑和忧郁就是不可避免的。

再进一步，站在历史的高度，在20世纪最后的几十天里，中美达成关于中国加入世界贸易组织的协议，似乎更是从前某种预言的特别提示：

从理所当然的朝南纳贡，到元朝的不让一片船板漂出海外，从一边倒地向苏东开放，到绝对化了的自力更生，今天，中国大门即将敞开了。

这敞开意味着什么？如果我们难以想象的话，想想改革开放前后的变化吧——今天，可以说是改革开放的一个新阶段的开启。

WTO将驱使中国加快做许多过去想做却又顾虑重重的事。WTO将驱使中国做许多不习惯的事。

更重要的是，WTO将驱使我们不得不赶上20世纪末兴起的一股潮流——全球化。

全球化是什么？

全球化是当今和未来人类在国际经济奥林匹克大赛场的同一游戏规则中比拼。

全球化使即将过去的20世纪，无论对于中国还是对于世界，可能都会是历史上最为重要的一个世纪。

站在21世纪的门槛前，站在WTO的“关”外，中国无法避免的是超越国界的全方位竞争。

有人称中国加入WTO是“与狼共舞”，倒也不算过分夸张。不流血的全球经济竞争有时候的确并不比兵戎相见温情多少。

但是，睿哲维商，长发其祥！中华民族自开辟之初，就有一种博大深厚、善于融通万汇的精神，因此也才成为地球上唯一不曾被打断和毁灭的古老文明之一。面对国际经济奥林匹克大赛，我们有决心也有信心努力拼搏，战而胜之。

当然，要竞技于国际经济奥林匹克大赛场，除了实力、策略，也需要稳定成熟的心理状态。这种心理状态，就是在对比赛的目的、性质和意义充分了解和认知的基础上，保持自信和从容。

21世纪即将来临。

21世纪国际经济奥林匹克大赛的竞争必将更加激烈，形势必将更加复杂多变。中国以什么样的姿态进入21世纪，中国能不能在21世纪屹立于先进民族之林，关系到中国的命运，也关系到我们每个中国人的命运。

或沉下来，或浮上去。

生于忧患，死于安乐。

中国需要自信，中国也需要忧患；自信何惧忧患，忧患更需自信。自信是财富，忧患也是财富。有一点必须清醒：中国，除了她自己之外谁也打不倒；中国，除了她自己之外谁也救不了。不靠天、不靠地，全在自己救自己。

命运，将在跨世纪的中国人的手中、在我们手中决定。

2000 年初，曾被中央电视台经济半小时选中做专题节目，无奈作者当时正在广州中山大学负责博士生招生工作判卷与面试过程中，因而无暇脱身，最终只得放弃。

借鉴各国成功经验，尽速构筑中国的政策性金融体系

我国十几年来的金融体制改革取得了不小的成就，但也存在不少突出的矛盾和问题，成为进一步推进经济和社会配套改革的重要制约因素。当前我国经济和社会生活中某些方面的失控、混乱和无序的状况，一定程度的经济过热和通货膨胀，究其根源可以概括为金融体制改革明显滞后于经济体制改革。形象一点讲，似乎可以这样描述：随着一系列经济与社会改革的深入，各类商品和劳务从取得使用价值的角度讲几乎都市场化了，甚至是一定程度的国际化，而与此相对应的价值、资金、货币与信贷一类却基本未能市场化，从而使经济金融活动扭曲变形，这势必形成一系列矛盾，造成种种混乱和严重经济社会后果。这尖锐地呼唤我国金融体制改革的突破性进展和根本性变革。中心问题是以市场经济原则重新构筑中国的银行体制，其中各类政策性金融机构的构筑与完善就是一大重要举措。这既涉及金融体制的根本变革，又涉及金融体制内部结构的重大调整。本项目的研究适应这一紧迫需要，通过对世界各国政策性金融机构进行系统、全面、多层次和多角度的比较，为我国这一重大举措的研究、决策乃至于实际操作提供科学全面的参考坐标系，从一个侧面回答为什么要改革、改革什么和怎样改革的问题。

在近现代，特别是当代，在各国金融体系中，普遍存在同商业性金融机构在运行机制、业务特征和社会功能等方面很不相同的另一类金融机构，这就是政策性金融机构。这是世界各国的通例。虽然商业银行是各国金融体系的主体，是最典型的金融中介机构，它通过市场机制在获利的基础上实现资源的相对合理配置。但市场运行机制既是商业银行的特点和优势，又是它的局限性之所在。因为在价值规律、竞争淘汰的市场利益机制之下，资金流向效益高的地区、部门、行业或企业，那么“马太效应”就会出现。不仅一国相对落后的地区、部门或行业会得不到或不易得到所需资金，相反还会出现资金的倒流现象，进而给一国经济与社会发展的全局带来许多问题。由此可见，价值规律的作用不是万能的，它也存在某些缺

陷。“看不见的手”达不到或不能充分发挥作用的地方，“看得见的手”就应自觉地参加进来发挥作用，以促进经济与社会的稳定、协调与均衡发展。于是，政府政策性金融机构便应运而生。所谓政策性金融机构体系是指那些多由政府创立、参股或保证，不以盈利为目的，专门为贯彻、配合政府社会经济政策或意图，在特定的业务领域内，直接或间接地从事政策性融资活动，充当政府发展经济、促进社会进步、进行宏观经济管理工具的金融机构。它是各国金融体系两翼中的一部分，是补充商业性金融机构作用的不足而不是替代它。政策性金融机构一方面配合一国经济与社会发展不同历史时期、不同阶段经济与社会政策目标的不同需要和侧重点，通过政策性金融活动充当经济调节和管理工具的角色；另一方面，又诱导、补充商业性金融机构机制与作用的不足，健全与优化一国金融体系的整体功能，充分发挥其在一国经济与社会发展中的不可取代的重要作用。在政策性金融机构的运行机制中，具有财政“无偿拨付”和金融“有偿借贷”的双重性机制，是二者的有机结合而不是简单加总。“无偿拨付”的财政性表现在政策性金融机构的非营利性，对贷款低息或无息的贴补性和对风险的硬担保性，甚至有时即使赔钱也在所不惜。“有偿借贷”的金融性表现在政策性金融机构资金使用的有偿性和效益性上。从某种意义上可以这样讲，政策性金融机构是财政与金融、计划性与市场性、宏观与微观、直接管理与间接管理、有偿与无偿的巧妙结合体。

本研究项目是各国金融体制比较研究系列中的一项，最终成果是专著《各国政策性金融机构比较》，中国金融出版社特决定作为重点图书，以最快速度和最优质量公开出版发行。除绪论外，全书共四篇二十章计 27 万字。第一篇总体综合比较，从政策性金融机构的含义与特征、界定与分类、理论依据、职能与作用、资金来源与运用、盈利比较分析、资金运用规模和作用以及不同经济、金融和社会环境下政策性金融机构的不同特点与作用等不同层次和角度，对同政策性金融机构有关的一系列理论与实际问题进行了概略的总体综合比较；第二篇国别体系比较，以国别为单位，在简略地概述各国经济金融社会历史发展一般状况的基础上，着重比较研究其政策性金融机构体系各有关问题，涉及美国、法国、日本、韩国、泰国、印度、巴西和尼日利亚 8 国，国别的选择特别考虑到各种因素的类型代表性，以利于我国研究与借鉴，最具典型代表性的国家是日本；第三篇专业分类比较，即打破国别界限，按专业分类，分别全面比较研究开发性政策性金融机构、农业政策性金融机构、进出口政策性金融机构、住房政策性金融机构和中小企业政策性金融机构；第四篇中国的选择与对策，是在前三篇比较研究的基础上进一步阐述构筑中国政策性金融机构体系的必要性、紧迫性、基本模式、构造方式和方法论选择，是全书的出发点与归宿。

本项目研究的结论是，在大力发展市场经济和我国即将恢复在关贸总协定的缔约国地位，从而实现中国市场与国际市场的对接和国内市场价格体系与国际市场价格体系的转换与对接的新形势下，特别是在乌拉圭回合服务贸易总协定即将签署和《巴塞尔协议》开始执行的新形势下，以及在当前我国经济金融活动中出现某种混乱和无序状态的情况下，中国的银行体制面临着重大的历史性变革，彻底改造原国家四大专业银行，将其改造成为国有商业银行，并将其政策性业务逐步分离分立出来，重新构筑中国的政策性金融机构体系已刻不容缓。但要新事新办，要科学论证、系统规划、立法超前、整体实施，不能零打碎敲、走一步看一步。

结论进一步指出，构筑中国政策性金融机构体系：（1）是实施产业政策，促进产业结构合理化、高级化的需要；（2）是贯彻实施政府地区发展政策、促进地区经济社会协调与平衡发展的需要；（3）是建立市场经济宏观调控体系的需要；（4）是充实社会资本，配合社会保障体系建立与完善的需要；（5）是深化金融体制改革，促进金融发展和优化金融体系整体功能的需要；（6）是适应经济金融国际化，按国际惯例办事，使中国的银行体系现代化与规范化的需要。总之，中国比西方发达国家和其他广大发展中国家更加需要发达配套的政策性金融机构体系。

结论提出：（1）将中国政策性金融机构体系的构筑同推进和深化我国经济金融体制改革紧密联系，并将其作为一个系统工程整体加以考虑；（2）中国的政策性金融机构应是一个体系，而不是某一种或两种，更不能一家总揽，其他各国无此先例；（3）制定构筑我国政策性金融机构体系的总体规划、目标、职能、监督管理、资金来源与运用、内部与外部组织结构，确立与政府有关部门、中央银行、商业性金融机构、其他政策性金融机构、国际金融机构和其他各自往来对象的恰当关系；（4）贯彻全新构造原则，即一定要充分体现改革精神，要是改革的产物，而不能重新构造出一批新的改革对象来；（5）法律制定适度超前，要一反过去常规，要先立法后建机构，不能先干、先建、乱而滥而后再治理整顿；（6）充分借鉴世界各国近百年来在这方面的成功经验，以得事半功倍之效；（7）构造途径可以多样化，实施可以分阶段，方式可以采用改造、新建、合并；（8）充分注意重新构筑中国政策性金融机构体系的六大方法论选择。

综上所述，中国社会主义市场经济新秩序的建立，有赖于适应市场经济原则需要的金融新秩序的形成，充分借鉴世界各国成功经验，构筑中国的政策性金融机构体系是其中的重大举措，而将国家原各大专业银行商业性业务与政策性业务逐步分离分立更是这一重大举措中的关键性一步，此二者合则双双削弱，分则各个加强。这件事已刻不容缓，亟须尽快采取行动，早动早主动，晚动晚主动，不动更被动，迟早总得动。

（写于 1993 年 8 月）

比较银行学的研究对象与研究方法*

本文集中研究比较银行学的研究对象与研究方法，提出将各国银行体制确立为比较银行学的研究对象，并在国内外第一次对银行体制这一基本概念的含义作了确切的界定，指出银行体制系由发展战略、构造方式、组织形式、框架结构、业务分工、监督管理、运行机制、运转环境（包括经济环境，金融环境和社会环境）和总体效应九大金融相关要素组成的有机整体，从而精确地同人们经常混用的“体系”“制度”这些相近概念严格地区别开来，也比结构主义的“结构”有更深更广的含义，提出了多层次、多角度、综合性、纵横交错、动静态结合，同中求异、异中求同的全方位比较研究方法。

比较银行学的研究对象是各国银行体制

商品经济和货币信用制度的发展，银行体制的形成，金融对经济的渗透和扩散功能的深化和日益广泛性，是当代世界各国社会经济生活的共同特征。庞大的银行体系构成当代各国宏观经济控制调节的基础，成为社会经济的调节机构和国民经济的神经中枢，成为“万能的垄断者”。银行体系的巨大功能，它的精巧结构和绝妙无比的运行机制与运转方式，早已引起各国和国际社会的广泛关注、探索和研究。尽管世界各国的银行体制千姿百态、各具特色，然而并非杂乱无章、无规律可循，在各种特殊的表现形式中显示了错落有致的特点和最基本的规律性。正是所有这一切，构成了比较银行学的研究基础和研究对象。

---

* 本文正式刊于《财经科学》1999 年第 3 期。这里的“银行体制”实际就是“金融体制”，只是碍于 80 年代社会各界习惯性的一种称谓。该书的写作贯穿于整个 80 年代，《比较银行学》的出版发行奠定了笔者其后几十年学术研究的基础、特色与风格，该书获第二届全国高校优秀教材国家一等奖。

比较银行学是运用比较方法对国别或不同类型国家群体的银行体制进行系统的、多角度的、多层次的比较研究，揭示其在不同社会历史条件下、不同经济金融环境中的运行机制和演变发展的一般规律与特殊规律的新兴、综合性边缘学科，这里需要强调以下几点：（1）比较银行学的研究对象是银行体制。银行体制这一范畴，并不是若干金融相关因素的简单总和，而是这些相关因素彼此相互联系、相互制约、相互影响和相互协调适应的有机整体。（2）比较银行学的研究方法主要是比较法，但并不排斥其他方法，如归纳法和演绎法等。（3）比较银行学的研究特点在于系统性、多角度、多层次、动态和静态的有机结合。（4）比较银行学的研究目的在于揭示各国银行体制在不同社会历史条件下、不同经济金融环境中运行机制和发展演变的一般规律与特殊规律。

具体来说，比较银行学的研究内容包括以下方面：（1）比较研究若干具有类型代表性国家及国家群体银行体制的运行机制、发展演变的基本特征和制约影响这一发展演变的社会历史条件和经济金融环境。（2）比较研究各国中央银行的产生、发展、演变、组织形式、权力结构、职能特点、货币政策、与政府关系的实质和类型、对金融体系监督管理的一般规律和特殊表现形态，以及赖以存在与运行的一般和特殊条件。（3）比较研究商业银行的本质特征、在金融体系中的地位与作用、外部机构设置类型、业务分工制度、集中垄断的形式和程度、银行与企业及政府关系的类型和利弊优劣。（4）比较研究各国专业性银行和非银行金融机构的发展程度、机构类型、所有制形式、业务方式和地位作用。（5）比较研究若干全球性金融机构的宗旨、职能、组织结构、资金来源、业务特征及作用。（6）从总体上比较研究各国银行体制的构造方式、结构模式和内外部效应。（7）集中研究探讨中国金融理论的改革和金融体制改革的理论、指导原则、若干战略模式选择和种种可能的对策。

任何一门学科都有它特殊的研究对象和研究领域，这种矛盾的特殊性构成各学科相互独立和相互区分的基础。自然，比较银行学也有它特殊的研究对象和研究领域。比较银行学的研究对象是各国的银行体制。所谓银行体制，是指银行体系的发展战略模式、组织形式、框架结构、业务分工、监督管理、运行机制、构造方式、运行环境和总体效应等金融相关要素的有机整体。这些相关要素不是彼此分离和孤立的，而是相互联系和相互制约的。比较银行学强调银行体制各构成要素的整体性特征和各自多层次的个体性特征。

现将银行体制的九大构成要素分述如下：

——发展战略模式。就战略模式的本来意义而言，战略是指导全局的计划与策略，模式是指某种标准的系统而稳定的形式和样式。一国金融发展战略模式是指导一国金融发展全局或总体的标准、稳定的计划与策略形式。它由以下一些问题构成：（1）金融总体发展战略模式的制定和选择，包括金融“超前型”“常规型”和“滞后型”三种发展战略模式的制定和选择；（2）对外金融发展战略模式的制定和选择，包括一国对外金融开放或封闭战略模式的选择、引进及利用外资战略、国际收支结构及调整战略、汇率调整战略及外汇管理战略和银行体制国际化发展战略；（3）关于自然金融倾斜发展战略和人为金融倾斜发展战略的选择。就世界各国金融业和金融业务方式的历史发展而言，一般是先有间接金融，后有直接金融；先有短期金融业务，后有长期金融业务。而且，在间接金融与短期金融之间，直接金融与长期金融之间，有一种大体上的对应关系。这两组对应因素不仅在产生发展的时间上明显地一个在前，另一个在后，远不是平衡的；而且在总的业务量或市场占有率方面，也远不是均衡的，即在相当长的时间内间接金融所占的比重大大超过直接金融，即使是直接金融发达的国家也是如此。我们将间接金融与直接金融间这种不平衡发展和不均衡发展称为金融倾斜。显然，这种金融倾斜并不是任何人为设计或构造的结果，而是商品经济和货币信用、经济发展水平和国民储蓄量、收入分配结构和方式不断变化及发展的产物。迄今为止，绝大多数国家都顺应历史发展，顺其自然，顺应和维持这种金融倾斜局面而不加人为推动或抑制，这就是自然金融倾斜发展战略。与这一发展战略相对应的是人为金融倾斜发展战略，即通过政府自觉的法律约束或政策行动积极推进或抑制直接金融的发展，从而缩小或增大间接金融与直接金融间的倾斜度的一种发展战略。20 世纪 80 年代后期以来，由于全球各国，特别是发达国家，经济与社会发展的一系列历史性巨大变化的结果，产生了原有的自然金融倾斜的“逆转”，即直接金融所占的比例日益加大，乃至接近或大大超过间接金融所占的比例。这种历史性的逆转是经济金融化、社会资产金融化和融资非中介化、证券化的反映。

——组织形式。银行体系的组织形式是指银行体系中的各类金融机构，包括中央银行、商业银行、各种专业银行机构和非银行金融机构的外部组织形式的类型、设置原则、各自特点和优劣。

——框架结构。银行体系的框架结构是指：（1）银行体系的总体框架，即各金融机构的类型构成、彼此间的关系与联系方式；（2）各类金融机构的数量和地理分布；（3）资产与负债的不同类型、特点和构成比例；（4）中央银行的权力结构、资本归属、同政府关系的实质与联系方式；（5）银行与工商企业的联系方式和依赖程度，这实质是一种产业结构；（6）政府同银行的关系与联系方式。

——业务分工。银行体系的业务分工是指各种金融业务在银行体系成员之间分离或结合的制度，其中包括中央银行业务职能与一般商业银行业务职能的分离或结合、银行业务与非银行金融业务的分离或结合、长短期金融业务的分离或结合、间接金融业务与直接金融业务的分离或结合、政府政策性开发性金融业务与一般商业性盈利金融业务的分离或结合等。根据这些内容，可以大体上划分为专业化银行制度、综合化银行制度和专业化综合化混合型银行制度及专业化银行制度基础上的适度业务交叉。这种业务分工制度的形成，或者是由于历史的习惯和自然的演变，或者是由于法律规章制度的约束和强制。

——监督管理。银行监督管理制度包括：（1）一国金融监督管理当局对银行体系监督管理的体制、原则、方法与内容；（2）各种金融法律规则和政策方针的保护、强制、约束和诱导；（3）广义地说还包括对金融市场期货市场监督管理的体制、原则、方法和内容；（4）对外汇与外债监督管理的体制、原则、方法和内容；（5）对国际银行的监督管理及国际合作。

——运行机制。从根本上说，银行体系的运行机制同整个国民经济的运行机制是相同的，即均为利益驱动机制、价值规律机制、竞争淘汰机制，这是最基本的运行机制。除了这些经济性的运行机制以外，还有国家各种行政监督管理机制和法律的强制与保护机制。在实际运行中，这三种机制是同时交叉作用的。

——构造方式。银行体系的构造方式是指一国银行体系各单元或细胞的产生、发展演变的基本方式和构造机制的总和。从全球历史的观点看，各国银行体系的构造方式可以分为自然构造方式和人为构造方式两种，而每一种构造方式又可分为银行体系的初始构造和再构造两个层次，即自然初始构造和自然再构造及人为初始构造和人为再构造。对银行体系构造方式的研究构成比较银行学的重要研究内容。对构造方式的研究带有很强的历史回顾色彩，具有空间和时间跨度大、纵横交错和纷繁复杂的特点。对构造方式的研究突出了一国银行体系的总体性和发展的过程性，突出了形成不同构造方式的不同社会历史条件、经济环境和金融环境，突出了银行体制和社会结构及经济体制的联系及相互作用。在广阔的视野范围和漫长的时间序列中，各国银行体制发展演变的一般规律和特殊规律表现得鲜明、强烈而稳定。在国别和国家群体银行体制特征的研究中，我们之所以普遍广泛地进行了构造方式特点的研究，其原因概源于此。在比较银行学中，英美等发达资本主义国家是银行体制自然构造的范例，而苏联银行体制模式的构造方式又是人为构造的典型。

——运行环境。任何银行体系的产生、发展、演变与运行都必须依赖于一定的社会环境、经济环境和金融环境。银行的性质、职能与作用、业务种类和发展水平、数量、机构设置和总体规模、运行机制和方式、作用强度等都同一定的社会环境密切联系。

经济环境是银行体系运行的最间接最基础的条件。它包括：（1）生产力的一般发展水平；（2）商品经济的发展水平和市场机制的发育程度；（3）经济管理机制的基本类型，即市场经济、中央计划经济和混合经济；（4）经济实体的成熟程度——经济细胞具有内在动力、外在压力和活力，是理智的、行为规范和对利益调整反应灵敏的独立经济法人；（5）竞争的一般环境和竞争实现的程度。

金融环境从广义上讲，也属于经济环境的范畴，并且是经济环境的重要构成部分。这里之所以将其从经济环境中单列出来，意在强调。金融环境大体包括：（1）一国经济的货币化程度，包括货币广泛化和货币深化两个层次，通过货币化比率来衡量货币广泛化的程度；通过货币的功能深化来衡量货币深化。这是最为基本的金融环境。在这里强调经济的货币化程度有两个方面含义：其一是在市场经济体制下，经济的发展水平同商品经济及经济的货币化程度是同一或同步的，但仍然有一个货币化程度过低的问题；其二是说，经济发展水平同经济的货币程度不同步的情况，例如高度集中的计划经济管理体制下，一国经济的发展水平可能很高，然而经济的货币化程度却很低。（2）货币信用制度和银行体系的发达程度。货币信用制度的发达程度不仅指信用形式的种类和各自的发展、运用程度，而且包括各种不同信用形式彼此相互替代或转换的可能性的大小。银行体系发达程度的衡量标准包括：整个银行体系的发达程度、总规模、总能量；中央银行的专业化程度，货币政策的种类和效能、影响宏观经济的能力；商业银行、各类专业性银行和非银行金融机构各自的发展水平；各类金融机构彼此协调适应的程度。（3）金融机制的发育程度。最根本的是金融行为人对经济利益、利率等信号反应的灵敏程度，对金融杠杆的适应性和弹性及选择竞争程度。(4) 金融市场的发达完善程度。包括金融市场的层次、结构和规模；金融资产形式的多样化及不同金融资产相互替代转换的可能性和灵活性、渠道、风险和成本；各种金融交易信号的反应灵敏度和传递速度。

社会环境构成银行体系运行的基本背景，它比其他条件更为持久和稳定地制约和影响银行体系的发展演变。社会环境包括复杂的众多内容：(1) 一国社会发展所处的历史阶段或层次；(2) 国土、资源和人口的规模、总量及结构；(3) 社会历史演变特点、传统乃至风俗习惯和宗教信仰；(4) 社会政治稳定状况、政治结构和政治制度、开放程度；(5) 有关的法律规则和各种政策的调整、制约、保护程度和完善程度；(6) 社会商品意识、金融意识的普及与强化程度，对经济金融风险及利益调节变化的反应灵敏程度和心理承受能力。而社会心理通常带有历史文化的承袭性、传统思维的习惯性、因人而异的主观随意性等特点；(7) 交通、通信发展水平和信息搜集、分析、扩散和反馈手段的现代化水平。

银行体系的运行环境是一种复杂的、多层次的立体环境。这一环境的构成要素具体形成无数种不同的排列组合，并孕育成了各国银行体系发展演变及其特征的多样性和民族性。不仅如此，即使是大体相同的环境，也会引出极为不同的结果，这就很值得人们深思。对银行体制发展演变及正常运行的社会、经济和金融环境比较分析，构成比较银行学的一个特点和重要内容。因为正是这种具体的对比、分析和研究，才使人们得以清楚地看到那些制约和影响银行体制发展演变的诸环境因素是如何通过各国不同经济社会历史条件，从不同角度直接或间接地发挥作用和影响，尤其是使人们得以判断和衡量这些复杂的因素制约和影响银行体制发展演变的程度和方式。只有这样，一般的抽象理论、条理化了的条件和环境才同活生生的现实相结合，理论与实际相结合的基础原则才能得到事实上的贯彻。

——总体效应。银行体系的总体效应是指一国银行体系的总体效率和构成要素间的协调与吻合度。具体包括以下几个方面：(1) 银行体系整体同社会环境相互协调适应的程度，同经济环境和金融环境相互协调适应的程度，即外部效应；(2) 银行体系内部各构成要素，即中央银行同其他银行和非银行金融机构间相互协调适应吻合的程度，即内部效应；(3) 银行体系总体及各类金融机构系统自身的功能、效率与效益。总效应这一要素就质而言即是金融功能这一要素。

在阐述了各国银行体制的九大构成要素的基本含义和内容以后，应特别注重这些要素间的联系、影响与制约，以及各构成要素间的整体性特征（整体结构、整体协调与整体效应）和各要素自身多层次的个体性特征。显然，上述银行体制的九大构成要素并不都在同一层面上，它们从不同的角度和层次描述和反映银行体制。按不同的标准，我们可以将它们划分为若干类别，例如，组织形式、框架结构、监督管理这些要素相对比较简单一些，它所反映的层面也相对较浅；而发展战略、运行机制、构造方式、运转环境和总体效应这些要素就要相对复杂一些，它们所反映的层面也相对较深。业务分工制度这一要素从表现看似乎较浅，好像仅是解决各类金融机构可以从事和不可以从事某种具体金融业务的问题，但在金融领域，业务分工制度是直接对一国产业结构、产业政策、银企关系、竞争与垄断，对一国经济、政治及社会生活有重大影响的战略性问题，也是直接涉及一国金融安全稳定、有效有序的重大问题，近百年来，始终是各国经济、金融、立法及管理当局密切关注的问题，是一个较为复杂的深层次要素。最后，在九大要素中最核心的要素，并对其他八大要素有决定和重大影响作用的要素，是运行环境这一基础要素。运行环境又可分解为经济环境、金融环境及社会环境这样三个方面，每一方面又细分为更多的子要素，这都是由它本身的基础核心地位和科学分析的客观需要决定的。在这里需要说明一点，从形式上看，比较银行学中运用了大量世界各国的经济金融和社会历史资料，个别学者也认为史料太多，建议加以修改。从形式上乍一看，似乎是这样的，但实际上这是一种误解。这恰恰是比较银行学的特点和优点，为什么这样说呢？简而言之，例如构造方式、运行环境这些因素的具体分析一刻也离不开一国的经济史、金融史和社会发展史的有关资料，但在这里，这些资料只是一种历史性动态分析的需要、动态分析的工具，不是为资料而资料，不是目的。要彻底了解这一点，就要进一步探讨比较银行学的特有研究方法了。

比较银行学的研究方法是比较法

比较银行学的研究方法仍然是马克思主义研究经济学所使用的一般研究方法，即抽象与具体相统一、逻辑与历史相统一、微观与宏观相统一、一般与特殊相统一及理论与实际相统一等辩证研究方法。例如，银行体制这一概念的提出就是运用抽象的研究方法对各有关构成要素高度抽象和综合的结果，而对各国银行体制特征的比较研究和中央银行及商业银行体制的总体横向比较研究，则是对这一抽象的具体运用与结合。又如，在对银行体系构造方式的比较研究中，无论是人为构造方式还是自然构造方式，都不可避免地要对各国经济和金融的发展历程进行历史性的回顾，这种历史性的回顾和史实的运用都是作为研究阐述各国银行体系构造方式的依据而发挥作用的。银行体系的发展有一个由简单到复杂、由初级到高级和由小到大的逻辑发展进程，这就要求对银行体系的理论研究必须同客观历史的实际发展相吻合，即坚持逻辑和历史的统一。只要逻辑的推理是科学的严密的，历史的研究是实事求是的，则此二者的研究结果就会是高度吻合的，而且历史研究方法的运用，具有丰富多彩、生动鲜明和充满说服力的特征。不仅如此，这种逻辑和历史相统一的研究方法，还使许多经济金融理论的基本原则再现在不同国家各自特定的具体历史环境中，从而为人们提供一种活生生的立体画面。

比较银行学独特的研究方法是比较法。比较银行学把比较法系统运用于国别和国际间银行体制的比较研究中。所谓比较，既在异也在同，但重在异而不在同。如果说非常简单的事物，异同鲜明，自然不必进行特别的比较，但倘若是复杂的事物，异同错综复杂，则只有经过深入探索、详细对比研究才能得以分辨，并得出较为令人信服的结论。所以，比较研究的结果只能是异同并得。差异性和多样性是对比的前提，比较研究所强调的是特殊性和差别，但这并不是对比的目的。表面不同的事物蕴含着某些共性的一般规律，同中有异，异中有同；或小同而大异，或小异而大同，同中求异，异中求同，这就是比较研究的基本立足点。由于比较法是从特殊到特殊的逻辑分析过程，所以，它既能挖掘不同事物间的共性，又能鉴别不同事物的特殊性，它比归纳法、演绎法更适合于发掘不同事物之间的差异。比较法还是形象思维和抽象思维的结合。所以，它特别有利于综合运用逻辑与历史、抽象与具体、理论与实际相统一的研究方法。这一综合性比较方法的运用在关于中央银行体制、商业银行体制、专业性银行和非银行金融机构体制的横向比较中，在各国银行体制的总体比较中表现得最为突出。

概括地说，比较银行学既比较异同，也比较优劣；既纵向比较，也横向比较，纵横交错比较；既静态比较，也动态比较，且常常动态静态交错比较；既比较个性，也比较共性。在上述不同角度不同层次的比较研究中，阐明各国银行体制发展演变的共同规律、特点和趋势，以及这些共同规律、特点和趋势在不同国家，或同一国家不同历史阶段、不同社会历史条件下、不同经济金融环境中的不同表现形式与不同作用形式，从而在揭示各国银行体制发展演变一般规律的同时，也揭示在不同国家作用的特殊规律，在无限丰富和复杂的特殊性比较中揭示出各国银行体制发展的强烈共性和最一般的发展趋势。如果说普遍性和共性是直接地展现各国银行体制发展演变的一般规律和共同趋势，那么无限多样和鲜明的差异则以生动具体的特殊表现形式直接地贯穿于各国银行体制发展演变的一般规律和共同趋势之中。

形式为内容服务，手段为目的服务。比较银行学较高起点的选择以如下的假设为前提：（1）假设我们的读者——经济金融学士、硕士、博士们，金融企业家、经济金融学者专家和国家经济金融监督管理机关的官员们，已具备了初步的或相当的经济金融理论水平和专业知识；（2）社会上公开发表的大量专业文章和著作，既为作者也为读者奠定了深入学习研究的坚实基础。比较银行学比较方法的大量的、持续的、系统的、纵横交错和动静态结合的多角度多层次运用，是作为一种分析和研究工具，服务于本学科的如下具体目的：第一，本学科以各国和各类银行体制的特征为研究起点，但不停留在这一层次上；第二，以特征为基础，进一步分析形成这些特征的经济、金融和社会环境；第三，分析这些特征在何种环境和条件下为“优”，何种环境和条件下为“劣”。与上述三重具体目标相适应，笔者在对国际金融专业本科生，特别是硕士博士研究生的学位课“各国金融体制比较”和金融经济学的教学中，追求实现如下三重终极目标：第一，通过对经济金融理论与业务技术的持续性的、系统性的和专业性的学习与研究，形成合理的不断更新的优良的综合性专业知识结构；第二，在这个过程中，在不断掌握已知和探索未知的过程中，优化思维方法与研究方法，不断培养和提高各自运用相关知识分析、预测、解决国内外经济金融实际问题的能力，即落在综合性功能的培养与提高上；第三，最终实现优化、完善自身的总体文化素质、心理素质、情操、人品与学品上。上述三个层次，顺次一个比一个更高，一个比一个更深，一个比一个更抽象，一个比一个更稳定，一个比一个更困难。最基本的是第一个层次，它既是其他两个层次的基础，也是贯穿其他两个层次始终的要素，但最重要的是一个能动的不断优化的动态过程，过程是确定的，结果也必然是确定的。强调一个持续性的、系统性的、专业性的学习与研究过程，培养与提高过程，一个动态的过程，所以抓住决定和影响各国银行体制发展演变最核心的要素——经济、金融、社会环境这一要素的分析，必然的历史发展演变过程的分析，就是必然的、必需的和必不可少的，经济、金融、社会历史资料也就不可或缺了。在这个动态的过程中，在研究各国各类银行体制特征、形成这些特征的经济、金融和社会环境以及这些特征的优劣利弊的过程中，在揭示各国特殊经济金融规律的过程中，揭示各国银行体制发展演变的一般的共同规律。

在比较银行学研究对象——银行体制各要素中，笔者特别强调经济、金融与社会环境这一核心要素的一个外部原因，是我国广泛流行于科研、教学与实际工作中的一种脱离各国经济、金融、社会环境的重大差异而盲目照抄照搬与简单模仿、攀比和引进的有害倾向。关于这一点，已在“经济金融理论研究与实际工作中的方法论选择”一文中详述，此处不再展开。

对待民族文化、外国文化的态度

比较银行学以各国的银行体制为其特有研究对象，所以我们在学习与研究过程中，始终面临的一个问题就是如何正确对待外国经验与外国文化问题，这既是一个政治性政策性问题，也是一个思维方法和研究方法问题。我本人、我们民族与国家都曾长期被这个问题所困扰。改革开放以来，在这方面有了不小的进步，但波动性很大，或过之，或不及，或盲目全面引进，或一概排斥打击，实际工作中存在较多此类问题。针对这些情况，笔者在《比较银行学》的绪论中特别提出了处理民族遗产、本国文化与外国文化关系方面的原则与方法，现转述如下：“中国要现代化，但现代化并不等于西方化或外国化。现代化必须中国化，民族化。这不是一个新问题，而是一切国家和民族都面临的传统的共同的问题。通过对各国银行体制的比较研究，我们看到，各国经济体制、银行体制方面的相互吸引、借鉴、渗透和影响是显而易见的。例如，美国银行体制中吸取英国的地方不少，但美国与英国银行体制的差别是重大的。近现代日本银行体制是明治维新后特派伊藤博文赴美国专门考察后大体效仿美国的体制建立的。但从始至今，日本银行体制表现了自己鲜明的民族特征。例如，反弹琵琶的金融超前发展战略，银行对工商企业压倒性的优势和支配权，特殊银行的建立，政府系统金融机构的活动和财政投资贷款，政府对金融机构的严格控制和窗口指导，都是日本适应本国环境的创造，并非搬自美国。任何国家或民族都应有勇气承认别国的长处和自己的不足，这是充满自信的表现；任何国家或民族都应有能力吸收、接收和消化别国的优秀文化和先进经验，同时又保持自己的民族特性而不被同化、异化或弱化，这是强而有力的表现，对外国的文化和经验，凡健康有用者一律拿来，为我所用，不分青红皂白的一概排斥，闭关锁国肯定要不得；然而不辨良莠真伪和适用条件，全盘盲目照抄照搬，也不可取。学习研究外国，切忌只有因袭而无创造，只见别人而无自己。正是遵循上述原则，所以比较银行学特别着力研究和分析形成各国银行体制特征的特殊环境、特殊原因或特殊条件，以便不犯教条主义的错误。”

特别值得指出的是，20 世纪七八十年代以来，随着世界科学技术突飞猛进的发展和现代交通、通信技术的运用，人类的活动空间扩大了，彼此的距离大大缩小了；随着商品经济高度发展，迈入全球经济金融一体化、高度信息化、信用化和金融化的市场经济阶段，各民族、各国间的经济、金融、社会生活方面的相互吸引、渗透、影响、融合与借鉴明显加快，范围更为广阔，程度更为加深，在这种情况下，处理好民族文化遗产与外国文化、外国经验的关系问题就显得尤为重要。显然我们需要以全新的眼光来重新审视别人，审视我们自己，以崭新的姿态面向未来，走向世界，走向现代化。

经济全球化和经济金融化的挑战与启示*

经济金融的全球一体化和经济的金融化是自人类有史以来，最为伟大而影响深远的势态发展，这是一种不可逆转的客观必然发展进程。它对人类的经济、金融、社会、政治、国际关系与外交及人文历史的全部含义与影响，一时还难以完全说得清楚，但也不是完全说不清楚，一些方面已很明显，另一些方面则只初露端倪。简而言之，它在给人类带来无限发展机遇的同时，也产生了一系列的全新问题，并提出种种严峻挑战。本文论述的侧重点，不在一体化和金融化本身，而在由此产生的种种挑战与全新问题，并相应有选择地提出一些对策性建议，最后简略谈几点启示，以有利于进一步的研究讨论，有利于我国改革开放事业的顺利发展。

经济全球化与经济金融化

经济金融的全球一体化和经济金融化各自可以是两个很大的独立研究课题，本节不准备从正面论述这一问题本身，只想对一体化与金融化的一般发展状况和趋势作一简要回顾，以便以此为本文讨论的前提和展开进一步论述的基础。

---

* 本文正式发表于《世界经济》1999 年第 6 期，受杂志篇幅所限而删减的文字均恢复原状。本文原为作者对当时剧烈多变的国际金融形势的冲击与挑战深有所感所思所悟而作，在形成过程中和形成之后，曾分别同金明善教授，杜占元、侯绍泽、崔民选、崔满红、张荔、李小牧、郑振龙、陆家骝等博士讨论过，并得到国家科技部的项目支持，谨此表示衷心的谢意。1999 年 2—3 月，笔者曾在北京召开的“中国金融改革与发展研讨会”和上海召开的“国际金融体系与国际金融秩序学术研讨会”上以此文为题做专题发言，并分别在上海财经大学和苏州大学做专题学术报告，许多报纸杂志纷纷以不同形式报道与转载，引起热烈反响与关注。如今一晃二十年已过，文中观点几乎全部为形势发展所印证，倍感欣慰。感谢余永定所长的推荐与支持。

一、经济的全球一体化

经济的全球一体化这一发展趋势，始于第二次世界大战以后的五六十年代，七八十年代得以广泛而迅速地发展，90 年代其发展异常迅猛，举世关注。

以第二次世界大战刚刚结束的 1947 年的世界贸易量而论，当时只有 450 亿美元，美国占有 1/3 的份额，绝对量为 144 亿美元，到 1997 年整整半个世纪以后，全球贸易量已达 6.10 万亿美元，外加 12300 亿美元的服务贸易，50 年增长了 135～160 倍，美国所占相对份额由原来的 33% 下降到不足 10%，但绝对量增长到 6000 亿美元，是 1947 年的 45 倍。民族国家或各经济体之间贸易量的迅猛的几十倍上百倍的扩张，这种“量”变的积累，必然带来它们彼此间经济金融政治关系“质”的飞跃。这就是经济金融的全球一体化，就是各经济体间你中有我、我中有你，你也离不开我、我也离不开你，就是资源、生产要素，生产、分配、交换、消费、原料、材料、能源、技术、设备在全球范围内的流转、消耗与实现，就是相互依赖、相互影响、相互促进作为一个整体的依存性和依赖性的空前提高，以及经济金融波动危机的联动、互动传导性的急剧增长。从而从根本上改变各民族国家和经济体历史传统关系的性质、态势与格局，特别是根本改变了彼此间经济、金融、政治、外交关系的性质与格局，也产生了一系列前所未有的全新问题，人类面临一系列严峻挑战。

二、经济金融化的进程加剧，程度加深

经济金融化的进程，发端于 20 世纪 70 年代中后期，80 年代继续迅速发展，90 年代加剧发展，异军突起。经济的全球一体化与经济的金融化并不是一个问题，而是两个既相互区别、相互独立，又相互联系、相互影响的问题。首先，经济全球一体化是以全球各国为一个统一体来谈各经济体相互之间的整体依赖关系，经济全球一体化中当然也包括金融的全球一体化，所以我们常常提经济金融全球一体化；其次，经济金融化是既从各民族国家及经济体自身，也从全球经济整体来看越来越金融化。到 90 年代后期为止，全球证券市场的年交易量在 70 万亿～80 万亿美元，国际信贷余额在 38 万亿～40 万亿美元，年保险费收入在 2.5 万亿～3 万亿美元，国际游资在 7.2 万亿～7.5 万亿美元，全球日外汇交易量在 1.5 万亿～2.0 万亿美元，一年交易量达几百万亿美元之巨。20 世纪 80 年代中期，同全

球各国间的贸易相关的国际间资本流动与贸易之外的国际资本流动之比是9:1；而到90年代后期，这一比例关系迅速逆转为1:45，急剧提高了400余倍。这些都突出地反映了经济一体化和经济金融化的突飞猛进的发展。

概括地讲，经济金融化的含义与表现可以从以下几个方面来理解：

——经济与金融相互渗透融合，密不可分，成为一个整体，故人们常称今日之市场经济为金融经济。

——经济关系日益金融关系化。就是以往社会上彼此之间的经济关系越来越表现为债权债务关系、股权股利关系和风险、危险与保险关系这些金融关系。以美国为例，80年代中期美国人口的1/4直接持有股票与债券，3/4的人直接与间接持有股票与债券，这就包括医疗保险基金、社会保障保险基金和各种投资基金。

——社会资产日益金融资产化。一般以金融相关率：金融资产总量/国民生产总值的比率来表示。发达国家的这一比例在20世纪90年代初最高曾达3.62～3.26，90年代后期有所下降；同期发展中国家一般达0.3～1.5，少数发展中国家例如韩国曾高达4.36，中国最高曾达2.34，这其中有许多例外情况和非正常因素，它的后果在90年代后期的东亚金融危机中得到明显的反映，表明也不是这一比率越高越好。而在一个世纪前，美国的金融相关率是0.07，英国是0.3～0.35，德国是0.12～0.15，法国是0.16～0.2，意大利是0.2，日本是0.02；而在1913—1935年对应国家大体在0.7～0.8，只有日本例外，为0.32～0.4。以上的统计数字表明：（1）在一个世纪之前，由于相关国家现代化进程的差异而使这些国家间的金融相关率存在相当大的差异，特别是美国和日本非常之低；（2）一百年之后这一比率提高到3.2以上，差距也大大缩小，这既表明社会资产金融资产化程度的极大提高，也表明彼此间发展水平差距的缩小；（3）少数发展中国家，例如韩国和中国，有许多特殊的非正常情况，值得注意。再以中国为例，全国城乡居民存款1978年仅为211亿元，1988年增加到3802亿元，1998年超过6万亿元，20年增加了近300倍；1978年城乡居民存款占银行贷款总额的18%，1988年提高到45.3%，1998年进一步提高到75%以上。中国的相关统计说明，我国20年改革开放的迅猛发展，以及经济金融化的迅猛提高，且发展速度比发达国家快得多，发展进程短得多。

——融资非中介化、证券化和金融倾斜逆转。融资证券化和金融倾斜的逆转二者之间有很密切的因果关系。在人类金融发展史上，一般是间接金融发展在前、直接金融发展在后，先有短期金融业务、后有长期金融业务，而且在间接金融与短期金融之间，直接金融与长期金融之间，有一种大体的对应关系。这两组对应因素，不仅在产生发展的时间上明显地一个在前，另一个在后，远不是平行的；而且在总的业务量或市场占有率方面，也远不是均衡的，即在相当长的历史时期内，间接金融所占比重大大超过直接金融，即使是直接金融比较发达的国家也是如此。我们将间接金融与直接金融间的这种不平行发展和不均衡发展称为金融倾斜，实质是金融大幅度向间接金融倾斜，社会融资体制以间接金融为主。显然，这种金融倾斜并不是任何人为设计或构造的结果，而是商品经济、货币信用、银行制度、金融体制、经济发展水平、国民储蓄量、收入分配结构和方式不断变化发展的产物。自 20 世纪 80 年代后期以来，由于全球各国，特别是发达国家经济与社会发展的一系列历史性巨大变化的结果，产生了非银行金融的迅猛发展，融资非中介化证券化的发展，这一切最终导致原有金融倾斜的“逆转”，即直接金融的发展速度大大地高于间接金融，直接金融所占的比例日益加大，迅速赶上乃至接近或超过间接金融所占比例。这种历史性的逆转，是经济金融化、社会资产金融化、融资非中介化、证券化的反映。作为结果集中表现为：一方面是经济关系的金融关系化，另一方面是金融倾斜的逆转。值得指出的是，关于金融倾斜的逆转，以及这种逆转的含义与影响，特别是对金融的泡沫化及金融危机的影响尚缺乏深入的系统研究，这一问题应给予特别的注意。

总体而言，国内外理论界，对经济的全球一体化关注较多，研究较深入，而对于经济的金融化则关注不多，研究甚少。实际上，在市场经济高度发达的金融经济时代，抛开经济的金融化来观察经济的全球一体化已不可能，或者以为只要研究了经济的全球一体化也就自动包括了金融的全球一体化，这在理论上和实践上都是片面的和错误的，金融既相融于经济，在某些方面又相悖于经济，这方面的内涵与影响尤其值得注意。

三、以全新的视野从战略的高度观察与处理金融问题

在经济金融全球一体化和经济金融化条件下，“金融已不再仅仅是一个国家的一个产业性的、行业性的、专业性的局部问题，而成为影响全球各国经济与社会发展稳定的，具有极端战略重要性的、全局性、全球性战略问题，金融安全与主权已成为各国国家安全与主权的重要构成部分”。显然，在这种全新的形势下，人们必须以全新的视角，从战略高度观察、

审视、分析与处理金融问题，包括经济金融理论的创新，以适应知识经济时代呼唤理性经济金融与社会可持续发展观的需要。

20 世纪 90 年代以来，频繁发生的大规模金融危机，尤其是 1997 年爆发的东亚金融危机表明，时代的变迁以及它所提出的一系列全新挑战与问题，暴露了人类旧有体系与框架对新形势的不适应与失灵，这场危机的积极意义在于它以这种震惊全球的经济运行突然中断的极端方式，告诫人们严密关注这全新的一切，全新的矛盾与问题，迫使人们进行严肃的反思，理解一体化与经济金融化的含义与影响，并且迅速作出相应的反应与变革；这场危机也表明，当代经济学显然缺乏应有的预见性和全面解释、解决现实经济金融问题的能力。当代经济学这种与实践相脱离的严重缺陷，也在提醒人们重新审视当代经济学理论在新形势下的有效性问题的同时，也要求我们对当代经济学的分析方法和思维方式进行深刻的反思。

可以预言，未来世界还会以这样或那样的金融波动或危机的方式，以其自身通过强行调整的方式，不断证明和提醒人们金融问题的极端重要性，而且金融问题将会随经济金融全球一体化和经济金融化程度的进一步提高而变得更为突出，全面变革的压力将更为强大。本文以下将要分析阐述的十大挑战，必将会更为尖锐。

经济全球化与经济金融化的十大挑战与对策

以下我们将从十个方面分析阐述伴随经济全球一体化与经济金融化的重大挑战。我们既从各民族国家或经济体的角度，更从全球性的角度，从战略的高度进行分析研究，并相应提出某些有选择性前瞻性的对策。

一、全球各经济体经济金融发展稳定的整体性和相互依存制约度空前增强

经济金融的全球一体化与经济金融化的发展，使人类社会的整体发展水平登上了一个新的发展平台，应当说这是一个历史性的质的飞跃，它带给人类的首先是发展的光辉前景与前所未有的机遇。各民族国家或经济体发展稳定的整体性以及彼此间相互依赖、相互促进、相互合作、相互竞争、共同发展的依存性空前增强。不管各民族国家各经济体之间社会意识形态、民族宗教信仰、社会发展与科技水平有怎样的差异，然而有一点是确切无疑的，即它们之间的发展的整体性与依存性已经大到足以超越这些

差别，它们必须在相互依存中在实现共同的可持续性整体繁荣发展的过程中，来寻求实现它们各自的不同利益及不同发展模式与生活方式。也表明在当今世界上，没有任何一个民族国家与经济体可以在闭关锁国的条件下孤立地单独生存与发展，也没有任何一个民族国家或经济体可以采取某种措施，单独损害别人而不同时损害它们自己。它们之间的整体依存性当然不可能是绝对均衡对等的，需视各自国情、发展水平、资源状况和开放程度不同而定，但这种发展的差异性并不能改变它们彼此之间发展的整体性与依存度。在某种意义上可以说世界各国同乘一艘“世界号”大船，极而言之，说“一荣俱荣、一损俱损”也不足为过。这从根本上讲是各国为什么必须改革开放的最深刻的理论根据和时代特征，也是世界和平的根本保证和各国必须和平共处，必须相互尊重、协调、合作和妥协的最深刻的根源。

二、各民族国家或经济体及全球经济金融发展的不稳定性增强，金融安全成为国家安全的重要部分

世界各国过去 20 年，特别是 20 世纪 90 年代以来的发展实践表明，一体化与经济金融化的后果具有相互依存促进共同发展的正效应，也同时具有相互依存，萧条、波动与危机联动互动的负效应。具有双重的效应，是一柄“双刃剑”，人们不能只要前者，不要后者。尤其是后者，对国别和全球的震荡与影响有时还非常之强烈，甚至于是惊心动魄的。

——一体化负效应时时存在，金融波动已成常态，绝非偶发事件。对于这一点大多数人还感到茫然而不知所措，以为这只是时运不佳的一种突发性、偶发性事件，岂不知今后他们必须逐步习惯于在这种此起彼伏的波动或危机中生活，他们的经济金融也只能在这种动态的状态下发展，他们必须迅速适应这一历史性变动，并找到和建立一套在波动危机中求生存，求发展，求稳定的工具、手段、体制与理论，必须在各种危险与风险中实现各自民族国家经济金融的安全与稳定。这涉及一系列的根本性的整体性变动与变革，绝不是零打碎敲，不痛不痒，头痛医头脚痛医脚的权宜之计的机会主义行动所能应付与解决得了的。

——将“负效应”提到战略高度认真对待，否则一国即是一座不设防的城。在新形势下，必须将一体化负效应这一挑战提高到战略的高度认真、严肃地对待与处理，方可立于不败之地，否则后果将是不堪设想的，一国将毫无安全可言，就是一座不设防的城。在过去二十年的时间里，全球各国发生过一百多次大小不等的金融波动、震荡与危机，有不少是震惊全球的。显然，这已成为一种常态，绝非偶然性事件。各国为医治这种波动或危机的创伤有时甚至于付出相当于其 1/5 至 1/4 的国民生产总值，这次东南亚金融危机使马来西亚的人均国民生产总值倒退了十年，使泰国的人均国民生产总值倒退了十二年，使全球的国民生产总值增长率下降 1/3，即 1 个百分点；使印尼盾对美元的汇率贬值 82%，其他相关国家货币贬值 30% ~40%；使全球股票市场市值下跌 1/2 至 2/3；使金融危机演变为经济危机、社会危机与政治危机，直到独裁政权的垮台。

——金融是强大的，也是脆弱的，在新形势下更脆弱，这一认识应成为民族共识。这场危机突出地暴露出在新形势下金融的极其脆弱性。常言道："人活一口气，树活一张皮"。当情况正常、条件具备时，人勃勃生机，树春意盎然、充满活力；然基本生存条件一变，立刻就完。金融是强大的，只要人们对它有信心，只要它能正常不断地持续运转，它确实强大无比；然而，一旦人们对它丧失信心，不再去存款反而大批取款，或企业只借款、不还款，这相当于人体动脉只出血、静脉不回血，或一旦血管出现严重血栓、梗阻或动脉硬化，血流严重不畅，心脏供血不足，人就会严重窒息死亡，金融体系立刻就会瘫痪垮台。所以关于金融脆弱性的认识，必须在一体化与经济金融化形势下变成各民族国家全民族的共同意识，这是维护经济金融安全与主权的社会基础与根本保证。人们切不可等闲视之，切不可掉以轻心，以为一种"意识""认识"，又"软"又"空"，没有会怎样？没有会垮台，"软件不软，说空不空"。这不是骇人听闻，是事实。但愿世人都牢牢记取。

——金融波动与危机的全球联动互动加剧，危及国家安全。总体而言，一国经济安全、金融安全的含义是广泛的，也涉及一系列的问题，本文不准备展开讨论，这里只从经济金融波动的传导，从而影响国家安全稳定的角度讨论问题。金融具有极强的渗透与扩散功能，金融资源的流动具有高速和跨国界的特征，所以一旦某一个经济体的经济金融出现异常波动或危机，那么就会通过金融资源流动状态、方式、方向、规模和速度的改变，信号的全球传递，产生各相关经济体、各民族国家间的联动、互动、国际传导、传染，瞬息之间形成地区性乃至全球性危机。而"金融危机具有逐渐累积不易察觉的特殊隐蔽性和突然爆发的巨大破坏性"，这就会立刻危及国家安全与稳定。

——由金融资源的不合理开发配置导致的金融危机更不可忽视。实践表明，“任何一个国家和区域政府在自己的经济决策和政策制定方面与金融的脱节，都会产生无法估量的负面经济效果”。由此导致的金融资源的不合理开发与配置，或者是作为金融资源这一特种资源垄断性开发主体的政府出于短期经济与社会利益考虑导致的对金融资源的滥用，都极有可能形成经济金融波动与危机，对经济发展和社会进步以及民族信心的打击是同样深重的，不可忽视的。

——必须警惕某些超级大国金融手段、政治外交手段与军事手段的联合运用这一极端进攻行动，这将会给一国安全造成致命性的打击。

三、金融资源开发配置流动的全球化与国别间争夺此类资源主导权或主控权的矛盾日趋激烈

金融是一种资源，是一种社会资源，是有限或稀缺性资源，是战略性宝贵资源。这一点并不是今天人们为了某种目的而人为地强行“赋予”它的，或者是人为地强行“嵌入”的，这是它本身固有的客观的本质属性。只不过由于科学技术与历史的种种局限，长期被“锁在云雾中”，而在科学技术和人类社会发展的高级阶段的今天才可能逐渐显露“峥嵘”，才得以被人类发现、认识与承认罢了。在知识经济时代，非自然资源，即社会资源在人类社会价值形成、凝结、贮藏中的作用，在各国国民财富形成中的极端战略重要性与作用日趋突出。在社会资源中有两种资源，即金融资源与信息资源，在正常情况下具有全球无国界高速流动和瞬间跨国界转移的特征，这两种资源更具有可能被全人类开发利用共有共享的特性，尽管它常常盖有深深的民族国家的鲜明烙印。在这种情况下，金融资源的开发利用、配置流动的全球化与强国间争夺此类资源的主导权或主控权的矛盾日益突出。现存的国际货币金融体制，仍然是以 1944 年布雷顿森林会议协定为基础的，在这一体系之下，即使在当时，美元与黄金的比价也高估了美元实际购买力的 1/3，据估计从 20 世纪 50 ~ 70 年代美国对外债务的 2/3 是用与黄金画了等号的美元纸币来偿还的。这就叫作越有钱越省钱，越省钱越有钱，这就是经济金融领域中的“马太效应”。在非实体经济高度扩张的今天，资本在国际间流动只有 2% 多一点是同真实的生产与交易活动相联系的，美国是全球金融资源的最大开发利用国，流动于全球各地的几万亿美元金融资产以及上千种的金融衍生商品在金融贸易市场化自由化的口号下，横行全球市场无阻挡，掌握了国际间金融资源开发供给主控权的国家可以获得种种好处，这一点是不言而喻的。尽管强国们谁也不肯

公开捅破这一层窗户纸，但他们心里都明白。1998 年下半年一位德国前总理在谈到庞大的国际投机资本对全球金融稳定性的威胁时曾说，这一点美国人肯定不会说，因为美国是“热钱”的老巢，等到我们德国有了一个敢于负责任的政府，那时伦敦与波恩将联合提出这一问题（即改革国际金融体制）。应当讲欧元的启动，它的理论意义和对全球经济金融的深远影响都将是巨大的，但它的更深层次的原因却在政治上和对金融资源主控权以及与此相关的利益的分享权的争夺上。欧元的启动，实际是联合起来的欧洲对美国霸权的挑战。日本也不甘落后，小渊惠三首相紧急出访欧洲游说，提出美元、欧元、日元“三驾马车”的三大国际主导货币联合稳定国际金融体制的建议。结果各方面反应平平，十分冷淡。这个经济金融大国，政治侏儒，碰了一鼻子的灰，然司马昭之心，路人皆知矣。美元、欧元二极也好，美元、欧元、日元三极也罢，都是在排斥了广大发展中国家基本利益与参与权的一种“富人俱乐部”格局。即使是在日本的后花园的亚洲，恐怕也不大会有人支持日本和日元。这就从长远和总体上对中国以及中国的人民币产生巨大的压力，并赋予它一种历史的责任。这也是不以我们自己的意志为转移的一种机遇与挑战，对此人们应有一种明确的意识与心理准备。

四、金融主权弱化，从而政治主权弱化，出现维护一体化利益与维护国家主权微妙平衡的问题

随着一体化进程的加剧，各国经济，特别是金融决策的外部制约因素强化（容后专门讨论），各国经济金融发展与稳定的整体性和波动危机负效应的国际传导性空前增强，经济金融活动的全球化与金融监管的国别化的矛盾加剧，呼唤全球性的金融体制、监管体系与风险预警系统的建立和经济金融信息的更充分的暴露，这一切都直接导致各民族国家与经济体的金融决策主权的某种弱化。首先必须肯定，这种弱化在正常情况下是一种历史的必然趋势，是无可阻挡的；其次，这种弱化是好事，而不一定是坏事；再次，这种弱化必须是合理的和适度的；最后，这种弱化必须保证不被某种强权，尤其是“金融霸权”利用与滥用，不使民族国家主权发生异化。对于中小国家而言，防止“金融侵略”与“军事侵略”具有同等重要的意义，且前者比后者更隐蔽，更迅猛，更难以防御。

这就尖锐地提出如何保持一体化势头，维护一体化利益，从而弱化金融主权，同维护与尊重民族国家主权独立完整性之间的平衡这一微妙问题。这个问题的确很尖锐又很微妙，但又不能因为有种种困难与障碍而不面对、不处理。关键是要小心翼翼地保持二者的动态微妙平衡。这就必须给“适度”与“合理”注入大家都能接受的归并与内容。

举一个极端的例子来讨论何为合理与适度。近两年来，国际上救助东南亚、东亚国家金融危机的过程中，某些国家和国际金融机构在提供巨额贷款时，常常提出十分苛刻的附加条件。这些条件，例如大幅度关闭危机受援国丧失竞争能力的金融机构，让外国银行与非银行金融机构大规模进入受援国，外国自然人法人可以持有受援国企业股票超过50%以上的份额以及自由参与该国证券市场交易活动，或者紧缩财政支出与信贷，经济低增长与负增长等。这些条件也不能说是完全没有道理的，但都未必是合理和适度的。因为这些条件明显地有利于援助国而不利于受援国，常常是依据发达国家的条件与标准来提出问题，明显地脱离危机国的实际条件与承受力，有些是在经济金融形势良好的条件下也未必能开放的市场条件在危机虚弱急需保护恢复时提出、满足，本来危机已使民不聊生，企业倒闭，物价飞涨，失业大增，再紧缩、再负增长，不就更火上浇油或“抽刀断水水更流，举杯消愁愁更愁”了吗！平时打不进去，乘人之危进入，算不算不合理，不适度？是不是受援国金融主权从而政治主权的不合理不适度弱化，是不是有点紧急情况下以部分金融主权换取金融安全的味道呢？1997年12月3日是韩国政府同国际货币基金组织签订贷款协议的日子，韩国百姓称这一天为“国耻日”，到底是韩国人的民族主义在作祟，还是贷款条件太苛刻？这个问题值得人们严肃认真地研究与思考。这些程序和条件可以看作是现存国际金融体制的一部分，是否符合各国平等互利及利益与权利、风险与收益对称的原则呢？

在金融危机的救助中，援助国与受援国、援助国与援助国之间围绕援助还是不援助、多援助还是少援助、你援助还是我援助，先援助还是后援助，在什么条件下援助展开的金融博弈战，其实质是围绕成本与收益展开的，零成本最大收益、最大成本零收益，小成本大收益，大成本小收益，如此等等。都追求“免费午餐”，都想“免费搭车”，有可能使一场危机更为恶化，更为蔓延，从而失去援助的最好时机，付出最大的援助成本，有可能在这场金融博弈战中没有胜者，全是败者。那么在这么一场金融博弈战中最大的受害者，各方的“砝码”最终损害谁呢？在这种情况下，一体化的利益与民族国家金融主权，甚而政治主权与利益之间是一种什么关系呢？

五、民族国家经济金融决策的外部制约因素复杂化与深化

20 世纪 90 年代以来的实践表明，伴随着全球经济金融一体化和经济金融化水平的急剧提高，全球经济金融发展稳定的整体性空前增强，以民族国家或地区为经济体的金融决策的外部制约因素变得越来越复杂化与深化。在传统上，甚至直到 20 世纪 80 年代后期以前，当涉及一国或地区的金融决策时，特别是对广大发展中国家而言，始终被看作仅仅是一个涉及其自身经济金融主权范围内的内部问题，并且是其政治主权的主要象征之一；在操作上也可以完全或主要以国家内部形势与需要为依据，在排斥外部因素或基本不考虑外部因素的条件下，做出种种金融决策。我国学者在 80 年代中后期的几本专著中对货币政策做了如下的描述："货币政策是一种全国性的全局性的非部门性的，有时甚至于是国际性的政策行动"。这种描述被广大经济金融理论与实际工作者所广泛接受，并且认为"有时甚至于是国际性的政策行动"这一概括有相当的前瞻性，并且为将来进一步的理论概括留下了余地。人们当时没有想到这"将来"，竟然只是短短的两三年而已；而且其中的"有时甚至于是"这一限制词也变得多余了，如今货币政策就是，而且越来越是一种国际性的政策行动了。君不见西方七国、十国首脑会议，财政部长会议，中央银行行长会议，或二者的联席会议每年定期召开，紧急情况下随时召开；而且常常扩大为"7 + 1"或"10 + 1"（俄罗斯），"7 + 2"或"10 + 2"（增加中国）的方案与提议也已提出；近两年来接连召开的亚欧首脑会议、东盟国家与欧盟国家对话会议，都是将这种磋商与对话扩大到广大发展中国家的努力。这种外交政策的经济金融政策化以及国家间政治关系的经济金融关系化，正是国家经济金融决策在相当程度上进一步国际化全球化的表现和反映，并且有日益增长之势。这是在新形势下一国金融决策的外部制约因素复杂化与深化的鲜明例证。值得特别指出的是我们在这里特别强调了"金融决策"，而没有一般地泛泛强调"经济决策"，是因为金融信息的传导比一般的经济传导更猛烈、更迅速、更敏感，更不受或较少受地域与国界的限制，还因为金融具有影响与配置其他一切自然资源与社会资源的特殊功能。

金融决策的外部制约化主要表现在：

——金融决策的背景与环境由原来的主要考虑内部因素转变为内部与外部并重，极端情况下甚至于主要考虑外部因素。如今，一个经济体在作出金融决策时首先必须清醒地充分考虑这一决策面对的外部背景与环境，

例如全球或有类型代表性国家的经济金融发展趋势与前景，社会与政治稳定情况，外交与军事关系，金融波动与危机的情况或可能性，利率汇率变动，外汇储备，全球证券市场、期货市场、金融衍生商品市场发展状况，主要国家经济、金融、社会政策、金融监管国别控制力及国际协调能力等。其次是衡量评估外部对该国相关金融决策的反映和可能的反对策与影响，以及这些外部反对策与影响可能对该国金融决策时所依据的外部初始条件的改变，和这一改变对本国金融决策操作与效能的影响。

——金融政策的内容与传导机制的改变。首先是内部均衡、外部均衡以及内外部的综合均衡；其次是货币政策中介指标的改变在原来的基础上新增加了汇率、外汇储备，外债或资本流出入等新因素；再次是由于增加了强大的外部因素而使国内与国外以及国内各政策与领域间传导机制的改变，例如大量短期投机资本的流入与流出对资本项目管制的影响，对证券市场稳定性的影响，对汇率投机的影响，利率大幅度变动对资本流出与流入的影响，对通货膨胀的压力以及通货膨胀的输出输入的影响等。

——货币政策最终目标内容与侧重点的改变。以中国为例，在中国国内自身经济紧运行和国外由于亚洲、俄罗斯以及南美国家金融危机影响而出现的普遍紧缩的压力增强的背景下，货币政策目标就由原来的主要保持货币的稳定而转变为必须同时特别兼顾经济增长、就业和国际收支合理平衡等目标。

说到当前中国经济的紧运行，笔者想顺便多说几句。我不赞成使用“经济紧缩”这个词，可以用有的学者讲的“紧运行”，也不赞成将中国目前的经济紧运行或大多数人说的所谓“经济紧缩”同国际上许多国家近一两年来出现的经济紧缩相等同，因为它们产生的经济社会背景、原因以及时间因素都无很大的相关性。更何况笔者认为，新中国成立几十年来，我们的经济是以总供给不足为基础特征的，现在出现某种总供给“过剩”或某种总需求“不足”，这表明我国国民经济经过二十年的改革开放和转轨运行以后，出现了一个历史性的转折，表明国民经济总体上了一个新的平台，表明经济机制开始出现根本性的转变，这是大好事，是转轨运行了二十年才出现的新态势；也表明我们综合国力的提高，增长方式开始转变，开始不再主要依靠经济高增长、高速度这一量的扩张来维持，可以在中高速（同我国自己比是中高速，同国际相比仍是高速）的状态下主要依靠内涵深化与“质”的提高来实现经济的发展稳定。尽管我们仍存在许多困难，面临严峻的形势，但我们终于能挺得住，终于可以依靠自身的内功来消化这些因素，这是难能可贵的。只要紧运行的“紧”能控制在一个合理的限度内，就不必惊慌，就不一定是坏事，更可能是好事。就业的压力，安排下岗职工的压力，并非仅仅是来源于经济增长速度的某些并不很大的下降，更有许多历史的累积等社会因素，以及必须付出的改革代价或成本，还有许多结构性的因素。假如我们顶不住就业的压力，再简单地一味依靠经济高速增长、外延高速扩张的老办法来解决这一问题，那就可能前功尽弃，又回到原来的旧轨道上去。我们千万不要犯“叶公好龙”的毛病，不能天天想龙、月月盼龙，翘首待龙来，真龙终于来了时又怕得要命。

六、经济金融活动的全球化与金融监管的国别化的矛盾日益加强

经济金融的全球一体化不仅意味着资本流动的全球化、金融证券市场的全球化、融资的国际化、证券化，也意味着金融机构的跨国化和金融信息的全球化，这一切在经济金融化的背景下更加日益突出。总之，是经济金融活动的日益全球化同金融监管的国别化的矛盾加剧。这势必产生许多无序的金融活动和金融资源的过度开发供给，以及无序的金融秩序，形成许多监控的盲点和误区，特别加剧了各种投机性、避税性、洗钱性金融活动的负效应，特别是以高趋利性和高流动性为特征的国际游资的唯利是图的大规模炒作和以搞垮某一经济体经济金融社会秩序为目的的恶意攻击性炒作，更形成金融危机引爆和迅速扩散蔓延的“引爆器”和策源地。这一切都在呼唤金融监管的国际化，然而这是一个十分困难而又敏感的问题。金融监管的国际化势必涉及如下一些重要问题：（1）金融活动的全球化逻辑要求金融监管的国际化，而这又势必受到各民族国家、国家集团既有或既得政治、经济、金融主权与利益的掣肘，出于正当的国家经济金融安全需要的种种保护与谨慎行动的阻碍，以及某些国家不得不放弃在现存框架下获得的利益格局而产生的种种阻挠。（2）就监管对象而言，不仅包括银行机构和非银行金融机构、证券市场、期货市场和各种金融衍生商品市场，而且包括各种形式的资本国际流动，特别是大规模国际性短期性投机资本流动。（3）就监督主体而言，涉及全球各国与地区的所有金融监管当局以及现存的各种形式的全球性区域性国际金融组织（国际货币基金组织、世界银行、国际清算银行以及巴塞尔银行监管委员会等），还有今后可能建立的各种国际金融监管机构，如全球金融监管协调委员会等。它们必须谨慎地严肃认真地活动，以便在维护全球金融安全稳定的同时，充分

尊重各民族国家的国家主权与尊严。各国必须在维护全球经济金融稳定的共同利益的行动中来维护实现各自国家的利益与权利，这就需要不断协调所有各金融监管主体的政策与行动，监管原则与目标，最大限度地协调统一基本的监管内容、口径、指标与手段。(4) 监管的侧重点在于形成健全的健康稳定的银行体系和非银行金融体系；遵循已经制定的谨慎监管规则，资本衡量与资本构成及风险资产监管规则，表外业务风险监管规则，证券市场谨慎运作规则，金融衍生商品市场规则，以及短期投机性资本国际流动规则。所有这一切都是为了更有利于而不是妨碍一切正常的理性的健康的金融交易活动的有效运行。但有一点必须强调，各民族国家的以及全球的金融安全稳定的利益，总体的宏观利益高于微观的任一经济体的任一交易活动或利益。近几年来的实践表明任何国家的金融波动或危机，哪怕是总体规模不是很大的经济金融体的波动或危机，都可能威胁与危及其他各国乃至全球的金融安全与稳定。所以必须树立这样一条原则，一切形式的金融活动都应当毫无例外地受到某种形式的最低限度的监管，都应遵循某些最低限度的规则，而不是仅仅遵循市场化规则，更何况市场化原则也不意味着是绝对的自由化原则、不受任何监管与约束的原则，也绝不意味着大经济金融体可以任意不受约束不计后果地侵犯或攻击小经济金融体的主权与利益，而不承担任何责任。(5) 建立以民族国家与地区金融预警系统为基础的全球性金融风险预警系统，这一系统应针对各类不同领域特点和需要制定各种不同的监测指标体系。(6) 加大全球金融信息的透明度与公开性。(7) 要根本强化国际金融监管体制，首先必须对自 20 世纪 30 年代以来各国金融监管的理论与实践进行一次全球性的总体回顾与反思，从 30 年代的严厉控制，到 80 年代的缓和管理与金融自由化，再到 90 年代的再管理，特别是 80 年代金融自由化中的某些片面性与失败，以及经济金融化对金融监管的新挑战，应给予充分注意。

七、金融在提升了它对各经济体资源配置能力与效率的同时，也迅速提升和累积了它自身的系统性风险

金融资源是一种特种资源，有点像货币的本质那样——即货币也是商品，是固定充当一般等价物的特殊商品，金融资源具有双重属性特征：一方面，它本身是一种资源，是一种社会性战略资源，是稀缺性资源，这是它的自然属性，是它的一般资源属性；另一方面，它又是一种可以对其他所有资源，包括自然资源和社会资源有配置功能的资源，这是它的社会属

性，是它的特殊资源属性。90 年代以来接连发生的许多金融危机表明：在经济金融全球一体化和经济金融化的条件下，“金融在急剧地提升了其对一个经济的资源配置能力与效率的同时，也迅速地提升与累积了它自身的系统性风险”。这是人们所始料不及的。也就是说，金融资源是一柄“双刃剑”，人们不能只要它配置资源的这一刃面，而不要它的风险累积的那一刃面。要么两面都要，要么两面都不要，就是不能只要这一面不要那一面。我们在阐述了以上的金融资源双重属性理论以后，得出其“双刃剑”的结论。在这我们更要特别强调的是它自身的系统性风险被迅速提升累积的这一面。我们也可以在一定意义上理解为：资源配置功能是正效应，系统性风险累积则是它的负效应，正是这种负效应的大规模的迅速地提升与累积，造成和加剧了 20 世纪 90 年代以来世界各地的此起彼伏的金融危机。由此才引发了全球性的要求迅速改革与重建国际金融体制和大大强化国际金融监管和强化国际监督协调合作的呼声。

八、全球范围内金融资源开发过度金融泡沫化严重

经过较长时间的冷静观察与思考，笔者以为就全球范围而言，从总体上讲明显地存在着金融资源的开发过度，劣质金融商品的供给过剩，金融的泡沫化问题相当严重。金融资源是一种社会资源，尽管它的质与量都有一个确定的客观规定性，但它的外在表现形式却有相当的人为主观性。这种资源的开发与供给也可以通过主要是外延的“量”的扩张来实现，从而将它的“质”大大“稀释”与“恶化”；此外，由于经济发展货币第一推动力的需要、运行传导时滞、沉淀、流转等主客观因素的需要，它需要而且可以有一个附加的额外的量；加之股票债券及许多金融衍生商品本身相当的虚拟性，这也就更为金融资源的过度开发、乱砍滥伐和劣质金融商品的超量供给提供了可能。还因为某种金融商品的供给成本与收益不对称，某些金融资源的开发利用可以通过种种人为包装在全球范围内招摇过市进而获得很大收益，这种收益远远大于它的开发成本，由于它的供给过剩而导致的全国性全球性经济金融波动危机等负面后果与风险又可转嫁给所有经济体、经济人，或者只承担其中极小极小的一部分，与它的收益远不成比例，即利益少数人得，风险所有人分担，由于这种不对称性更使这一金融泡沫化的趋势越发具有十足的内在利益驱动和不可扼制的势头。总体而言，在这一金融博弈中发达国家占有明显的利益与优势，发展中国家则处在一种被动挨打的劣势地位，并且难以避免损失，或者其成本远大于收

益。这一点应引起人们的高度警惕。

说到全球范围内金融资源开发过度金融泡沫化严重，这是事实。但又不能一概而论。大体上说，发达国家经济的金融化程度高，金融倾斜的历史性逆转十分明显，主要的金融中心都在“西方”国家，这些国家的金融监管比较健全而有力，信贷扩张的冲动受到较严厉的抑制，信贷资产质量较好，在这一领域一般较少存在金融资源的过度开发；但证券市场，期货市场、金融衍生商品市场则存在明显的泡沫化倾向，全球证券市场在过去十年中价格上涨了 7～10 倍，大大脱离了实体经济的增长速度和业绩，大有“高处不胜寒”之感，随时有爆炸的可能。

相反，在广大发展中国家，这种情况则更多地表现为信贷高度扩张、信贷资产的呆滞和质量的下降或恶化、金融监管不到位或严重不力等方面；金融资源的开发利用更多地表现为外延的量的扩张，即量性金融的发展，严重忽视质性金融的发展，金融衍生商品市场还根本谈不上或影响微小，证券市场很不发达或不很发达或几乎还没有，所以这一领域的问题不是十分突出。但在中等发达程度的发展中国家或较发达的发展中国家，证券市场的泡沫化倾向也日益突出，值得注意。

如前所述，以上仅仅是一种总体性的粗线条的分析与描述，并不是很准确的，更不能是绝对的。例如，日本和韩国就二者兼而有之，经济金融的泡沫化问题十分严重且长期走不出困境，信贷扩张，资产质量低下，金融监管问题严重，证券市场泡沫化已形成严重的经济金融与社会后果。作为发展中国家的中国，在这两个领域也都值得警惕。全球范围内金融资源的过度开发金融泡沫化倾向严重，这是一个十分严重的影响世界各国经济金融与社会发展稳定的具有极端战略重要性的全局性全球性问题。这一问题可以说是国别或全球性经济金融危机的导火线与温床，切不可等闲视之。

九、良好的金融意识和高素质的合格金融人才的供给短缺

社会资源在知识经济时代，对一个民族与国家来说具有决定性的战略意义。社会资源的被认识、被承认，是因为人类社会与科学技术发展的高级化阶段为其提供了现实的可能性与条件。社会资源是自然资源的对称，它包括文化资源，管理资源，人才智力资源，体制资源、金融资源、教育资源等。广义地讲金融观念是金融资源的一部分，当然从另一个角度讲也是文化资源的一部分。一个国家与民族金融观念的现代化高低程度以及合

格的高素质金融人才的拥有量，将是衡量其金融资源质与量状态的重要标志，也将是未来国际竞争能否取胜或者竞争力高低的重要制约因素，也将是后发国家能否迅速缩短同发达国家差距并实现现代化的决定性因素。

我们在充分肯定了良好的金融意识和高素质金融人才是国家的宝贵财富，是资财之源，即资源以后，将进一步强调此二者不仅是资源，而且是稀缺资源，当前全球都是短缺的，供给不足的，求之不得的。以高素质金融人才论，即使是全球第二大经济金融强国的日本也是极为短缺的。两年前因种种违法行径而被美国金融监管当局处三亿美元巨额罚金并驱逐出美国，三年不许回来的日本大和银行，是被一位美籍日本人井口俊英搞垮的。1998 年，大和银行总部的一位高级官员在一次谈话中回答对方的相关问题时说：日本的高素质的、合格的，既懂理论、又懂业务的，既能精通英语、又能熟谙美国金融衍生商品交易市场中“俚语”“土话”的金融人才，在日本很难找到，从国内派又派不出，不得已只能在美国当地找，井口俊英业务是高，但德行不好，因而闯了此祸。这就尖锐地提出一个问题，全球各国要找想在金融机构中工作的人不少，不缺，但德才兼备，能满足现代复杂金融业务技术管理需要的合格人才少，严重缺少。因此，我们这里的高素质合格金融人才并不简单地就是在金融机构金融市场中工作的人，而是包含特定质与特定量的规定性的金融人才，而且这里的质与量的规定性还是随时代不断提高的。这类人才作为发达国家的日本短缺，广大发展中国家就更加短缺。

结论当然是加强金融人才的培养与教育，但并不简单地就是加强现存的各种不同层次的金融人才培养教育，也不是简单地提高金融机构中经济金融学士、硕士与博士的人数与比率，关键是高素质的、合格的能适应知识经济时代需要的金融人才的培养教育，而这就涉及一系列的根本性改革。

说到一个民族金融观念的更新与提高，人们总感觉抽象，不具体，看不见、摸不着，但可以时时感觉到。作为一个民族整体的观念的开放、更新与提高，是一个稳定性很强的非常缓慢的过程，而在历史的重大转折时期，在日新月异的知识经济时代前夕，更要求观念的迅速的变革与更新。如今，创新，知识的创新，技术的创新，理论的创新，是一个民族一个国家前进发展的不竭动力与灵魂。在历史上康熙皇帝是伟大的，他很开明、智慧，他学几何、学英语，但他是欣赏、完善自身，并不是“天不变、道亦变”“以不变，应万变”和“恪守祖宗家法”这些陈腐观念的更新，更不是中华民族整个民族的观念意识的更新，当然也不会参与西方已经兴起的现代化文明进程，更不会使当时的“物理化学”知识产业化，而在这一点上俄国的彼得大帝就比康熙高明。因而我们民族被抛在两三百年来的世界工业化发展的大潮之外。这一沉痛教训，但愿国人能牢牢记取，身体力行。历史的经验值得注意，一个民族观念意识的不断更新和更新了的观念意识是一种财富，常常是求之不得的，并不是呼之欲出的，常常十年二十年“千呼万唤始出来，犹抱琵琶半遮面”。难啊！难也得变！早变早主动，晚变晚主动，不变更被动，迟早总得动。

就本文的任务而言，我们的论述重点在唤醒、唤起中华民族全民族的金融意识。全民族金融意识的提高是从根本上防范与化解中国金融风险，实施经济、金融与社会可持续发展战略和迎接经济金融一体化与经济金融化严峻挑战的可靠基础。唤起与提高全民族的金融意识，包括以下几个方面：(1）是牢牢树立全球金融一体化和经济金融化思维与意识，牢记金融是资源，是稀缺资源，是战略资源，保护与爱护金融资源，适度开发和合理配置金融资源应成为全民族的共识，特别关键的是国家决策部门中高级决策者的决策意识的金融化，也就是说要“促使任何一层的决策者把金融资源的合理开发配置作为经济决策和部门决策以及投资决策的内容”。要知道金融与经济密不可分相互渗透融合，金融并不简单地是经济的“工具”与“从属”，它有其自身的客观发展规律与特有功能，人们不能对其“乱砍滥伐”，也不能像“面人”一样任人任意捏来捏去。(2）金融风险意识深入人心。在这场东南亚、东亚金融危机中，中国“风景这边独好”，这当然难能可贵，但谁能打包票永远“免疫”？更何况我们也不是没有隐患和问题，所以全民牢牢树立金融风险意识，提高防范与化解金融风险的能力至关重要。此外，更为有害的是许多人把东南亚、东亚、巴西金融危机看作是一种孤立的偶发性事件，天天盼这场危机结束，好走出困境天下就会太平，安安稳稳过上好日子。心情可以理解，但不对了！在新形势下，任何一个经济体的危机都可能危及地区乃至全球经济金融的安全稳定，所以必须常备不懈，使金融意识深入人心。(3）大声呼唤理性的金融信用观。市场经济是信用经济，是说话算数的经济，是信誉经济，道德经济，是有借有还的经济；不是坑蒙拐骗的经济，不是“没钱不还，有钱也不还”的经济，不是理直气壮地讲“要钱没有，要命有一条”的经济，当前出现的银行“惜贷”现象，尖锐地提出了一个非常简单而又生死攸关的重要问题，即唤起民众的、企业家的、官员们的金融信用意识，借钱还钱意识，否则我们的经济金融就无法正常运转，金融不好，谁也好不了。这将会极大地促进中国金融的正常运转，加速呆账的消化处理，从根本上防范与化解中国金融风险。

十、全球各国实施经济金融与社会可持续发展战略的必要性与紧迫性日益增强

以上我们从九个方面分别研究了经济金融一体化与经济金融化的一系列重大挑战与全新的问题，我们做了不同角度与层次的分析，也讲了不少道理，所有这一切都可以归结为：人类在世纪之交面临如此多全新问题和巨大的挑战的情况下，唯一的出路在于全球各国实施经济金融与社会可持续发展战略，它的必要性与紧迫性是显而易见的。

有的学者执拗于“可持续发展”这一概念最初只是从伴随经济增长而来的对自然资源滥用与生态环境破坏这一狭窄含义出发而提出，认为从别的角度讲可持续发展或不地道，或无此必要。是不是“地道”，这一问题的讨论并无严肃的理论与实践意义，二十年前连“可持续发展”这一概念都不存在，在新形势下被严肃地提出来，且它本身的含义还在不断地发展，并无定律。至于是否必要，大家可以争鸣讨论。本文前面的分析都从不同角度证明了实施可持续发展战略的必要性与紧迫性。

可持续发展这一概念的核心在于如何妥善处理人与自然、人与社会、人类人文自身的关系，将质性发展与量性发展协调统一，将近现期的发展同中长期发展相协调统一，将满足当代人的需求同满足下代人的需求相协调统一，它的假设前提是资源的有限性与人类需求的无限性的统一。在新形势下，在知识经济时代即将来临的条件下，资源观发生了重大的变化，在自然、社会这两大系统中，出现了自然—自然资源—自然科学和社会—社会资源—社会科学这样两个系列。传统的以自然资源等同于资源的资源观，扩展创新为包括自然资源与社会资源两大类的新资源观。就自然资源与社会资源都有各自特定质与量的规定性而言，就人类需求的无限性而言，不管是自然资源还是社会资源都是有限的稀缺的，都有一个适度开发利用和防止“乱砍滥伐”过度开发利用的问题，都有一个协调稳定健康有效持续发展的问题。作为社会资源一部分的金融资源，也有一个适度开发利用的问题，而且别的不论，仅从金融在提升了对一个经济体资源配置能力与效率的同时也急剧提升并累积了它自身的系统性风险，从当今全球范围内金融资源开发过度金融泡沫化严重，以及良好的金融意识和高素质金

融人才供给严重短缺这三点，就十分突出地证明了在全球各国间实施经济、金融与社会可持续发展战略的极端必要性与紧迫性了。为此笔者已于1998年分别致函联合国秘书长科菲·安南和朱镕基总理，建议将金融可持续发展战略分别纳入全球“人类21世纪议程”和“中国21世纪议程”。在此之后，研究金融可持续发展理论与战略的人越来越多，笔者及其同仁也在其中。但我提出的金融可持续发展理论是以金融资源论为基础的创新的新金融观。

经济金融全球化与经济金融化挑战的启示

以上我们从十个方面研究了经济金融全球一体化与经济金融化的挑战，并相应提出一些对策性建议。这些建议的全面性远不是笔者所追随的目标，而且确实也是不全面的，突出某些十分紧迫的尖锐的新问题才是最为重要的，才是本文所刻意追求的。文章写到这里总觉得意犹未尽，唯愿一吐为快。以下拟谈几点启示：

——经济金融全球一体化与经济金融化是一种不可逆转的历史趋势，是人类社会发展的一种历史性的进步和重要转折，人们别无选择，不可阻挡，顺之者昌，逆之者灭。关于这一必然性的认识直到目前为止，也还是只限于少数专业研究、教育与实际工作者的狭小范围之内，远没有成为全民族的一种共同意识，特别是中高级干部的自觉意识。这是颇为令人忧虑的，必须迅速采取措施加以扭转。其中最重要的一点就是建立大经济系统大金融系统观。

—— 确立大经济大金融系统观。也就是说，在全新的形势背景下，我们的人民，我们的干部和群众，首先是中高级干部，必须牢牢树立：(1) 全国全球这一大经济大金融观；(2) 树立大经济大金融的大系统观，即系统论观，强调整体性和系统性，意识到国内外经济及金融系统间的相互依存、相互影响、相互促进和相互制约这一客观事实。国家和地区经济与社会发展战略的制定，经济金融、社会乃至外交政策的决策，条件的预设和影响的预测，后果的评估都要以大经济大金融系统观为基础。

——一体化、市场化、自由化，谁都没法招架说不，但不同国家的成本与收益悬殊。如前所述，经济金融的全球一体化、经济金融化、市场化、自由化是一种不可阻挡的历史潮流，铺天盖地而来，所以没人敢说不，特别是对广大发展中国家，不敢说不对，也不敢说可挡，欲推乏力，欲罢不能，似乎有点无可奈何，让人没法招架。笔者认为，既然是一种不可阻挡的必然的历史趋势，那大可不必特别惊慌，是挑战也是机遇，机遇是巨大的，挑战也是严峻的，严肃认真地自觉面对，泰然处之，实在不必无可奈何。

但是这丝毫也不意味着在这种令人难以招架的趋势面前，对于处在不同发展阶段和水平的国家来说，是机会均等的，一律公平的，成本与收益是对称的。回答是否定的，也就是说机会并不均等、竞争也不公平，成本与收益也严重不对称。人们清醒地认识到这一点，是在考察了 1994 年以来发生在发展中国家的金融危机的痛苦经历，在付出了沉重的历史性代价，经过认真反思才得出的。由于历史的种种原因所致，发达国家在这种不可阻挡的历史趋势面前，在市场化自由化的进程中，对广大发展中国家具有压倒性的优势。发达国家在综合国力、科学技术、经济金融社会环境、市场发育程度、知识产权、智力与信息资源的拥有、金融资源的开发利用，特别是在开发和争夺智力资源和金融资源、金融国际化、金融创新、国际投资、游资的投机炒作，以及相关业务、技术、手段的主导权与主控权等方面，占有绝对优势。无论是从竞争力、影响力、垄断控制程度、风险消化吸收能力、市场占有率，各种统计指标的人均占有率还是绝对量等方面，都拥有无可争辩的优势。所以在那些不可阻挡的“化”面前，发达国家胸有成竹，驾轻就熟，他们可以在成本与风险最小化和收益最大化的条件下持续运行。而广大发展中国家却常常需要为此付出很高的成本与代价（包括巨大风险与危机），获取较小的收益或负收益。这是两种完全不同的方向相反的但有相当“互补性”的不对称。但是，你强调这一点是否暗示发展中国家应该不改革、不开放、不市场化、再封闭化，或者站在这些“化”的对立面顽强抵抗？不是，完全不是！这些“化”，从根本上和长远上也是他们追求的目标，只不过要讲条件，要分阶段，饭要一口一口地吃，事要一件一件地做，不能一哄而起，一哄而上。概括地说我们的结论是：目标必须是明确的，操作是分阶段的，行动应该是十分谨慎的。

那么是什么原因造成了似乎是铺天盖地无法招架的这种被动态势呢？原因大体就有三个方面：一方面，是这些“化”，特别是市场化自由化本身的历史必然性，人们无法抗拒，一时跟不上，易于形成压力，陷入被动。第二方面是市场化自由化首先起于发达国家，在理论与实践上以及一系列国际游戏规则与标准等方面，事实上都是以最发达国家的标准为标准提出和制定的，发达国家占有明显优势，他们可以在成本与风险最小的条件下获取全球市场化自由化的最大好处，所以他们极力鼓吹，极力推行，凭借实力铺天盖地而来。关于这一点，由于种种人所共知的微妙原因，发达国家都不愿意明说，不愿意说明，而且常常以他们代表了发展中国家的利益自居。第三就要怨我们发展中国家自己了。发展中国家在现代化市场化的过程中，由于经济金融一体化与经济金融化浪潮势不可当，加之西方国家的强力推行和西方理论与舆论上信息上的某些优势的诱导与误导，在近几十年来，形成一种无形的压力和无须证明的信条，似乎是市场化自由化绝对地好得不得了，化得越快化得范围越广、进程越深越好，而忽视了它的条件、代价、成本与收益的衡量。结果常常可能的是在条件不具备、准备不充分、监管能力跟不上和毫无抗风险能力的情况下，推行利率市场化、投资自由化、资本项目自由可兑换等。人们往往把创新与变革看成目的而不是手段，看成“免费午餐”或“最后一班车”，迫不及待，不惜一切代价赶潮流，一味过分强调市场化、自由化、创新、体制变革，过高估计了“金融压抑”，过于看轻了“金融深化”所需的成本与风险。结果吃了不少苦头，累积了不小的风险，甚而形成危机。这一教训值得认真汲取。

——全球都在呼唤根本改革国际金融体制，但改革的主体是谁？应遵循什么样的原则？自 1997 年东南亚、东亚金融危机以来，国际上各种力量都以不同的方式呼吁根本改革现存的国际金融体制，广大发展中国家呼声最高，首当其冲的是马来西亚总理马哈蒂尔。但到 1997 年 11 月美联储主席格林斯潘仍然公开反对对国际短期资本流动制定某些规则，理由是不利于市场机制的发挥与竞争，这是耐人寻味的。但在东南亚、东亚金融危机进一步蔓延到俄罗斯与南美国家有可能形成全球性的危机和大萧条以后，许多欧洲国家的政府也纷纷呼吁根本改革国际金融体制，欧洲国家与日本还分别提出了一些方案与建议，美国的态度开始转变，接着七国首脑会议也做出关于改革的决议。根本改革现存的过时的国际金融体制看来是大势所趋，不可逆转了。

但紧接着由谁来主持改革，即改革的主体应由哪些国家组成，以及应遵循些什么样的基本原则的问题也就随之而生。

现在的阵势似乎是应由西方发达国家，例如美国、欧盟、日本三方或者是西方七国为主体进行改革，广大发展中国家应扮演什么角色，以什么方式参加都没说。笔者以为像这样一个对全球各国经济金融社会发展稳定具有重大意义的严肃问题，不应由少数发达国家包揽。应由西方七国或十国、中国、俄罗斯以及与西方国家对等数量的其他发展中国家的代表组成联合委员会，主要以协商而不是以简单的投票方式来制定与通过各种方案或决议。

所应遵循的原则，首先是充分民主协商的原则，各方一律平等的原则，责任与权利、风险与收益对称的原则，维护一体化市场化进程与尊重各国经济金融安全与主权相统一的原则，以及对发展中国家单方面优惠而非互惠的原则。

——中国，一个稳定区域与世界经济金融的严肃的负责任的大国。几年前人们预期，在 2010 年左右中国将可能成为稳定亚洲经济金融的主要力量。这场东南亚、东亚金融危机将中国迅速推向了世界舞台的前沿。由于改革开放综合国力的增强和正确的经济金融决策，在这场危机中中国有惊而无险，顶住国内外种种压力与风险，主动承诺人民币不贬值，为稳定亚洲乃至世界经济金融作出了举世瞩目的重大贡献，世界各种经济与政治势力都齐声称道中国是一个“严肃的负责任的大国”。今后，中国应高瞻远瞩，充分意识到自己的历史责任与机遇，更积极主动地参与国际经济金融体制的变革、发展与稳定工作，维护中国和广大发展中国家的利益与安全，为人类作出更大的贡献。

——创新是一个民族前进发展的不竭动力与灵魂。经济金融理论创新是 21 世纪知识经济时代的理性呼唤。根本改革国际金融体制是一种世界性的体制创新，这无疑是重要的和必要的。但从根本和长远上说，经济金融理论的创新，对迅速发展的世界经济金融作出理论上的新的总结与概括，为人类迎接知识经济新时代的呼唤，包括金融全球一体化与经济金融化的一系列严峻挑战，提供理论上的武装与回应，使相关的政策与决策更为理性化，这才是更为根本性的百年大计。如前所述，经济金融的全球一体化和经济金融化确实是自人类有史以来最为伟大而影响深远的势态发展，它提出和产生了一系列前所未有的全新问题。对此全世界在理论方面显然是滞后与被动的。西方经济学，包括西方主流经济学，对此次震惊全球的东南亚、东亚金融危机事先竟然毫无察觉与预测（例如就在 1997 年东南亚金融危机爆发前几天，国际货币基金组织的高级官员还声称印度尼西亚在未来几年内将成为世界第七大经济强国），不仅暴露了主流经济学界在揭示现代经济金融发展规律方面的无能为力，以及事后在各种解救危机对策等方面的无的放矢和无所作为，并宣布了六七十年代以来包括西方著名经济金融学家如麦金农、肖和戈德史密斯所坚持的强调量性金融发展、忽视质性金融发展的发展理论的终结；而且也促使人们重新审视现代经济学在理论视角上的偏差，以建立反映新时代特征的、能适应实际需要的新的理论体系、分析方法和思维方式。

1998 年我国金融学者提出了以金融资源理论为基础的金融可持续发展理论与战略，在知识经济时代即将到来之际，还金融以资源属性，取得了金融理论的突破与创新。无论如何，传统金融理论，无论是“外生论”“从属论”，还是“工具论”，都已经不足以成为新形势下金融可持续发展研究的理论基础，急切地呼唤经济金融理论的创新。凯恩斯在西方经济学中货币理论方面的贡献就在于结束了西方经济学的“货币歧视”与“货币二分”，将货币以一种实质性的方式融入真实经济过程，提出货币资产的概念，并将其称为一国的战略性资产，这种资产的存量将现在与未来联系起来；新金融观以金融资源论为基础，提出“金融资源”的概念，并将其称为“战略性资源”，认为金融资源的存量不仅联系现在与未来，而且它首先是联系现在与过去。这种创新精神是值得关注的。同时，笔者认为在新形势下，无论哪种形式和内涵的“货币分析”都已经不足以使当代经济学摆脱指导实践时乏善可陈的困境，必须实事求是地将日益复杂的金融运行纳入到经济分析的基本框架之内，从而推动经济分析方法从货币分析到金融分析的突破和超越。最后想指出，传统金融理论把金融作为工具来理解，是把金融作为外在于经济的要素，从属于经济的要素来理解的，此即所谓“外生论”“从属论”“工具论”，从而从根本上割裂了经济与金融的内在联系，在今天的条件下将此二者割裂开来，经济也不再是现实的经济，金融也不再是现实的金融。

——防止金融超级大国利用“金融霸权”从事金融侵略，或同其他经济、政治、外交与军事手段综合运用给某一主权国家造成致命性打击，成为新形势下的一大课题。美国哈佛大学战略研究所所长亨廷顿曾在其《文明的冲突与重建世界秩序》一书中毫不掩饰地指出：“控制国际银行系统”“控制全部硬通货”“掌握国际资本市场”是“西方文明”控制世界的全球战略之一。美国是全球性金融资源的主要开发利用国，它是“国际银行系统”“硬通货系统”“国际资本市场”和“金融衍生商品市场”的主控国，美国各种投资基金的总量就有 3.5 万亿美元，它在全球有几万亿美元的金融资产，美元是最主要的国际货币，又同黄金脱钩，成为纯信用货币而不必承担明确的责任。尽管在全球经济一体化和经济金融化的条件下，国家间彼此的依赖制约度增强了，但也不足以防止在极端情况下，在某一短时间内运用金融超级武器从事侵略“豪夺”，更难以避免平时利用公开的、隐蔽的、合法的、非法的、间接的、直接的手段从事金融资源的国际“搬运”，从而实现对金融资源的“巧取”。这是在新形势下非常值得特别重视的问题。

参考文献

[1] 戈德史密斯．金融结构与发展［M］．北京：中国社会科学出版社，1993.

[2] 王广谦．经济发展中的金融贡献与效益［M］．北京：中国人民大学出版社，1997.

[3] 白钦先．比较银行学［M］．郑州：河南人民出版社，1998.

[4] 白钦先．论金融可持续发展［N］．金融时报，1998－05－27.

[5] 白钦先．再论金融可持续发展［J］．中国金融杂志，1998.

[6] 孔祥毅，崔满红．金融是一种社会资源——关于金融可持续发展的对话［N］．金融时报，1999－01－02.

[7] 白钦先，丁志杰．论金融可持续发展［N］．国际金融研究杂志，1998.

[8] 李小牧．金融危机的爆发与解救——一种博弈论的解释［J］．经济学动态，1999.

[9] 盛慕杰．中央银行学［M］．北京：中国金融出版社，1989.

[10] 白钦先．通货膨胀问题的国际比较及当前我国通胀的特点、成因与对策［M］．北京：中国金融出版社，1995.

[11] 陆家骝．略论金融资源的可持续发展［N］．金融时报，1998－07－11.

[12] 白钦先．就将金融可持续发展战略纳入《人类21世纪议程》致联合国秘书长安南的信［N］．中国改革报，1998－06－30.

[13] 姚勇．从货币分析到金融分析［J］．城市金融论坛，1999.

百年金融的历史性变迁*

刚刚过去的20世纪，对于人类现在与未来意义重大而又影响深远的势态发展，是自然科学与工程技术领域内的计算技术、新材料与生物工程；而在社会科学领域，特别是经济金融领域内，同样意义重大而影响深远的势态发展则是经济全球化、经济金融化、金融全球化以及一定程度和一定范围内的金融工程化。上述两方面的发展都正在并将继续对全球，以及全球各民族国家与经济体，经济与社会的发展稳定产生前所未有的难以估量的巨大影响。

回顾以往，大体而言，近一二百年的历史变迁表明，由19世纪发端发展，20世纪不断推进提升的现代化，是以对自然资源的利用消耗为主体的工业化为轴心而运转的；可以断言，21世纪将是以对社会资源，特别是知识与信息的利用消耗为主体的知识化、信息化与金融化为轴心而运转的。当然，观察理解这一势态的理想之地是发达国家，而众多发展中国家则正处在各自不同的特定历史发展阶段与过渡性状态之中，不可等量齐观，简单类比。然而无论如何不同，这一态势对一切国家与民族来讲，都将是共同的和不可避免的。而且，不管是处在以自然资源的利用消耗为主体的工业化为轴心的发展阶段，还是处在以社会资源的利用消耗为主体的知识信息化为轴心的发展阶段，抑或是二者并存并进的阶段，或者是由前者向后者的过渡阶段，就发展进程而言，二者是相互紧密联系与相互依存的。前者是后者的基础，后者是前者的发展与深化。人们切不可以为可以不要前者而凭空孤立发展推进后者，中国香港、新加坡是特例，不足以效仿，然而对全人类、对大国和大多数国家而言，则是不可取的，也是不可能的。此外，更为重要的是唯一能将此两种发展状态或阶段紧密联系、激发、推动、配置协调起来的要素便是金融。金融是现代经济的核心，是上

* 本文正式发表于《国际金融研究》2003年第2期，是21世纪之初受《国际金融研究》常务副主编刘墨海先生之邀而作的“世纪回眸”系列文章的继续。

述两种“轴心”的核心。清醒地意识到这一点并有所准备与行动，将是十分重要的。

现代金融与传统金融相比，在许多方面，几乎可以说已经完全不同，如在金融的内涵与外延、金融与经济的关系、金融的本质与特征、金融的功能、金融的地位与作用、实质经济与虚拟经济、传统金融与虚拟金融等领域，发生了一系列重大的影响全人类的历史性变迁，并根本改变了金融与社会和经济、金融波动与危机的传导以及全球各国彼此的相互关系。充分意识到这些变迁，时刻关注与研究这些变迁，趋利避害、冷静而科学地驾驭这把祸福相依利弊相兼的“双刃剑”，是21世纪立国强国之基本战略问题。

本文拟从十四个方面概括地阐述这一系列巨变，以引起更多的研究与讨论。

——现代金融对于世界与中国都具有极端的战略重要性有了极大的提升。在传统上，金融是一国内部的一个行业性、业务性和被动适应性的局部性微观问题，而随着经济全球化、经济金融化、金融全球化的日益深入，现代金融从正反两方面展示了它对国别和全球的极端战略重要性，这是百年金融一系列巨变中最为首要的一点。它集中表现为：（1）当代经济是高度发达的市场经济，是以金融为其核心的经济，是日益金融化的经济，是金融经济[①]。（2）金融具有极端的战略重要性，它已成为全球各民族国家与经济体经济与社会发展稳定的一个核心性、主导性和战略性的要素[②]。（3）当代金融问题，首先是全球性问题，然后才是区域性、国别性问题；首先是战略性、宏观性问题，然后才是战术性、微观性问题；首先是理论性问题，然后才是决策性、政策性、行业性、业务性、技术性和操作性的实践性问题。（4）金融问题将是21世纪全球各国经济与社会发展稳定必须慎重严肃处理的首要战略问题，也将是大国间竞争、争夺与博弈的战略性新领域[③]，经济外交，特别是金融外交将具有越来越突出的地位与影响。（5）在经济金融日益全球化和各国间发展不均衡的条件下，伴随经济金融活动、人员流动、资本外逃、汇率变动等途径产生严重的“财富

---

① 白钦先. 以市场经济原则重新构筑中国的银行体制［J］. 中外科技政策与管理，1993（2）.

② 白钦先. 经济全球化与经济金融化的挑战和对策［J］. 世界经济，1998（6）.

③ 白钦先. 面向21世纪从战略高度审视和处理金融问题［J］. 国际金融研究，2000（12）.

转移效应”，应给予极大的关注，并采取相应对策。（6）反对“金融霸权”，防止“金融侵略”、维护“金融安全”，将获得与传统上以反政治军事霸权、防止军事侵略、维护以领土与军事安全为主体的国家安全同等的甚而是更为重要的意义[①]，这是因为金融本身的脆弱性、联动互动性、高度流动性和全球性战略性宏观性使然。（7）中国在21世纪的基本战略目标应是在建设经济强国的同时建设金融强国。在当代，不是金融强国的经济强国是不存在的，或者换言之，不建设金融强国就难以实现经济强国，建设金融强国会大大加速与强化经济强国。欧洲经济共同体的形成与发展，以及欧元的启动与流通其深刻的经济与政治原因就在于此。（8）中国应在国家一级集中人力物力强化对人民币完全可兑换、资本自由化、人民币国际化和逐步使之成为国际主导货币之一等问题的研究与准备，并应对国家间的全球性、区域性国际经济金融组织采取比以前更为积极、主动和更富建设性的态度与政策。[②]

——经济金融化与金融全球化进程日益加速加深。[③] 所谓经济金融化是指经济与金融日益相互渗透融合及社会财富或资产日益金融资产化，并由此带来了经济关系日益金融关系化，这导致越来越多的人本身成为庞大金融体系的一个分子和微观影响因素，金融体系的任何波动与危机也越来越和社会上越来越多的人的利害关系联系起来……这是百年来金融一系列巨大变迁中的基础性变迁。一般而言，经济全球化是金融全球化的基础，金融全球化是经济全球化的深刻表现，但经济全球化并不必然导致金融全球化，只有在经济日益金融化的条件下，金融全球化才成为经济全球化的历史和逻辑的发展过程。迄今为止，国内外理论界对于经济金融化的关注尚未提到其应有的理论高度，常常是自觉或不自觉地满足于停留在对经济金融化的具体表现的描述性现象中。这是值得注意的。

金融全球化不仅仅是经济全球化的结果和表现，金融更有其自身的发展逻辑与进程。金融全球化不仅使经济全球化更加完整、彻底和丰富，而且通过提高市场效率进而优化资源配置，并以此实现全球经济的普遍发展

① 白钦先等．金融可持续发展理论研究导论［M］．北京：中国金融出版社，2001.

② 白钦先，2001年中国金融学术年会讲演，北京。

③ 现在人们常常将经济全球化与金融全球化混用或并用，混用是将金融视为经济的一部分，所以经济全球化包括金融全球化，过去这样用，有其历史合理性；为什么又并用，因为时代不同了，经济并不能完全包括或包含金融，金融有其一系列自身的发展规律与特征，所以并用更为科学合理。

和福利增长，但即使如此，这一点也并不是无条件的和必然的，它更可能是非均衡的、非普遍的，或者甚至是理论上的而非现实的。金融全球化在许多方面表现出了其反面的和不利的效应和影响，成为一把名副其实的“双刃剑”。①

——经济与金融日益相互渗透和融合，且金融成为经济的核心。我在1998年的讲话与文章中曾说“离开了金融的经济，不再是现实的经济；离开了经济的金融，已不再是现实的金融”。这既是经济日益金融化的结果，也是经济更加金融化的原因，这从根本上彻底改变了传统金融对经济的单纯从属地位和简单的中介性功能，也使金融进一步超越单纯的货币银行业务行业部门的微观性特征，提升了金融的全局性、宏观性、战略性、全球性地位。金融成为主导性功能激励因素，彻底改变了传统上金融对经济的从属性、工具性与被动性地位。

——金融商品和金融工具多样化复杂化。随着科学技术、金融的电子化、工程化和自由化的发展与深化，金融创新异军突起影响深远。各种不同期限、不同流动性、不同成本、不同价格、不同风险、不同收益和不同效率的金融商品，特别是金融衍生商品层出不穷，达几千种之多，这就极大地降低了资金运行成本、提高了资源的配置效率、提高了资本的流动速度、改变了传统货币供应量的概念与货币政策的传导机制，也使金融监管及其国际协调难度更大、紧迫性更强。然而不应忘记的是在分散或降低微观金融风险的同时更提升与累积了宏观金融风险，这一点应予强调。所谓金融期权期货交易是“零和”交易的说法，只是在两个不同的微观交易主体之间是“零和”的，无数个这样的微观“零和”交易在提升和累积着全局性宏观金融风险。这是不能忽视或被机会主义地人为淡化与掩盖的。否则将是十分危险的。

——金融结构高度复杂化且变迁巨大。金融结构可以是狭义与广义的。狭义的金融结构可以仅指如戈德史密斯所指的金融机构和金融资产的数量变化，也可以是我本人特指的短期金融与间接金融同长期金融与直接金融比例的不平行发展与不均衡发展，以及后者对前者的逆转，即“金融倾斜及其逆转②”。广义的金融结构就要复杂得多了。它可以包括全球不同类型国家或一国不同时期金融机构、金融工具、金融资产、金融市场、

---

① 白钦先．金融全球化——一把双刃剑［J］．求是，2001（1）．

② 白钦先．比较银行学［M］．郑州：河南人民出版社，1998.

金融商品、金融衍生商品、实质经济与虚拟经济（金融）的数量变化（比例）与质量高低，以及上述因素不同时间不同空间不同要素的变化与比例等。

在复杂的金融结构变迁中，最核心的一种结构变迁就是前面我本人特指的所谓“金融倾斜及其逆转”，这一结构可以牵动其他结构并反映其他结构的变迁。

在过去一百多年中，特别是过去二三十年中，短期金融与间接金融同长期金融与直接金融发展的不平行、不均衡的所谓“金融倾斜”（向前者倾斜、或者前者占有绝对的市场占有率）及其逆转（即后者的发展快于前者且后者的市场占有率逆转为接近或超过前者）是最为重大而深刻的金融结构变迁。这大体上反映了由传统金融向现代金融，由以银行机构为主体的金融到以非银行金融机构为主体的金融，由以银行为主导主体的简单金融到以金融市场为主导主体的复杂金融，由以国别经济体为单元的相对封闭的国别金融到高度开放的高度流动性的真正全球性的全球金融的结构变迁。

——金融的功能有了实质性的扩展与提升。在传统上，在以银行为金融主导主体的条件下，金融的功能被简单地限定在单纯的中介功能，而在以金融市场为金融主导主体的条件下，在金融经济中，金融的功能得到不断丰富、扩展与提升，如资产重组、风险分散、资源配置和以高乘数效应为核心的对经济的极强杠杆效应等方面。①

——政策性金融的发展与其功能的凸显。政策性金融是商业性金融的对称，它在运行机制、业务特征与社会功能等方面与后者有很大的不同。它的产生是源于市场功能与机制的某些缺陷，及政府干预与社会经济协调稳定发展功能的深化，它的产生与发展已百年有余。政策性金融是市场性与行政性、金融与财政、有偿性与无偿性、宏观与微观、间接管理与直接管理的巧妙结合，而不是二者的简单加总。

政策性金融是商品经济发展而又不充分发展，市场机制的负效应开始显现的产物，突出表现在农业与基础设施领域，例如英国、美国及日本等国。第二次世界大战以后，市场经济高度发展，国家干预经济的职能强化，进出口、农业、住房、中小企业等类政策性金融普遍发展，发展中国家配合其经济社会发展的需要，更形成以开发性政策性金融机构为主的配

① 白钦先. 论金融可持续发展理论研究导论［M］. 北京：中国金融出版社，2001.

套的广泛发展的政策性金融体制。

政策性金融在弥补市场机制之不足，强化资源配置的经济与产业结构调整及社会发展稳定方面表现了其一系列特有功能，即对基础设施领域投资的直接扶持与强力推进功能、逆市场性选择功能、对新兴产业高风险产业投资的倡导与诱导性功能、对商业性金融投资“以小博大”的虹吸与扩张性功能、对商业性金融的补充与辅助性功能，以及提供一系列专业性服务与协调功能等。政策性金融一方面配合一国经济与社会发展不同历史时期、不同阶段经济与社会发展政策目标的不同需要和侧重点，通过其特有的金融活动充当经济调节或管理手段的角色，弥补市场经济机制中的某些缺陷与不足，进而健全、完善与优化一国的宏观经济资源配置调节体系与功能；另一方面，又补充商业性金融机制与作用中的某些缺陷或不足，纠正商业性金融选择中的某些偏差，通过直接或间接（诱导商业性金融）的金融活动，健全、完善与优化一国金融资源配置调节体系与功能。进而实现一国资源配置的经济有效性和社会合理性目标的均衡与两种配置机制的均衡，最终实现经济与社会的长期协调、均衡、稳定发展与进步，即经济可持续发展和金融可持续发展。①

政策性金融所具有的极强的经济金融功能和基本经济学金融学的含义，对于金融经济学、发展经济学和金融发展理论都产生了深刻的影响。所以说，政策性金融的广泛发展和其特有的社会经济金融功能的凸显，是过去一个世纪以来金融的一大变迁。

——金融的资源属性被揭示与认知。金融是一种资源，是一种战略性社会资源这一本质特征，并不是我们人为地赋予它的，也不是为了某种特定需要而强加给它的，只是最近才被人类发现、揭示与认知的。② 这是强调金融资源的客观性而非主观性。它原来这种资源属性是潜在的而非现实的，只是在科学技术和社会经济发展到知识经济金融经济阶段后才可能逐渐显现出来，进而被人揭示与认知。这就将金融从单纯的符号、服务、中介、工具、杠杆一类提升到人类社会一切资财之源的高度，提升到成为人类核心性资源、战略性资源的层面。这一变迁对于国别与全球都具有极大的理论意义和实践意义。

---

① 黄达，戴相龙主编．“中华金融辞库”中白钦先主编的“政策性金融分卷”引头条［M］．北京：中国金融出版社，1998.

② 白钦先．论金融可持续发展［J］．金融时报（理论版），1998－06－07.

——金融自由化与一定程度的工程化。金融自由化是20世纪六七十年代兴起的一种潮流，最主要的是金融监管的和缓化，不必要的过时的过于严厉的强制性行政干预的取消或和缓，市场机制发挥作用的领域更广与程度更深，突出表现在利率的市场化和各种各样的金融创新得以涌现。这一趋势的后果与影响都是巨大的和有利有弊的。

金融的一定程度的工程化是金融在过去二三十年中的一个重大的事态发展，集中表现在金融商品、交易技术、定价与风险分散等方面的一定程度的数学模型和工程技术化。这一趋势的影响是多方面的和重要的，以至于有的人称金融工程学为21世纪的金融学。如果说金融的某种工程化是金融领域的一种深刻变化和历史性进步，以及在21世纪会表现得更为明显，这样讲，并不为过。但金融能否完全工程化、数学化、技术化——即自然科学化？值得商榷。实践表明我们应当善用数学，但不能滥用数学；应善用工程技术，但不能滥用工程技术①。金融的工程化与金融自由化一样，都是一把正负效应同时存在的“双刃剑”。例如，微观风险在分散或者转移的同时也提升和累积着宏观金融风险，这一点是应当强调的。此外，将金融的某种程度的工程化理想化高度完美化，自然科学化，同时又不断淡化它的人文哲学关怀关爱与社会科学本质，其后果将是令人忧虑的和危险的。

——资本市场成为高度开放的、高度流动性的和真正的全球性市场。随着经济与金融的全球化自由化，传统的以国别或地域界限构筑的藩篱被拆除或打破，使传统上相对封闭的局部性资本市场，发展为高度开放的、高度流动性的和真正意义上的全球性资本市场。这是过去一百年来金融诸多变化中最为核心性的深刻变革，它的后果影响深远。

限于篇幅，此处不可能展开论述，只从一个特定角度择其要者而言之：就是在真正意义上的全球性资本市场形成以后，使之在传统上是由一国主权当局之一的中央银行等核心金融资源配置主体的“垄断权力”被弱化，进而形成全球性国际金融资源配置主体，掌握全球性国际金融资源开发配置主导权主控权的国家，就可以凭借对金融资源的开发配置进而配置全球各国的其他资源，对于综合国力相对较弱的发展中国家，则可能形成严重的“财富漏出效应”，此其一；考虑、观察、衡量、调整经济结构与

① 白钦先等译．“价值投资——一种平衡分析方法”一书序言［M］．北京：机械工业出版社，2001.

产业结构和经济效率与金融效率时，必须既从国别更从全球的角度进行，此其二；金融风险与危机，危机的预警与解救，金融安全与主权，更应冲破传统以国别为限的思维定式与政策局限，而应从更广阔的全球范围来考虑与解决。“独善其身”已不可能，必须联动、互动、协调与合作；“肉烂了在锅里”的老话变成了“肉烂了在锅（国）外”；武侠小说中的“大搬运”与“小搬运”，通过金融资源与金融商品的高速流转而风驰电掣般地进行。

一切都在变，一切都在运动。除了变不变以外，都在变。因此，思想、观念、理论、政策与行动都必须与时俱进。

——金融的一定程度的和日益明显的虚拟化与独立化倾向。没有一定程度的虚拟，可以说就既没有现代经济，也没有现代金融；现代金融假如还像传统金融那样同实质经济保持相当高的关联度，甚而几乎是一对一的对应关系，就功能而论仍是简单的中介功能的话，那就根本不会有现代金融及其功能的扩展与提升。

随着经济金融化的日益加深，以及资产证券化进程的加速，社会财富的存在形态发生了结构性的重要变化，财富的物质形态日趋淡化，财富或资产的虚拟化倾向日趋明显。

现代金融，一方面以其日益丰富和深化的功能和精巧的杠杆系统推动或促进实质经济的正常运转和发展，并在形式上（当然也不是不包含内容的形式，但已形式重于内容了）仍然继续维系着与实质经济的关系；另一方面又在内容上，即在各种形式的金融资产价格的变动和财富的聚集与集中速度等方面表现出与实质经济日趋明显的分离或背离的倾向，从而现代金融与实质经济的关联度正在一天天弱化，或者说现代金融有一定程度的但是日益加速的独立化倾向。现代金融比传统金融结构更复杂、辐射面更广、效率更高、运转或流动速度更快、联动互动性更强、风险也更大。

现代金融的相当程度的虚拟化或独立化倾向是一个非常重大的问题，人类对这一问题的研究还相当肤浅，甚至于重视也不够。现代金融的这一发展趋势或倾向，对于人类来讲到底意味着什么？它究竟是在推动、便利与加速经济的发展、结构的调整与分化、重组和升级，从而将现代经济金融推向更高的发展阶段，还是从根本上腐蚀、弱化、空壳化现代经济，甚至是摧毁现代经济？一时还难以说得清楚，但必须逐渐说清楚。现在可以清楚的是，既是福、也是祸，既有福、也有祸，也是一把“双刃剑”。关键是一个“度”，这个度，需要给予定性与定量的描述。

——金融危机呈现出若干全新的态势。前如所述，现代金融比传统金融功能更深、效率更高、运转速度更快，风险也因此更大；此外在经济日益金融化和金融全球化，因而金融与经济的相关度更高，以及全球性金融市场高速运行的条件下，它的负影响也以乘数效应被放大，金融风险或危机的联动互动、传导传染也更加以迅雷不及掩耳之势蔓延，加之金融风险或危机本身所具有的“逐渐累积的特殊隐蔽性和突然爆发的极大破坏性”特点①，所有这一切都极大地改变了金融危机的运行态势，呈现出若干全新的特点，即（1）从由“经济危机→金融危机”到由“金融危机→经济危机”的转变；（2）危机的频率更高、危害性更大；（3）危机的发源国和传导路线方向逆转；（4）危机传导机制复杂化；（5）围绕危机的救援展开的博弈复杂化；（6）少数国家的危机长期化、深层化和复杂化，长期走不出困境②。

——现代金融是一个复杂巨系统。在传统上，金融是一个较为简单的行业性、中介性单一服务系统，现代金融本身已成为包括银行金融、非银行金融、商业性金融与政策性金融、证券与保险、期货与期权、直接金融与间接金融、长期金融与短期金融、全球金融与国别金融、宏观金融与微观金融、理论金融与实务金融、国内金融与国际金融、金融理论与政策、金融安全与金融主权、金融风险与金融危机、金融文化与教育、金融观念与金融意识等众多因素，并直接涉及经济与社会、财富与资源、财政与税务、政治与军事、内政与外交、国家主权与安全、科学与技术、实质经济与虚拟经济及经济风险与经济危机等众多因素的庞大的复杂的巨系统。

——传统金融理论面临严重危机，金融基础理论创新势不可免。前述十三个方面的巨大变迁已经和正在改变着传统经济金融理论的前提、基础、体系、框架和内容，金融基础理论从范式转换、理论创新和方法变革三个层次的深刻革新正在开始。这迫使我们不得不在一个更为广阔的视野范围内，以历史的眼光从战略的高度重新观察与审视金融和金融理论问题。

① 白钦先．经济全球化与经济金融化的挑战与对策［J］．世界经济，1998.

② 白钦先．面向21世纪从战略高度审视和处理金融问题［J］．国际金融研究，2000（12）．

百年来的金融监管：理论演化、实践变迁与前景展望*

无论从哪个角度来讲，已经过去的20世纪可能都将是历史上最为重要的一个一百年。在这一百年间，国际国内政治格局沧桑巨变，世界经济令人眩目地成长，科学技术突飞猛进，社会生活不断解构与重构……20世纪是人类理性更加深入地探索和破解自然规律、社会规律并取得了一系列重大成就的一百年。

作为地球的主宰，人类正是通过自己的理性思维和理性行动一步一步从刀耕火种迈入工业文明进而迈入今天的信息时代的。但是，面对这些成就，我们在引以为荣的时候也不得不承认，迄今为止人类理性在许多方面仍然是有很大局限性的。

人类理性的局限性，不仅仅表现为还有许多自然规律和社会规律为人类所不能掌握和控制，更表现为人类理性的发展速度往往滞后于自然和社会的变迁，以至于人类必须不断地从残酷和惨痛的经验教训中获得继续前进的方向和途径——20世纪金融监管理论的演化与金融监管实践的变迁突出地向我们展示了这一点。

可以说，金融监管问题是20世纪以来一直困扰世界各国金融与经济安全稳定的重大问题之一。30年代的世界经济大危机和90年代以来频繁爆发的金融风暴，强烈地提醒人们注意研究、防范和应对金融体系运行与发展失常及其引发的种种消极的经济金融效应；而近年来兴起并不断加深加快的经济金融全球化和经济金融化，则进一步要求人们把对金融监管问题的考察视野扩展到超越国界的范围，使金融监管理论与实践对经济金融全球化在21世纪的继续深入作出合理、及时、有效的反应和调整。

本文力图通过对20世纪金融监管理论演化和金融监管实践变迁的分

---

* 本文由白钦先教授与张荔博士合作完成，正式发表于《国际金融研究》2000年第1期和第2期。

析性回顾，尤其是借助于对其线索的梳理，阐释和反思金融监管理论与实践在过去一百年来的得失成败，并就面向21世纪的金融监管理论与实践进行了前瞻性的探索和展望。

然而应该指出的是，20世纪金融监管理论演化和金融监管实践变迁远不是按照一个简单线性的轨迹进行的，它们的丰富性、多样性和复杂性使我们不可能在一两篇文章中就能完全描述得清楚。因此，本文不求也不可能实现面面俱到，而只求把握住主要的脉络，以便给予读者一个关于金融监管理论演变和金融监管实践变迁的宏观上的感知和认识。

一、金融监管理论的演化

从逻辑上讲，金融监管首先是一个实践问题，金融监管理论是金融监管实践的抽象总结，它的产生和发展来源于金融监管实践的变化发展，因此我们应该首先以金融监管实践作为起点来考察百年来的金融监管。然而，作为一种历史性的回顾分析，我们可以暂时不受这一原则的束缚。相反，由于金融监管理论抽象掉了各国金融监管具体实践上的种种差异，从金融监管理论的演化着手，我们就能够更加容易地整体上把握金融监管实践变迁的脉络。

（一）金融监管理论演化的经济学背景

本文选取20世纪的一百年作为考察金融监管理论演化和金融监管实践变迁的区间，但是金融监管理论和金融监管实践显然都不是从20世纪初才开始的。毫无疑问，金融监管是一种与市场自发运动相对应的政府行为，因此金融监管理论的根源很自然地与经济学的一个基本范式——“看不见的手”联系起来，而关于“看不见的手”的争论则持续了几乎整个20世纪，并且在很大程度上主导了经济学在此期间的发展演变以及经济学主流学派的兴衰更替，而20世纪金融监管理论的演化就是在这一背景之下进行的。

1776年亚当·斯密出版了《国富论》，“看不见的手”从此成为市场经济的准则，以“看不见的手”作为范式基础、崇尚自由放任政策的古典经济学也得以开创。在亚当·斯密看来，市场在理性经济人的自利行为推动下并通过竞争，将会自动地实现个人利益和社会利益的共同增进。“看不见的手”的深层理论基础在于亚当·斯密对市场秩序的认识。早在亚当·斯密之前，重农学派的代表人物魁奈就提出了支持“看不见的手”原理的“自然秩序”学说。魁奈认为，经济运行秩序是物质秩序和道德秩序的合力形成的自然秩序，市场中的价格机制与竞争机制使表面上看起来混乱的经济活动实际上能够像人体的血液循环一样稳定、健康而有序地运行。亚当·斯密完整而又创造性地重新表述了“自然秩序”学说，提出了著名的市场机制“引力定律”，认为市场经济中存在一种如同万有引力般的自然引力——市场机制力，这种市场机制力在价格机制的引导下将会自动地创造市场经济秩序的和谐与永恒。有鉴于此，亚当·斯密认为政府仅仅应该作为市场经济的“守夜人”，而不应该直接介入和干预经济运行，因为政府对于市场秩序的创建与维护既无必要也无可能。

19 世纪 70 年代的“边际革命”虽然在价值来源方面否定了古典经济学的劳动价值论，但是瓦尔拉斯一般均衡模型的创立，则使古典经济学“看不见的手”的范式在形式上得到了严格的数学证明，因此一个建立在对古典经济学“扬弃”基础上的新体系——新古典经济学发展起来并迅速成为当时经济学的主流学派。同古典经济学一样，新古典经济学也崇尚自由放任的经济政策，认为市场的自发运动将会实现资源配置的“帕累托最优”，因此也极力反对政府对经济运行的干预。

古典经济学和新古典经济学虽然在很多方面有所不同，但是在自由放任的主张上二者又是一脉相承的。自亚当·斯密出版《国富论》到“边际革命”，自“边际革命”到 20 世纪 30 年代，古典经济学和新古典经济学分别称为当时的主流学派，在理论和政策上都占据统治地位。然而，19 世纪 40 年代兴起的德国历史学派以及后来的新历史学派则主张政府应该对经济生活进行较多的干预。德国历史学派的创始人李斯特认为，国家对经济生活进行干预的原因是由于市场经济有许多局限性，如私人利益与国家利益并不总是能够保持一致，私人企业的发展离不开国家的保护和扶持，个人只有借助国家的政治组织和政治环境才能形成生产能力，国家则在保护和积累生产能力方面具有重要作用。李斯特认为，国家干预是弥补这些私人市场经济缺陷的主要手段，“一个国家让任何事情都放任自流，那就意味着自杀”。[①] 此外，李斯特还具体讨论了国家干预的范围，认为国家应该做“即使个人有所了解、单靠他自己的力量也无法完成的那些事”[②]，包括修建基础设施、制定专利法以及各项有关生产力和消费的法规、实行贸易保护政策等。德国新历史学派继承和发展了李斯特的国家干

① 谭崇台．西方经济发展思想史［M］．武汉：武汉大学出版社，1995.

② 谭崇台．西方经济发展思想史［M］．武汉：武汉大学出版社，1995.

预理论，其代表人物施格勒认为，盈利心是社会经济发展的重要动因，但是必须通过国家干预避免盈利心达到极度状态给社会带来的危害，因此他也主张政府借助于国家权力对经济领域实行广泛的干预。

德国历史学派的兴起及其国家干预主张，与当时德国在各西方主要资本主义国家中相对落后有关，它实际上是肯定了在发达国家与落后国家并存的情况下落后国家应该更多地依靠政府的力量来发展自己的经济。德国历史学派的这种主张为当时的德国政府所积极采纳，然而作为一个经济学派，它却长期被斥为异端并被排除在主流之外。但是无论如何，德国历史学派所指出的市场机制的缺陷已经为后来其他的国家干预经济学说奠定了基础。

到了 20 世纪 30 年代，凯恩斯主义经济学在大危机后的一片混乱中兴起，形成对新古典经济学的“革命”。凯恩斯以边际消费倾向递减、资本的边际效率递减和流动偏好三大心理“规律”为基础，提出了有效需求原理。有效需求原理从理论上打破了“看不见的手”的神话，从而强调了政府这只“看得见的手”在经济中的重要作用；乘数原理和后来的加速原理的提出，则进一步强化了政府干预可能实现的调节经济的力度和绩效。凯恩斯主义经济学的出现和发展是政府干预与自由放任的一次正面交锋，并且在 30 年左右的时间里政府干预的主张占据了优势地位。

凯恩斯主义经济学是以实现充分就业为目标的宏观经济学体系，它重视总量分析，而不是像新古典经济学那样集中于考察厂商和个人等市场机制微观主体的行为。因此，凯恩斯主义经济学和新古典宏观经济学至少在表面上看起来就并非完全对立而不可弥合的。第二次世界大战后，保罗·萨缪尔森把新古典经济学的微观经济理论与凯恩斯的宏观经济理论简单地嫁接起来，形成所谓的“新古典综合”并成为五六十年代经济学的正统。新古典综合学派是以凯恩斯主义自居的，但是在它的理论体系中，除了被强加入的工资与价格刚性之外，瓦尔拉斯的一般均衡仍然作为理论体系的核心之一有效地发挥着应有的作用，60 年代发展出的阿罗—德布鲁一般均衡模型则更加突出了新古典综合理论体系中新古典经济学微观理论的基础色彩。这样，由于凯恩斯主义的宏观经济理论缺乏自身强有力的微观基础，最终导致了日后从正统宝座上跌落下来。

20 世纪六七十年代，主要资本主义国家的经济发生了严重的“滞胀”危机，经济自由主义者们指责这是凯恩斯主义经济政策特别是国家过度干预的恶果，他们以对凯恩斯主义经济学的批判为契机开始重新树立“看不见的手”的威信，力图复兴新古典经济学的自由放任传统。货币主义、供给学派和理性预期学派先后兴起，他们通过对新古典经济学的重新表述、补充、修正和改造，证明了市场机制“自然秩序”的存在和有效性，极力主张减少国家干预，实行自由主义的经济政策。

80 年代以来，“复兴”的新古典学派整合为主要建立在经过完善的新古典微观经济理论基础上的新古典宏观经济学，继续通过其形式严整的理论证明和结论影响着世界各国的经济政策。与此同时，针对传统凯恩斯主义宏观经济理论缺乏微观基础的弊病，一批仍然支持政府干预的经济学家通过构筑凯恩斯主义宏观经济理论的微观基础发展出新凯恩斯主义经济学。新凯恩斯主义虽然在理论体系上还不够完整，但是由于它不断得到80年代开始的经济自由化引发的种种问题所提供的经验支持，因此已经形成了与新古典宏观经济学势均力敌的对峙，在这种对峙中二者不是越发分裂，而是日益融合。迄今为止，双方的主要分歧已经大大缩小，在政府干预方面，双方的分歧已经不再主要是政府干预应不应该或有无必要，而是集中于政府干预的范围、方式和有效性方面，因为市场的不完善性已经得到了双方的基本认同。

从上面我们看到，20 世纪主流经济学对政府干预还是自由放任问题的论争经历了一个大的轮回，至今仍未有最后的结论。在这一背景之下，直接涉及政府干预的金融监管理论也势必随着争论双方势力的兴衰发生变化。但是，关于政府干预还是自由放任的经济学论争与金融监管理论还不是一个层次上的问题，前者涉及经济学的基本范式和理论基础，后者则更具体更富有操作性要求。而且，金融体系在整个经济运行中的特殊地位和影响也使金融监管问题远不是政府干预还是自由放任的理论论争所能完全解答的，这就要求我们在对金融监管理论进行回顾分析的时候，既要考虑到主流经济学思想和理论的影响，又必须超越经济学的一般性阐述而顾及金融体系和金融活动的独有特征。

（二）20 世纪金融监管理论的演化

1. 20 世纪 30 年代以前的金融监管理论

政府对金融活动的监管最早可以追溯到 1720 年 6 月英国颁布旨在防止过度证券投机的《泡沫法》。《泡沫法》的颁布起因于 17 世纪英国发生的“南海泡沫”案，18 世纪初法国发生的“密西西比泡沫”事件也对这一法案的颁布起了相当大的推动作用。“南海泡沫”案和“密西西比泡沫”事件都是典型的狂热证券投机，泡沫崩溃后使英国和法国的经济遭受了沉重打击。《泡沫法》标志着世界金融史上政府实施金融监管的正式开始，它的许多重要原则一直持续影响到今天。不过，《泡沫法》所代表的政府金融监管还并非完全现代意义上的金融监管，它主要是政府针对证券市场的不稳定性而采取的干预措施，而这只是现代意义金融监管的一部分内容而已。

政府金融监管的广泛开展，是与中央银行制度的产生和发展直接相联系的，中央银行制度的普遍确立是现代金融监管的起点①，有关的金融监管理论也从此发端。

整个19世纪是经济自由主义盛行并占据统治地位的时代，美国和西欧的实际经济运行也是最接近“看不见的手”所需要的完全竞争条件的自由资本主义时代，而中央银行制度也在19世纪逐渐普遍化，至迟在20世纪初的1913年美国的中央银行——联邦储备体系经过近一百年的艰难曲折也最终建立了。考虑到中央银行制度与金融监管的密切关联，我们看到了一个奇怪的现象：古典经济学和新古典经济学是反对政府干预的，然而中央银行制度的普遍化及其金融监管职能的强化与古典经济学和新古典经济学的兴盛却发生在同一时期——古典经济学和新古典经济学从理论上把中央银行从“看不见的手”的信条所反对的政府干预中排除出去了，成为经济自由主义者们所能容忍和接受的一个例外。

为什么会出现这种例外？可能的答案之一在于，中央银行制度建立最初的目的在于管理货币，而不是整个金融体系，特别不是金融机构的微观行为。私人机构发行货币曾经为许多国家带来了经济混乱，货币不统一显然制约了市场规模的扩大，私人货币发行机构的膨胀性倾向也常常因破坏社会的信用体系而对经济产生不良影响。在这种情况与当初亚当·斯密提出的“真实票据”理论所预想的完全不同。亚当·斯密的“真实票据”理论认为，只要银行主要投资于体现实际生产的短期商业票据，就不会引发通货膨胀或紧缩，而且银行的经营也将是安全稳定的，“看不见的手”仍然能够发挥作用，银行之间的自由竞争仍然是可行的而且必要的。对此，亨利·桑顿在1797—1825年的“金块论战”中指出，真实票据的不断贴现过程，将会导致信用链条的延长和信用规模的成倍扩张，故而真实票据原则并不能保证银行有足够的流动性或货币供给弹性，从而避免银行

① 在有些国家，金融监管职能并不唯一地由中央银行来执行。但是，考虑到中央银行在世界各国金融监管制度中普遍的核心地位，我们的这种论断就仍然是成立的。

遭到挤提以及引发通货膨胀或紧缩。桑顿的结论是以真实票据原则发行银行券存在发行过度的危险，应该受到集中的监管。1825—1865 年分别支持“真实票据”理论和桑顿理论的“银行学派”和“通货学派”继续围绕着“真实票据”理论进行了争论。“银行学派”认为，竞争性银行业的正常运转完全可以控制住货币中的流通量，只要存在纸币兑换金银的压力，纸币发行就不可能持续超出业务的需要量。“通货学派”则认为，除非纸币的发行被严格管理，使纸币数量的变化同发行机构所持的黄金数量的变化相一致，否则纸币必将或者发行不足，或者发行过量，纸币的可兑换性将难以得到保障。显然，“银行学派”坚信不受管制的部分准备的银行业仍在“看不见的手”的有效掌管之下，而“通货学派”则主张对银行业活动中发行银行券的数量，避免经济陷入不良循环之中。这场争论的最后，“通货学派”取得了胜利，统一货币发行的中央银行纷纷建立。

实际上，统一货币发行是经济体系内在的要求，不过从理论上说统一货币发行并不一定要由国家来承担。中央银行后来成为政府机构，原因在于发行货币可能产生的铸币税收益和募集财政资金的便利，使国家有利益动机通过利用强制权力建立中央银行统一货币发行。与传统上各商业银行分散发行的银行券不同，中央银行发行的货币是法偿货币，借助国家权力强制性地流通，它使货币信用国家化，提高了货币的信用程度。国家与商业银行在货币发行权力方面的这种重新配置，从此就自动地赋予了代表政府的中央银行以及其他金融监管机构的监管者地位。

中央银行被排除在“看不见的手”的范式所反对的政府干预行为之外的第二个可能的原因在于，在古典和新古典经济学里，货币是“中性的”，对经济没有实质性的影响，因此中央银行统一货币发行与统一度量衡一样，只是便利于经济，其行为仍然是“守夜人”意义上的，而不是政府干预。中央银行的另一项职能——建立全国统一的票据清算系统、协调票据清算在性质上也是如此。

但是，统一货币发行和统一票据清算之后，货币信用的不稳定问题仍然没有消失，许多金融机构常常由于不谨慎的信用扩张而引发金融体系连锁反应式的波动，进而引起货币紧缩并制约经济发展。18 世纪至 19 世纪的数次银行危机证明，挤提银行将带来生产的萎缩。这就与古典经济学和新古典经济学的“货币中性”形成了明显的悖论。因此，作为货币管理者，中央银行逐渐开始承担信用“保险”的责任，作为众多金融机构的最后贷款人为其提供必要的资金支持和信用保证，其目标是防止因公众挤提银行而造成经济的波动。这样，中央银行以统一货币发行和提供弹性货币供给为特征的金融监管——本质上是货币监管，就逐渐转向了通过最后贷款人的职能稳定金融和经济方面上来。

最后的贷款人本质上也算不上金融监管，但是它却为中央银行后来进一步自然地发展为广泛的金融活动的监管者奠定了基础。因为中央银行的最后贷款可以成为迫使金融机构遵从其指示的一个重要砝码，中央银行借此可以干涉金融机构的经营行为。自此现代意义上的金融监管才得以产生，在大多数国家这是从 19 世纪末 20 世纪初开始的。

不过，直到 20 世纪 30 年代的经济大危机之前，中央银行对金融机构经营行为的干预还并不十分普遍，而主要是通过行使最后贷款人的职能以及建立存款保险制度来防止银行挤提的发生。这时，关于金融监管的理论讨论也主要围绕这类问题展开。

银行避免挤提的办法之一，是保留百分之百的发行准备。但是，这种办法显然使货币供给缺乏弹性，不适应经济发展的需要。中央银行作为最后贷款人的前提是所有银行都在中央银行保留部分准备金，即存款准备金制度。以部分准备为特征的存款准备金制度可以使货币供给更有弹性，也可以令中央银行在个别银行遭到挤提的情况下动用存款准备金避免事态恶化。但是，当数量较多的银行遭到挤提，这种制度的有效性就会受到大大的限制。于是，在美国人们开始讨论一种更为有效的制度——存款保险制度。存款保险制度的原理也是大数定律，但是它的真正功能在于增加存款人的信心。因此，存款保险制度不是对存款准备金制度的替代，而是进一步的强化和补充。

然而，存款准备金制度和存款保险制度一开始就存在潜在的缺陷，如我们今天所说的道德风险、逆向选择问题等。1912 年美国银行与通货委员会关于建立存款保险制度的意向遭到大城市银行的强烈反对，它们认为存款保险制度使好银行对坏银行的债务负责是不公平的，而且也不利于银行严格自律。这种先见之明在之后的 80 年代美国储蓄贷款协会危机中得到了充分的证明。

这一时期，关于金融监管理论的另一种值得提及的观点是以哈耶克为首的“自由银行制度学派”的理论。“自由银行制度学派”的理论与“看不见的手”的范式相吻合，它们不承认市场是有缺陷的，因而信奉金融业的自由经营原则，认为存款保险和最后贷款人的功能都是不必要的，甚至主张取消中央银行。“自由银行制度学派”的理论依据是私人银行可以通过“选择性条款”[①]“分支银行”和“指数化存款”等方式来降低和分散风险，而这些方式都必须是在自由经营、自由竞争条件下才能实现的。但是，“选择性条款”忽略了所谓的“逆向选择”问题，“分支银行”也因信息的不完备而不能根本分散风险，至于“指数化存款”，则由于用于编制指数的组合商品之间相对价格变化的风险不可避免，从而也不能消除社会公众因通货膨胀将至而挤提银行的风险。

总的来看，20 世纪 30 年代以前的金融监管理论主要集中在货币监管和防止银行挤提方面，讨论的焦点问题在于要不要建立以中央银行为主体的官方安全网上，对于金融机构经营行为的具体干预则很少论及。这种状况与当时自由资本主义正处于鼎盛时期有关，更受到金本位逐渐崩溃导致的货币混乱的影响。主流的新古典经济学顽固地坚持“看不见的手”的信条，但现实经济金融的发展却越来越表明市场的不完全性是客观存在的，30 年代的大危机则最终扭转了金融监管理论关注的方向。

2. 20 世纪 30 年代到 70 年代的金融监管理论

30 年代的大危机对经济学的影响就是它提供了一系列证明市场不完全性的充分证据，表明“看不见的手”无所不至的能力是一种神话，金融监管理论也从此建立在对市场不完全性的确认基础上。

具体来说，随着经济学在这一期间对市场不完全性认识的深化，金融监管理论主要从以下几个方面展开：

（1）金融体系的负的外部性影响。金融体系正的外部性，是金融机构正常地发挥金融中介的职能，以便通过提高储蓄和投资的数量规模及效率来服务于经济增长。反之，金融机构的破产倒闭及其连锁性反应将通过货币信用紧缩破坏经济增长的基础。这就是金融体系的负的外部性效应。按照基本上从属于新古典经济学的福利经济学的观点，外部性可以通过征收“庇古税”来进行补偿，但是金融活动巨大的杠杆效应——个别金融机构的利益与整个社会经济的利益之间严重的不对称显然使这种办法变得毫无效力可言。另外，科斯定理则从交易成本的角度说明，外部性也不可能通过市场机制的自由交换得以消除。因此，需要一种市场以外的力量介入来限制金融体系的负外部性影响。

---

① 选择性条款，是指银行与客户之间的合同中附带有银行可以用较高的存款收益率换取客户一定时期内不从银行提款的权利。显然，银行向客户提供选择性条款，相当于向客户明示自己的流动性不足。

（2）金融体系的公共产品特性。一个稳定、公平和有效的金融体系对整个社会经济而言是一种公共产品。作为公共产品，不可避免地就会出现“搭便车”问题，即人们乐于享受公共产品带来的好处，但缺乏有效的激励为公共产品的提供和维护作出贡献。公共产品的这一特性决定了它只能由代表全民利益的政府来提供。对市场经济下的金融体系而言，政府主要应该通过保持金融体系健康稳定的各种手段来维护这种公共产品。

（3）金融机构自由竞争的悖论。抛开货币管制方面的理由，金融机构也不适用于一般工商业的自由竞争原则。因为，一方面，金融机构规模经济的特点使金融机构的自由竞争最终将发展到高度的集中垄断，而金融业的高度集中垄断不仅在效率和消费者福利方面带来损失，而且也将产生政治上的不利影响；另一方面，自由竞争的结果是优胜劣汰，而金融机构激烈的同业竞争导致整个金融体系的不稳定，进而危及整个经济体系的稳定。也就是说，对金融机构而言，自由竞争并不必然导致效率的提高，相反，自由竞争和稳定之间则存在明显的替代性。

（4）不确定性、信息不完备和信息不对称。在古典和新古典经济学的体系中，由于市场机制的作用过程是一种“自然秩序”，因此自由竞争的经济运行就是一个确定性的世界。凯恩斯则注意到了经济运行中不确定性普遍存在的事实，他把这种不确定性归因于人类的动物心理。在不确定性研究基础上发展起来的信息经济学则表明，信息的不完备和不对称是市场经济不能像古典和新古典经济学所描述的那样完美运转的重要原因之一。金融体系中更加突出的信息不完备和不对称现象，导致即使主观上愿意稳健经营的金融机构也可能随时因信息问题而陷入困境。然而，收集和处理信息的高昂成本往往使金融机构难以承担，政府则有责任采取各种措施减少金融体系中的信息不完备和信息不对称。

以上这些理论的出现和发展，是顺应凯恩斯主义经济学对“看不见的手”范式怀疑的结果，它们为30年代开始的严格、广泛的政府金融监管提供了有力的注解，并成为第二次世界大战后西方主要发达国家对金融领域进一步加强控制的主要论据。在凯恩斯宏观经济理论的影响下，传统上中央银行的货币管制已经转化为货币政策并服务于宏观经济调控的目标，对金融机构具体经营行为的干预则成为这一时期金融监管的主要内容。不过，需要指出的是，上述理论并不是唯一针对金融体系，在当时的理论研究中，比如斯蒂格勒关于产业组织和政府管制理论的研究中，对金融业的管制是被当作与对电力、航空等行业的管制类似的情形，金融业的独特性很大程度上被忽略掉了。

3. 20世纪70年代至今的金融监管理论

70年代，自由主义的理论和思想在凯恩斯主义经济政策破产的情况下开始复兴。在金融监管理论方面，金融自由化理论也随之逐渐发展起来并在理论界和实际金融部门不断扩大其影响。

金融自由化理论从两个方面对30年代之后的金融监管理论提出了挑战。一方面，金融自由化理论认为政府严格、广泛的金融监管，使金融机构和金融体系的效率下降，压制了金融业的发展，从而最终导致了金融监管的效果与促进经济发展的目标不相符合；另一方面，金融监管作为一种政府行为，其实际效果也受到政府解决金融领域市场不完全性问题的能力的限制，比如，政府只是在理论上代表全民利益，实际上它的政策也往往受到政治斗争的影响，这样就不可能保证政府金融监管总是能够保证全民利益，又比如，市场机制中存在的信息不完备和不对称现象，政府金融监管过程中同样会遇到，而且可能更为严重。

金融自由化理论以“金融压抑”和“金融深化”理论为代表，主张放松对金融机构过度严格的管制，特别是解除金融机构在利率水平、业务范围和经营的地域选择等方面的限制，恢复金融业的竞争，以提高金融业的效率。

可见，如果说20世纪30～70年代金融监管理论的核心是金融体系的安全优先的话，金融自由化理论则尊崇效率优先的原则。对此，我们可以从“矫枉过正”的角度来理解。30年代以前基本不受管制的金融体系在30年代的大危机中崩溃，导致金融体系的安全成为人们优先考虑的目标，30年代到70年代日益广泛、深入的金融监管，特别是那些直接的价格性限制和对具体经营行为的行政性管制，束缚了金融机构经营和发展的手脚，而在存款保险制度充分发挥稳定作用、银行挤提现象已经大为减少的情况下，金融机构的效率、效益要求就凸显出来，并超越了安全性目标的重要性。所以，我们不能简单地认为金融自由化理论是对政府金融监管的全面否认和摒弃，而是要求政府金融监管作出适合于效率要求的调整。很显然，没有任何一个金融自由化理论的支持者同意完全解除政府金融监管，就像当初“自由银行制度学派”所主张的那样。因为自由主义经济理论的最新“复兴”，并没能否证掉过去几十年经济学在证明市场确实有缺陷方面的成果，它们与主张政府干预者的观点差异也仅仅限制在干预的范围、手段和方式等并不算本质的方面。在这种情况下，金融监管理论开始转向如何协调安全稳定与效率的方面。其中，与以往金融监管理论有较大不同的是，现在的金融监管理论除了继续以市场不完全为出发点研究金融监管问题之外，也开始越来越注重金融业自身的独特性对金融监管的要求和影响，如明斯基的“金融体系脆弱论”、Diamond 和 Dybvig 的“银行挤提模型”等。这些理论的出现和发展推动了金融监管理论向管理金融活动和金融体系中的风险方向演变。鉴于风险和效益之间一般存在的替代性效应，金融监管理论的这种演变结果，将既不同于效率优先的金融自由化理论，也不同于 20～70 年代安全稳定优先的金融监管理论，而是二者的某种平衡和融合。

20 世纪 90 年代以来，金融自由化理论也因一系列的金融危机而受到普遍批评。但是，迄今为止还没有充分的证据表明金融自由化一定导致金融体系的不稳定，或者尚未自由化的金融体系就一定是安全稳定的；与此同时，在一些国家金融机构的效率提高和金融业的繁荣倒是提供了相反的证据。因此，金融监管理论在其普遍有效性方面还有待于进一步的发展和完善。特别是，90 年代以来的经济全球化进程逐渐加快，带动了金融的全球化发展趋势，在金融活动和金融体系运转越来越少地受一国监管的情况下，金融监管理论必将面临着新的挑战。

二、金融监管实践的变迁

一般来说，金融监管是指一国政府或政府的代理机构对金融机构实施的各种监督和管制，包括对金融机构市场准入、业务范围、市场退出等方面的限制性规定，对金融机构内部组织结构、风险管理和控制等方面的合规性、达标性的要求，以及一系列相关的立法和执法体系与过程。这个定义表明，金融监管是一个实践性很强的问题，涉及的内容十分庞杂，并且各国在具体的金融监管实践上更是差异明显。所以，考察 20 世纪金融监管实践的变迁必然遇到统一性不足而多样性复杂的困难。为此，我们仅仅选取以下几个方面加以展开。

1. 金融监管目标的变迁

金融监管的目标是金融监管理论和金融监管实践的核心问题，对金融监管目标的认识直接决定或影响着金融监管理论的发展方向，也主导着具体监管制度和政策的建立与实施。当然，反过来金融监管理论以及金融监管实践的经验教训也将相应地促使金融监管目标的改变。

20 世纪 30 年代以前，金融监管的目标主要是提供一个稳定和弹性的货币供给，并防止银行挤提带来的消极影响。1913 年美国联邦储备体系的建立可以说就是追求这一目标的直接反映，比如当时的《联邦储备法》就明确指出“为了建立联邦储备银行，为了提供一种具有弹性的货币，为了能为商业银行票据提供一项再贴现的手段，为了在美国建立对银行更有效的监督，以及为了其他目的特制定本法”。30 年代大危机的经验教训使各国的金融监管目标普遍开始转变到致力于维持一个安全稳定的金融体系上来，以求防止金融体系的崩溃对宏观经济的严重冲击。70 年代末，过度严格的金融监管造成的金融机构效率下降和发展困难，使金融监管的目标开始重新注重效率问题，近年来则发展到有效控制风险、注重安全和效率的平衡方面。

不过，总的来说，20 世纪金融监管目标的变迁并非是新的目标取代原有目标，而是对原有目标的不断完善和补充新的目标，这使得当今各国的金融监管目标均包含多重内容，即维护货币与金融体系的稳定；促进金融机构谨慎经营；保护存款人、消费者和投资者利益；以及建立高效率、富于竞争性的金融体制。

2. 金融监管主体和客体的变迁

20 世纪初，中央银行对货币发行的逐渐统一使金融监管的职责很自然地主要落在了中央银行的身上。这一时期，各国除了对证券市场通过传统上的专门机构，如证券管理委员会等进行管理之外，金融监管的主体就是中央银行。30 年代之后，中央银行金融监管主体的地位进一步加强。但是，随着战后以来中央银行越来越多地承担制定和实施货币政策、执行宏观调控职能的加强，以及六七十年代新兴金融市场的不断涌现，金融监管的主体出现了分散化、多元化的趋势。其主要表现是，中央银行专门对银行和非银行金融机构进行监管，证券市场、期货市场等则由政府的专门机构，如证券市场委员会、期货市场委员会等行使管理职能，对保险业的监管也由专门的政府机构进行。近年来，随着金融自由化的发展，出现了一批综合化经营的超级金融机构，为此若干国家又专门建立或准备建立针对这类机构的监管部门，金融监管主体又有了从分散向集中的发展趋势，但已经不再是集中于中央银行。比如，1997 年英国已经成立了一家全面对金融领域实行监管的“超级监管机构”，即金融服务管理局（FSA），由其取代英格兰银行传统的金融监管职能。最近美国联邦储备系统也进行了机构调整，成立了几个小组，集中负责特大型银行的监管工作，并积极酝酿制定能够对特大型银行进行多方式、多渠道、多角度的金融监管法规，以求及时、全面地对这些银行的风险进行有效的控制。

20 世纪早期的金融监管客体主要是商业银行，因为商业银行本身具有存款创造的功能，对经济的影响也就比非银行金融机构大得多，而且当时在整个金融体系中，商业银行的资产负债规模、业务量等也占据绝对优势，非银行金融机构的比重和影响都微不足道。第二次世界大战后，随着发达资本主义国家经济的迅猛增长，金融结构也日趋复杂化，非银行金融机构不但种类、数量和资产负债规模大幅度扩张，而且随着其存款性业务和创新业务的增加，货币定义变得模糊不清，因此从非银行金融机构的经济影响和货币供给两方面考虑，金融监管当局都不得不重视和加强对非银行金融机构的监管。此外，金融市场种类更加繁多，尤其是金融衍生商品类市场的膨胀，使金融监管的客体变得更加丰富。此外，随着近年来金融全球化的快速发展，跨国银行和其他跨国金融机构也日益成为金融监管当局不能忽略的监管对象。

3. 金融监管方式、方法和手段的变迁

受古典和新古典自由主义经济思想的影响，20 世纪 30 年代之前的金融监管很少直接干预金融机构的日常经营行为，更不对利率等金融服务和市场价格进行直接控制。从方法和手段上讲，此时的金融监管比较尊重市场选择的结果，基本上不使用行政命令，而是强调自律；关于市场准入、业务范围等方面的限制也类同于公司法的规定，比较宽松也相对灵活。因此，这一时期，美国曾经大量出现过所谓的“野猫银行”，各种金融机构在激烈竞争的压力下也往往不注意控制风险，投机盛行。1929 年纽约股市大崩溃后引发大量金融机构倒闭，原因就在于这些金融机构从事了过度的证券市场投机或为投机者提供资金支持。1933 年后，美国的金融监管按照新银行法的规定开始以审慎原则对金融机构进行严格的管理，《格拉斯—斯蒂格尔法案》则规定了美国银行业分业经营的原则，而包括利率管制 Q 条例等在内的 A—Z 和 AA—AT 等一系列众多的管制条例（regulations）的制定，则使美国金融监管当局开始广泛、深入地直接干预和介入金融机构的日常经营活动，也使美国的金融监管法制化和系统化。第二次世界大战后，各国金融监管的法制化逐渐普及，连传统上注重习惯法和自律的英国，也制定了 1946 年《银行法》、1947 年《外汇控制法》、1979 年《银行法》等一系列金融监管的法律法规。

20 世纪 70 年代以后，广泛和直接的金融监管被认为是过度的和压制性的，损害了金融机构和金融体系的效率及发展，在自由化浪潮的推动下，各国普遍放松或取消了那些被认为已经过期和无效的管制措施，直接的行政性干预由于受到强烈的批评大多数也被放弃了，金融机构开始享有更大的经营自由。在分业管理方面，传统的限制也变得越来越少，银行的综合化经营成为一种趋势。1999 年 11 月 4 日，美国通过了《金融服务现代化法案》，从而废除了 1933 年制定的《格拉斯—斯蒂格尔法案》，金融业综合化混业经营得到了法律上的确认，金融监管势必也将相应地做出调整。

以上我们通过金融监管目标、主客体、方式方法和手段几方面的变迁粗线条地描述和回顾了 20 世纪金融监管实践的变迁。毫无疑问，这些变迁与各个不同时期经济学以及金融监管理论的演化是密切相关、相互影响的。但是，我们还必须指出，推动金融监管实践和理论演化和变迁的却有另外一种力量——危机，包括经济金融危机，也包括金融监管与现实经济金融情况不适应造成的金融发展危机。

20 世纪 30 年代的经济大危机及其引发的金融体系崩溃，是促成较为完整的现代金融监管体系建立和发展的最主要最直接的因素。由于现代金融监管体系的建立和发展，在后来的几十年里类似 30 年代的大危机再也没能重演。比如，1987 年 10 月美国纽约股市虽然也发生了崩溃，但联邦储备体系成功地阻止了股市崩溃演变到经济和金融危机。但是，这并不意味着现代金融监管体系就是始终有效的。经济金融本身不断发展变化，如果金融监管理论和实践不能及时应对，危机仍然不可避免，比如 1997 年的亚洲金融危机。

另外，金融监管理论和实践发生重大转折的 70 年代，发挥推动作用的却是另一种危机的力量——金融创新。金融机构的金融创新行为简单地看是盈利动机驱使，从深层次看却是金融监管理论和实践的发展滞后，以至于阻碍了金融机构和金融体系向更高级阶段发展。金融创新活动反映了金融监管是金融监管当局与金融机构之间的一场永恒的博弈，创新不断动态地逃避和突破监管，给相对静态的监管带来新的挑战，迫使金融监管当局及时作出应对，否则就会要么需要以延迟金融机构和金融体系的发展为代价，换取严格管制下的表面上的金融稳定，要么以牺牲金融稳定为代价，来敦促金融监管做出符合经济金融发展需求的调整。

从这两个意义上讲，整个 20 世纪金融监管理论和实践的发展都是危机导向的，是事后的。如果继续沿着 20 世纪金融监管理论和实践的演化和变迁道路走下去，我们就不可能跳出危机—监管—金融创新—放松监管—危机—再监管—再创新—再放松的循环。

三、面向21世纪的金融监管

综观20世纪金融监管理论和实践的演化与发展我们发现，世界各国尤其是发达市场经济国家在金融监管理论和金融监管实践方面始终是不断进步的。例如，在金融监管理论方面，经济学关于市场不完全性方面探索和研究的成果，已经使金融监管理论建立在相对比较稳固的基础上，金融监管理论对金融监管的必要性的充分论证使人们基本上已经不再有所怀疑；在金融监管实践方面，以存款保险制度为核心的官方安全网的建立，使银行挤提现象已经很少出现，对金融机构的强制性信息披露要求改善了金融活动中的信息不完备和不对称状况，比较好地保护了存款人和投资者的利益，等等。

但是，与金融监管实践的要求相比，迄今为止金融监管理论仍然是不完整、不成熟的，甚至可以说刚刚处于萌芽状态而已，而现存的金融监管制度、体系、监管方式、方法和手段等也还远不足以从容应对风险日益提高的金融体系的安全稳定问题。过去一百年，金融监管理论一直脱胎于政府对经济干预的经济学原理，只注意到了金融体系对整个经济的特殊影响，却往往忽略了对金融活动本质属性和金融体系运作特殊性的研究，这不免使金融监管理论停留在肤浅的层次上，也就难以从金融活动和金融体系的深层机理中发掘出有效的金融监管政策和方式，并导致金融监管理论总是面临经济金融发展与金融稳定的两难选择。而且，过去一百年的金融监管理论是以比较成熟且发达的市场经济为研究背景的，对于不发达国家和地区的金融监管问题则很少涉及，这使金融监管理论成为发达市场经济的金融监管理论，缺乏普遍适用性，更缺乏对不发达国家和地区广泛存在的市场发育不充分条件下金融监管问题的关注。此外，金融监管理论也忽略了许多从计划经济向市场经济转轨国家的金融监管的理论探索。就金融监管实践而言，整个20世纪的危机导向的、事后的金融监管改革都表现出了缺乏预见性以及灵活应变能力的缺陷；而如果把发生金融危机或波动的频率、规模和烈度作为评判标准的话，90年代以来金融监管的发展与金融自由化、全球化进程不相适应的问题就表现得格外突出和紧迫了。

人类即将进入21世纪。最近20年的发展趋势和潮流已经使我们现在就可以预见，21世纪将是一个经济金融化、经济金融全球化的世纪。展望21世纪的金融监管，我们认为它应该也必须朝着以下方向发展：

（1）金融监管理论的研究更多地从金融的本质属性和金融体系运行的

特殊性——如笔者曾经提出的金融资源和金融可持续发展理论等着手，不但从外部力量介入的角度来考虑有效的金融监管策略，更注重从金融机构、金融体系内部的激励相容方面来探索金融机构和金融体系自觉主动地防范和化解金融风险的金融监管制度安排。相应地，金融监管实践也应该把实现金融可持续发展作为重要的甚至是根本性的目标，金融监管政策以及方式、方法和手段也应该围绕金融可持续发展的目标而展开，因为金融可持续发展本身包含了安全、稳定、效率和效益有机结合与协调的内容与要求。

（2）金融监管理论和实践都充分考虑经济金融全球化的背景及其影响。经济金融全球化首先要求金融监管理论和实践研究和应对金融监管的国际化和国际合作问题。最近十几年来，国际清算银行和巴塞尔委员会关于国际银行监管的一系列“巴塞尔协议”在金融监管的国际化和国际合作方面已经作了大量的尝试和努力，监管方式从行政命令式、标准化式、内部模型法一直发展到最近的预先承诺方案（PCA），效果越来越得到优化。但是，金融监管国际化和国际合作所要求的统一监管标准和方法，在世界各国金融体系和金融机构发展程度差异甚大的情况下，将越来越多地遇到各国金融监管的制度环境和初始条件不同与金融监管趋同之间的矛盾问题。金融监管理论的发展必须对此有所反映，国际金融监管实践也必须相应地“求大同而存小异”。

（3）金融监管理论和实践的发展都必须努力摆脱危机导向的轨道，逐渐提高先验性、事前性和灵活性。

对于上述 21 世纪金融监管的发展方向，我们有理由表示乐观：经济学最近的发展为我们提供了丰富的思想方法和材料，过去一百年来的金融监管理论和实践积累了大量的经验和教训，信息革命的继续深入为金融监管的有效性提供了越来越便捷的技术手段，经济金融全球化导致的紧密的相互依赖使金融监管的国际合作在政治方面的阻力越来越小，等等。不过，我们也承认，面对高速发展变化的经济金融现实，人类理性可能仍然是不够的，仍然可能不得不不断地从惨痛的经验教训中获得前进的动力。因此，我们对上述 21 世纪金融监管发展方向的乐观又是谨慎的。

近百余年来经济与社会发展中的日本金融变迁

——历史的审视与现实的思考*

日本是一个古老、国土面积狭小、人口密度高和自然资源十分贫乏的东方岛屿国家，日本大和民族尊崇天皇、崇尚武道、勤劳节俭、忠诚驯服、励精图治；日本以贸易立国，可以说离开国际贸易和国际经济活动便不能生存。同时，日本也是在世界近代史上唯一经过改良而走上经济与社会现代化道路，而又成功地避免沦为西方帝国主义列强殖民地或半殖民地，并迅速跻身于资本主义强国之列的东方国家，这是非常值得庆幸的。然而，日本也是在自身发展过程中和发展起来以后，又很快向亚洲许多国家发动侵略战争进而奴役掠夺这些东方国家的非西方的东方国家，其代价也是不小的，这是十分不幸的。这是一部充满成功与失败、矛盾与斗争、欢乐与痛苦的曲折历史。一个多世纪以来，日本以其有限的国土和自然资源，取得如今的地位与影响，可以说是神奇的。这些基本历史状况和特征，既对日本近现代社会经济金融的发展产生非常深刻的影响，也对亚洲乃至世界经济政治的演变产生重要影响。

中日两国一衣带水，从古至今有着频繁的文化交流。两国在民族社会历史和文化诸方面有着许多相同相近之处。今天，两国间在经济贸易等方面既可能是竞争对手，更可能是友好的合作伙伴。虽然彼此之间在某些方面的竞争是正常的、有益的和不可避免的，然而由于两国间经济与社会发展方面的重大差距，在相当长的时间内中国都不会是日本的全面竞争对手。由于两国间在许多方面有很大的互补性，所以应当而且可以成为友好的合作伙伴。

鉴于此，愿乘此次中日市场经济国际研讨会在沈阳召开之机，我同

* 本文原为“1996 年中日市场经济国际研究会”而作，承蒙中国社科院日本研究所、中华日本学会副会长冯昭奎教授的厚爱，刊于《日本学刊》1996 年第 4 期首篇。

我的博士研究生们，围绕近百余年以来经济与社会发展中的日本金融这一主题，分别写文章从不同层面与角度进行初步研究，以期对中日两国的交流合作有所贡献。在向日本同行展示中国学者对日本金融的观察与审视的同时，也对中国的改革开放和市场经济体制的建立有所借鉴与裨益。

经济金融全球化、趋同化与国别的民族社会历史特征

世界各国经济金融体制的全球化是自人类有史以来最伟大的势态发展。这意味着各国各民族间的相互依赖与影响空间加强，意味着各国经济金融体制与活动方面的相互渗透、吸引、借鉴与影响日益强化，经济金融方面的趋同化趋势十分明显。显然，经济金融全球化和趋同化这一基本历史趋势将会在后发效应的作用下，使后来者比先行者有更高的发展速度、更快的演变节奏和更短的发展阶段层次更迭历程。日本与德国 19 世纪后半叶的飞速发展，第二次世界大战后日本与德国的迅速恢复与发展，一系列发展中国家的快速发展和当前中国和东亚国家的飞速发展，都证明了这一点。然而，这一历史总趋势，并不意味着各国可以不顾各自特殊的民族社会历史、经济金融环境而选择完全相同的发展道路与发展模式，实行完全相同的战略、体制与政策，同时经历完全相同的发展阶段与进程。例如，美国银行体制中吸取英国银行体制的地方不少，但美国银行体制与英国银行体制的差别是重大的；近现代日本银行体制是明治维新后特派伊藤博文赴美专门考察后大体仿效美国的体制建立的，但从始至今，日本金融体制表现了自己鲜明的民族特征——反弹琵琶式的金融超前发展战略、银行对工商企业的压倒性优势和支配权、特殊银行的建立、政府对政策性金融体系的建立和财政投资贷款、政府对金融机构的严密控制和窗口指导，都是日本适应本国环境的创造，并非搬自美国。

如前所述，日本是 19 世纪下半叶以来在经济与社会现代化方面取得明显成功的东方国家，它是既成功地实现了现代化而又有效地保持和发扬了自己民族的优良传统，并使二者紧密自然融合的国家。在日本的经济体制和金融体制中，到处可以见到反映自己民族社会历史特点、国民性和传统的日本式特殊表现形式及特殊性运动的发展模式。如今，日本是现代化了，但它始终保持了自己民族的自尊和自信，它充分吸收消化了西方的先进技术与文化，而又保持了自己民族的传统与特点不被同化、异化或弱

化，这是值得我们学习与借鉴的。

笔者在20世纪80年代出版的一本专著中曾经特别指出："中国要现代化，但现代化并不等于西方化与外国化。现代化必须民族化、中国化。在这一历史性过程中，任何国家与民族都应有勇气承认别国的优秀文化与先进经验，同时又保持自己的民族特性而不被同化、异化或弱化，这是强而有力的表现。对外国的文化和先进经验，凡健康有用者一律拿来，为我所用；不分青红皂白地一概排斥，闭关锁国肯定要不得；然而不分良莠、真伪和适用条件，全盘盲目照搬照抄也不可取。学习研究外国，切忌只有因袭而无创造，只见别人而无自己，应是创造性的学习，创造性的研究，创造性的实践。"

金融超前发展战略与对金融的全面持续有效利用

市场经济是高度发达的商品经济，是全球化的商品经济，是高度信用化、信息化和金融化的商品经济，是金融经济。理论与实践都证明，金融在各国经济与社会发展中的重大作用是不容置疑的和不可取代的。

传统观点认为，自然资源的丰歉与构成状态对一国经济的发展水平与发展速度有重要的制约作用。但许多国家经济与社会发展的历史与实践也表明，一国自然资源的丰歉与构成状态并不总是制约经济发展的决定性因素，在许多情况下，资金短缺才是经济发展首先必须克服的最大障碍。对于这一事实的认识与把握，似乎日本比其他国家要更早、更深刻得多。从1868年明治维新开始到20世纪90年代，日本都高度重视金融问题，并把金融提到其经济与社会发展的战略性高度来处理。可以说，100多年以来，日本在对金融的特殊重要性的认识和自觉、全面、持续、有效利用方面，是居世界领先地位的，它在打"金融牌"和玩"金融棋"方面是卓有成效的。这形成日本经济与社会发展及商品经济长期发展历程中的一个持久性因素和一大特征。本文并不试图讨论与此有关的所有方面，仅择其要者而言之。

一、金融超前发展战略的制定与施行

1868年的日本明治维新是一次不彻底的资产阶级革命，当时封建幕府贵族势力强大，假如它不能迅速地发展资本主义经济，它就既不能巩固明治维新的成果从而避免封建主义的复辟，也不能避免如印度、东南亚各

国以及中国自1840年以来屡遭西方列强侵略奴役从而沦为帝国主义殖民地的命运。然而，无论是当时年轻的明治政权还是民间都没有充分的资本原始积累，形成需要与可能的巨大矛盾，这就需要一种超常的思路与逆反的发展战略，即在日本商业资本和产业资本远未充分发展，而客观上国内外形势也不允许有这种充分发展的时间与条件的情况下，没有遵循西方的正常发展道路，而是优先发展了银行资本，它通过政权强而有力的支持和扶植保护，人为形成原始金融母体并使其迅速发展起来，进而反过来再大大促进日本商业资本和产业资本的形成与发展。这形成近代世界经济金融发展史中的一种特殊发展战略模式。

历史表明，对于日本来讲，金融超前发展战略的实施是成功的，使其迅速跻身于资本主义强国之林，并得以免遭西方列强侵略与奴役之厄运，当然其代价也是巨大的。

二、伴随日本银行原始资本特殊的封建性与扩张性而来的是经济“输血”和侵略活动

明治维新后，日本当局通过将封建性的官俸公债化的形式，形成了日本银行资本的原始母体与基础，这使其具有强烈的封建性。这种由政权强力扶植的虚拟化的资本，这种先天不足的状况本身包含着大量“输血”的紧急需要，使其具有强烈的侵略扩张性。日本侵略扩张中的中日甲午战争、对朝鲜的侵略战争，1904年的日俄战争和1931年对东北及1937年的全面侵华战争，战争本身的掠夺和巨额赔款，对日本经济金融都有一种紧急“输血”、特殊的刺激和推动作用。日本特殊银行（殖民地银行）——朝鲜银行、台湾银行、正金银行的建立与活动，以及随后在第二次世界大战中战时非常条件下其银行体制和金融政策完全服从于战争的需要，这一切都既构成日本金融超前发展战略本身的实施条件和内容，又是实施这一战略时所采用的错误方法使别国人民付出的惨重历史代价，对此中日两国人民都应牢牢记取。

三、对直接金融发展的人为抑制和人为促进的金融倾斜发展战略

在日本商品经济发展的漫长岁月中，它审时度势地在不同的发展阶段和不同的经济金融环境下实施了对直接金融的抑制或是大力促进的金融倾斜发展战略。一般来说，在历史上各国都是间接金融发展在前，直接金融发展在后，从数量比例上讲前者大大超过后者，这是一种自然金融倾斜。

通常认为，间接金融的成本较低，直接金融的成本较高；间接金融的风险性较小，直接金融的风险性较大；间接金融的可控制性较大，直接金融的可控性较小。有鉴于此，日本有关当局审时度势，在不同的发展阶段和不同的经济金融社会环境下，实行了自觉抑制或是自觉促进直接金融发展的金融倾斜发展战略。具体而言，在20世纪80年代中期以前，实行了自觉抑制直接金融发展的金融倾斜发展战略，而在80年代后期国内外经济金融环境大大优化以后，它又自觉地实行了人为促进直接金融发展的金融倾斜发展战略。实践表明，日本在不同环境下选择不同的金融倾斜战略，这一选择是正确的和理智的，实施也是大体成功的。但这其中也有片面性和失误，即证券市场，特别是股票市场的迅速过猛发展和投机失控是形成泡沫经济的主要内容和根本原因。由此给我们启示：人们在多大程度上是可以根据自己的意愿而自觉地加以抑制或促进的；要促进，要抑制，也肯定不是无限度的和任意的；超过一定限度就会走向反面，就会“走火入魔”，就会与原来的愿望相反，甚至酿成灾难性的后果，犹如泡沫经济那样。

四、第二次世界大战后银行在经济高速发展中发挥特殊重要的作用

在金融超前发展战略下，金融成为日本商品经济发展的启动器和发动机。日本金融重要地位的确立和重要作用的发挥与多数发达国家相比是大大地超前了。在此基础上，形成了日本银行业对工商企业的天然明显优势与影响力，这一优势与影响力由于日本工商企业资本原始积累不充分的先天不足的天然依赖性而更为加剧，进而形成银行对工商企业的压倒性优势与支配权。

对于商业性金融机构，政府和中央银行通过低利率政策和贷款长期化滚动政策既确保了银行对企业的资金供应，又避免了由于资金成本提高而导致的物价上涨，还在“发展经济第一主义”原则下把经济的发展摆在超越一切的优先地位。

通过政府的政策性金融机构，根据政府的社会经济发展战略、政策目标和计划，向国家重点发展项目发放有偿低利优惠贷款；带头向各个不同时期的战略产业、薄弱产业、中小企业、农林渔业和住宅建设业提供财政贴息贷款；还为弥补政府财政赤字发行政府债券提供发行储备金，对第二次世界大战后财政危机的缓和及通货膨胀的抑制都起了一定作用。在日本私人企业的设备投资中，有30%是政府政策性资金，对发展钢铁、煤炭、

电力和海运起了决定性作用。

五、政策性金融体系成为贯彻产业政策和宏观经济调节管理的有力“武器”

从19世纪末开始到20世纪六七十年代，日本陆续建立了一批贯彻政府特殊目的、依据特殊法律建立、受政府特别支持保护和严格监督管理的特殊性金融机构——政策性金融机构。日本的政策性金融机构种类繁多，号称“九库三行”，且实力强大，形成强大配套的政策性金融体系。该体系通过日本邮政储蓄占有日本金融体系吸收的总储蓄的1/3，它发放的财政投融资贷款占日本金融体系贷款总量的1/3。日本政策性金融体系是该国金融体系两翼中的一部分，它一方面配合该国经济与社会政策目标的不同需要和侧重点充当经济调节和管理工具的角色，另一方面又诱导补充商业性金融机制与作用的不足，通过政策性金融活动，健全与优化一国金融体系的整体功能，充分发挥其在该国经济与社会发展中的不可取代的重要作用。

在发达资本主义国家中，日本的市场经济被称为是政府干预控制色彩很浓和计划性很强的政府主导型经济，这同中国有很大的可比性。人们普遍认为，日本政府对宏观经济的调节控制强而有力又总体成功的重要原因之一，便是得益于它强大配套的政策性金融体系，这既是日本经济体制的一大特征，也是其金融体制的一大特色，这很值得正在进行经济和金融体制改革，并确立政府主导型市场经济体制的我国有关方面研究与借鉴。

系列化制度与金融的结构性特征

通常人们称日本金融业、工商企业和政府三者之间的紧密关系为日本“铁三角”。在这个“铁三角”中，政府一直处于一种相对超然的控制、协调、促进和规划的主导地位。在政府的精心策划之下，日本金融的严密、有序、优化和多层次的结构性特征得以构筑，又注意充分发挥法律对这一结构的超前规范、诱导、强制和保护作用，最终以系列化制度的形式加以确立。

择其要者，日本金融的结构性特征表现在：（1）注意使金融战略与政策措施最大限度地协调适应于本国的经济与社会发展的总体发展战略。（2）在金融体系中，除中央银行处于超然特殊地位外，注意形成商业性金融机构与政策性金融机构二者之间的协调适应，使金融体系中的商业性与政策性、营利性与非营利性、资金来源与资金运用、资金需求与资金供给、间接调控和直接调控的结构性均衡得以实现。(3) 在商业性金融机构体系中，又注意到官方与民间、全国性与地方性商业性金融机构间的结构性均衡。(4) 在政策性金融机构体系中，精心构筑国民金融、住宅金融、农林渔业金融、中小企业金融、公营企业金融、中小企业信用保险金融、医疗金融、环保金融以及冲绳、北海道等落后地区开发金融等，针对社会各行业和各地区性金融的结构性均衡以及政策性金融体系资金来源（邮政储蓄、国拨资本、金融债券）与资金运用间的结构性均衡。(5) 金融体系中银行机构与非银行金融机构间、银行机构中商业银行机构（主体）同各类专门性银行机构（辅助性）间以及各类非银行金融机构间的地位、性质、业务分工、业务对象、业务领域各相关要素间的结构性均衡。(6) 分工严密的专业银行制度使各类金融机构的性质与分业明确，各类金融市场分工明确，各类金融机构不仅定性严格，而且各自从事的服务种类对象也有严格分工。例如，首先是专为工业与农林渔业服务的两套金融体系的分离，农林渔业金融体系又形成中央、都道府与地方基层机构间的结构性均衡。又如，商业银行中的城市银行在各国各地设立分支机构，主要对大中型企业发放贷款，地方性银行坚持“一县一行主义”，原则上在本县内设立分支机构，对中小企业发放贷款，以此各有侧重各不相扰，避免同业恶性竞争，从而形成业务重点、业务对象在行业及对象领域的结构性均衡。(7) 实现净贷出集团（地方银行）与净借入集团（城市银行）间的结构性均衡，中央银行以超贷款方式长期向城市银行提供货币支持间的均衡，进而实现城市银行向大中型战略产业和出口导向企业提供资金的倾斜性结构性均衡。上述一系列结构性协调均衡，有效地支持了第二次世界大战后半个世纪以来日本经济的高速增长。(8) 在金融监管中，中央银行与大藏省间分工与协作的结构性协调与均衡。只有实现金融严密、有序、优化和多层次的结构性均衡，经济效益与社会效益才是最高的。

日本金融的结构性特征的成功证明，在现代商品经济特别是市场经济条件下，金融对经济发展的重大作用主要取决于经济发展中的资本形成，而资本形成又主要通过金融途径来实现。资本的形成与分配在很大程度上取决于金融结构的优化及其总体功能，而优良的金融结构就可以充分发挥储蓄与投资的动员与分配、渗透与扩散功能，替代转换与风险分散转移功能和对经济的调控稳定功能。这就是日本金融的结构性特征成功的根本原因。

信息的不充分暴露与文化现代化滞后发展的经济金融负效应

市场经济是开放性经济，这种开放应是全方位的、全面的和充分的。开放性经济要求政治经济决策的科学化与民主化，要求信息的尽可能充分暴露、充分的公开性和透明度，要求公开、公平、公正与坦诚，要求遵循经济与社会发展的客观规律、规则和惯例行动，要求自尊、自爱、自律和诚信，要求对自己的行为承担全部经济、政治和法律责任，要求公开承认自己的错误，并勇敢地承担由此而来的一切后果，要求只能在充分尊重别人尊严与权益的同时维护或实现自己的尊严与权益。

中华民族与大和民族都是东方民族，中国和日本同为东方国家。但由于历史与文化方面的诸多原因，在经济与社会生活的公开性和透明度方面，中日两国间有很大的共同性而同西方国家相比有较大的差异性。例如，中日两国都遵循政治集权化和经济开放化的发展道路，在这方面尤以日本为甚。但日本在处理二者的关系方面，既有相当的成功，又有不少失误与失败，这一点日本在总结与暴露“泡沫经济”和20世纪90年代金融危机形成的原因、处理方式和经验教训时，就表现得十分明显。

众所周知，银行是吸收公众流动储蓄并引导储蓄转化为投资的主要金融中介机构，更是一国支付体系的核心。有鉴于此，银行的公开性应达到效率与稳定之间的平衡，即一方面要通过公开性达到提高效率的目的，另一方面又要避免对银行乃至金融体系的稳定性造成不良影响。长期以来，日本以其严密的系列化制度和强而有力的政府控制，一方面，自觉阻碍经济金融信息，特别是不利于自己的信息的较为充分的暴露；另一方面，又自觉阻挡外国公司和金融机构渗入日本市场，形成对日本金融机构和工商企业的特别的政府控制和保护。这就从两个方面提出同样一个问题，即日本对其银行业乃至整个金融体系的过度保护问题：一方面，自觉地过度保护、信息的失真和严重不透明，可能在一段时间内维持银行业的效率，却危及其长期的特别是关键性时刻的安全稳定；另一方面，又在信息过度公开透明可能危及银行业乃至金融体系稳定性的借口下，自觉地保护与掩盖造成信息的过度不公开不透明，导致信息失真、判断与决策失误，从另一个角度危及了银行业的安全稳定。例如，近年来日本政银企相互勾结和银行业的一系列丑闻、倒闭和危机性事件，充分暴露了其银行内部管理、职员操守及金融监管制度的严重漏洞。国内“泡沫经济”破灭导致的银行信用功能的破坏和不良债权的急剧增加，资源的扭曲配置和企业素质的普遍下降，形成对银行业的强大压力和危机性心态，在对内掩盖真相的同时又在国外业务方面进行高收益从而高风险的冒险性投机，最终导致内外交困的严重局面。据日本民间信用调查机构估计，日本银行业的呆账至少有7000 亿美元之巨，其中有 4000 亿美元为彻底的坏账。1994 年全日本最大的 21 家银行一年的纯利润才 30 亿美元，显然，如此巨额的呆账和坏账犹如一颗定时炸弹，随时都可能在日本金融界乃至整个日本经济社会中爆炸。但日本官方机构公开承认的呆账与坏账仅及民间调查机构估计的一半。如此大的反差，再一次反映了当局对相关信息的刻意掩盖和相关责任的拒绝承担。

这一切表明，长期以来日本政府对其工商业和金融业的精心保护和对自身不利信息的刻意掩盖及自觉不充分暴露，既是日本“泡沫经济”和金融危机形成的重要原因，也是阻碍它走出困境和进行深刻反省的重要制约因素。本来，在日本“泡沫经济”的形成过程中，日本有关当局对国内外经济金融形势的判断与预测是有严重失误的，对利率与信贷政策的决策也不是无可非议的，对经济金融国际化的盲目乐观和咄咄逼人的快速推进以及对其后果与负面影响的严重估计不足，都是负有重要责任的。但有关方面却对此缺乏深刻的反省和信息的充分暴露。

日本近百余年以来的历史演进表明，它在吸收和接受别国先进科学技术和经验方面获得了巨大的成功，不仅创造了令世人瞩目的经济奇迹，而且表现了强烈的民族自信和勇气。但它在深刻反省并承担对外的侵略战争历史责任和自身发展的经验教训方面，则表现得软弱无力，缺乏足够的自信和坦诚。在这方面它并不成功，甚至是失败的，这同德意志民族形成鲜明的对比。这是令人遗憾的，并且是发人深省的。

这种同一民族同一国家同一历史进程中的成功与失败，强烈自信与怯懦失信，这种强烈的对比与巨大反差，除了以日本根深蒂固的经济政治原因作解释之外，只能用日本社会与文化心理中的某种程度的封闭性、神秘性和严重缺乏自信的自卑性来加以理解。

我们由此得出结论：现代化是一种全方位和多层次的现代化，也包括体制、观念、意识与心理在内的文化现代化；市场经济体制也是一种全方位和多层次的体制，它的正常运行有赖于遵循若干基本原则，也包括信息的全面公开性和透明度。这样一些“软件”是绝对不可或缺的，这些“软件”发展的长期严重滞后，或不平衡不协调，将会制约与影响经济与社会现代化和市场经济体制构筑这些“硬件”的发展与优化，最终导致“硬件”的低效益、高震荡与高风险。这一历史经验对于正在全力推进经济与社会现代化和加紧市场经济体制建设的中国人民，具有很大的参考与借鉴意义，同时也很值得我们重视与警惕。

面向21世纪从战略高度审视与处理金融问题*

——全球化的困扰·新金融观·大国间竞争、争夺、博弈的战略新领域

经济全球化与经济金融化和金融全球化与金融自由化是自人类有史以来最为伟大而影响深远的势态发展，它对人类社会、经济与金融的影响，对人类生产方式、消费方式、生活方式和思维方式的影响将是重大的和革命性的。

市场经济是高度发达的商品经济，是日益全球化一体化的商品经济，是日益高度信用化、信息化、契约化、金融化的商品经济，是金融经济。金融已成为现代经济的核心，金融与经济相互渗透与融合，二者密不可分，在今天离开了金融的经济已不再是现实的经济，离开了经济的金融也不再是现实的金融。在经济全球化和经济金融化以及知识经济初见端倪的新形势下，人们必须以全新的视野从战略高度重新观察与审视金融问题。这不仅具有重大的理论意义，而且对全球各民族国家和经济体实现经济与社会的健康有效、安全稳定和持续发展，对中国推进改革开放事业和积极稳健地参与和处理21世纪全球经济金融竞争与挑战等一系列重大问题，也具有巨大的现实意义。

全球化的挑战与困扰

全球化是一种潮流与难以阻挡的历史趋势，它在带来巨大发展机遇的同时，也提出一系列前所未有的严峻挑战。但事实上，这一问题远比“机遇与挑战”这种简单概括要复杂、微妙和困难得多，被称为全球化的

---

* 本文正式发表于《国际金融研究》杂志2000年第12期。本文也属于白钦先教授倡导的“世纪”系列文章。

困扰。

一、全球化的困扰与困扰的全球化

（一）全球化的挑战

笔者1999年在“经济全球化与经济金融化的挑战和启示”一文中，曾较为详细地论述了经济全球化与经济金融化的十大挑战，概括地说这些挑战是（1）全球各民族国家与经济体经济金融发展稳定的整体性和相互依存制约度空前增强；（2）全球经济金融发展的不稳定性增强，经济金融风险、波动与危机的联动、互动、传导与传染日益全球化，经济安全与金融安全成为国家安全的重要部分；（3）金融资源开发、配置与流动的全球化同大国间争夺此类资源主导权或主控权的矛盾日益激烈；（4）经济金融主权弱化，从而政治主权弱化，出现维护一体化利益与维护国家主权微妙平衡的问题；（5）民族国家与经济体经济金融决策的外部制约因素复杂化和深化；（6）经济金融活动的全球化与金融监管的国别化的矛盾日益加强；（7）金融在提升了它对各经济体资源配置能力与效率的同时，也迅速提升和累积了它自身的系统性风险，而这一风险又日益全球化；（8）全球范围内金融资源开发过度、金融的虚拟化泡沫化严重；（9）良好的金融意识和高素质的合格金融人才的供给严重短缺；（10）全球各国自觉实施经济金融与社会可持续发展战略的必要性与紧迫性日益突出①。这一问题提出以后，全国许多报纸杂志纷纷登载或转载，它表明这一问题社会公众、舆论界与理论界给予了极大的关注，与此相关的问题越来越成为官方决策层和新闻界关注与讨论的热点问题；也从一个侧面反映了这一问题本身的极端重要性和尖锐性；更表明这种非常关注中的种种困扰。

（二）全球化的困扰

假如全球化仅仅是面临种种挑战与机遇，那么问题不管有多严峻，都要相对简单得多。迄今为止，关于全球化，人们的心情非常矛盾，认识也有待梳理与深化，应采取的对策也非常复杂，更面临种种艰难的选择，所以感到非常困惑：

——全球化是一种历史潮流，“是一种不可逆转的历史趋势，是人类社会发展的一种历史性进步和重要转折”②，别无选择，不可阻挡。

---

① 白钦先．经济全球化与经济金融化的挑战和启示［J］．世界经济，1999（6）．

② 同上．

——全球化带来前所未有的发展机遇，但并没有“免费午餐”，全球化有成本与收益问题。但不同发展水平国家全球化的成本与收益极不相同，相差悬殊。对于发达国家，全球化是福，是利，他们全球化的初始条件都已具备，他们可以在成本最小的条件下获取全球化的最大收益；对于发展中国家，对于中国，则有很大的不确定性，也许是福，也许是祸，也许二者兼而有之；也许是收益大于成本，更可能是成本大于收益。这是两种完全不同的方向相反但又具相当“互补性”的不对称。发展中国家需要一个逐步的发展和适应过程。

——全球化的游戏规则基本上是由发达国家来制定的，规则的制定者是规则的最大受益者，这是不言而喻的。所以全球化对各国机会并不均等，“公平竞争”也只是形式上而非事实上的公平。但是你又不能不参与全球化，不融入全球化，游离于全球化，或者坐视、坐等“机会均等”和“事实上的公平”到来之时再参与，再融入，这永远不可能；你只能在参与的过程中不断壮大自己，逐步实现、争得事实上的“机会均等”和“事实上的公平”。这是一种充满机遇与挑战、风险与收益以及强迫与自愿共存的矛盾性两难选择。

——全球化是谁的全球化？理论上讲是世界各国的全球化，是发达国家的全球化，也是发展中国家的全球化；而事实上，却是以发达国家为主体为主导的全球化，是以跨国公司的控制与垄断为主体为主导的全球化。全球化意味着什么？全球化是一个过程，一个逐步的有时是很激烈、迅猛的过程；全球化带来一系列风险与不确定性，有人说全球化是一个“陷阱”，是灾难；1999 年联合国大会主席，纳米比亚外长古里拉布说，全球化现在也被视为一种破坏力量，因为它在被当年的殖民者所推动，他们企图控制第三世界国家的人民和资源；全球化是市场的全球化，是商品、服务与资本自由流动的全球化；全球化是高度竞争、残酷竞争与优胜劣汰的全球化。对西方工业化国家而言，全球化是一种机会，借助它可以推行法律、社会发展和人权领域的“国际标准”，对大多数发展中国家而言，全球化则有令其担忧的一面，全球化使联合国越来越紧密地同新的权力中心——工业化国家的大公司、高技术“大亨”和文化“偶像”结盟。

——全球化的目标是什么？我们要什么样的全球化？全球化的目标应是实现全人类利益共享、风险共担的，不同发展水平和不同实力的各民族国家与经济体，经济、金融与社会协调、稳定、有序、有效、健康而持续的发展，即实现全人类经济与社会的可持续发展。我们需要一个全球各国利益共享与风险共担的全球化、平等的全球化、公平的全球化、协调与和谐的全球化；不要彼此差距迅速拉大的全球化，不要充满风险与危机的全球化，不要利益与风险高度不对称的全球化，不要弱肉强食、没有人文关怀关爱的纯技术化全球化，不要畸形化发展的全球化，不要你的发展以我的不发展为代价的全球化，不要你一片“绿”、我一片“黄”的全球化，不要以明天的不发展为代价以换取今天暂时局部发展的全球化。

（三）困扰的全球化

全球化带来机遇、带来挑战，也带来更多的困扰。这种困扰，困扰着除近三十个发达国家以外的全部发展中国家，事实上也困扰着西方发达国家中严肃的、负责任的和更为理性的人们，也在加剧发达大国间的竞争与争夺，这种困扰正在蔓延、正在日益全球化。这种困扰应给我们带来更多的理性与思考、警示与警觉。

二、经济学的民族化与全球化

提出经济学的民族化与全球化这一问题，似乎有点怪怪的，有点不可思议。冷静想来，这是一个极为严肃的颇具针对性的现实问题。经济学就其形式与内容本身，似乎是全人类的、超民族和超国家的、似乎是可以超时空的（不问何种时代、何种发展水平和何种国情），在某种意义上和某些方面也确实如此，简而言之，经济学似乎是全球化的。然而就其本质而言，就其适应于服务于满足于某种国家和民族意志与利益的程度而言，经济学更是民族化的。一些学者往往不愿意考虑这个问题，或者常常不愿意面对这一问题。事实上，美国人看得很清楚、讲得也很透彻而坦率。一位美国国会议长曾直言不讳地说，经济学都是政治经济学，是国家政治经济学。我特别欣赏美国人的坦率，人家都讲清楚了，我们为什么不敢面对，不敢承认！经济学，从古典经济学一开始就是维护与代表君主的国家权力与利益的，现代经济学，包括西方主流经济学，实质上代表不代表一种国家意志与利益？形形色色的西方经济学都针对市场经济和资源配置问题，号称经济自由主义，自由市场经济，推崇资源或生产要素的最佳配置与自由流动，尤其推崇商品资本与金融资本的全球自由流动，极力鼓吹资本流动的全球自由化，这是他们的优势。然而同样是生产要素的劳动力，却从来不讲自由流动，不能自由流动，这是为什么？为什么在这一领域不讲经济自由主义或者同样推行自由市场经济原则？在这一领域拥有优势的广大发展中国家，为什么不可以此为一张牌来面对发达国家的“零关税”“资本自由化”“金融保险服务自由化”和“劳工标准”等王牌呢？“劳工标准”这一问题，首先是经济问题，还是发展水平、社会与政治问题呢？他们也是自相矛盾的，西方经济学从来不关注劳动力这一生产要素流动的自由化，却偏偏只关心发达国家资本流动的自由化和发展中国家的“劳工标准”，并且以此为一张谈判的牌呢？上述种种无不证明那位可尊敬的美国国会议长先生看法的正确性，即承认经济学的某种程度的民族化或者如洋人所云经济学都是政治经济学、国家政治经济学。显然，自然科学本身不大可能有什么“美国物理学”“英国化学”，但人文社会科学，包括经济学与金融学却无论如何也摆脱不了它自身固有的人文社会科学性质，某种民族的、政治的性质。问题在于有些人在无视、模糊或否认这种性质的同时，要把西方经济学全球化、全人类化，要将经济学脱离其人文社会性质和某种程度的民族性政治性而“纯科学化”“纯自然科学化”，泛人类化。

三、全球各国的全球化战略和大国战略的全球化

面对全球的种种机遇、挑战与困扰，各民族国家和经济体的决策当局都高度重视，以至于这一问题成为 2000 年联合国千年首脑会议和议长会议的一个中心议题，许多国家都已制定或正在制定面对全球化的战略与对策。这是一个十分紧迫并具极端重要性的战略性问题，中国必须严肃面对，并形成自己的全球化战略与对策。

在全球各民族国家中，已经或正在或将来可能掌握全球性国际经济金融资源开发利用主导权和主控权的少数大国，他的全球化战略的对外部分，即针对全球、面对全球的部分，这部分战略必须是全球性的，这就是大国战略的全球化。本文第三部分将集中讨论这一问题。

以全新的视野观察金融问题

在经济全球化、经济金融化和金融全球化、金融自由化的新形势下，经济与金融以及彼此的相互关系都发生了根本性的变化，非自然资源即社会资源的重要性日益凸显，金融的社会战略性资源属性逐渐被人们所认识与承认，这引起了对传统金融理论的创新，新金融观——金融资源观、金融资源效率观、金融的全球性、宏观性战略观正在逐步形成。可以预言，金融问题，特别是全球金融问题、国际金融问题，将是 21 世纪大国面对和必须严肃处理的重大战略问题。

一、新金融观——金融资源观与战略金融观

在经济全球化与经济金融化以及知识经济初见端倪的新形势下，冷静而科学地观察与审视金融，人们会发现金融已不再简单地是过去那种资金运动的“信用中介”，将金融简单地解释为货币与资金的融通或借贷已不再公允，且具有相当的简单片面性；金融也不再单纯地是发展经济的一种“手段”，或调控国家宏观经济的一种“工具”或“杠杆”，而是成为经济的核心，成为经济本身，成为一种战略性资源；金融运行状态问题、货币政策（准确地说是金融政策）问题、金融波动与危机的传导问题，已不再仅仅是一个国家的内部问题、国内政策问题、独立主权问题，而成为一种全球性战略问题；金融已不再简单地、单纯地“从属于”“外生于”“决定于”经济，而是在“相融于”“适应于”“内生于”经济的同时，它自身在某种程度上也越来越“独立于”“超越于”“相悖于”经济，出现了同传统实体经济相对的、以国际金融为核心的“虚拟经济”，且后者在世界经济运行中日益居于主导地位，以及实体经济与虚拟经济二者相互交织运行的前所未有的复杂运行态势；金融问题已不再单纯地是一种行业性、技术性、操作性问题，而成为一种全球性、战略性问题；金融也不单纯是一个行业性简单系统，成为一种涉及国内与国外、经济与社会、科学与技术、过去、现在与未来众多因素的复杂巨系统。

综上所述，当代金融问题，首先是全球性问题，然后才是区域性、国别性问题；首先是宏观性、战略性问题，然后才是微观性、战术性问题；首先是理论性问题，然后才是决策性、对策性、行业性、操作性、技术性的实践性问题。

金融问题的复杂性和它在全球以及国别经济与社会发展中的极端战略重要性，同现实生活中人们的感觉、习惯认识、理论概括，形成鲜明的对比与强烈的反差。

在现实生活中，人们往往是习惯于从一种行业、职业、具体业务的角度来认识金融的。一说到金融，立刻展现在眼前的常常是具体的银行，保险公司、投资公司、证券公司这些非银行金融机构和外汇市场、证券市场这些实体，或者是存款、贷款、转账、支付、结算、股票、债券、本票、汇票、支票，这些具体的金融工具或业务。即使是权威性的英国《新帕尔格雷夫经济学大辞典》也是从微观的市场性操作性角度来定义和解释金融的，它说：“现代金融的核心，包括的是证券市场的运作机制，市场的有

效性、风险、收益和定价等经济过程。”还有的权威性金融杂志发表文章，题目就是“金融工程学——21 世纪的金融学”。说金融工程学的出现是金融学研究领域的丰富与创新，是金融的一定程度的工程化、模型化、数理化发展的新成果一点也不为过，要说 21 世纪的金融学就是金融工程学，也有点太言过其实。更有甚者，对于金融的微观性、技术性、操作性片面理解，已经在经济金融专业人士群体中产生严重后果，今年某高校金融专业博士研究生招生面试中，竟然是专业大专生应知的诸如什么是信用？什么是货币？货币是由谁，通过什么方式创造出来的？这样的金融理论中的 A、B、C 问题，考住了五六名考生，而对期权、期货、金融市场定价等技术性问题倒还可以说出个一二三来。这是很值得深思的。这是一种值得大家严重关注和警惕的极端的片面性倾向。

二、新金融观——金融资源效率观

1997 年亚洲金融危机以来的种种反思，使人们变得冷静而更为理智，理智的理论研究和实践分析表明：无效或低效的经济是金融资源无效或低效配置的结果；任何无视或脱离金融要素的重大经济与社会问题的决策，都将产生极为严重的经济与社会后果；金融是一柄“双刃剑”，金融资源是兼具一般资源属性和特殊资源“双重属性”的特种资源；金融危机的更为深刻的根源是基本经济金融理论危机。

迄今为止，人们都是直接从基本生产要素的投入与产出的角度，来研究与衡量一个经济或一种经济行为的有效或无效，高效或是低效的。但是，今天我们从一种全新的角度，即从金融资源的配置效率的角度来研究社会经济的效率，那么一种全新的效率观——金融资源效率观便应运而生。从这种效率观出发，人们发现情况恰恰同传统的看法完全相反，即无效或低效的经济是金融资源无效或低效配置的结果。这样，无效或低效的金融资源配置在前，无效或低效的社会经济在后，前者为因，后者为果。同样，不合理的产业结构、经济结构，是金融资源在不同产业、不同经济领域不合理配置的结果。更进一步说，无效或低效的不合理的金融资源配置，是在宏观和微观上无视或脱离金融要素或错误地做出经济金融决策的结果。明确这一点，对于国家经济与社会的稳定持续发展非常重要。更有一种全新的机制导向和决策政策性方法论意义。

三、金融危机的更深刻原因是金融理论危机

金融对于当今世界以及各民族国家和经济体来说，是成也萧何、败也萧何，即成也金融、败也金融，金融是一柄“双刃剑”。自20世纪五六十年代以来，时间越是向后推移，那么金融波动或危机的频率就更高，金融波动与危机的经济与社会后果，也就越严重。而这恰恰就是经济日益全球化和日益金融化的历史，也就是经济越是全球化、经济越是金融化，一般市场经济越是成为金融经济，金融就越是“万能”和“无所不能”，那么金融在不断提高了对全球经济或国别经济的资源配置能力与效率的同时，金融自身的系统性风险也在提升与累积。金融成为名副其实的“双刃剑”。

如前所述，金融是一种社会资源，是宝贵的战略资源。认识这一点，承认这一点，实际是认识和承认了金融的客观性即非主观性。而之所以是战略性资源，只是源于它在全球及各国经济与社会发展中的极端战略重要性。金融是一种资源，使其成为一种资源配置对象，各国政府、中央银行、各类金融机构、金融市场就是开发配置金融资源的主体；金融又是一种特殊资源，使其成为配置其他一切自然资源和社会资源的资源配置手段或方式，即通过金融资源的配置来配置其他一般资源。

金融问题、特别是金融危机问题，从来也没有像今天这样吸引了全世界几乎所有人的极大注意，引起那么多的困惑与困扰、恐慌与恐惧。电脑“千年虫”问题，毕竟只是短期性的一个特别的具体问题。但金融问题，金融危机问题，却必须时时面对、天天面对，无法回避、也不可能回避！事实上，在金融经济时代，金融，人类社会与经济的发展需要它，还要主动开发它、利用它、须臾离不开它；然而金融危机却时有发生，损失惨重，不召即来，挥之不去。

从表面上看，金融危机的原因，或是由于人们经济金融决策的失误、政策的失当、监管的不力，或是源于某种汇率制度的风险累积和国际炒家的恶意炒作，但原因背后有更为深刻的原因，这就是人类理性发展的严重滞后。简而言之，是人类对金融的错误理解，即对金融的过时的“工具性”“技术性”“从属性”非客观性认识与理解，导致了错误的经济金融决策与政策，导致对金融的滥用与失控，酿成了国别性、区域性，甚至全球性金融危机，也就是说，金融理论危机导致了这样或那样的金融危机。人们越早认识到这一点就越好。

金融将是21世纪大国间竞争、争夺和博弈的战略性新领域

显而易见，在经济全球化、经济金融化和金融全球化、金融自由化这一系列历史性的变革中，金融是一个核心要素，一系列的变革、挑战、机遇、困扰、矛盾与斗争，在相当大的程度上都以金融问题为中心展开。因此，不管人们愿意不愿意，承认不承认，金融问题，特别是宏观金融问题，全球金融问题和国际金融问题，都是客观存在、影响重大而深远、无法忽视、排不开、除不掉、剪不断、理还乱的，因此是各国，特别是大国，必须理智而清醒地面对与处理的重大战略性问题。可以毫不夸张地断言，21世纪大国间竞争、争夺和博弈的战略性新领域，肯定是金融领域。

一、21世纪大国间竞争、争夺与博弈的主战场

在经济全球化和经济金融化的条件下，金融的全球化是非常明显地影响深远的势态发展。金融在全球经济发展中越来越占有主导性地位，金融的全球一体化、国际化产生了、提出了、强化了一系列的矛盾与问题。

——金融风险与危机的全球化尖锐地提出了全球金融的共同安全问题和预警救援体系问题。在新形势下，全球各民族国家与经济体经济金融发展稳定的整体性和相互依赖制约度空前增强，同时经济金融发展的不稳定性也日益增强，经济危机，特别是金融风险与危机有日益全球化的趋势，而金融风险与危机的传导与传递有迅速而猛烈地跨国界联动、互动和传染的特征，这就使金融安全不仅成为国家安全的重要部分，也尖锐地提出全球金融的共同安全问题。也就进而尖锐地提出各国在这一领域彼此密切而真诚地协调与合作以及逐步建立全球金融共同安全预警体系和救援体系的问题，即全球金融可持续发展问题。

——金融资源，特别是全球性国际金融资源开发配置的垄断性和不对称性。金融资源的开发与配置，特别是全球性国际金融资源的开发配置，由于种种复杂原因，其开发配置主体的“市场准入”是不自由的和极为有限的，这就产生准入的自然或人为垄断，因而这类资源开发配置的“成本与收益”“风险与收益”存在明显的不对称性，形成两个“不对称性定律”。前一个定律表明全球性国际金融资源开发配置的收益大于成本，后一个定律表明其风险由全球各经济体（包括个人）承担，而收益却由开发

配置主体独享。由于以上两个方面的原因，就形成全球性国际金融资源开发配置有可能在强烈的经济利益与政治利益的驱动下过度地“乱砍滥伐”，从而有可能使本已虚拟的经济更“虚拟”，使经济与金融的泡沫化更严重，从而酿成灾难性后果。

针对这一情况笔者提出改革国际金融体制的若干指导原则，即首先是遵循充分民主协商和各方一律平等的原则，而不是简单地动用表决机器的原则；其次是确定国际金融资源开发配置权力与责任、成本与收益、风险与收益的对称性原则；再次是维护一体化市场化利益与尊重各国经济金融安全与主权相统一的原则；最后是遵循对发展中国家非互惠的单方面优惠待遇原则。

——金融资源开发配置流动的全球化与大国间争夺此类资源主导权与主控权的斗争日趋激烈，争夺的风险、成本与恶性后果强迫性地主要由发展中国家承担。

这种斗争首先突出地表现为国际货币体系中美元、欧元与日元的绝对与相对地位的确定与角逐，以及对各种全球性、区域性金融机构领导权的争夺和游戏规则的确定，例如前几个月围绕 IMF 新总裁人选在美德之间发生的矛盾与斗争。

根据主宰世界经济金融主导权与主控权的西方发达大国的权力与利益分割协议（这一协议明确地排除了广大发展中国家和转轨型国家），世界银行总裁应由美国人来担任，而国际货币基金组织总裁则应由欧洲人来担任。德国政府推举他的一位财政部副部长担任此职，而美国迅速而公开地表示反对，认为“资格不够”，德国总理的首席顾问立即尖锐地回击：“最近围绕 IMF 总裁人选的矛盾与斗争，是站起来的欧洲人反对美国为所欲为的举动”；又说，“人们发现美国人凭借强大的军事实力制定了全球化战略，现在又要通过 IMF 来制定全球化的规则”。看，发达国家在争夺全球性金融主导权与主控权的斗争中，道出了他们的全球化战略与战略意图，他们的利益之所在即意志之所归。这些他们平时不说，关键时刻不得不说了，由此人们也就不要再糊涂了，不要再存什么善良愿望、再抱什么不切实际的幻想了。

再如围绕国际货币体系的斗争。1998 年下半年，在亚洲金融危机的浓云密布要求改革国际金融体系的呼声日高的背景下，日本小渊惠三首相在春节前匆匆走访欧洲和美国，提出建立美元、欧元与日元的“三驾马车”体系来合作稳定国际金融体系，结果美国断然反对，欧洲人客气地回报冷淡，终使这一提议流产。这再一次表明发达大国间争夺国际金融主导权与主控权斗争的激烈与利益的冲突。

——防止金融大国玩金融牌掠夺别国财富，延缓别国发展。基于上述三方面，即为一国利益计，自觉反其道而行之，利用新形势下各国经济金融的一体化，彼此的联系与依赖，风险与危机的跨国界传导传递，直接或间接地、公开或隐蔽地、自觉主动地利用金融武器，利用巨大的金融实力，充分利用其拥有的金融主导权与主控权，炒作、制造或发动一场国别性或区域性金融危机，以达到既掠夺财富，特别是金融资源，又削弱他人实力或延缓其发展的目的。这次亚洲金融危机有种种迹象表明此说并非天方夜谭，当然，这是一种危险的游戏，一旦失去控制蔓延开来，就会殃及自己，引发全球性危机。

——金融危机解救中的大国博弈。在此次亚洲金融危机中，东南亚金融危机爆发后，直到 1997 年年底，各相关大国，包括美国、日本与英法等欧洲国家，都是隔岸观火，口中念念有词。严重、严重，忧虑、忧虑，解救、解救，但谁也不来真格的，都是君子动口不动手，后来在舆论强大压力与有可能形成全球性金融危机的威胁下，才勉强动手解救。但围绕这一问题，大国间以及同国际金融机构间围绕救与不救，救谁不救谁，谁先救、谁后救，先救谁、后救谁，你拿多少，他拿多少，谁先拿、谁后拿，争论不休。这实际上是发达大国及国际金融机构围绕金融危机解救而展开的一种博弈。金融危机解救的成本与收益，可以有许多种组合①。相关各国及机构都是从自身利益、解救成本与收益的角度来考虑问题，没有把发展中国家的利益或危机国的利益作为主体优先考虑的。这是很可悲的，但却是必然的和现实的。

——防止金融超级大国利用“金融霸权”从事金融侵略。防止金融超级大国利用“金融霸权”从事金融侵略，或同其他经济、政治、军事、外交手段综合运用，给某一主权国家造成致命性打击，成为新形势下的一大课题。美国哈佛大学战略研究所所长亨廷顿在其《文明的冲突与重建世界秩序》一书中就曾毫不掩饰地指出“控制国际银行系统”“控制全部硬通货”“掌握国际资本市场”是“西方文明”控制世界的全球战略的第一位、第二位和第五位的战略。美国是全球性金融资源开发利用的主导国，是上述“三大系统”和“金融衍生商品市场”的主控国，它拥有 4.5 万

---

① 李小牧．金融危机的爆发与解救：一种博弈论解释［J］．经济学动态，1999（2）．

亿美元的投资基金和庞大的金融资产，美元是最主要的国际货币，又不同于黄金挂钩，成为纯信用货币而不必承担任何明确的责任。尽管从总体和长远来看客观存在一些“制约因素”，但也不足以防止其在极端情况下，在某一段时间内运用金融超级武器从事侵略“豪夺”，更难以避免平时利用公开的、隐蔽的、合法的、非法的、间接的、直接的手段从事金融资源的国际“搬运”，从而实现对金融资源的“巧取”。这些都是在新形势下非常值得警惕与特别重视的问题。

二、中国全球化战略中的战略的全球化

面对经济与金融的全球化，在全球各民族国家与经济体中，主要的大国占有重要的地位与影响。作为一个正在发展中的大国，中国必须从两个角度，即既从发展中国家的角度，又从一个大国的双重角度来思考与处理这一问题。尽管这两个角度是不同的、各自独立的，但又必须联系与统一起来。但限于篇幅与时间，本文不准备讨论中国的全球化战略，但在作为大国的全球化战略中，必须有一个面对全球的针对全球的全球化战略，即大国战略的全球化。具体而言，中国应逐步确立自己在 21 世纪全球经济与金融格局中的战略地位与政策，强化对相关问题的研究与准备。这包括中国在 21 世纪全球经济金融发展中的总体战略、人民币逐步完全自由可兑换和逐步国际化，以及在条件成熟时逐步成为国际主导货币之一的问题，中国金融业国际化问题，中国对全球性区域性国际经济金融组织（包括亚洲区域性国际经济组织和货币金融组织问题）的态度与政策等问题。这既是一种机遇，也是一种挑战，更是一种历史责任。人们对此应有一种明确的意识与准备。

亚洲金融危机将中国迅速推向全球经济金融国际舞台的前沿。危机表明，中国“有惊而无险”，“风景这边独好”，并被国际社会一致称赞为是一个“严肃的负责任的大国”，使中国提前成为稳定亚洲乃至世界经济金融的重要因素之一。面向 21 世纪，中国要成为经济强国，也就必须同时成为金融强国。今后中国应高瞻远瞩地充分意识到自己的历史责任与发展机遇，更积极主动地、稳健地参与国际经济金融体制的变革、发展与稳定工作，维护中国和广大发展中国家的利益与安全，争取为人类作出更大的贡献。

金融全球化

———一把“双刃剑”*

刚刚过去的20世纪，在人类文明发展的历史长河中，是一个充满曲折、极富创新、十分辉煌的百年。特别是20世纪末，强劲发展的经济全球化、经济金融化、金融全球化、金融自由化，已经极大地改变了并正在继续改变着世界各国和全球经济的运行方式、运行特征。在这一系列巨大变革中，金融越来越成为一个核心性、主导性和战略性的要素，这要求人们必须以全新的视野观察与处理金融问题。

一个世纪以来，世界金融市场发生了历史性巨变。金融市场由一个单一的简单系统演变为一个涉及众多因素的复杂系统，金融市场的经济功能已不再简单地是过去那种资金运动的“信用中介”，而成为兼具投资——储蓄转化、资源配置、资产重组、宏观调控、风险分散与转移的多功能体。过去比较单一的金融商品和金融工具，伴随着金融创新而日益多样化、复杂化，金融市场也越来越超越国界，成为一种真正意义上的全球性要素市场。金融已不再简单地“从属于”“外生于”“决定于”经济，而是在相融、适应、内生于经济的同时，它自身在某种程度上也越来越独立、超越、相悖于经济本身，出现了同实体经济相对的、以国际金融为核心的“虚拟经济”，并与实体经济交织运行，形成了前所未有的复杂运行态势。从市场与政府的关系出发，金融已不再简单地是政府发展或调控经济的一种“手段”或“杠杆”，而是成为一国经济的核心，构成一种战略性资源。在经济全球化背景下，金融问题以及有关政策问题已不再单纯地是一种行业性、技术性、操作性的微观问题，也不再仅仅是一个国家的内部问题，而成为一种全球性的宏观战略问题。

近一二十年来迅速发展的经济全球化，首先表现为商品的国际自由流

* 本文正式发表于《求是》杂志2001年第1期，是21世纪元年这一标志性历史转折期，受中共中央“求是”杂志经济部李风圣博士之特邀而作。

动和生产在全球范围内的分工协作，这个过程必然包含资本的全球流动以及相关的金融服务。而且，随着世界经济的不断发展，一方面经济与金融相互渗透与融合，日益成为一个整体；另一方面，社会资产或财富日益货币化，社会经济关系也日益货币化（表现为债权债务关系、股权股利关系、委托—代理关系和风险保险关系）。以至于在今天，离开金融的经济不再是现实的经济。实际上，金融全球化已经成为经济全球化最为突出的表现之一。目前，金融全球化已经打开了传统经济制度设置在各国或各地区之间金融市场和金融服务的障碍，加快了资金流及其服务流在全球的流动，一个紧密联系、一体化的全球金融市场体系正处于加速生成过程中。

金融全球化与经济全球化的初衷一样，都是寻求进一步优化资源配置，提高市场效率，以此实现全球经济的共同发展和人类福利的普遍增长。但是，金融全球化是一把“双刃剑”，给人类经济活动带来便利的同时，又会给各国经济发展带来负面效应。

首先，金融全球化在使世界各国经济、金融发展的整体性和相互依存、相互制约度增强的同时，使一国或一个地区的宏观经济、金融波动或经济危机迅速传导波及其他国家或地区，导致各国金融体系尤其是新兴工业国家和发展中国家金融体系的不稳定性明显增强，金融危机频繁爆发，金融波动的联动性日趋明显。金融全球化导致各国金融体系不稳定性的增强，会加大一国或地区市场的破坏性。其中巨额国际资本的流动和大规模的国际金融投机活动超出了大多数国家的控制能力，尤其是金融体系开放程度提高较快但仍不够健全的新兴工业化国家以及经济和金融发展水平都比较低的发展中国家，对此更缺乏足够的抵御能力。巨额资本流动和国际金融投资对一国和全球的宏观经济的微小变动异常敏感，一遇不利因素就会迅速改变资本流向和投机方向，从而对有关国家和国际金融市场造成严重冲击。在这种情况下，各国金融体系尤其是新兴工业化国家和发展中国家金融体系的不稳定性大大增强了，危机频繁爆发。根据国际货币基金组织的统计研究，从 1980 年到 1996 年上半年，该组织的 181 个成员国中有 133 个曾经发生过重大问题或金融波动。

其次，金融全球化打破了传统的市场界限，必然使一国金融市场特别是相对落后国家的金融市场面临更激烈的竞争，而金融业的资本聚集能力和对一般经济的渗透和控制能力，将使金融市场在 21 世纪经济全球化和金融全球化继续扩展的过程中成为国际经济竞争的最主要领域之一，由此导致所谓“金融霸权”、金融安全和金融主权问题。可以预见，由于资本实力和管理经验等方面的巨大悬殊，金融全球化所带来的激烈竞争必然使相对落后国家的大多数金融机构处于不利地位，而发达国家则有可能利用自己的优势地位，使相对落后国家的经济、金融发展方向和进程被迫依从于发达国家的战略利益。发达资本主义国家对其他国家经济、金融发展的这种控制和干预，是所谓“金融霸权”最重要的体现。由于“金融霸权”的存在，金融全球化即使能够提高资源配置效率，也是非均衡、非普遍的，由此引发了人们在金融全球化下对金融安全和金融主权的高度关注。金融安全既是金融本身的稳定和金融发展的安全，又同传统国际政治学意义上的国家安全紧密相关，即“金融安全是金融领域对国家经济、政治和军事等领域安全的维护”，金融的正常运行和发展是对国家安全的支撑。

鉴于此，任何不持一端的经济学家和政策制定者们现在都已承认：全球化必须是一个有控制的过程，必须正视和重视金融全球化的风险。所以，面对金融全球化的挑战，世界各国必须检视传统的金融发展观、金融发展模式以及金融发展战略，采取新的适应性对策。否则，金融全球化经济金融化和金融自由化就可能走向其提高资源配置、实现繁荣的美好理想的反面，世界各国和全球的经济金融前景也将始终处于极大的不确定之中。

经济全球化是自由市场经济理念在全球范围内的延伸和扩展，金融全球化则推动经济全球化深入经济运行的各个领域。基于这种逻辑，积极地参与金融全球化，是中国金融选择了市场化改革方向之后的题中之义。毫无疑问金融全球化使中国金融的改革和发展充满了机遇。这些机遇在于，通过参与金融全球化，金融发展水平高的国家为亟待建立现代市场金融体系的中国提供了制度模仿的样板、较为先进的管理方法和管理经验以及金融发展过程中的惨痛教训，使中国有可能直接迅速地采纳经过实践检验的制度安排、比较先进的管理方法和技术，从而在许多方面形成后发优势，避免在金融发展过程中走弯路，实现跳跃式发展。

另外，金融全球化是经济金融化在经济全球化下的必然发展，而中国金融所面临的最大挑战，恰恰在于它在尚未充分完成经济金融化，在金融体系尚不健全的情况下，就不得不参与到竞争更加激烈、风险也更加巨大的金融全球化中去。金融全球化带来全球性的激烈竞争格局，对迄今为止尚不强大的中国金融业而言，阵痛必定不可避免。特别是目前中国金融体系中存在的金融风险，要尽快着力化解。

展望21世纪，金融问题将是各国经济与社会稳定发展必须慎重处理的具有极端重要性的战略问题，也将是21世纪大国间竞争和博弈的战略性新领域。面对新形势，中国应逐步确立自己在21世纪全球经济与金融格局中的战略地位与政策，强化对相关问题的研究与准备。这既是一种机遇，也是一种挑战，更是一种历史责任。我国应高瞻远瞩地充分意识到这种历史责任和发展机遇，更积极稳健地参与国际经济金融体制的改革，发挥更富有建设性的作用，维护中国和广大发展中国家的利益与安全，争取为人类作出更大的贡献。发展中国家的学者在西方强势文化面前，既不应仰视，也不应俯视，而应平视，必须保持独立的视角、独立的判断和独立的思考。

再论以金融资源论为基础的金融可持续发展理论

——范式转换、理论创新和方法变革*

1998 年 5 月笔者提出了金融可持续发展问题，在国内经济金融理论界引起了热烈的反响和讨论，迄今为止已经一年多了。提出金融可持续发展问题，本来是由于笔者在多年来的观察和思考中感到，金融问题的复杂性和重要性在经济全球化的进程中表现得日益突出，一国乃至全球经济越来越受到频繁爆发的金融危机的威胁，因此必须重视经济发展中的金融问题，必须把金融的长期协调、稳定发展放到战略性的高度来处理。但是，随着对金融可持续发展问题的深入研究，笔者进一步发现，现实金融运行和发展的种种矛盾可能不仅仅是基于飞速变化的经济金融环境，以往支持金融发展政策的理论依据也是令人怀疑的。于是，笔者开始从更深层次和不同以往的视角探索金融可持续发展的理论基础，并以金融资源论为起点，尝试通过理论创新的方式解决传统经济金融理论在解释和处理现实金融问题时的无能为力。这就是笔者所谓的“以金融资源论为基础的金融可持续发展理论”。

当然，理论创新的困难显然是巨大的。第一，我们必须面临经济学、金融学传统范式的强大惯性影响力，这种惯性影响力以世界观、方法论和思维定式等方式束缚着我们这些金融可持续发展理论研究者的手脚，使我们每迈出一步都感到叛逆似的不安。第二，不破不立，但理论创新不能成为空中楼阁，我们必须从经济学、金融学的长期历史发展和现状中小心分辨出哪些依旧能为我所用，哪些应该抛弃，而这常常使我们遇到我们的经济金融理论知识范围的外部边界，从而让我们感到，在较为全面、系统和深入地熟悉和掌握传统经济金融理论方面，我们很大程度上仍然是相当无知的。第三，与传统经济学、金融学的范式基础和理论集合一起构成完整

---

* 本文由笔者与姚勇博士合作完成，发表于《国际金融研究》2000 年第 2 期。

体系的，还包括一系列专家学者们耳熟能详、运用自如的研究方法，这些方法中很多与传统经济学、金融学的范式和理论是一脉相承、无法分割的，从而我们还不得不或者谨慎地选择方便但没有逻辑矛盾的方法，或者另起炉灶，创造我们的新方法。

鉴于此，金融可持续发展理论的研究就不单单是在某一个具体的金融问题上发表与众不同的见解，而必须发展和确立出一个既与传统经济学金融学保持继承性牵连，又对传统经济学金融学有所突破的框架体系，这个体系可以不完美但必须是完整的，即它必须在范式、理论和方法三个方面都有所创新和超越。

一、面向21世纪的新金融观：金融可持续发展理论的范式转换

近年来频繁爆发的金融危机实际上反映了金融学的危机，它表明当代金融学的发展滞后于实际金融活动的发展，因而表现出了理论对经验现实的不适应性。换句话说，即金融学不能及时有效地发挥解释和预言的功能，是金融危机产生的理论根源。经济学、金融学的历史发展演变过程都充分表明，解决经济金融现实问题的迫切要求，往往是经济学、金融学实现超越和进步的最主要动力与契机。这是因为，经济学、金融学实践科学的性质，决定了经济金融理论随经济金融实践改变而改变的特性。但是，经济学、金融学在自成体系的同时也具有了自身的惯性发展轨道，其中对传统范式的维护是经济学、金融学沿着这一惯性轨道运行的主要制约因素。因此，当代金融学要摆脱危机、继续前进并对经济金融的未来发展发挥应有的理论解说和实践指导作用，突破、调整或超越既定范式就是金融学在新形势下自我更新的首要任务。

毋庸置疑，金融可持续发展理论提出的现实背景，是最近几十年来金融越来越表现出对全球各国经济和社会发展的极端战略重要性，特别是近年来频繁爆发的国家性、地区性乃至一定意义上的全球性金融危机更引发了相关国家、地区和全球经济金融的安全稳定问题。因此，金融可持续发展理论也首先是具有反危机倾向的，是对当代经济金融现实发展变化的及时反应。但是，金融可持续发展理论还远不止于仅仅作为一剂预防和治疗金融危机的药方，金融可持续发展理论是对经济金融现实做出的创造性回应——金融可持续发展理论是面向21世纪的新金融观。

我国著名经济学家孙冶方先生曾经说过：“经济理论上的很多争论，都涉及哲学世界观方法论问题，注意从哲学角度来回答这些问题，就可以

取得突破性进展”。[①] 作为金融学研究世界观和方法论的范式制约是金融学发展相对于实际经济金融活动发展而停顿的最重要原因之一，这里，“面向 21 世纪的新金融观”则抽象而集中地体现了金融可持续发展理论在金融学范式转换方面的探索：所谓“面向 21 世纪”，突出地表明金融可持续发展理论是前瞻性、开创性的理论探索；而“新金融观”则意味着金融可持续发展理论是以一种不同以往的新视角看待和处理金融问题以及金融学自身的发展。

具体来说，以金融资源论为基础的金融可持续发展理论，实现了或正在实现的范式转换主要表现在以下几个方面：

（一）金融可持续发展理论强调金融学继续存在和发展的前提是货币非中性基础上的金融非中性

关于货币是否中性的认识，迄今为止经济学发展史上已经经历了多次的反复。造成这种反复的原因，一方面固然是由于货币与经济的关系极为复杂，致使经验检验上的严重困难；另一方面，则是由于货币中性教条是古典、新古典经济学范式中最为坚硬的内核之一，以至于其虽经凯恩斯革命的冲击，但其仍保留了对主流经济学的强大影响力。然而，主流经济学几十年来关于“外生货币”和“内生货币”等方面的研究表明，只要我们正视而不是用假定去掩盖货币增长中无处不在的分配效应，货币就一定是非中性的。而且，在现实中我们也看到几乎没有一个国家不通过货币政策来调整经济，货币政策作为一国最重要的宏观经济政策之一，这一事实本身证明人们普遍相信货币是非中性的，否则货币政策的广泛施行与货币中性就是一个显而易见的悖论。因此，那些表面上坚持货币中性的经济理论和经济学家也只是在理论模型里能够忽略掉货币的实质性影响，在提出政策建议时还没有人敢于声称：不要货币政策。

承认货币非中性，金融学才有了继续存在和研究的基本前提。因为，货币是联结经济和金融的纽带，货币理论的微观基础是人类的金融行为，货币政策的实质就是通过影响金融过程改变实际经济变量。如果否认货币非中性，认为货币不过是标示经济运动的符号，那么金融学的理论内容就不得不日益变得狭窄，并最终窒息而死。回顾金融学并不太长的发展历史我们看到，古典、新古典经济学时期，对货币金融问题的探讨总是不由自主地回到货币的本质和价值决定问题上，因为货币既然是中性的，关于货

① 参见《哲学研究》，1987 年第 8 期。

币金融也就实在没什么更多好说的；而正是在承认货币非中性的凯恩斯主义时代，关于货币金融的研究取得了丰富的成果，一系列关于经济增长的货币模型相继提出，货币金融理论也才成为经济学中一个相对独立的体系；然而“新古典”学派“复兴”之后，金融学几乎成了只对金融市场的交易员和企业的财务经理们才有些许功用的学问，对货币金融在宏观经济过程中的作用的研究实际上被压抑了；直到目前新古典宏观经济学和新凯恩斯主义对峙的情况下，金融学的研究视野也并未有显著的改观，其在经济学学科体系中的地位已经不是“独立”而是“孤立”了。因此，金融学要摆脱危机并获得进一步的发展，就必须首先树立“货币非中性”这面旗帜。

但是，确立“货币非中性”还只是金融学继续存在和发展的必要条件，金融学必须超越对货币与经济关系的探讨，进一步深入研究承载货币运动的金融过程及其与经济的相互关系。货币中性的传统教条导致人们对金融功能的认识长期局限于其中介职能上，因为货币中性与金融中介职能保持着逻辑上的一脉相承。20 世纪六七十年代，一些研究发展中国家货币金融问题的经济学家注意到了金融在经济发展中的重要性，但是他们却错误地预设了目标，即只要发展中国家通过“金融深化”建立了市场化的、职能水平和效率与发达国家相似的金融体系，就可以一劳永逸地解决发展中国家经济发展中货币金融方面的障碍和干扰。这是金融发展理论的核心思想。究其根本，这种思想可以说是认为金融是中性的，认为发达国家的金融运行方式和金融体系可以作为一个经济中的外生因素和终极模式。1980 年，尤金·法玛在《货币经济学杂志》上发表了一篇名为《金融理论中的银行》的论文，他经过缜密的论证，得出了令人惊异的结论：实际经济活动与金融体系不相关，瓦尔拉斯的相对价格体系独立于银行的活动和经济人的证券组合。此即著名的所谓“法玛分离定理”，它充分表明了“新古典”学派“金融中性”的观点。然而，法玛的体系显然缺少经验支持。而且，近几十年实践表明，金融对经济的影响随着金融本身的不断发展变化也是日益丰富和深入的，金融职能的传统定位也已经越来越不符合实际，即使面对发达国家，经济增长模型中如果忽略金融或把金融作为既定的外生因素处理，就很难得出有效的结论。比如，我们在解释美国 20 世纪 90 年代以来连续 9 年的经济增长时，可以突出技术进步特别是高科技的作用，但是如果我们忽略金融因素，就不得不面临一个“黑箱”：高科技推动了美国经济的连续增长，但是它是如何实现的呢？或许看一看

NASDAQ 的报价牌，看一看硅谷的风险投资运作体系，我们就能打开这个“黑箱”。因此，也许在理论上规范严格地证明还需要今后的努力，但是对事实的感性观察已经让我们相信：金融的职能已经不仅仅是中介，在经济发展或增长中，金融是非中性的。

货币非中性基础上的金融非中性，是金融可持续发展理论研究的一个基本的世界观和出发点。确立在货币非中性基础上的金融非中性，就把金融学与一般经济学的研究对象内在地统一起来。一般经济学考察和研究资源稀缺情况下的有效配置问题，金融学则集中考察资源配置过程中的货币金融因素所起的作用。这种统一解决了一方面货币金融在现代经济过程中无所不在而另一方面又常常被当作局部或专业领域的问题的矛盾，金融学也才能摆脱“部门经济学”的宿命，获得更广泛的研究领域和对社会经济更大的发言权。

（二）把“可持续发展”观念引入金融学研究，拓宽了金融学的研究领域，也确立了金融学研究的最终目标

“可持续发展”问题最初的提出，是由于人类社会发展进入 20 世纪七八十年代后表现出的两对尖锐矛盾引发的：一个是发展的无限性与资源的有限性之间的矛盾，另一个是发展成果的有限性和人类消费无限性的矛盾。“可持续发展”的基本思想是保持人口、资源和生态环境与社会经济的长期协调发展。经济学的核心考察对象是资源稀缺条件下的有效配置问题，因此“可持续发展”的观念一经提出，就得到了经济学界的响应，一些经济学家对经济的可持续发展问题进行了探索性的研究。然而，金融有没有可持续发展问题？金融可持续发展与社会经济的可持续发展是怎样的关系？如何实现金融的可持续发展？到金融可持续发展理论提出之前，对这些问题的回答还是一片空白，甚至这些问题也未曾有人提出过。实际上，如果我们承认货币非中性，承认货币非中性基础上的金融非中性，那么金融就是经济运行和经济发展中的一个内生机制，金融可持续发展与经济可持续发展就是相互依赖、相辅相成的。

把“可持续发展”观念引入金融学研究，暗含着一国金融状况不断发展变化并对实际经济产生实质性影响的假设。传统经济学、金融学至少在短期内假设金融环境为一个稳定的、不变的外生因素，但是这一假设现在已经完全缺乏经验基础。最近的一二十年里，金融运行量和质的变化速度远远高于所谓实际经济的变化速度。在经济日益全球化和金融化的今天，金融问题的突出性已经使任何一国经济政策的决策者不能将其轻易忽略；

在国际经济领域，国际金融关系也已经成为国际经济关系中的主导方面。在这种情况下，金融学必须考虑金融随时的变化可能对经济产生的各种影响，并做出相应的理论决断。因此，金融可持续发展理论就把对金融问题独立考察的传统扩大到金融与经济的动态关系上来，金融可持续发展既是金融可持续发展理论的研究对象，也是金融学研究的基本框架和最终目标。

（三）金融可持续发展理论是一种全新的金融效率观

从瓦尔拉斯开创一般均衡体系以来，尽管学派更替不断，但经济学一个始终未变的范式内容就是资源配置效率。在以资源配置效率为中心这一基本观点上，各派经济学都没有本质的区别。资源稀缺导致合理高效地配置资源问题，导致经济主体的最大化行为，而越高程度的竞争，越能实现更高的资源配置效率。但是20世纪二三十年代的经济大危机、70年代的“滞胀”以及90年代以来频繁爆发的金融风暴都证明，理论上的最优世界在现实中是难以实现的。而且，即使在一个国家、一个地区、一个部门或个人看来资源配置是有效率的，但从全球和长期来看这种效率又是值得怀疑的；特别是，即使是在某一个时点上看，资源配置是有效率的，但是从长期发展来看，此时的最大化行为又是“寅吃卯粮”性质的——这集中表现为对资源的过度开采以及工业化等导致的生态环境恶化，由此才产生了“可持续发展”问题。经济可持续发展问题的提出，实际上为经济学以资源配置为中心的范式增加了新的约束条件：既定时期的资源配置效率必须考虑资源的长期利用问题。

当代金融学以信息套利效率、基本估价效率、完全保险效率和中介功能效率[①]作为标准，评价金融体系的效率，并且认为保证这些效率的办法就是减少管制、提高金融体系的竞争程度，也就是所谓的金融自由化主张。但是，最近几十年的金融现实告诉我们，伴随着金融自由化而在品种和交易量都不断急剧扩大的金融交易，很大程度上是在把越来越多的资源

① 信息套利效率就是所谓的有效市场假说（EMH），即如果在一个市场上不可能依据普遍可以利用的公共信息所进行的交易中获利，这个市场就是有效率的。基本估价效率则指，如果一个市场对金融资产的估价精确地反映了对资产的未来支付，或者说，如果资产的价格是基于对资产未来支付的理性预期，那么这个市场就是有效率的。完全保险效率，指一个金融市场体系如果能够为经济主体在未来各种意外情形中交付商品和服务提供保险（不管是通过现在就放弃他们拥有的某些财产，还是通过签订契约的方式在未来出现特定的意外情形时交付），那么这个金融市场体系就是有效率的。中介效率指金融体系提供支付机制和支付网络的便利程度和动员储蓄能力的大小。

吸引和投入一些远远脱离了真实商品和服务的生产过程的金融活动中。金融工具流动性和可转让性的提高促进了过度投机，导致了“泡沫经济”。“泡沫经济”的崩溃对许多国家和地区的经济发展带来了严重的伤害，因而显然是短视的和无效率的。

金融可持续发展理论则强调，金融效率的评价标准是金融发展与经济发展的适应程度，资产的金融化不能以牺牲现时和未来的实际生产和服务为代价。因此，金融可持续发展观是一种全新的效率观。这种效率观不是仅仅注重一个国家某一时点上的资源配置效率，而是更注重在一个相对长的历史时期内金融与经济相互影响、相互作用下的协调发展。

（四）在方法论上，金融可持续发展理论注重理论实证和经验实证的有机结合，突出强调金融学的社会科学属性

经济学、金融学的实证化使其成为一门分析的科学，但是理论实证与经验实证的分裂也导致经济学、金融学逐渐演变出迄今越来越明显的“工具性”“技术性”倾向。经济学、金融学的“分析性”“工具性”倾向实际上是一种“建构理性”崇拜。“建构理性”满足于用“思想试验”的结果去检验现实经济金融，而不是相反。因此，当代经济、金融理论一方面表现出形式上的严谨和完美，另一方面则表现出实践上的苍白无力。

金融可持续发展理论强调，实践永远高于理论，经济学、金融学研究必须从实践出发，检验经济金融理论的标准只能是其对现实经济金融的解释能力和预言能力，即理论检验固然重要，但经验检验是更重要、更根本的。

对于经济学、金融学的“工具性”“技术性”倾向，金融可持续发展理论认为，经济金融的、社会的和制度的现象具有内在的依赖性，因此经济学、金融学是“文化”的而非“自然”的科学，归属于社会性而非技术性的范畴，即经济学、金融学的本质是社会科学。经济学、金融学的社会科学本质，决定了举凡对经济金融体制结构、功能和运行具有重大影响的任何因素，都应当在经济学的研究范围之内。画地为牢，必然使理论脱离实际，流于追求技术性操作，使经济学、金融学失去社会科学的本质。

强调经济学、金融学的社会科学本质，实际上就是强调超越现有的范式基础和理论体系，把尚未纳入经济学、金融学视野但实际上又与经济金融紧密相关的社会现象、活动和因素吸取进来，而不是囿于传统范式和理论体系的制约，对它们视而不见或把它们人为地排除掉。

因此，肯定经验检验在经济学、金融学中的突出地位和强调经济学、金融学的社会科学本质，是从现实出发的研究方法。这种从现实出发的研究，不但扩大了研究内容和视野，而且把研究方式扩大到包括历史方法、制度方法等其他所有可能的方法。

当然，强调经济学、金融学的社会科学属性，是强调对经济金融现象的理解不能离开社会学、政治学、心理学、历史学乃至哲学的辅佐，但是运用其他社会科学的原理分析经济金融问题不能代替经济学、金融学本身，否则就会出现根本没有所谓的经济学、金融学，而只有应用于经济金融问题的社会科学了。

总之，金融可持续发展理论对当代经济学、金融学的范式基础转换进行了一定程度的尝试，并试图通过这种尝试为金融学的未来发展寻找可能的出路。金融可持续发展理论既然不是完全在现有的经济学、金融学范式内演绎，就必然在多方面与现有的经济学、金融学发生或大或小的冲突，甚至有时候直接表现为与执着于既定范式的经济学家、金融学家们的对立。这种冲突和对立是不可避免的，因为任何的范式转换都具有“革命”的性质。不过，我们说金融可持续发展理论对当代经济学、金融学进行了“一定程度”的范式转换，表明我们并不全盘否定当代经济学、金融学范式的合理性，而是指出了那些看来已经不合理的部分内容。全盘否定经济学、金融学现有范式的合理性，显然是一种虚无主义的倾向，实际上也否定了经济学、金融学已经取得的历史进步。

二、金融资源论：金融可持续发展理论的理论创新

如前所述，金融可持续发展问题的提出是对当代经济金融现实的及时反应，是一种面向21世纪的新金融观。但是，金融可持续发展问题如果不能通过一整套逻辑连贯的理论体系来说明，它就只能停留在虚幻缥缈的观念上，无法导出解决现实经济金融问题的有效政策，更不能对当代金融学摆脱危机产生积极的、实质性的推动和影响。

我们已经指出，金融可持续发展问题的提出对当代经济学、金融学范式的超越和突破。但是，新的范式必然要求在理论上有所创新，否则就不过是新瓶装旧酒而已。鉴于此，我们提出了金融资源论，以之作为金融可持续发展理论的理论创新根基。关于金融资源论，笔者已经作过比较充分

完整的阐述[①]，在这里我们仅仅从理论创新这个意义上集中考察以下几个问题。

（一）提出金融资源论的时代背景

金融资源论的核心就是认为金融是一种资源，是一种具有极端战略重要性的资源。金融资源论是一个假说，是针对当代经济金融现实及其发展趋势提出的。

在最近的几十年里，社会经济伴随着科学技术的突飞猛进不但表现为物质财富积累和消费量的迅速增加，而且经济结构和运行特点也越来越表现出与以往有非常显著的不同。其中最为突出的是，信息与知识不但越来越在生产和交易过程中发挥重要作用，从而进一步增强了在经济活动中的影响力，而且信息和知识越来越成为物质产品成本的重要组成部分，甚至信息和知识本身已经成为产品，社会经济中最有活力、增长速度最快和增长潜力最大的生产和消费，就是信息和知识产品的生产和消费。实际上，这就是当前人们所说的知识经济。

社会经济说到底是通过利用资源满足人类不断增长的消费欲望。19世纪中期完成的工业革命，使人类从自给自足的农业经济进入分工协作的工业经济，从而也使人类对以土地为主的资源利用扩大更大范围，地球上数不清的自然物质进入人类开采利用的清单，成为支撑经济发展的资源——自然资源。在工业经济时代，先进国家与落后国家就是以对自然资源的开采利用程度和水平来衡量的，对自然资源的控制权也是几乎所有政治事件和极端政治——战争的根源，而国际贸易不过是在世界范围内争夺资源的和平手段。与工业经济相比，知识经济的情况将有很大的变化：在知识经济中，信息和知识是社会经济发展的最重要动力和要素。实际上，这种变化现在已经初露端倪。

可以预见，知识经济的到来将会对人类社会经济产生极为深刻的影响。在这些影响中，我们已经认识到并可以充分肯定的是，像工业经济一样，知识经济也将进一步扩大人类可利用资源的范围，资源定义的外延也将被继续拓宽。

我们发现，金融资产品种和量的急剧扩张，金融活动复杂性的不断提高，以及金融对经济的影响、渗透日益加深，是与工业经济的发展和成熟

---

① 参见“论金融可持续发展”，《国际金融研究》，1998 年 5 月；《金融时报》，1998 年 6 月 7 日；“面向 21 世纪的新金融观”，《金融时报》，1999 年 4 月 3 日。

相伴随的。这表现了金融与经济紧密的关系，也表现了随着经济日益发展金融作用日益增强的必然性。在当今知识经济替代工业经济的过程中，金融的作用更加突出，从而其资源属性日渐显露。

（二）金融资源论的理论依据

金融具有资源的属性，还不仅仅是我们在从工业经济向知识经济转化过程中的一种直觉，从经济学的发展演变中我们也可以发掘出金融资源论的理论依据。

古典、新古典经济学繁荣的时期，是工业经济的“青少年”时期。在古典经济学里，土地、劳动力和资本的“三位一体”公式，体现了当时工业经济仍然离不开农业经济的羁绊。新古典经济学时期，交通运输、采矿、电磁等技术的提高使石油等新的矿产资源和电力进入工业生产。新古典经济学的经济模型中，除了商品市场和劳动力市场，还出现了资本市场。在这个资本市场中，资本是物化的资本，是实物资本，是资本家占有的、可用于生产投入的实体物质，其实质是以自然资源及自然资源加工后的产成品为主的资源——生产要素。实物资本市场的均衡就得出了利率即实物资本的利润率，其高低对经济具有决定性的影响。古典、新古典经济学关心实物资本的投入和产出，关心实物的交换和消费，因此它们是实物经济学。新古典经济学的柯布—道格拉斯生产函数则进一步表明，虽然金融活动不断发展，但它始终是被作为外在的技术性环境和条件，而不是必要的资源。即在柯布—道格拉斯生产函数 $y = Ax_1^{\alpha}x_2^{\beta}\cdots x_n^{\zeta}$ 中，金融是包括在技术系数 A 中的。

凯恩斯对货币金融因素的重要性揭示，改善了货币金融在经济中的地位和作用。在凯恩斯主义的经济模型中，货币市场代替了实物资本市场，货币供给和需求决定的利率影响着投资，从而影响着经济。不过，凯恩斯认为投资的利率弹性很低，而金融的重要性则在于动员储蓄向投资转化的中介功能。因此，在凯恩斯主义的经济增长模型 $g = s/k$ 中[①]，金融是通过提高储蓄率 s 从而提高增长率 g 来间接发挥作用的。

金融的资源属性逐渐显露，促使金融从生产函数的约束条件向自变量转化。凯恩斯主义没有完成这一飞跃。货币主义、供给学派和新古典宏观经济学是“新古典”学派，因此根本不可能在理论体系中进一步显露金融

① 哈罗德—多马模型。其中，k 是产出—资本比率，它由技术决定。k 可变，体现了技术革命对经济增长的重要性。

的重要作用。不过，它们在与凯恩斯主义斗争的过程中，也推动了经济学向更深层次的发展。其中，对交易费用和信息在经济运行中作用的研究却有助于我们揭示金融的资源属性。

运用交易费用理论和信息理论考察金融活动的产生和发展，我们发现金融活动的产生除了用分工来解释之外，降低交易费用和减少经济主体之间的信息不对称是更为重要的原因。金融活动通过货币和其他金融资产的交易实现产权的高效配置和交换，从而降低了交易成本；繁荣发达的金融市场是经济信息的集中和处理场所，金融信用比商业信用更可靠更安全，从而降低了经济主体的信息搜寻成本。[①] 因此，金融的功能就绝不止于支付结算和动员储蓄这样的简单中介。这样，随着以知识和信息的生产与消费为主知识经济时代的到来，金融整体上的资源属性就更加显露无遗了，金融应该作为最重要的自变量之一进入微观经济的生产函数和宏观经济的增长函数。

（三）金融资源论与金融可持续发展理论的逻辑关系

从以上金融资源论提出的时代背景和理论依据我们可以看出，金融资源论既有经验上的支持，也具备理论上的继承性。因此，作为一种理论创新，金融资源论并非空中楼阁。

世界各国金融发达情况的不同，一方面固然与世界各国经济发达的程度紧密相关，但是另一方面也表明，就一个具体的国家而言，对经济发挥正面、有效影响的金融并非唾手可得，因而金融表现出了稀缺性特点。然而，金融的稀缺性还不完全足以证明它是经济发展可资利用的资源，金融对经济发展的实质性影响才是最重要的。因此，我们前面确定的货币非中性基础上的“金融非中性”才是判断金融资源属性的根本依据所在。

金融是资源，就不但超越了对金融属性的传统认识，而且改变了金融问题在经济学研究中的传统地位，金融作为一个整体成为经济学的一般研究对象之一。因为经济学就是研究既定约束下的资源配置问题，金融的资源属性决定了经济学对资源配置问题的研究应该扩大到金融资源的配置上，或者只有通过金融资源的配置才能最终实现对社会一般资源的配置。

确定金融是资源，我们就奠定了金融可持续发展理论的基础。第一，资源是发展的要素，对资源的长期合理开发和利用就是可持续发展，金融可持续发展就是对金融资源的长期合理开发和利用。第二，金融资源合理

① 当然，信息成本广义上也是交易成本的一部分。

开发和利用的标准是经济与金融发展相互之间的协调程度，超越经济发展要求的金融资源开发和利用，是对金融资源的滥用和浪费；滞后于经济发展的金融资源开发和利用，则是对金融资源的开发不足和另一种形式的浪费。第三，金融可持续发展的目标是经济的可持续发展，金融与经济日益融合决定了金融可持续发展是经济可持续发展的充分必要条件，某种程度上甚至可以说，金融可持续发展和经济可持续发展就是等价的。

因此，金融资源论是金融可持续发展理论的理论起点、推理线索和政策操作目标。在金融可持续发展理论体系中，金融资源论是核心和基础。

（四）金融资源论在现时的政策含义

我们揭示了金融的资源属性之后，同时也就引出了金融属性的二重性：金融既是资源配置的机制，同时又是资源配置的对象。金融属性的这种二重性并不是矛盾的，而是统一的。具体来说，作为整体金融是社会经济运行和发展的基本构成和支持要素，从而体现了金融的资源属性；同时，金融又是社会经济配置资源的最重要手段和机制之一，与之并行的还有其他的资源配置手段和机制，但是与其他手段和机制相比，金融配置资源的重要性随着经济全球化、经济金融化和知识经济的发展趋势而越来越突出了。

金融的这种二重属性，向我们提示了金融资源论关于金融发展新的政策含义，这种政策含义与以往的经济学、金融学的结论有很大的不同。以往的经济学、金融学关于金融发展的政策含义主要有两方面：一是戈德史密斯将金融发展定义为“金融结构的变迁”，他用金融相关率（FIR）来评价金融发展水平的高低，因此金融发展就是包含金融资产、金融机构等要素的金融结构的变化结果，其实质是量性的增长；二是麦金农和肖的“金融深化”，即放松对利率和金融机构的管制，其实质是金融自由化。实践证明，量性增长并不能自动带来金融整体效率和功能的提高，金融自由化也存在与经济发展相协调的问题，二者共同的缺陷在于无法保证金融的可持续发展。金融资源论则认为，金融发展的关键在于金融质的提高，合理地开发、利用和配置金融资源，同时注重作为资源配置手段和机制的金融整体效率和功能的改善，是实现金融可持续发展的必经途径。

此外，金融资源论的政策含义不仅局限在一国之内，而且具备全球性的视角。金融是资源，是一种特殊的战略性资源，在当今经济金融日益全球化的情况下自然就导出了这种资源的国际配置问题。在现阶段世界各国经济发展不平衡的情况下，经济金融的全球化产生了金融资源在发达国家和相对落后国家之间的不均衡配置，甚至在一定意义上还存在发达国家掠夺相对落后国家金融资源的现象。经济资源在全球更自由的流动和配置也许是不可阻挡的历史潮流，但是金融资源论认为，金融资源开发利用的成本与收益、风险与收益的对称性问题是关键性问题，相对落后国家应该突出地注重和考虑对本国金融资源的保护问题，否则就难以从经济金融的全球化中真正有所得益。

三、从货币分析到金融分析：金融可持续发展理论的方法变革

为适应新的经济金融现实及其发展趋势，除了尝试对传统范式有所突破，并在此基础上以金融资源论为核心进行理论创新之外，金融可持续发展理论对变革金融学的分析方法也作了积极的探索。

金融可持续发展理论探索对金融学分析方法加以变革，并不是排斥金融学现有的全部方法。随着经济学、金融学自身的发展而产生的各种分析方法，有的与目前经济学、金融学范式中仍然合理的内容紧密相连，因而仍然是有效的，可以为金融可持续发展理论研究所采用；而那些被经济学、金融学现有范式中不合理的内容所决定的分析方法，则应该在范式转换的过程中同时加以扬弃。其中，金融可持续发展理论特别强调对货币分析方法的变革。

（一）货币分析的简要历史回顾

在经济学的历史上，货币分析这个概念是不断演变发展的，并无一成不变的规定性定义。在古典和新古典经济学[①]那里，货币分析完全隶属于货币经济学，它主要涉及两个基本问题：一是货币的价值如何决定，从而一般物价水平如何决定？二是货币及其货币现象与实际经济的关系是怎样的？即货币及其货币关系相对于“真实经济过程”是否保持中性（Neutrality）。因此，货币分析实际上就是研究经济过程中与货币或货币现象相联系的各种经济关系。

我们知道，经济学、金融学的任何发展，都是对现实经济发展的反映和适应，货币分析的演变也是毫无例外地沿着这一轨迹进行的。迄今为止，货币分析涉及的以上两个问题，即货币分析的内涵，并没有随着经济学、金融学的发展而有本质的改变，所谓货币分析的演变，不过只是不同

① 凯恩斯把“边际革命”以来到“凯恩斯革命”之间的经济学称为古典经济学，而按照一般的划分方法，19 世纪 70 年代的“边际革命”是古典经济学与新古典经济学的分水岭。

时期的经济学家们对这两个基本问题的看法发生了变化。但是，货币分析的外延，或者说货币分析的隶属关系，却随着经济金融的发展从而经济学、金融学的发展不断发展而不断扩大。21世纪以来的经济发展过程中，货币或者以货币运行为核心的金融对现代经济发挥着越来越广泛的渗透和影响，越来越表现出“内生性”。在这种情况下，货币分析已经成为经济分析特别是宏观经济分析的代名词——谁能忽略货币因素而去完整地诠释宏观经济的波动呢？另外，金融发展也从来不是一个独立、孤立的过程。从先前简单经济中单纯的“中介人”，到现代经济中的“万能垄断者”，金融机构功能的拓展和种类的扩大、金融工具数量和交易量的增加、金融市场的发育和完善，无时不受当时经济历史条件的制约。因此，经济发展无法脱离货币金融的伴随和作用，金融发展也离不开经济发展作为背景和支撑，从而金融的可持续发展就是经济可持续发展的充分必要条件，经济的可持续发展必然逻辑地意味着也同时实现了金融的可持续发展。这样，基于货币分析内涵的规定性，我们就导出了从货币分析入手考察金融可持续发展理论的方法变革可能是一个合适的途径。

从货币分析的发展历史来看，古典和新古典经济学坚持货币中性，认为“货币量增加所引起的正常影响，就是引起一般物价水平的完全同比例的上升”，因此，货币不构成真实经济的组成部分，货币与真实经济之间只有单纯的相对关系。古典和新古典经济学货币中性的观点实际上是只强调货币的交易媒介功能，不仅忽视了货币的价值贮藏作用，更无视货币在媒介资本转移、实现储蓄配置方面的作用。

基于货币中性的观点，就形成了古典和新古典经济学的“两分法”。“两分法”使它们的货币分析沉迷于货币数量与一般价格水平的公理性联系中，根本无暇顾及金融及其金融关系在一般经济分析中应有的地位。

古典货币分析的这种局限性，在货币关系比较简单的时期表现得还不太明显，但是随着货币以及金融对实际经济渗透程度的进一步加深，古典经济学的货币中性论越来越站不住脚，越来越难以对现实经济做出合理的解释。在这种情况下，伴随着凯恩斯对古典经济学的“革命”，古典经济学的货币分析也被凯恩斯的货币分析所替代。

凯恩斯通过其新的货币资产观和货币利率理论的形成，把货币以一种实质性的方式融入了真实经济过程：实物资本和货币资本的利率都决定于它们各自的数量和经济主体的预期，由于投资者的实物资本投资总是以获取利润为目的，因此在任何情况下，经济体系的总资本效率都不可能低于货币的边际效率——利率。这样一来，货币资产及其利率在经济体系中就起到了限定一个社会总资本存量的特殊作用。于是，在凯恩斯的货币分析看来，货币对真实经济就总是非中性的。

凯恩斯在理论上确认货币的非中性，虽然没有引导凯恩斯走向尊崇货币政策（由于流动性陷阱的存在，货币政策的效应受到制约，因而凯恩斯更倾向于以财政政策为主的需求管理），但是却必然引起人们对货币以及金融、金融过程前所未有的重视。

第二次世界大战后，希克斯、汉森和托宾等人发展了凯恩斯经济学，并将其调和为新古典综合派。利率决定于储蓄与投资相等、货币需求与货币供给一致的 *IS - LM* 模型充分包含了货币因素，成为标准的宏观经济分析工具。新古典综合派摒弃了以哈罗德—多马模型为代表的实物增长理论，提出一系列货币增长理论模型。其中，斯泰因（1966）建立的凯恩斯—维克塞尔模型最为全面深入，它表明，货币供应的增长率、私人部门的金融资产净额与货币存量之比在长期中影响着实际变量的均衡值。所以，在长期增长过程中，货币也不是中性的。因此，货币非中性在新古典综合派那里就得到了有力的说明，并被发展到没有任何妥协和折中的、始终如一的程度。

然而，货币主义却重新提出了货币中性的概念。弗里德曼对于货币中性的看法是从货币供给变动引起人们资产组合变动的角度展开的，而且货币增长的分配效应也是通过资产组合引入其分析框架的。但是，与凯恩斯不同，弗里德曼的资产组合不仅包括货币和债券，也包括其他金融资产乃至实物资本。这样，资产组合的调整就可以通过资产收益结构的改变直接对就业、产出和收入产生影响而无须通过利率传导。显然，弗里德曼恢复了古典经济学货币中性的观点。但是，货币主义货币中性的态度又是模糊的。弗里德曼用名义国民收入水平决定的货币数量论取代古典的、一般物价水平决定的数量论，就没有将货币影响真实经济的大门完全关死，在短期内货币仍然可能是非中性的。因此，弗里德曼的货币数量论实际上成为货币数量与经济波动的理论。

20 世纪 70 年代末，供给学派复活了消亡已久的“萨伊定律”，形成对凯恩斯主义的全面反动。而 80 年代的理性预期学派，则主张货币政策在短期和长期都无效的政策观念。显然，理性预期的理论逻辑回到了古典经济学的“两分法”和货币中性。

“两分法”和货币中性作为理性预期经济学的基本框架，使其恢复了古典和新古典经济学“自由放任”的信念，并使其成为当代经济学的新正统。但是，从金融一定程度上越来越强的虚拟性、信息技术的发展对金融脱离传统轨道运行的推动以及由此引发的新一轮金融自由化、金融创新等现实情况来看，现代经济学货币分析的上述“轮回”绝不可能完整地涵盖和有效地解释日益复杂的金融过程（货币及其作用只是其一部分）及其对真实经济的广泛影响。因此，我们仍需建立一种全新的分析视角和分析方法——金融分析。

（二）从货币分析到金融分析

在完成对主流经济学货币分析的历史审视之后，结合金融可持续发展观，我们提出了金融分析的概念。那么，什么是金融分析？

对金融分析进行严格的界定也许为时尚早，但我们认为，对金融分析的认识至少应包含以下几个方面：

——金融分析研究经济过程中与金融及其金融过程有关的各种经济关系。

对于货币是什么，尽管历来的经济学家们的看法多有不同，但是从他们浩繁的著作中我们仍然可以找到无数的真知灼见。关于价值论的讨论早已偃旗息鼓，因而关于货币的本质及其价值决定问题也出于实用主义的考虑逐渐淡出。货币分析关注的第二个问题——货币是否中性问题——尽管在经济学的发展史上出现了反复，但显而易见的是，在今天任何一个经济学家只要正视，而不是用假定去掩盖货币增长中无所不在的分配效应，货币就一定是非中性的。然而对于金融是什么，甚为权威的《新帕尔格雷夫经济学大辞典》也语焉不详，该辞典仅从学理的角度出发，认为“金融以其不同的中心点和方法论而成为经济学的一个分支。其基本的中心点是资本市场的运营、资本资产的供给和定价。其方法论是使用相近的替代物给金融契约和工具定价”。① 可见，主流经济学对金融问题是孤立地进行探查的，很大程度上忽视了金融可能是联结货币与实际经济相互影响的纽带。

我们认为，对金融问题的独立考察固然重要，但是在现代金融日益融入经济运行过程的今天，进一步地揭示金融及其金融过程与实际经济变量之间的规律性联系更为关键。换句话说，金融及其金融过程应当作为经济变量之一而被纳入经济分析之中，形成层次更高的金融分析框架和金融分

① 《新帕尔格雷夫经济学大辞典》，中文版，第2卷，345页，经济科学出版社。

析方法，而不是停留在传统货币分析的低水平上。所以金融分析既是货币分析的逻辑延伸，更是对货币分析的必然拓展和超越。

——金融分析的基本问题是研究金融的内生性问题。

凯恩斯以来的经济学家们，对货币的内生性问题进行了深入、系统和广泛的研究，其中格利和肖的研究非常引人注目。格利和肖在1960年出版的《金融理论中的货币》一书中，为了解决货币政策究竟对实际经济起不起作用这样一个问题，把货币区分为内生货币和外生货币。不论这种区分是否合理，内生货币和外生货币所分别代表的内生金融过程和外生金融过程对于我们的金融分析极具启发性。因为当我们从货币分析上升到视野更为广阔的金融分析时，我们首先必须确定金融分析的基本问题。结合对传统货币分析的继承和我们的意图，我们认为金融分析的基本问题当然是金融的内生性问题。

对于金融是否是经济体系的内生变量问题的认知，我们现在依然是通过直觉获得的，缺乏严密的理论说明和论证。金融的内生性问题存在三种可能的答案：（1）金融是内生的；（2）金融是外生的；（3）金融既有内生性，又有外生性——金融的某些组成部分或某些过程是内生的，而另一些组成部分或过程是外生的。我们获取答案的途径就是金融分析。

——金融分析在一般经济分析中的地位。

当给出了金融分析的简要概念和基本问题之后，我们可以很容易地看到金融分析在一般经济分析中的地位。首先，金融分析不可能完全替代一般经济分析。尽管当今经济的货币化、金融化程度日益加深，几乎所有的经济关系都与金融关系紧密相关，或者根本就是金融关系，但是我们仍然要杜绝金融分析的“霸权主义”倾向。我们必须承认，金融分析在宏观经济领域有更广泛的应用价值，而对于微观经济领域的某些问题可能仍然是缺乏解释力的。其次，金融分析具有中介性质。我们已经说过，金融分析是货币分析的逻辑延伸，是对货币分析的拓展和超越。之所以有这种延伸、拓展和超越，是由于传统货币分析作为考察货币金融与经济关系的工具过于简单、过于“遥远”了，因而客观上需要金融分析的出现以拉近与分析目标的距离。

（三）金融分析与金融可持续发展理论

在传承和超越货币分析的基础上，我们提出了所谓的金融分析。我们认为，作为一种变革传统分析方法的探索，金融分析与金融可持续发展理论是内在地一致的。

1. 金融可持续发展问题就是金融分析的基本问题

金融可持续发展绝不是金融发展和（经济）可持续发展问题的简单拼凑，而是观察和思考金融发展与经济可持续发展之间客观存在的关系的结果。金融过程的繁荣是否推动了经济增长，抑或是西方经济走向成熟以后推动了金融业的繁荣目前还不得而知。但是，经济发展的历史明确地表明，一方面，每一次经济发展的高潮都伴随着金融制度、金融过程以及金融功能向高级化和复杂化演变，而每一次金融整体水平的提升，都使经济运行的某些环节更为平滑；另一方面，更为明显的是，每一次经济发展的停滞，都造成金融运行和金融秩序的混乱，而每一次金融危机的爆发，都或多或少地导致经济发展的暂时中断。金融发展与经济发展的这种经验关联，促使我们有意识、有目的地去考察和摸索二者之间相互影响的本质规律，以求在理论上可以把握、在实践上可以操作的金融与经济并行的稳定和发展——这既是金融可持续发展理论的重心，也是金融分析关注的基本问题。

2. 金融可持续发展不是金融分析的唯一目标，但却是金融分析的首要目标

金融分析的目标是通过金融过程来理解整个经济过程。显然，金融可持续发展只是整个经济发展过程的一个方面或一个层次，金融分析不可能只执着于金融可持续发展。但是，上述金融发展与经济发展的经验关联，又提示着金融发展及其可持续的重要性，因而要求金融分析在致力于经济可持续发展问题的同时，首先关注金融本身在现有经济环境和机制约束下的发展问题。

3. 金融分析是构建新金融学的途径

如前所述，金融可持续发展理论对传统范式进行转换的一个重要内容就是坚持货币非中性基础上的“金融非中性”，金融分析方法本身则直接体现了金融可持续发展理论“金融非中性”的范式要求。沿着金融分析，我们就有可能突破原有经济学、金融学的束缚，通过把金融有机地融入一般经济过程，提出系统化的命题和原理，完成新金融学的理论构建。

4. 金融分析方法的运用，有助于经济分析从“孤立主义研究传统”向“关联主义”的研究方法发展的方向

在经济学各个分支的理论演变和发展研究中，普遍存在的一个严重缺陷就是理论研究的预设背景过于狭窄，研究者通常都是严格限定自己的研究领域，不愿拓展视角以联系领域之外的变化和发展。这种孤立主义的研

究传统，制约了经济学的进步，更使经济学对现实经济的解释乏善可陈，经济学家们则被嘲笑作“迷惘的预言家”。而金融分析通过对金融可持续发展理论的探讨，既涉及金融本身的发展，又对与金融相关的经济过程加以关照。这样，金融分析就贯彻了关联主义的研究方法，推动金融学研究从封闭走向开放。

以上我们不揣冒昧地从范式、理论和方法三个方面阐述了金融可持续发展理论研究迄今为止所进行的创新尝试。毫无疑问，以金融资源论为基础的金融可持续发展理论研究还处在初级阶段，各方面还不够严整和完善，还有许多重大的理论问题需要解决。这就需要我们这些研究者们继续艰苦探索，也需要更多的关心金融可持续发展问题的理论界同行们提供有益的批评和帮助。

金融资源学说和金融可持续发展理论孕育发展的心路历程*

归根结底，包括经济金融理论在内的哲学社会科学的命运取决于其满足适应时代呼唤和人类经济社会发展的水平与需要程度，以及人类自身理性发展完善程度，当然，理论也有其自身的发展逻辑。有创新才有发展，有发展才有进化，发展是量性与质性发展的统一。在历史发展的长河中，人类既是“创新”的产物，更是创新的主体。创新是一个民族与国家不断前进发展的不竭动力与源泉。创新常从某种困惑、怀疑、否定，乃至“叛逆”开始，创新不仅需要智慧，更需要胆略与勇气。而以金融资源学说为基础的金融可持续发展理论与战略的提出与研究发展历程，也生动地印证了上述这一切。

金融可持续发展研究从诸多困惑与怀疑开始

对金融可持续发展的研究涉及可持续发展、经济资源观和金融资源论三大领域。

首先是可持续发展问题。

笔者研究可持续发展始于 1993 年在北京召开的第十届“泛太平洋国际经济技术合作与发展大会”，笔者的“以市场经济原则重新构筑中国的银行体制”一文入选大会报告论文，有幸与会。会中我第一次看到“中国 21 世纪议程”这个规划描绘 21 世纪中国经济与社会发展一系列重大问题的纲领性政府文献。读后我惊奇地发现文中完全没有金融的内容，这使我感到困惑不解。我想，也许是起草人员一时的疏忽或相关人员知识结构的局限所致。随后我又查阅了联合国“人类 21 世纪议程”这一文献，同样惊奇地发现其中也完全未能涉及金融问题。这纠正了我最初以为可能是偶

* 本文发表于《当代金融家》2005 年第 5 期。

然因素的疏忽与局限这一看法，转而严肃地思考人类在思想认识上的共同局限这一必然因素。从而开始了可持续发展问题的研究。

可持续发展的思想以及它的现实针对性，最初是在20世纪60年代末由挪威首相布伦特兰夫人提出来的，它是直接针对发展中国家伴随经济高速增长而带来的自然资源的浪费和生态环境的破坏这一重大问题提出来的。这一思想的提出是崇高的和意义重大的，有时“提出一个问题比解决一个问题要更难”，因而她的贡献是可以载入人类史册的。然而，这一理念的现实针对性却从一开始就是片面的，因为它忽略了西方发达国家对自然资源的掠夺性开采、惊人的浪费和伴随着这一进程而造成的生态环境的巨大破坏这一事实。这一片面性在1992年召开的全球里约热内卢会议得到纠正，使这一理念成为全人类的共同财富，并且在实践上成为包括发达国家、发展中国家和转轨型国家在内的所有国家的历史任务，并制定了共同行动纲领，即“人类21世纪议程”。

随着时间的流逝，可持续发展思想的含义和它的现实针对性都在不断丰富与发展。它最初的含义是今天的发展和福利不能以牺牲下一代人的福利和发展为代价，且直接针对发展中国家和生态环境这一狭小领域；以我的理解，它现在的含义是人与自然、人与社会、社会与经济的协调、稳定、有序有效和谐的持续性发展。

经过十多年的研究与思考，不断的深入与拓展，常常是有针对性地思考与研究，逐渐形成完善了我对可持续发展问题的理解，形成我的可持续发展观。概括地说是如下六点：(1) 可持续发展思想本身是一种高度抽象的哲学理念，是一种人文的关怀与关爱，它首先不是高度实践性的行动纲领，不能将这一崇高思想庸俗化、简单化，否则表面看似极端重视实则反而会降低或冲淡它的崇高和巨大精神价值。(2) 这一理念是以人或人类社会为本为中心，而不是以别的什么为中心，之所以强调这一点，是因为国内和国外都有人强烈主张以自然为中心，这是本末倒置的和错误的。(3) 防止将这一理念在实践上局限化、局部化，或者如一部分人所主张的那样“强烈反对将这一思想泛化”，他们主张只针对自然与生态这一最初领域。这种主张是错误的。事实上，这一理念本身就是人类社会不断发展的产物，而且这一思想产生后它本身也在不断发展与丰富，而不会也不应该人为地局限在、凝固在某一层面或某一点上。试想，将这一崇高思想人为地“垄断化”，能产生任何积极结果吗？(4) 不应将可持续发展等同于协调发展。不错，可持续发展思想强调今天的发展不能以牺牲下一代的福利为代价，这种昨天、今天与明天的时间连续性，以及这一代人、下一代人“人本代际”发展的连续性引申出可持续发展，而可持续发展必然有相关要素的协调及协调发展问题，这是不言而喻的。因此，“可持续发展”与“协调发展”二者密切相关，但并不简单等同。将二者等同或混淆是有害无益的。例如，“可持续发展”是全人类的崇高哲学理念，而“协调发展”则只是一种发展观。（5）这一思想有它强烈的现实针对性，它对全人类生存与发展具有重大的实践性意义，它在实践的战略层面，可以高度地概括为坚持人与自然、人与社会、社会与经济的全面的（而非仅仅局限在狭小的方面）协调、和谐（特别是社会和谐发展）、质性与量性发展相统一、跳跃式与渐进式发展相统一的可持续的发展观。（6）在实践的战略层面，尤其强调发展的时间可持续性和空间可持续性。发展的空间可持续性意味着全球东方与西方、南方与北方、发达国家、发展中国家及转轨型国家经济与社会发展的连续性、协调性、和谐性、有效性和可持续性；意味着全球与国别或地区、产业、行业、部门间的发展的连续性、协调性、和谐性、有效性和可持续发展性。例如虚拟经济的有效协调发展不能以实质经济的不协调、无效、不可持续发展为代价；一部分国家或地区的有效协调持续发展不能以另一部分国家或地区的不协调、无效、不可持续发展为代价；一些行业或产业的协调有效可持续发展不能以另一些行业或产业的不协调、无效与不可持续发展为代价。①

笔者从1993年开始研究，1998年正式公开提出到迄今为止的十多年时间的不断拓展与完善，人类以及中国经济与社会发展的实践都证明了作者对可持续发展思想认识与理解的正确性。它在整体上同以胡锦涛总书记为首的中央领导集体倡导与坚持的全面、协调和可持续的科学发展观保持了高度的一致性②，我对此感到欣慰。

在此基础上，开始了资源或经济资源观的探索。这实际是可持续发展思想与金融资源理论研究的一个中间性过渡。金融可持续发展理论与战略的理论基础是建立在金融资源论的基础上，而金融资源论的前提与基础是

① 为简练起见，本文不可能更为详述，笔者从1998年到2002年5月间的不断补充与完善，代表性地反映在以下的成果中，1998年的相关文章、专著《金融可持续发展理论研究导论》（中国金融出版社2001年）和为王秀山君《金融资源效率研究》一书所做的长篇序言（中国金融出版社2002年）。

② 尤其是集中反映在胡锦涛总书记2004年3月10日“在中央人口资源环境工作座谈会上的讲话”——树立和落实科学发展观一文中。

建立在知识经济基础之上，建立在对人类传统资源观，即以自然资源为主体的传统资源观创新的基础之上，是对传统资源观中非自然资源，即社会资源的确认与确立的基础之上的。所以，确认金融的资源属性，提出“金融是一种资源，是社会资源，是战略性稀缺资源”的理论，是以传统资源观的创新为前提的。

在关于金融本质的研究与认知中，首先碰到的一个困难问题就是传统经济学经济资源观关于土地、人口和实物资本存量的限定。当人类处在农业经济时代或工业化早期，这一限定的不合理性并未暴露。而随着科学技术的发展与社会的进步，在人类资财的构成中来自自然资源的比例相对日益降低，而在传统上人们不认为是资源或经济资源的那些因素日益显示出其特有的经济资源的属性，并在人类资财的创造与构成中占有日益增长的比例，以至于人们如果继续无视非自然资源的存在与它的日益明显的资源属性，和它在人类财富增长中极端的重要性，那么许多自然资源极度贫乏的国家经济与社会发展的高速度与财富的高增长这一事实就是一个悖论。三十个发达国家国民生产总值的创造70% ~75%以上并非来自传统第一二产业，而是来自传统上人们不认为其创造财富的广义的第三产业、第四产业……这一事实就又是一个悖论。谁错了？不是客观事实错了，是人类传统经济资源观错了，不完全了、不够用了，需要有所突破、发展与完善了。于是，人力资源、金融资源、文化资源、知识（产业科技与教育）资源这些非自然资源或者社会资源的存在就被认知了。

确认了非自然资源即社会资源的存在，也就为金融资源的存在与类属奠定了基础。而社会资源的极端战略重要性，在知识经济初见端倪并日益强化，以及经济日益金融化全球化的形势下，将会一天比一天更强烈地显示出来。

至此，我们可以将与人类紧密相关的两大系统即自然系统、自然资源、关于自然资源的开发利用的知识与信息以及自然科学，同社会系统、社会资源、关于社会资源开发利用的知识与信息以及社会科学两大系列，在知识经济这一大系统下高度统一起来。

笔者从事金融理论研究与教学工作凡三十年，对金融是什么，以及金融与经济的关系是怎样的等基本问题的认识与理解，有一个由浅及深的不断深化过程，对传统理论观点有一个由坚信不疑到有所疑、有所探索与批判的过程，以及在继承基础上的局部的深化与创新过程。在一定意义上讲，这是一个不断否定自我，又肯定自我的过程。然而，否定是困难的，

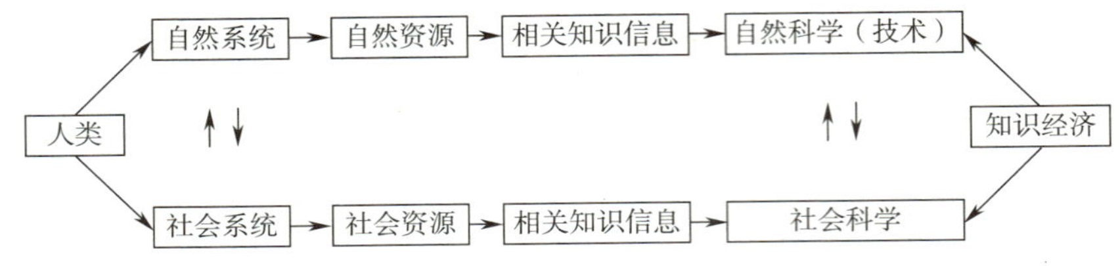

图　追根溯源十年磨一剑大胆提出金融资源理论

肯定就更加不易。否定与肯定都是艰难的、沉重的和严肃的，否定与肯定都既需要勇气，也需要智慧。我对传统金融理论的某种怀疑和对经济金融的种种新的发展态势的关注始于20世纪80年代中期。经过几年的思想与理论准备，在1987年的我的第一本专著《比较银行学》中的最后一章中，以一节的篇幅郑重提出“金融理论的改革和金融改革的理论”这一严肃命题。这是我在思想上认识上与理论著作中首次明确提出“传统金融理论要变革要发展要创新”这一在当时来讲颇为敏感的问题。记得当时我还是有些思想压力的，是在考虑了很久很久以后，才“大胆”提出的。在这一节中我还强调指出“金融具有天然的渗透性，这一特征并非始于今日。80年代金融渗透功能的特征在于其渗透的深刻性和广泛性”。还特别指出“金融渗透功能的深刻广泛性和它在行业形式上高度专业化的独立性。”这是我在90年代初明确提出宏观金融学与微观金融学和深入研究金融与经济关系这一理论问题的发端。还指出“金融作为一种独立的领域和一种独立的力量……不再仅仅简单地是交换的中介，或大体与真实的生产与交易活动相联系，而是形成一种‘超越或脱离’这一切的独立力量。”① 还同时开始了关于金融结构金融功能演进与金融发展的初步研究。

80年代后期和90年代初期，日本经济金融泡沫的形成与破灭引起我深深的思考。包括金融本质属性之一的金融虚拟性，对西方学者过于狭窄的关于金融结构的定义和片面的“量性金融发展观”的怀疑与批判，以及对全球普遍使用的某些金融统计指标以及将这些指标简单地纳入经济模型或计算公式中的科学性、合理性的质疑等。

在此基础上，20世纪90年代中期，在经济全球化、经济金融化和金融全球化日益深入，知识经济初见端倪，传统金融发生了一系列历史性变

① 白钦先. 比较银行学［M］. 郑州：河南人民出版社，1989.

迁[①]，成为国民经济的核心，成为各民族国家与经济体经济与社会发展稳定的一种核心性、主导性战略性因素，金融危机频发、金融安全成为国家安全一部分的条件下，重新认识金融的本质及金融与经济的关系已刻不容缓。

在此形势下，在如前面所讲，对可持续发展问题深入持续研究和对传统资源观拓展与变革创新的基础上，前后经过十多年的酝酿与准备终于逐渐形成金融资源理论。用一句话概括就是“金融是一种资源，是一种社会资源，是一种战略性稀缺资源”。具体而言，金融资源包括如下三个层次：（1）基础性核心金融资源，即货币及货币资金；（2）实体性中间金融资源，即金融组织与金融工具以及相应的金融制度与法规，金融人才与金融意识等；（3）整体功能性高层金融资源[②]。

对第一层次的金融资源，在认识上和观念上，似乎分歧不是很大，接受它的人也更多些；对第二层次的金融资源，金融组织工具制度等要素，大多数人都认为这是人类主观活动创造的结果，一般不视为资源；而对第三层次的金融资源，则在逻辑上和理论上，现代西方经济学则是由于其不适于量化而“巧妙”“精明”地把它排除在各种理论模型之外，视为一种外生的给定的条件而束之高阁。有鉴于此，所以笔者对此采取了更为谨慎、严肃和科学的态度，特别强调了功能性金融资源的客观性和稳定性，它更少受人的主观意志的支配与控制，它的更难能、更难成、更难得，因而更稀缺的特性。同时将传统金融机构观和现代金融功能观高度综合在金融资源观这一统一视角之下，从而也刻意保留了同西方经济学的某些连接渠道（1998）。

在21世纪初的进一步研究中，我又进一步指出了以金融功能视角来研究金融问题，特别是金融与经济的关系问题，有如下三大优势：（1）金融功能是金融与经济关系的基础、核心与纽带；（2）更接近于人类通过发展金融以发展经济这一最终目标或目的，更为直接而不迂回；（3）由于功能客观与稳定，且它是一种“净剩余”，它能自动消除一切相关的消耗、摩擦、不吻合、不协调，一切已知的与未知的，可计量和不计量的因素而形成“净结果”，因而较之机构观有更为相对的准确性（2001）。

关于“金融资源”这一概念的提出、使用和含义，有一个由偶然到必

① 白钦先．百年金融的历史性变迁［J］．国际金融研究，2003（2）．

② 白钦先．论金融可持续发展［J］．国际金融研究，1998（5）．

然、由不自觉到自觉、由侧面到正面，由辅助性非系统性概念到基础性系统概念，以及由归属经济学传统范式到归属金融经济学新范式的发展过程。

在经济学文献中最早提及“金融资源”概念的西方学者是戈德史密斯（R. W. Coldsmith，1955），在《资本形成与经济增长》一书中，戈氏谈到“本书应该探讨金融资源和传递渠道对经济增长的速度和性质的影响……①”可惜，他并没有重视这一概念的理论含义，这一概念在他的著作中只是顺便提及的辅助性概念，是偶然的和非系统的，因而也没有引起西方经济学界的重视，以至于在其后的几十年里，金融资源的概念并没有在西方经济金融学界引起重视，对于这一概念的理解也没有多少实质性的进步。中国金融学者在20世纪90年代中后期，在讲话或文章中也使用过“金融资源”一词，但都不是正面的和系统的，且其含义常仅指“信贷资源”或是一种泛指的模糊概念②。

中国学者正面地郑重其事地作为金融学理论的一个基础性系统性概念，始于笔者1998年5月26日在一次国际会议上公开向中外学者提出的“以金融资源论为基础的金融可持续发展理论与战略”的讲演，文献则比这要更早一些③。立刻引起经济金融理论与实务界的高度重视和热烈反响，学术文章与座谈会、研讨会不断，被称为是1998年中国金融理论界的一件大事。

金融资源这一基础性概念和理论的提出，经过十几年漫长的认识与理论准备过程。包括研究与撰写《比较银行学》八九年时间的艰难过程，对金融理论改革必要性与紧迫性的思考，对直接金融、长期金融与间接金融、短期金融结构的历史变迁的长期关注与研究（即金融倾斜及其逆转），对金融是什么及金融与经济关系的研究，对金融在相当程度上日益脱离实质经济而日益虚拟化的关注与研究，关于政策性金融的经济金融功能与基本经济学金融学含义的研究，以及对可持续发展理论，早期发展经济学和金融发展理论的研究，对传统资源理论和新的资源理论的研究等。在实践与理论上的最后推动力即现实背景是90年代拉美与亚洲金融危机。从这

① 白钦先等著．金融可持续发展理论研究导论［M］．北京：中国金融出版社，2001.

② 曾康霖，徐永键主编．金融学科建设与人才培养［M］．成都：西南财经大学出版社，1998.

③ 白钦先．论金融可持续发展［J］．国际金融研究，1998（5）.

个意义上讲，以金融资源论为基础的金融可持续发展理论与战略的提出，首先是具有反危机的倾向的，但远不止于仅仅作为一剂预防和治疗金融危机的药方，而是对全球经济金融发展现实作出的创造性回应，是面向 21 世纪的新金融观。

这里我想特别强调指出的是，新金融观并不是对传统金融理论的否定，也未曾试图取而代之，只是在新形势下从一个全新的角度对它的补充、丰富、发展与完善，使之能与时俱进，更加适应知识经济及经济全球化金融全球化新时代的特征与需要，并对 21 世纪中国建设经济强国和金融强国的伟大事业，从理论与政策的角度作出自己的贡献。

正如笔者在所著《金融可持续发展理论研究导论》一书中指出的那样，1997 年亚洲金融危机的更深刻的根源是当代金融学的理论危机。而这种理论危机是根本性的和基础性的，即（1）在范式层面的，对货币中性与否问题上的模糊认识，金融学学科定位的脱离哲学人文关怀的工具性、技术性倾向，以及金融学方法论上的理论实证与经验实证的分裂；（2）当代金融学理论体系的支离破碎和研究范围的过于狭窄；（3）研究方法中的严重的孤立主义倾向。

金融可持续发展理论是以金融资源理论为基础的，而金融资源的开发配置、成本收益、后果与影响分析研究的核心问题是金融资源的配置效率，以金融资源论为基础的金融可持续发展理论在范式转换这一最高层面上提出了全新的金融效率观。

在近现代经济学的发展史上，尽管学派更替不断，但一个始终未变的范式内容就是资源配置效率，经济及金融可持续发展问题的提出，实际上为经济学以资源配置为中心的范式增加了新的约束条件并赋予新的含义。这一新约束条件是“既定时期的资源配置效率必须考虑资源的长期利用与效率问题”。赋予的新内容是：（1）金融资源配置效率的评价标准是金融发展与社会经济发展的适应程度；（2）资产的金融化不能以牺牲现实和未来的实际生产和服务的发展为代价；（3）这种效率观不仅仅注重一个国家或地区某一时点上的资源配置效率，而是更注重一系列国家乃至全球所有国家或地区在一个相对较长历史时期内金融与经济相互影响、相互作用下的协调持续发展；（4）这种效率观不仅仅强调在时间上的过去、现在与未来的连续性、持续性发展中的资源配置效率，而是更注重在空间上（全球东西南北方、发达国家、发展中国家及转轨型国家，以及某一个国家东部、中部、西部、北方与南方不同区域，不同产业、部门或行业等）的相互均衡、协调的更广范围的资源配置效率。特别是在经济全球化和金融全球化日益深入的条件下，强调这一点就更有其特殊的经济、金融、社会与政治意义。[①]（5）效率高低的衡量标准与视角的根本转换。在传统上，经济学的资源配置效率都是从物质产品的投入与产出的比率的角度，从经济是主动性、主导性因素的角度来观察与衡量的，而新的金融资源效率观却一反常规转而从金融作为主动性主导性因素的角度，从金融资源配置效率的角度来衡量与观察问题。这样一转换就改变了传统上人们通过经济观察金融的角度转而从金融来观察经济，这样无效或低效的经济就是无效或低效的金融资源配置的结果，不合理的经济结构产业结构实际是不合理的金融资源配置的结果，这一“倒果为因”视角的转换更深刻地指明了，在经济日益金融化和金融经济的条件下解决一国或地区产业结构不合理和经济效率低下这一问题的正确途径。为什么有可能有这种转变呢？原因还在于揭示出金融的一般资源属性，以及在此基础上揭示的金融资源的特殊属性，即它既是资源配置对象，又是配置其他资源的方式或手段，用一句话来概括，就是“金融是一种资源，是通过自身配置可以进而配置其他一切资源的特殊资源”，这在逻辑上和句式上同“货币也是商品，是固定充当一般等价物的特殊商品”这一表述是完全一样的。所以并不难理解。[②]

《金融时报》头版头条国内外反响热烈备受鼓舞

笔者清醒地意识到以金融资源学说为基础的金融可持续发展理论与战略，反映与代表了人类从传统金融观到现代金融观的历史性转变，带来了一系列深刻的重大变化，包括范式转换、理论创新与方法变革，因而它的冲击也将是十分巨大的。所以一旦公开提出，它的命运会怎样？人们在多大程度上能够接受或理解它？几年后有人私下里说这一理论对传统金融理论的冲击是“颠覆性”的或“摧毁性”的。尽管笔者并不苟同“颠覆论”或“摧毁论”，只觉得可能是对传统金融理论的某一种变革、创新、发展与补充，但仍可窥见一旦公开提出，它的冲击将会是非常巨大的。基于此，笔者采取了十分谨慎、不断完善和待机而发的态度。一方面，不断思

---

① 这意味着现存的不合理的世界经济与金融秩序，建立新的更为公开合理、更为有利于共同发展的世界经济金融新秩序，这样才更符合可持续发展这一哲学理念的含义与初衷。

② 白钦先等．金融可持续发展理论研究导论［M］．北京：中国金融出版社，2001.

考、修改与完善这一理论与战略本身，使之更为科学、合理，更为无懈可击，更易于为人所接受；另一方面，还要观察、等待，等待恰当的形势与时机，我当时并不知道公元1997年会有亚洲金融危机的爆发，但冥冥之中我感到最合适的时机将可能是区域性或全球性经济金融动荡或危机，从而引起全人类瞪圆双眼高度关注金融之时。

在理智上，我不会企盼或幸灾乐祸地等待一场金融危机的到来，但在逻辑上讲，它却是提出这一理论的最恰当的时机。讲曹操，曹操果然就到了，亚洲金融危机突然爆发了，但在我却只能说是“借东风”，是“草船借箭”。

1997年突然爆发的亚洲金融危机，由于蔓延到俄罗斯和拉丁美洲，而具有世界金融危机的性质。危机的深刻性，后果的严重性和影响的广泛性是前所未有的，曾使全球各国的总统总理都睡不着觉，也使推翻苏加诺而靠铁腕统治印度尼西亚三十多年的、多次政变都未能推翻的苏哈托政权垮台，更使全球经济陷入萧条之中。全球各界都惊呼“金融怎么了”？“金融为什么发疯了”？惊恐、叹息，声声；疑问、困惑，频频。

当时，我想站出来对人们说，时代不同了，此金融已非彼金融。金融不是人类手中的面和泥，任人随意捏去，金融也不再简单地是人类发展经济的手段或工具，金融是一种资源，是一种战略性稀缺资源，像自然资源一样也有一个适度开发利用而不能乱砍滥伐的问题。否则，金融危机将是不可避免的。

1997年底“论金融可持续发展”一文经过几年的修改补充终于最后脱稿，1998年初交于“国际金融研究”编辑部，刘墨海君等人士在听取了我的阐述之后，欣然决定接受和刊登是文。与此同时，5月26日“21世纪全球金融发展国际研讨会”在成都召开，笔者利用代表中国学者在开幕式的发言中，公开向与会学者和新闻界提出“以金融资源学说为基础的金融可持续发展理论与战略”问题，立刻引起国内外学者、理论界和舆论界的热烈反响与高度关注。1998年5月27日，《金融时报》在头版头条刊登了这一理论观点与公开呼吁。

1998年6月3日，《金融时报》又配发了署名陈邦来的评论员文章，题目是“21世纪呼唤理性的金融发展观”。文章认为“这一呼唤值得人们重视并加以深思”，并引用笔者的话指出改革以来的经验告诉我们，“中国金融的发展不仅要有‘量’的扩张以满足经济发展的需要，而且要有‘质’的改变，即功能的深化与效率的提高”而“将可持续发展的思想纳入21世纪我国金融的发展进程之中，实施中国金融可持续发展战略，这是功在当代，利在千秋的大事”。

紧接着同年6月7日，《金融时报》理论版又刊登了笔者的长篇文章“论金融可持续发展”，并加了编者按语，认为“该文向人们展示了一个亟待研讨的重大课题”，还配发了笔者的简历与照片。

1998年6月20日，中国金融学会等八单位主办的“首都金融发展论坛”专门召开了以“金融可持续发展理论与战略问题研究”为题的学术研讨会，有三四十位经济金融界专家学者与会研讨，《金融时报》理论版于7月11～12日连续专版刊登了许多与会学者的发言或文章。显然，此论一经公开提出，响应者甚众，参与研究的人也越来越多。在从5月到8月底的短短四个月中，《国际金融研究》《中国改革报》《经济参考报》《中国金融杂志》《中国城市金融论坛》等报刊杂志陆续刊登了记者对笔者的长篇访谈录或专业文章，7月下旬“全国金融可持续发展理论研讨会”召开，学者们围绕这一问题进行了更为深入的讨论，并讨论与规划了下一步深入研究的计划与课题。

同期，《中国改革报》还刊登了笔者就实施金融可持续发展战略分别致朱镕基总理和联合国秘书长科菲·安南的信。

总之，金融可持续发展理论与战略问题在1998年下半年成为中国经济金融理论界探讨的一个重大热门话题，层次之高、规模之大、声势之强、影响之烈都是前所未有的，有的学者称其是“1998年中国金融理论界的一件大事”。

尽管由于种种众所周知的原因与条件的局限，这一理论与呼吁在国外的传播与影响仍然是缓慢与有限的，但接触到的美国、英国、德国等国著名学者仍然对此表现出强烈的兴趣与由衷的支持。

就在1998年5月26日召开的“21世纪全球金融发展国际学术研讨会”上，德国柏林经济学院教授黑尔先生对笔者的报告论文进行了评论，他认为笔者的发言很引人关注，在如下五个方面他有同感：（1）市场经济，在今天就是金融经济；（2）金融安全与主权成为国家安全与主权的一部分，韩国就是一个典型的例子；（3）金融资源是稀缺性资源，货币不是天然生成的，是依据需要与可能创造出来的，是一种社会资源，永远应得到有效的监管；（4）经济的可持续发展取决于金融的可持续发展，这对中国尤为重要；（5）中国的金融危机（风险）也逐渐累积起来了，应采取有力措施解决。

2001 年美国金融学会前会长、著名金融学家伯克利大学洛杉矶分校教授麦克·布鲁楠在听了时在美国做访问学者的厦门大学郑振龙教授的介绍与阐述后认为："金融资源理论这一思想很深刻、很新颖，我们西方学者，特别是青年学者，对费神费力的基础理论研究不感兴趣，他们专捡省时省力的方法与技术问题研究，只对此感兴趣，我们老了，希望东方学者中国学者继续深入研究"。

2002 年在英国约克大学（University of York）做访问学者的中山大学副教授李安勇博士向他的导师，英国著名的货币金融专家、英格兰银行货币政策委员会顾问麦克·魏肯（Mike Wickens）教授以及英国实证经济学家 P N. 史密斯教授（P N Smith）交流关于金融可持续发展、金融虚拟性及金融风险预警等方面的问题时，在介绍与阐述了金融资源理论和金融可持续发展战略后，两位教授听了很兴奋，魏肯教授说："白教授大胆提出金融资源学说，这是很有原创性意义的一种金融理论，很深刻、很有时代感，又富有东方文化的特色，也反映了知识经济时代财富越来越由非自然资源而来，由非传统产业创造这一现实"；"将可持续发展思想创造性适用于金融领域，极富创造性，从逻辑上论，如果金融是不可持续的，经济也将是不可持续的。建议你（指李博士）继续追踪、关注研究这一学说"。

从"认真研究准备批判"到公开坦言欣然接受

从传统金融观到现代金融观的转变是一个痛苦而艰难的认识与理论化的过程，它所带来的冲击与影响是巨大的、深刻的和持久的，因为这一转变不仅仅是一种理论创新和方法变革，更是一种范式的根本转换。范式是一门科学的完整结构中的基础与核心，具有基础性、稳定性和滞后性特征。范式的稳定性会形成强大的惯性和自我保护机制，所以"任何对既定范式的突破都将遭到大多数传统范式遵循者的非议与反抗，少数寻求突破的研究者也会由于自身曾长期遵循既定范式而遇到多方面的障碍"。① 因此创新不仅需要智慧，更需要胆略与勇气。

可能是出于某种谨慎或尊重，迄今为止，对以金融资源理论为基础的金融可持续发展理论与战略的质疑保留或反对，都不是正式的公开的和系统的。概括地说不外乎认为可持续发展是针对自然资源的有限性而提出

① 白钦先等著. 金融可持续发展理论研究导论［M］. 北京：中国金融出版社，2001.

的，那么金融也是资源吗？它也是稀缺的吗？因而也有，也可以提出可持续发展问题吗？这一疑问在最直接和最浅的层次上讲，是逻辑推理的结果，而在其背后，在更深刻的层面上的分歧是涉及对金融的本质、金融与经济的关系的演进，对时代特征的感应与把握，涉及以自然资源观为主体的传统资源观的变革和“可持续发展”思想的认识和理解。笔者对此有清醒的认识与足够的心理准备，甚至可以说，实践的发展，比原来预想的要宽松、缓和并好得多。

金融资源理论从公开提出到现在已有七八年时间了，人们看到，如今，理解、接受它的人越来越多，参与研究它的人也越来越多，已陆续公开出版了一批研究专著，公开发表了一系列研究文章，全国性、区域性、地方性的相关学术研讨会不断，以至于高等院校专业教材、中国金融学说史、思想史一类专著都有专门评价与反映，领导人讲话、官方文献或会议运用或接受这一理论思想或概念、理念、战略或政策含义的也很普遍，从不同角度研究这一理论的经济金融类硕士研究生，特别是博士研究生学位论文也有一批，这实在是一种非常可喜的进展，着实令人备受鼓舞倍感欣慰。

实践表明，我们这个民族在不断前进，认识与理解“创新是一个民族或国家前进发展的不竭动力与源泉”这一思想真谛的人越来越多了，它正日益深入人心，并变成强大的物质力量。

原创性基础理论创新与战略性政策含义并重

自从 1998 年公开提出以金融资源学说为基础的金融可持续发展理论与战略之后，1999 年又以“国家知识创新体系——金融资源理论与实践研究”为题立项国家软科学项目。该项目由笔者主持，主要由姚勇、崔满红和陆家骝等人参与研究，并形成最终研究成果，专著《金融可持续发展理论研究导论》，这是对该理论与战略的更为详尽、更为全面和深刻的阐述。经过由权威专家组成的项目评审组的认真评审，认为“是一项高水平的具有原创性的研究成果，具有重要的理论与实践意义”。

综合自 1998 年以来国内外有关专家学者和学术文章的评论、评审与评价，简要地概括如下：

——在人类思想史上第一次郑重其事地将金融资源概念作为金融学理论的一个基础性系统性概念，提出“金融是一种资源，是一种社会资源，是一种战略性稀缺资源”的理论观点，从而揭示出金融的一般资源属性，将金融提高到人类社会资财之源稀缺资源的战略高度，从而提高全民族的现代金融意识，进而高度重视之，倍加珍惜之，极力爱护之，慎重精心开发之，科学有效配置之。

——金融资源理论第一次揭示出金融的特殊资源属性，即“金融资源是可以通过自身这一资源的配置进而配置其他一切资源的特殊资源”，才揭示出现代经济即金融经济的宏观经济调控核心是金融调控的理论根据，才昭示出通过金融资源配置的合理性来解决不合理的经济结构产业结构，以及通过提高金融资源（信贷资源投资资源）配置效率才能提高一国或地区经济效率的政策含义。

——以金融资源学说为基础的金融可持续发展理论试图从三个层面实现范式转换、理论创新和方法变革，形成具有时代特征的21世纪新金融观：（1）在范式转换层面上，强调当代金融学继续存在和发展的前提是货币非中性基础上的金融非中性；将“可持续发展”的哲学理念引入金融学研究，从而拓宽了金融学的研究领域，同时也确立了金融学的最终研究目标；这一理论从最高层面提出了一种全新的金融效率观；在方法论上，注重理论实证与经验实证的有机结合，突出了金融学的社会科学属性。（2）在理论创新层面上，这一理论的创新在于提出了金融资源理论，以此作为金融可持续发展理论的理论创新根基，突出了金融资源论的时代背景、理论依据以及与金融可持续发展理论的逻辑关系，进而指出这一理论现实的政策含义。（3）在方法论层面上，实现了从货币分析到金融分析的变革。[①]

——该理论阐明了“金融在提高了对一个经济的资源配置能力与效率的同时，它自身的系统性风险也在提升与累积”[②]这一理论概括，这既科学恰当和令人信服地解释了为什么时间越是向后转移，也即经济越是金融化、经济金融越是全球化，金融危机的发生频率就越高、危害就越大这一事实，也揭示了在现代金融经济条件下，金融危机的不可避免性，以及通过防范与化解金融风险和建立金融危机预警系统以防范金融危机的政策建议。此外，由于金融将是21世纪大国间竞争博弈的战略性新领域，使金融安全是国家安全的一部分，使金融成为国际政治与外交斗争战略性新

① 白钦先，姚勇等著．金融可持续发展理论研究导论［M］．北京：中国金融出版社，2001.

② 白钦先，姚勇等著．金融可持续发展理论研究导论［M］．北京：中国金融出版社，2001.

领域。

金融资源区别于自然资源和其他社会资源的一个显著特征，就是其开发配置的高度垄断性和其跨区域跨国界的高度流动性，也才进而揭示了金融危机的跨国界跨地区快速传导传染的联动互动性，以及逐渐累积的特殊隐蔽性和突然爆发的极大破坏性。金融资源开发配置的高度垄断性指明了一国经济体金融调节控制监督管理的特殊必要性和严重性；指明了全球性国际金融资源开发配置的自然垄断性和应遵循的基本原则，指明了中国在金融全球化条件下资本流动完全自由化、人民币完全自由可兑换、改革国际金融体制和对全球性地区性经济金融组织或机构应采取的更为积极主动和建设性的态度与政策。

——在金融资源理论和可持续发展理念结合的基础上才形成以金融资源论为基础的金融可持续发展理论，以这一理论为基础才进而提出制定和实施国别、地区和全球的金融可持续发展战略，强调了在经济日益金融化的条件下，没有金融可持续发展的经济可持续发展是不可实现的。这一战略是应对 21 世纪知识经济、经济全球化、经济金融化、金融全球化日益深化的挑战，保持国别和全球经济与社会发展稳定长治久安的根本性战略对策。最大限度地保持了与中央提出的全面、协调可持续的科学发展观的高度一致性。

——这一理论实现了对传统金融机构观与现代金融功能观的综合与统一，从而实现了理论与实践，西方与东方、传统与现代金融学理论视角的综合与统一。充分显示了金融资源学说的时代特征，它的开放性与包容性，沟通了有中国特色金融基础理论与西方现代经济学金融学的相容与联系渠道，有利于社会科学的繁荣与健康发展。

——这是在社会科学领域形成的一项具有中国“自主知识产权”的，颇具原创性质的理论创新成果（如我国在自然科学与工程技术领域拥有的许多自主知识产权一样）。这是一个良好的开端，这是朝着提高正在和平崛起的中国的综合国际竞争力，特别是“软实力”而迈出的可喜一步，有利于提高中华民族的自信心与自豪感，也符合中央关于发展振兴繁荣哲学社会科学的战略决策。“社会主义市场经济的实践在中国，社会主义市场经济的理论在西方，这种状况是不可接受的、不可接受的、不可接受的”！多高的期望、多重的鞭策！这凸显了在 21 世纪西方主流经济金融理论面临巨大危机和中国和平崛起的大背景下，东方学者跳出西方理论窠臼，避危就机，进行原创性思想理论工作的神圣历史使命。

永不停息不断地探索与追求今生踏上不归路

永不停息，不断地思考、探索与追求，为此常陷沉思、几近痴迷，笑料百出。

例如，走路撞到电线杆上，撞碎了眼镜撞破了头；炒菜将糖精当成味精放入菜中；上下楼梯，多次与女儿迎面擦肩而过，竟然视而不见；甚至“大水冲了龙王庙，自家不认自家人”：时在八十年代中期某日黄昏由辽宁大学下班骑车回家的路上，突然被人迎面撞倒，隐隐约约似乎是位女士，我一声没吭，爬起来继续骑行，继续思考“比较金融学”的研究对象问题，只听那女士在后面骂我“瞎”！此时我心里确实有些不满意，心想这位女士也太不通情达理了，是你撞倒了我，我不怨你也就罢了，怎么还骂人呢！骂就骂吧，不管她，没时间扯这些闲事！便一刻不停地继续骑行，继续思考我的问题。回家吃过晚饭后，我向夫人讲起今天路上的事，没想到她听完哈哈大笑！连声说，“瞎！瞎！该撞！该撞!”。原来，是她知道我那苦思苦想的“毛病”而故意撞我的，而我却不知道。许多人听后捧腹大笑，连声说可以写相声或小品了。

一反常规，逆向性创造性思维，别有洞天、其乐无穷。

斗转星移，岁月如流，如今笔者已步入花甲之年。大凡老年人都喜欢回顾、总结与梳理，少有例外。

笔者在近三十年的高校教学、研究生培养和科学研究过程中，始终将教学、科研同参与改革开放实践三者紧密结合，三者相得益彰，得事半功倍之效。从科学研究的角度讲，具有创造性开拓性研究的领域是以金融“发展战略、组织形式、框架结构、业务制度、构造方式、监督管理、运行机制、运转环境和总体效应”九大要素为理论体系的金融体制比较研究、政策性金融理论研究和以金融资源学说为基础的金融可持续发展理论与战略研究三方面。近几年来，笔者将三者梳理归纳整合在发展金融学这一框架之内，并于2003年11月在上海召开的“全国金融可持续发展理论研讨会”上公开发出建立“发展金融学”的建议，受到与会学者的支持与鼓励。

笔者提出“发展金融学以金融本质的演进基础上的金融与经济的互动关系，即金融功能的扩展与提升为其研究的基轴，而以金融效率为其研究的归宿。这样，发展金融学突出了功能的演进，突出了金融与经济的互动发展”；或者换句话说，发展金融学是研究金融是什么和金融与经济的关系是怎样的，即既研究金融本质的演进及发展，也研究经济的发展的科学。但它既不是孤立地一般地研究金融的发展和金融发展一般，也不是孤立地一般地研究经济的发展和经济发展一般，而是在金融与经济相互依赖、相互制约与影响，即二者彼此互动的意义上来研究金融的发展与经济的发展，而金融功能就是联结金融与经济关系的节点或桥梁。笔者在最近几年的讲课和学术报告中提出“金融功能的扩展与提升即是金融发展”的金融发展观。从实践上讲，发展金融学既研究发展金融学的过去与现在，也研究它的未来；从空间上讲，它既研究发达国家金融的发展与经济的发展，也研究转轨型国家和发展中国家金融的发展与经济的发展；既研究发展金融学的理论，也研究发展金融学的实践；既从金融与经济互动关系的角度研究发展金融学的发展，也从金融的本质演进与金融经济互动关系二者紧密联系的角度来研究发展金融学的发展；既研究金融与经济关系的正效应，正功能，也研究二者关系的负效应，负功能。金融正向功能的研究不言而喻，金融负面功能的研究绝对不可或缺，传统经济金融理论将功能定位在正向功能，而将负面功能排除在外，或在“负面影响”项下讨论，我以为这种人为的刻意排除或割裂是不妥当的和不必要的，尤其对于金融与经济一类问题的研究更是如此，甚至于有时有些方面，例如通货膨胀与通货紧缩、金融危机与经济危机的研究还构成金融学或经济学的重要内容，有更强的政策含义与社会影响”。[①]

综上所述，发展金融学以金融功能为研究基轴，以金融资源配置效率为核心，以金融生态优化为条件，最终实现金融可持续发展以及经济与社会可持续发展这一战略目标。

过去十多年来，笔者以及笔者在中山大学和辽宁大学的博士生们，围绕金融发展问题，从不同层面和角度，例如从传统金融到现代金融的本质演进与金融发展、融资方式结构（间接金融与直接金融）演进与金融发展、融资的金融组织主体结构（银行主导与市场主导）演进与金融发展、金融功能的扩展和提升与金融发展、金融组织演进与金融发展、金融产业演进与金融发展、经济货币化经济金融化与金融发展、金融资源效率及系统与资源视角下的金融资源效率等角度或方向，对金融发展诸多问题进行

---

① 白钦先．金融结构、金融功能演进与金融发展理论的研究历程［J］．经济评论，2005（3）．

了初步的系统深入的研究。在这一研究过程中，深化了认识、开阔了视野，从而为发展金融学的建立和发展奠定初步的基础。

笔者从 20 世纪 80 年代开始对金融结构（金融结构一般及融资方式结构——金融倾斜及其逆转）、金融生态（经济金融与社会环境）、金融总体效应（金融内部生态、金融外部生态）及金融功能（包括功能性高层金融资源）等问题的长期的研究，对一般资源理论、金融资源理论、可持续发展理论及金融可持续发展理论与战略的研究，以及刚刚开始的发展金融学的研究，如此不断地思考、探索与追求，生命不息、探索不止，正可谓今生踏上不归之路。

当然，所有这一切，都仅仅是一些初步的想法，发展金融学的建立与发展有赖于国内外同行的共同努力，而不是某一两个人。正可谓："革命尚未成功，同志仍需努力"。

金融结构、金融功能演进与金融发展理论的研究历程*

近二十年来，笔者一直十分关注并持续不断地研究金融结构和金融功能的演进与金融发展理论的一系列相关问题，大体经历了由特殊到一般、由表及里和由浅入深的研究与探索历程。具体而言，20 世纪 80 年代中期分别从间接金融与直接金融融资方式结构这一特殊金融结构的演进和金融总体效应（功能）这样两个方面同时展开，90 年代进而对金融结构与金融发展一般理论、金融功能的特征及从金融功能观视角研究金融问题的特殊优越性进一步深入研究，21 世纪初，特别加大了对金融功能演进与金融发展及以金融资源学说为基础的金融可持续发展理论问题的研究，在此基础上梳理整合在发展金融学这一整体框架之内。这一历程并不是事先策划预设的结果，而是事后对这一历程进行回顾与追寻的自然记录与总结。这中间伴随着不断的观察、思考与审视，困惑、质疑、修正、补充与发展。

一、开始融资方式结构及金融总体效应（功能）问题的研究

笔者对于金融结构理论和金融功能问题的研究，包括间接金融与直接金融这一融资方式结构及金融总体效应这样两个研究视角，都是伴随“比较银行学”项目的研究及其最终成果《比较银行学》专著的撰写，并作为该学科研究对象——金融体制九大构成要素（与本题相关的要素是组织

---

* 本文正式发表于《经济评论》2005 年第 3 期。该文是从 20 世纪 90 年代末期至 21 世纪初这段时间，在国内许多高等院校作此类学术演讲和以此为题为中山大学和辽宁大学博士研究生授课的基础上，形成此文。2010 年本文获《经济评论》杂志创刊三十周年八篇优秀论文之一，笔者获此殊荣倍感荣幸。这是一项非官方的、专业性极强的、经大数据遴选择优的结果，由权威专家委员会按选题的前沿性、思想性、创新性、被引用数量、政策含义等指标评选，且在公众毫不知情、外部关注度很低和便于排除各种非学术外部因素干扰的氛围中进行，因而此项评奖更为难能可贵，故今笔者更珍惜、珍重。

形式、框架结构、发展战略、总体效应四大要素）而展开研究的，时在20世纪80年代中期。

在专著《比较银行学》的绪论中，我提出该学科的研究对象是“金融体制”，金融体制是金融发展战略、组织形式、框架结构、构造方式、业务分工、监督管理、运行机制、运行环境和总体效应九大金融相关要素的有机整体的理论观点与研究框架。

（一）金融组织形式与框架结构——金融结构

为方便与简练，不可能详引书中关于这两个要素的具体含义与构成，大体上金融组织形式是讲各种各类金融机构的构成、设置原则及特点与优劣；而金融框架结构包括了金融体系的总体构成、相互关系与联系方式、数量与地理分布，资产与负债的类型与数量比例，与政府、工商企业的联系方式与依赖程度等子要素。整体而言，我提出的金融组织形式与框架结构的含义及所包括的要素比戈德史密斯金融结构的含义与要素更广、更为丰富而无不及。可惜那时候我还无缘得知戈氏其人与其相关专著。

现在看来，80年代中期我对金融结构的研究就其内容、金融要素与实质而言，更接近于我本人近几年提出的金融结构的概念。

（二）金融倾斜及其逆转——融资方式结构的动态化

“金融倾斜”最初是由我本人在研究了全球不同类型国家金融体制的发展演变后，高度抽象提出的一个概念。我提出中国“关于自然金融倾斜发展战略和人为金融倾斜发展战略的选择。就世界各国金融业和金融业务方式的历史发展而言，一般是先有间接金融，后有直接金融……而且在间接金融与短期金融之间，直接金融与长期金融之间有一种大体上的对应关系。这两种对应因素不仅在产生发展的时间上明显地一个在前，另一个在后，远不是平行的，而且在业务总量或市场占有率方面也远不是平衡的，即间接金融所占的比重大大超过直接金融，即使是直接金融发达的国家也是如此。我们将间接金融与直接金融间这种不平行发展和不平衡发展称为“金融倾斜”。显然，这种金融倾斜并不是任何人为设计或构造的结果，而是商品经济和货币信用，经济发展水平和国民储蓄量，收入分配结构和方式不断变化和发展的产物。”① 简而言之我提出了“金融倾斜”这一新概念，并强调指出它是一个非人为干预的自然的历史的客观发展过程。在此后的十多年中，它一直是我高度关注与研究的一个课题。

① 白钦先．比较银行学［M］．郑州：河南人民出版社，1989.

1999 年，笔者根据国外一系列最新发展态势进一步提出了“金融倾斜逆转”的概念。我在一篇文章中[①]将这一态势列为经济全球化和经济金融化的十大挑战之一，指出传统的金融倾斜局面发生了“逆转”，即直接金融的发展速度远远地超过间接金融……以至于在绝对量和市场占有率方面逐渐地接近甚至超过了间接金融。同年，我在另一篇文章中[②]针对经济金融化与金融倾斜逆转，提出坚持质性金融发展与量性金融发展相统一而以质性金融发展为主、渐进式金融发展与跳跃式金融发展相统一而以渐进式发展为主的金融可持续发展观，更为明确地将金融结构演进与金融发展紧密地联系起来。

2003 年，笔者在“百年金融的历史性变迁”一文中指出“在过去一百年中，金融倾斜及其逆转……是最为重大而深刻的金融结构变迁。这大体上反映了由传统金融向现代金融，由以银行机构为主体的金融到以非银行金融机构为主体的金融，由以银行为主导主体的简单金融到以金融市场为主导主体的复杂金融，由以国别经济体为单元的相对封闭的国别金融到高度开放的高度流动性的、真正全球性的全球金融的结构变迁。[③] 表明笔者从历史长河的广阔视角和更为复杂的层面观察与思考金融倾斜及其逆转问题，强调了金融结构的复杂性和多层次性。

最早提出“金融结构”这一概念的学者是美国著名的金融学家戈德史密斯先生，他提出“金融结构即金融工具与金融机构的相对规模”，进而提出“金融结构的变迁即金融发展”的理论观点。[④] 在 20 世纪经济金融发展史中，戈氏是全球第一个明确提出并系统研究金融结构问题的学者，这一理论观点大大开阔了人们对金融问题的观察视野，并极大地丰富与拓展了金融研究的新领域，无疑具有重要的理论意义与政策含义，国内外理论界对其所作出的重大理论贡献的赞扬与肯定是理所当然的。但是，任何事物，包括理论创新在内，都有一个伴随形势发展而不断丰富发展的问题，即与时俱进的问题。在戈氏提出这一理论之后的三十多年中，他本人以及国内外学者在这一问题上长期停留在原有的深度与水平上，如今人们在充分肯定他在这一理论问题上的重要贡献的同时，并未指出这一理论的

---

① 白钦先. 经济全球化与经济金融化的挑战与启示［J］. 世界经济，1999（6）.

② 白钦先. 论金融可持续发展［J］. 国际金融研究，1999（4）.

③ 白钦先. 百年金融的历史性变迁［J］. 国际金融研究，2003（2）.

④ 戈德史密斯. 金融结构与金融发展［M］. 上海：上海三联书店、上海人民出版社，1994.

某些局限性与片面性。这对理论的进一步发展与研究，以及对经济金融政策的制定是有害无益的。

简而言之，戈德史密斯的金融结构论的局限性与片面性有二：一是他忽视金融结构的复杂性与多层次性，将金融结构复杂结构中的一种具体结构，即金融机构与金融工具或金融资产相对规模这一特殊结构当作金融结构一般，有以偏概全之嫌；二是提出"金融结构（即特指的金融机构与金融工具）变迁即金融发展"的观点，是一种量性金融发展观，是一种只强调量性金融发展而忽视质性金融发展的片面金融发展观（提出一系列量性相关指标）。近些年来我在中山大学和辽宁大学为博士研究生讲授金融发展理论或发展金融学以及在各地所作的相关学术报告中，都对此做过系统详细的分析与论述。①

笔者在20世纪80年代最初提出"金融倾斜"问题时尚未见到戈德史密斯先生的《金融结构论》，但在我所著《比较银行学》的绪论中提出"金融体制"为比较银行学的研究对象，并将九大金融相关要素的有机整体称为"金融体制"。我在80年代除了提出一国金融体制中的金融组织形式（机构与市场体系）与框架结构（金融相关要素）问题之外，还从融资（投资）方式的角度即间接金融与直接金融相互关系的角度，关注金融结构问题。并有针对性地提出了质性金融发展与量性金融发展相统一的金融发展观。这是我涉及这一问题的最早时间，以后在授课与学术报告中则持续不断地研究。

（三）对金融结构理论和金融发展观的审视与发展

在这一研究过程中，笔者修正、补充与扩展了戈德史密斯的金融结构理论，并提出了不同于戈德史密斯的质性发展与量性发展相统一的金融发展观，而这一过程笔者经历了十多个年头。

——2003年我正式将"金融相关要素的组成、相互关系及其量的比例"定义为金融结构。金融相关要素具有高度的多样性、复杂性与层次性，例如国内金融与国际金融、国别金融与世界金融，区域金融与全球金融、地方金融与国家金融、商业性金融与政策性金融、银行金融与非银行金融、金融机构与金融工具、金融机构与金融市场、银行主导型金融与市场主导型金融、传统金融与现代金融、简单金融与复杂金融、融资金融与投资金融、金融资产与金融负债、金融负债中活期存款、定期存款与储蓄

① 在中山大学讲授金融发展理论，1999年11月。

存款、金融与经济、经济货币化、经济金融化、经济全球化与金融全球化、金融资源与社会资源、金融资源与自然资源、货币型金融资产与非货币型金融资产、基础金融与衍生金融、金融结构与金融发展、金融功能与金融发展、金融制度演进与金融发展、金融法规变迁与金融发展、金融人才累积提升与金融发展、金融意识提升与金融发展、金融理论发展与金融发展……都是金融相关要素，这里很难列举齐全而不遗漏，它们之间相关的可以有太多的排列与组合，都可以形成一种这样或那样的关系，许多可计量的金融要素，还可以在此基础上形成量的比例或比率，形成一种金融结构。所以金融机构与金融工具或资产可以形成一种关系，并且可以计量与对比，是一种金融结构，但金融结构远不以此为限。

——金融结构演进与金融发展。金融结构与金融发展二者是一种什么关系，二者关系非常密切，这是不言自明的，但是否可以简单地讲“金融结构变迁即金融发展”，值得研究。二者更可能的是有时有些是正相关，有时有些可能是负相关，负相关即为负发展，适度的优化的金融结构变迁可以促进金融发展，从而促进经济发展，非适度的非优化的金融结构变迁可以促退金融发展，从而促退经济发展。我使用了金融结构演进这一概念来代替金融结构变迁的概念。演进一词包含了变化变迁与提升，即包含了质与量两个方面的统一深化。

值得注意的是，戈德史密斯先生的金融机构与金融工具的金融结构观，又通过诸如金融相关率等一系列数量指标与比率来衡量金融发展，又理论化地高度概括为“金融结构变迁即金融发展”。已如前所述，这是只强调量性金融发展而忽视质性金融发展的片面金融发展观。这一片面的金融发展观在20世纪最后二三十年的金融实践中，曾产生了一系列的不良后果与影响。仅举二例以观之：其一是在20世纪七八十年代以来国际金融界形成了片面追求金融资产数量扩张而忽视金融资产质量与安全的氛围，典型地表现为欧洲货币杂志及英国银行家杂志每年以各国金融机构的资产数量为中心排列全球五十大、一百大和一千家大金融机构，以此排先后、分优劣，这在国际金融界形成了强大的持久的舆论压力，更极大地诱导与助长了包括发达国家在内的金融机构与金融市场资产的迅猛的量性扩张，为后来的南北债务危机与90年代的金融危机埋下了祸根。20世纪八九十年代以来的巴塞尔“提议”与“协议”改以资本为中心评价风险度与安全性，就是对这一不良后果的关注与反应，是对量性金融发展观的反思与实践中的纠正。其二是在西方学者金融压抑、金融深化与金融自由化理论及片面的量性金融发展观的影响或指引下，一系列的发展中国家金融自由化迅猛展开，金融机构与金融资产迅猛扩张，以量性金融发展为主，以跳跃式金融发展为主，终于酿成了 80 年代的南北债务危机与 90 年代的金融危机。

但对这一片面的金融发展观在事实上或实践上的反思与纠正，以及强化金融监管，防范与化解金融风险，和将金融安全提到各国与全球的战略高度的政策行动，并未伴随对片面金融发展观的理论上的反思与纠正，这是值得高度关注与反省的。

二、关于银行主导型与市场主导型金融结构同间接融资与直接融资方式结构的辨析

近些年来，被国内外学术界炒得很火的诸如银行主导型与（金融）市场主导型金融、间接融资和直接融资方式，孰先孰后、孰优孰劣、孰快孰慢、孰多孰少的争论，在许多情况下是似是而非的、模模糊糊的和模棱两可的，对金融政策的决策者与实务界常常是误导的和无益的，亟待梳理与厘清。

（一）银行主导型与市场主导型融资的金融组织主体结构

——“银行主导型”与“市场主导型”金融，实际是指一种融资的金融组织主体结构。在 20 世纪初叶由国外学者提出，近几年被再次提出并且炒得火热。这一观点的提出者和其后的众多引用与研究者都从未回答这二者的基本含义、判断与衡量标准等问题。人为地判定美国、英国是市场主导型国家，而德国、法国与日本是银行主导型国家，根据是什么？人们想问的是这二者是人类经济金融发展史中平行的两种不同发展模式，还是这一漫长历史发展进程中的两个不同发展阶段？

假如是两种平行的不同发展模式，那么：（1）被判定是市场主导型国家的英国与美国，经历过银行主导型发展形态没有？还是他们天生就是市场主导型国家？（2）随着时间的推移与形势的发展，现在仍不是市场主导型的那些国家，他们的发展前景如何？他们将永远是“银行主导型”还是将来发展到“市场主导型”？

假如是两个不同的发展阶段的话，那么：（1）被判定是市场主导型国家的英国与美国是什么时候在什么条件下从银行主导型转向市场主导型的？根据是什么？（2）现在仍是银行主导型的那些国家，可能在什么时候什么条件下过渡到市场主导型呢？

——间接融资与银行主导及直接融资与市场主导，是密切相关的和对应的，但二者的口径与融资主体（融入方）、运行方式与状态等特征是很不相同的。前者，所谓间接融资是指融入方（主体是企业）主要是从银行体系间接融入资金；后者，所谓直接融资是指融资或投资方（主要是政府、机构投资者与个人，其次是企业）主要是直接从金融市场上融资或投资。前者的表现形式与工具主要是信贷，后者则主要是股票、债券，各种投资或保险凭证或契约，以及各种金融期货期权；前者口径较狭窄，后者口径则要宽广得多；前者一般同实体经济联系紧密，后者则同虚拟经济联系紧密；前者的流动性较小，后者则是高度流动性的；前者信贷市场主要是国别性的，而后者，金融市场则更可能是国际性的全球性的；前者的扩张往往是严格限定的，后者扩张则是迅猛的、杠杆式以小博大的、往往是无限的；前者风险相对较小，可控性较大，而后者则风险要大得多，可控性要小得多。

——间接融资对象是信贷商品，是货币型金融资产，直接融资对象是虚拟的金融衍生产品，是非货币性金融资产。货币型金融资产或商品虽同实质经济紧密联系，但仍具有一定的虚拟性，而非货币型金融资产或商品，则从一开始就是虚拟的，金融期货期权这类金融衍生产品则更是“虚拟的再虚拟”产品，具有更大的虚拟性。

——货币型金融产品和非货币型金融产品二者的“质”既同更不同，不同质的事物不能简单地比较数量差异。货币型金融产品和非货币型金融产品二者的虚拟度不同，市场价格的波动幅度与变动速度不同，影响这两个市场波动或变动的因素也有很大的不同，因而二者很难简单地相加减、相乘除与相对比；在金融统计上，某一个时点的货币型金融资产、信贷资产存量，它的市场价值或价格是真实的、是同货币在当时的价值或价格同进退的，而非货币型金融资产在某一个时点的价值或价格则具有很大的非真实性和不确定性，是模拟的，是以某一时点的市场价格与存量相乘假设而来的。这个统计假设从一开始就是虚拟的、想象的，因为按某一时点的市场价格不可能将存量的非货币型金融资产存量都卖掉，或者要大量地卖、大量地供给，市场价格将会滑落，从而这样计算的价格前提根本不存在。将数学上的一个“点”异乎寻常地不加限制地迅速拉成一条“线”，进而推成“面”，这只能是数学游戏，而不是复杂的现实经济与金融。

（二）企业融资与社会融资、货币型金融资产与非货币型金融资产

综上所述，我们可以得出如下的结论：

以银行为主导的间接融资，其观察与统计口径是相对狭小的，是主要针对工商企业而言的，而以金融市场为主导的直接融资或投资，其观察与统计口径是相对更为宽广的，是面向全社会的，甚至是国际性的。

若从企业融资的角度来观察与统计，国内外大量统计与实证研究表明，无论是发展中国家、转轨型国家还是发达国家，间接融资都是其最主要的融资方式，绝对或相对量都占企业融资总量的大部分；直接融资所占比重则较小，虽然20世纪八九十年代以来，这一融资方式的重要性在持续提高，但仍未根本改变长久以来工商企业以“间接融资为主、直接融资为辅”的这种客观态势，这同近二十多年来国内外学者经常强调或认定的情况有很大的不同。

从一国全社会融资（有些发达国家其金融市场是全球性的，外国政府与企业融资或投资更占相当大的比重，例如美国政府债券大部分由外国政府持有）的角度来观察，若用传统的口径与统计方法计算，全球的证券市值总量即非货币型金融资产在20世纪末大体是70万亿～80万亿美元，远比信贷资产存量38万亿～40万亿美元要大得多。若考虑到如前所述的货币型金融资产与非货币型金融资产的“不同质”，以及各自不同特征和不同交易方式与运行方式，例如据国外学者估计，20世纪90年代间，全球物价上升率为0.5～1.5倍，而证券特别是股票价格上涨率则在5～10倍，一些高科技高风险股票则更上涨50～500倍，则全球货币型金融资产总量与非货币型金融资产总量二者谁大谁小、谁多谁少，大多少、小多少，多多少、少多少，就不好说了、不确定了。更何况货币型金融资产与非货币型金融资产既是同质的，更是“不同质的”，是不能简单对比的，简单地说所有金融商品或金融资产是“同质的”，是不妥当的，不确切的，甚至于是错误的。说所有金融资产或商品都是同质的，只是说它们同属金融这一大系统，均具有某种金融属性，均可为交易对象，均具有交易价格，但并不意味着它们彼此在任何意义上都是同质的，可以简单相加减相比较的。所以迄今为止，在经济金融统计中，统计一国金融资产总量是将货币型金融资产与非货币型金融资产简单相加，这加出来的数字到底是什么？它表明什么？要告诉人们什么？我认为更多的是误导与模糊。

货币型金融资产与非货币型金融资产二者同质，是指二者同属金融系统这一大族类，即二者均以信用为其存在与运行的基础。信用是什么？信用是经济人履行经济性契约的承诺与能力，简而言之，即履约的承诺与能力。承诺是要因与前提，能力是基础与保证，履约是行动与核心。有承诺而无能力，无法履约；有实力而无承诺，无须履约；有承诺有能力，而无履约的诚意与行动，谓之恶意违约、践约。即使是非恶意违约、践约，就其信用本质而言即包含很大的风险，而恶意违约践约则包含更大的风险。更不要说此二大族类的虚拟性程度不同，价格或价值的波动幅度与影响因素不同，因而价格或价值总量的确定性或不确定性就更不同了。

说二者既是同质的更是不同质的，是同质的，所以存在某种比较的可能性；更是不同质的，所以不可以简单相比较。至少要经过技术处理与换算，加一个“权重”，将非货币型金融资产转换成货币型金融资产，犹如在货币供应量计算中，定期存款与储蓄存款最终要加权换算为活期存款一样。

以上的结论是笔者近二十年来不断思考研究的某种理论化的表现，我观察研究的时间越长，对传统金融与现代金融的差异与本质研究得越深，则对原有金融结构与金融发展理论与统计方式的疑虑就越深重，提出质疑，欲公开发表以引起更多关注与争论的冲动就更加强烈。笔者承认这些想法与看法同百年来传统的、主流的、风行的被不假思索地承认与使用的这一切，均有很大的不同。尽管如此，它只是使我更为严肃、认真与执著，并未有丝毫动摇与退缩。

（三）我的质疑、呼吁与建议

上面的研究与讨论侧重从理论与思辨的层面上进行，但丝毫不是腾云驾雾、凭空想象的、虚幻虚拟的，而是扎根于客观存在、客观事实与客观实际的，着眼于指导而非误导经济金融实践的，乃至于相关政策的制定与执行者的。

尽管笔者提出种种质疑，但习惯的势力是巨大的，思维的惯性，历史的惯性与路径的依赖性是持久的，在相当长的时间和相当的程度上都将依然故我，不会立刻改变，诚如黑格尔说的“存在的即是合理的”，改变的道路将是困难的，但也是可以有所作为的。笔者确信，它终将有所改变。

首先，笔者呼吁人们从理论与认识上自觉地、严格地和准确地将“企业融资”同“社会融资”“国内融资”“国际融资”这些不同口径的融资主体区分开来；将“银行信贷间接融资”同“金融市场直接融资”这些不同的融资方式区别开来；将“货币型金融产品或资产”同“非货币型金融产品或资产”，将“具有一定虚拟性的货币型金融资产”同“虚拟的金融资产”“虚拟的再虚拟金融资产”以及“多虚拟的金融资产”这些非货币型金融资产，这些不同质的金融资产形式区别开来。

其次，对似乎是不言而喻的、约定俗成的、理所当然和顺理成章的某些理论模型、统计指标和计算公式不再坚信不疑，继而提出质疑，而后进行思索与研究。例如，对戈德史密斯提出的衡量一个经济体金融发达程度的指标、金融相关率等，即一国金融资产总量（货币型金融资产+非货币型金融资产）/GDP 等一类的指标体系的科学性、准确性、可行性和可比性提出质疑；对一国或世界各国习惯上将货币型金融资产同非货币型金融资产简单相加，进而进行各种横向的或纵向比较的科学性与可比性提出质疑。

再次，重新审视炒得火热似乎是已成定律或定论的诸如直接融资快于大于优于间接融资，金融市场主导型优于银行主导型金融结构的判断、观点或理论的准确性与科学性。用笔者的术语来描述就是“金融倾斜及其逆转”的问题。值得重新审视的不是“金融倾斜”，而是“金融倾斜的逆转”。可以这样讲，假如是从企业融资的角度讲，至今乃至今后相当长的历史时期，都将长期呈现“金融倾斜”的态势，若从全社会金融市场直接融资的角度讲，过去二三十年乃至今后，它将长期呈现快速或高速增长的态势，但“金融倾斜逆转”是否已经或将会普遍呈现，则要比以前谨慎得多了，金融倾斜逆转的速度与程度都远不如过去二三十年国内外学者普遍认为或统计得那么高。只有高度发达和高度开放的，其货币曾经是或现在仍是国际主导货币、主要国际储备货币的英美等国，特别是美国，则“金融倾斜逆转”的态势，市场主导型金融结构已经或将会是明显的。

考虑到非货币型金融资产或产品，是虚拟的金融资产或产品，不仅其“质”是虚拟的，即是设定的和远离实质经济的，而且其“量”也是虚拟的、设定的和想象的，充其量也只是可能的而远非现实的，远不是真实的和实在的。在实践上，可以考虑将金融资产划分为有一定虚拟性的货币型金融资产和虚拟的非货币型金融资产两大类，分别观察与统计；而后一类又可以细分为“虚拟的金融资产”（如证券）、“再虚拟的金融资产”（如期货期权）和“多虚拟金融资产”（指数期货期权等）三个层次。上述两大族类四个层级的金融资产从左至右，一个比一个虚拟度更高，离实质经济更远，价格波动幅度更大，自我扩张性更强，可控性更小，风险性更大。

（四）历史的经验值得注意——旧事重提有新意

写到这里，笔者想重提二十多年前曾轰动一时的一件旧事，或许是令人深思的。记得在 20 世纪 80 年代中后期，国外理论界还是媒体曾爆出一条令人惊异的消息或说法，标题是“日本的资产总量超过美国”。一听这个标题就是不同凡响的和惊世骇俗的，说是“日本的资产总量（金融资产+实物资产）”是43万亿美元，美国的资产总量是38万亿美元，末了更有惊天动地之语，说“有人估计把日本东京卖了，就可以购买整个美国”。这同人们的常识和常理及日美两国的常情离得也太遥远了！但连媒体都重点报道的事还会浮、还会虚、还会假吗？虽令人难以置信，但百姓不能也不敢不信，只有怀疑自己水平太低的份儿。

在今天人们看来是天大笑话的这个国际玩笑，但当年却果真发生过，社会各界也严肃对待过、广为传播过、持续影响过，这确是不容否认的事实。

20世纪80年代中后期正是视亚洲四小龙，特别是日本为神圣高不可攀之物之时，正是日本经济金融高度泡沫化，房地产和股票价格飞一般上涨和日本经济金融界迅猛向外扩张从而正逐渐导致国内“空壳化”之时，正是日本人创造人类“奇迹”之时，对它的仰慕与仰视蔓延正方兴未艾，上述消息与说法也着实令人可信，不能不信。但也不是全信，笔者便是不信神、不怕鬼和不信上述天方夜谭人群中的一个。非但不信，不听邪，还从那时开始，在给每届研究生的专业课授课中，特意增加了一个小专题，即“如何准确观察与估价美国和日本”。准确地说，前面笔者提到的那些理论思考与质疑，便是以这件事为诱因而起始的。

二十多年前的事今又重提，笔者想说的是当年的那种说法或看法，也不是空穴来风，那不就是非货币型金融资产迅速膨胀、信贷膨胀、房地产价格飞涨，从而导致经济金融泡沫化，名义资产而不是实质资产恶性膨胀的结果吗？从技术上讲，不就是将飞涨的股票价格乘以股票存量，和将一平方米东京最高地价乘以东京的面积，这种传统的主流的人们都普遍相信的像变戏法一样的统计方法计算的结果吗！曾几何时，好景不长，90年代初日本的泡沫经济金融迅速破灭，从此陷入危机，十多年走不出困境，又创造了近现代国际金融危机史上时间最长和恶果尤深之奇迹！

这一生动事例，不正是笔者前述长期种种理论思考与质疑，在实践上的强而有力之佐证吗？

其实，在郭翠荣君《金融倾斜与金融发展》[①] 专著中也已经遇到了与我同样的问题。她在对日本金融倾斜状态特征的研究中，发现在20世纪

---

① 郭翠荣．金融倾斜与金融发展［M］．北京：中国金融出版社，2004.

80 年代中期以前的漫长历史时期，该国融资结构变迁处在长期的金融倾斜的状态，这一时期金融倾斜度经历了从上下波动到稳定下降的发展过程，但其共同特征仍是不同程度地向间接金融倾斜；而伴随泡沫经济的形成与发展，在 1987—1989 年这三年的时间里，日本的金融结构发生了根本性的变化，出现了短暂的逆向金融倾斜，即发生了金融倾斜逆转；90 年代初随着泡沫经济的崩溃，该国的金融倾斜又从逆向倾斜回归到正向倾斜。以传统的观察视角和统计方法看，日本的逆向金融倾斜出现得很晚，持续的时间异常短暂。短短三四年的金融倾斜逆转是怎么出现的呢？不就是由泡沫经济泡沫金融导致的人为炒作的非货币型金融资产人为急剧膨胀扩张的恶性结果吗？不就暴露了传统研究视角和统计方法的弊端，不就表明这种短暂的金融倾斜逆转完全是人为的、技术性的而不是量性与质性发展相统一的实质性的发展吗？不就是人类自身玩数学游戏和统计工具而自欺欺人的结果吗？人们不应忘记，不管人们施加怎样巨大的干预或影响，金融结构变迁仍然是一个自然的历史的演进过程，规律可以被发现或认识，但不能依人的主观意志而被创造或消灭。规律是客观的，违反规律必受惩罚，惩罚是规律客观性的表现。惩罚果然来了，随着其泡沫经济金融的破灭，短命的金融倾斜逆转结束了，终又依客观条件与环境以其自身的发展逻辑回归到金融倾斜的状态。接着是陷入长达十余年之久的罕见的深重危机之中，难道这种惩罚还不够深重吗？

三、从金融总体效应到金融功能观的演进

（一）20 世纪 80 年代中期对金融功能问题的初步研究

如前所述，笔者 20 世纪 80 年代中期，在比较银行学项目的研究与撰写其最终成果《比较银行学》专著时，最早提出与讨论了“金融功能”问题，我当时使用了“总体效应”的概念，并以此为《比较银行学》的研究对象——金融体制的九大构成要素之一。在书中指出金融体系的总体效应“是指一国银行（金融）体系的总体效率和构成要素间的协调的吻合度”。具体包括：（1）金融体系整体与社会环境、经济环境与金融环境相互协调适应的程度，即外部效应；（2）金融体系内部各要素间相互协调、适应吻合的程度，即内部效应；（3）金融体系总体及各类金融机构系统自身的功能、效率与效益。[①] 作为九大金融相关要素有机构成部分的

① 白钦先．比较银行学［M］．沈阳：辽宁人民出版社，1989.

“总体效应”，强调了金融体系整体对经济与社会的总体相协调、适应、吻合、功能、效率与效益。当时还未来得及更为详尽地展开，并且也未能更进一步区分“功能”及“功能”的重要“衡量”标准金融效率与效益二者的区别与联系。但是笔者在《比较银行学》最后一章的“金融理论的改革与金融体制改革的理论”一节中又进一步专门立题，提出了金融渗透功能的深刻广泛性和它日益脱离于实体经济的独立性问题。[①]

（二）对金融功能的进一步研究及金融功能观视角

20 世纪 90 年代中后期在金融资源学说的研究中，笔者又将“金融功能”列为功能性高层金融资源，并重点论证了金融功能性资源的客观性、稳定性和稀缺性，强调了它比前两个层次的金融资源（核心性货币资源、基础性实体资源——金融组织、工具、制度、法规与人才等）更客观，更易于整体观察与把握，更少人为干预的可能，更难能、更难成，更难得，因而更稀缺。2002 年以来，我进一步明确提出金融功能的四大本质性特征——即客观性、稳定性、稀缺性和层次性。并阐述了对金融功能的研究（即金融功能观视角，或从功能的角度观察研究金融）较之以往以金融组织（机构与市场）为主的研究视角所特别具有的两大优势：一是对功能的研究可以有更大的客观性，也更接近于研究金融发展与经济发展的最终目的与目标性（即发展金融以发展经济）；二是金融功能自身的自动出清与扣除的净结果的相对准确性，而因其客观与稳定，更因其可自动排除与扣除种种可计量与不可计量的已知的和尚未知的成本、消耗、摩擦、不吻合、不协调的诸多因素，最大限度地减少了人为干扰的可能性及由观察、统计指标与手段的非科学性而产生的不确定性，从而使最终结果有更大的相对准确性。

（三）金融功能的演进（扩展与提升）即是金融发展

近年来，笔者同笔者的博士研究生谭庆华又进一步研究了金融功能的演进与金融发展问题，从货币的功能便利促进价值运动从而降低交易成本及风险规避，进而扩展到金融的功能，将金融功能划分为基础功能（服务功能与中介功能），主导功能（包括核心功能——资源配置功能和扩展功能——经济调节功能和风险规避功能），派生或衍生性功能（包括资产重组、公司治理、资源再配置、财富再分配、信息生产与分配、风险分散等功能）三大层次，并对相关问题进行了深入系统的研究，提出“金融功能

① 白钦先．比较银行学［M］．郑州：河南人民出版社，1989.

的扩展与提升即金融演进，金融功能的演进即金融发展”[①] 的理论观点。

四、金融结构与金融功能理论、金融发展理论与发展金融学

以上我们是从过去二三十年来国内外金融结构变迁与金融发展问题，以及金融功能演进与金融发展问题，从不同视角不同层面所进行的研究。尽管这些研究是初步的和有待于进一步深化的，但从历史发展的观点来看，它的思想的光辉与理论的贡献仍然是不可磨灭的。先哲马克思曾经说过“提出一个问题比解决一个问题要更难”。

如前所述，金融结构是一个多角度多层次的复杂性概念。迄今为止，人们除了从金融结构与金融工具的相互关系及量的比例的角度研究金融结构之外，还从更多的方面，如从间接金融与直接金融的角度研究融资方式结构，从银行主导与市场主导的角度研究融资主体结构，从金融功能演进的角度研究金融结构；既从经济货币化与经济金融化的角度研究金融与经济的互动关系结构，也从金融结构变迁与金融发展的角度研究二者的互动关系结构等，简而言之，即研究金融结构金融功能演进与金融发展。上述种种理论传统上称为金融发展理论，隶属于发展经济学之中。

从2001年开始，笔者在给硕士与博士研究生的学位课授课中，以及全国性专业性学术会议和大专院校的学术报告中，提出与论证了建立发展金融学的有关问题，并且于2003年11月在上海召开的全国金融可持续发展理论研讨会上正式提出研究与建立发展金融学的建议，得到同行学者的热烈回应，使笔者深受鼓舞，深感欣慰。

笔者提出，在从传统金融到现代金融，从货币经济到金融经济，从“中介金融”到核心、主导“主体金融”，从国别的相对封闭的局部金融到高度开放的高度流动性的真正的全球金融的演进一天天深化，和金融成为各民族国家与经济主体经济与社会发展稳定的核心性、战略性要素的新形势下，金融发展理论从隶属于一般经济学或发展经济学理论一部分的局面必须改变，从发展经济学中分离与独立开来，并建立发展金融学的条件与时机已经成熟。

发展金融学是研究金融是什么和金融与经济的关系是怎样的，即既研究金融本质的演进及发展，也研究经济的发展的科学。但它既不是孤立地一般地研究金融的发展和金融发展一般，也不是孤立地一般地研究经济的

---

① 白钦先，谭庆华．金融功能演进与金融发展［A］．中国金融学术年会征文，2004.

发展和经济发展一般，而是在金融与经济相互依赖、相互制约与影响，即二者彼此互动的意义上来研究金融的发展与经济的发展，而金融功能就是联结金融与经济关系的关节点或桥梁。笔者在最近几年的讲课和学术报告中提出“金融功能的扩展与提升即是金融发展”的金融发展观。从实践上讲，发展金融学既研究发展金融学的过去与现在，也研究它的未来；从空间上讲，它既研究发达国家金融的发展与经济的发展，也研究转轨型国家和发展中国家金融的发展与经济的发展；既研究发展金融学的理论，也研究发展金融学的实践；既从金融与经济互动关系的角度研究发展金融学的发展，也从金融的本质演进与金融经济互动关系二者紧密联系的角度来研究发展金融学的发展；既研究金融与经济关系的正效应，正功能，也研究二者关系的负效应，负功能。金融正向功能的研究不言而喻，金融负面功能的研究绝对不可或缺，传统经济金融理论将功能定位在正向功能，而将负面功能排除在外，或在“负面影响”项下讨论，我以为这种人为的刻意排除或割裂是不妥当的和不必要的，尤其对于金融与经济一类问题的研究更是如此，甚至有时有些方面，如通货膨胀与通货紧缩、金融危机与经济危机的研究还构成金融学或经济学的重要内容，有更强的政策含义与社会影响。

最近，我提出发展金融学以金融本质的演进基础上的金融与经济的互动关系，即金融功能的扩展与提升为其研究的基轴，而以金融效率为其研究的归宿。这样，发展金融学突出了功能的演进，突出了金融与经济的互动发展。当然，所有这一切，都仅仅是一些初步的想法，发展金融学的建立与发展有赖于国内外同行的共同努力，而不是某一两个人。正可谓：“革命尚未成功，同志仍需努力”。参与便是成功，失利未必不利。

不断地观察与思考，不断地修正与否定，否定过时的陈旧的，也否定自己。近两三年来我又在为中山大学和辽宁大学的金融学博士研究生讲授“金融经济学”和“金融发展理论”的过程中，又对传统金融发展理论和自己的一系列相关研究成果进行了梳理与整合，并公开呼吁将金融发展理论从发展经济学中分离独立开来，建立发展金融学，并将政策性金融和金融可持续发展理论整合在发展金融学的统一框架内，前者构成发展金融学的重要和独特的部分，后者则构成发展金融学发展的一个新的阶段，包含九大要素的金融体制的研究框架及多层次多角度全方位和纵横交错动静态结合的研究方法，则构成其研究的特色与风格而融入其中。在关于发展金融学的初步研究中，我提出发展金融学以金融本质演进基础上的金融与经济的互动关系，即金融功能的扩张与提升为其研究的基轴，而以金融效率为其研究的归宿。这样发展金融学突出了金融功能的演进，突出了金融与经济的互动发展，而将众多的金融相关要素（如金融结构）的演进研究都对准金融与经济的发展。

我国著名资深老一辈国际金融学家陈家盛先生最近在一篇学术性述评文章中概括与评价了本文作者在金融发展理论或发展金融学领域所做的工作："（1）从融资方式结构入手研究金融结构，并从历史与动态的角度提出'金融倾斜及其逆转'的理论（1989—1998）。（2）修正、补充与发展了戈德史密斯的金融结构与金融发展理论，提出了'金融相关要素的组成、相互关系及其量的比例'的一般金融结构观，并提出了金融结构变迁并不必然就是金融发展，只有质性发展与量性发展相统一并以质性发展为主的金融结构变迁才是金融发展的金融结构与金融发展观（1998—2004）。（3）创立了以金融资源学说为基础的金融可持续发展理论，将传统金融发展理论推向一个更新的发展阶段（1998）。（4）从20世纪80年代中期开始对金融功能理论进行了独立的深入研究，并有新的发展与成果。首次论证了'金融功能'的客观性、稳定性、稀缺性与层次性特征；强调了从金融功能视角的研究金融较之以往以金融组织（机构与市场）为主的研究视角的两大优势：一是有更大的客观性，也更接近于研究金融发展与经济发展的最终目的与目标，二是其自动出清与扣除的净结果的相对准确性（1989，1998—2004）；提出了'金融功能的扩展与提升就是金融发展并促进经济发展'的观点（2004）。（5）在国内外开创了政策性金融理论研究的先河，并扩展与丰富了金融发展理论或发展金融学的研究领域（1989—2004）。（6）提出并积极倡导发展金融学的建立与研究（1999—2004）"。①

综上所述，我在金融发展理论或发展金融学的研究方面，从时间上讲，要比西方学者更早些（如金融功能与融资结构的研究）；从内容上讲，一些方面也许比西方学者更深刻、更客观、更丰富些（如金融结构演进与金融发展、金融功能演进与金融发展），在政策性金融研究方面更是填补了国际该领域研究的空白。作为一位发展中国家的学者，在研究条件、信息掌握、研究手段和研究环境等方面有很大差距的条件下，能与西方学者

① 陈家盛．为人惟诚、为学惟新、为道惟真——白钦先教授学术活动与成果述评［J］．生产力研究，2004（9）．

站在大体相同（或更早）的起跑线上，取得至少不低于（或更好于）西方学者的研究成果，我不为自己只为东方学者、发展中国家学者而深感欣慰与自豪。当然，这一研究仍然是初步的，还仅仅是开始了这一研究进程。

论金融功能演进与金融发展*

20 世纪末金融危机的频繁爆发给整个世界经济带来极大的影响，也使人们对金融问题的极端战略重要性有了更为真切的感受和认识，关于金融与金融发展问题的研究成为一个研究热点。金融到底是什么？具有什么功能？金融发展到底指什么？金融与经济到底是什么关系？金融发展如何促进经济发展？由于传统理论对快速变化的现实世界越来越缺乏解释能力，一些基础理论创新开始涌现，其中最重要的是金融功能观和金融资源论。近段时期的研究成果已经显示，金融发展可以促进经济发展，其作用机制主要是通过发挥金融体系的功能（如资源配置、信息传递、风险管理等），并且从理论到实证都进行了较为充分的说明①。但在这些讨论过程中，似乎很少有从宏观的角度来讨论金融发展问题，而是专注于某些特定的金融功能本身、金融发展的作用机制等相关的理论与实证研究。应该说这些研究是很有意义的，也是后续研究所不可缺少的基础。但一种宏观视角或者说一种理论总结同样十分重要，这既是一种理论上的提升，也是把研究进一步推向深入的需要。

一、相关文献回顾

关于金融发展问题的文献可以追溯到戈德史密斯（Goldsmith，1969）在《金融结构与金融发展》一书中把金融结构定义为“各种金融工具和金融机构的相对规模”②，而金融发展就是“金融结构的变化”③。这个定

---

* 本文与谭庆华博士合作历时三年、十余次修改完善而成，刊于《金融研究》2007 年第 7 期。

① 关于这个主题有比较多的文献主要是从实证方面进行研究，例如 King 和 Levine（1993）、Levine 和 Zervos（1996）、Rousseau 和 Wachtel（1998）、Filer（1999）、Beck 和 Levine（2001，2002）等。

② 参见戈德史密斯的《金融结构与金融发展》一书的第 3 页。

③ 参见戈德史密斯的《金融结构与金融发展》一书的第 32 页。

义对后续金融发展问题的研究产生了重要影响。随后许多学者对这一问题进行了深入研究，但基本都遵循了这一界定。笔者在20世纪80年代中期提出的“金融倾斜及其逆转”是从融资结构的角度来研究金融结构，并从融资结构变迁这一动态演进的视角对金融发展问题进行了初步的探讨（白钦先，1989）。这一研究思路与戈德史密斯的概念也是完全吻合的。但金融创新日新月异的迅猛发展使戈德史密斯理论的片面性和局限性逐步显现出来，于是笔者针对这些不足将金融结构重新定义为“金融相关要素的组成、相互关系及量的比例”（白钦先，2003），并提出量性金融发展和质性金融发展相统一的金融可持续发展观（白钦先，1998）。

在戈德史密斯之后关于金融发展问题的研究很少再把研究的焦点集中于金融发展本身，而主要是在戈氏的概念框架下进行展开，主要涉及金融发展与经济增长之间的关系以及应该采取什么金融发展政策来促进经济发展（也就是现在所称的金融发展理论的主要内容）。这方面的主要代表是麦金农（Mckinnon，1973）和肖（Shaw，1973）的金融深化论、赫尔曼等人（Hellman，1996）提出的金融约束论，以及对这两个理论的深入细化与完善，后续研究逐步变得更加侧重于技术性。关于这一主题的研究还在不断发展，从理论与实证上都有比较深入的研究。但对金融发展到底是什么似乎并未做过多的思考，而是自然地尊重前人（主要是戈德史密斯）的研究结论。

笔者在20世纪80年代中期研究比较银行学项目和撰写这一项目的最终成果《比较银行学》时，就已经注意到金融功能问题，但当时未使用“功能”一词，而是用了“总体效应”一词，也是从金融各相关要素间以及这些要素与经济或社会各要素相协调、相吻合、相适应的角度来观察与研究金融以及金融与经济的关系问题，并将“总体效应”作为金融体制九大构成要素之一而纳入其研究框架（白钦先，1989）；在该书最后一章还专门立题研究了金融的渗透扩散功能与金融逐步脱离实体经济的独立化倾向[①]。默顿和博迪（Merton & Bodie，1995）提出金融功能观以后[②]，则为从功能的角度来研究金融发展问题提供了进一步的基础，这一理论在20

① 更详细的讨论可以参见白钦先（1989）《比较银行学》一书中第589～591页的相关内容。

② 虽然金融功能观并不是由Merton和Bodie最先提出来的，但他们的阐述相对比较完整，尤其是在Merton获得诺贝尔经济学奖以后更是得到了广泛传播。

世纪末传入中国。他们认为，任何金融系统的基本功能都是在一个不确定的环境中，在时间上和空间上便利经济资源的配置和拓展。资源配置的单一基本功能是金融系统功能最为集中的体现，以此为基础可以进一步区分金融系统发挥的六个核心功能。[①] 90 年代中期，笔者在以金融资源学说为基础的金融可持续发展理论与战略的研究中，更为明确地提出金融功能问题，将金融功能提到金融资源的高度，将其定位于高层金融资源，并进而指出功能性金融资源更具客观性、稳定性和最终结果性，更难能、更难成、更难得，从而更稀缺（白钦先，1998）。戈氏与白氏是在大体相同的时间各自研究大体相同或相近的问题。

不过对于金融体系到底具有哪些功能，还存在许多不同的观点。莱文（Levine，1997）认为金融体系的功能有促进风险改善、信息获取与资源配置、监控经理与加强企业控制、动员储蓄、促进交易等。笔者也曾指出金融功能主要包括资源配置功能、资金媒介功能、资产避险功能、产业结构调整功能、引导消费功能等（白钦先，1998，2003），这些功能之间并不是杂乱无章的而是分层次的，并认为金融功能具有客观性和稳定性，在现实中更为难得与难成因而更为稀缺。[②] 艾伦和盖尔（Allen & Gale，2001）认为金融体系的功能主要是风险分散、信息提供、企业监控等。孙立坚等（2003）认为金融体系有六大基本功能：投融资服务、流动性供给、风险分散、价格发现、信息传递和公司治理。其实只要仔细思考一下就可以发现，虽然这里表述的金融功能大不相同，但这只是认识角度与层次深浅的差别，其实质性的内容却是基本一致的。这就为后续研究提供了一个较为统一的基础或平台。另外，笔者最近指出，近百年来“金融的功能有了实质性的扩展与提升”，对金融发展中的金融功能演进过程再次涉及，但未作深入的讨论（白钦先，2003）。而本文正是从这一点上进行具体展开。

二、金融功能：重新界定

对金融功能进行重新界定，有必要先对功能的含义有所把握。所谓功能，简单地理解就是功效、效用、效应、效能或作用。金融功能具有客观

---

① 关于这六个功能的具体表述可以参见 Merton（1995）“金融中介功能观”，选自北京奥尔多投资研究中心主编（2001）《风险、不确定性与秩序》第 167 页。

② 关于金融功能的层次性、客观性、稳定性和稀缺性本身就是很复杂的问题，拟另作文专门讨论，其初步论述可以参见白钦先（1998）在金融资源论中的相关论述，所以这里只着重从具体哪些功能进行分析。

性、稳定性、层次性和稀缺性四大基本特征。它比其他金融要素（如机构与工具等）更难能、更难成、更难得，从而更稀缺；它比其他金融要素更具稳定性，更适于长期观察与整体把握；它比其他金融要素更具客观性，更少受人的主观意志影响与控制。从某种意义上讲，它是一个相对稳定的量或一种状态，它会自动剔除一切可计量的与不可计量的、已知的与未知的影响因素，它是扣除了一切成本、消耗、摩擦、不适应、不协调、不吻合、不耦合以后的“净剩余”“净结果”，因而它具有更大的客观性，从而从功能的角度较之其他角度观察与研究金融发展与经济发展问题就更具优越性和准确性。

关于金融功能的论述比较多，但其本质含义是金融对经济的功效、效用、效应或作用，可以说它是研究金融与经济相互关系的主轴、核心与关键，金融功能的发展与金融的发展、经济的发展具有极大的相关性、协同性和一致性，是质性金融发展的直接结果和观测器。对金融功能的不同表述主要来自观察视角与抽象层次的差别，进而使各种金融功能之间显得比较零散，内部之间显示不出任何逻辑联系，似乎是想到什么说什么。这里则试图把金融功能划分为不同的层次并重新界定，为后面探讨其演进过程奠定基础。由于各种金融功能并不是杂乱无章地被堆砌在一起的，而是处在不同层次上并具有一定的内在逻辑关系。根据这些功能所处的不同层次，可以把金融功能划分为四个具有递进关系的层次：基础功能、核心功能、扩展功能、衍生功能。图 1 显示金融功能不同层次之间的关系。

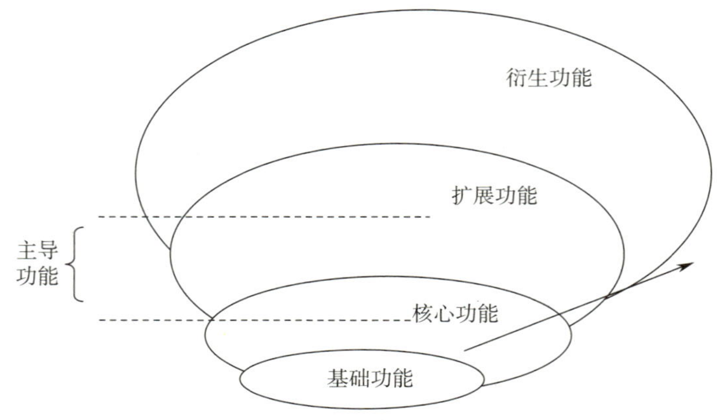

图 1　金融功能不同层次的关系

图 1 最主要的寓意就是揭示了在金融发展过程中金融功能不断扩展和

提升的演进过程，即基础功能→核心功能→扩展功能→衍生功能，这显示出一种递进关系，即在前面功能的基础上当经济金融发展到一定程度，后面功能的重要性才逐步显现出来。同时，递进关系也意味着这四个层次并不是截然分开的，而是有着千丝万缕的联系甚至某些重叠，例如核心功能和扩展功能在时间上具有极大的重叠性，二者合在一起可以称为金融的主导功能。至于这些功能到底是如何演进的留待下一部分进行考察，这里先对它们进行重新界定。

（一）基础功能：服务功能、中介功能

金融的基础功能是服务功能和中介功能，也就是说，金融产生以后在相当长的历史时期内主要是为经济社会活动提供交易、兑换、结算、保管等服务功能以及进行简单资金融通的中介功能，最终都是为了便利与促进价值的运动。

服务功能主要是指金融为整个经济运行所提供的便利，包括为现实经济活动甚至社会活动提供一个统一的度量标准（就是作为最基本金融要素的货币）、为拥有剩余物质财富的人提供跨时消费的可能途径（如通过贮藏货币或其他金融工具）、解决物物交换的需求双重巧合困境从而便利交易（一般等价物、提供流动性）、为大宗跨地交易提供汇兑结算服务、为富有者提供财富保管服务等。服务功能是金融最基础的功能①，货币从而金融正是因此而产生，也是其存在和发展的基础。

中介功能主要是指金融作为中介机构实现的简单的资金融通，即在资金赤字者和资金盈余者之间进行调剂。以前教科书中对金融的定义一般是“资金融通”，其实就是对这一基础功能的表述，虽然现在对这个定义提出了很多批评和修正，但不可否认的是，从金融功能的角度来说，这个定义把握了金融体系最基本的功能之一。由于资金赤字者和资金盈余者的并存几乎是经济的一种常态，那意味着金融的中介功能也属于基础功能。不过中介功能主要是被动地适应经济发展的需要，体现了早期金融对经济的依附状态。

之所以认定服务功能和中介功能是金融的基础功能，原因在于：第一，金融自从产生以来在相当长的历史时期内主要是服务功能和中介功能

① 也有人认为应该把交易媒介作为中介功能，这不无道理，但在这里我们是从最常用的狭义的中介功能去理解，故把交易媒介作为服务功能更为适当。另外，服务功能也并不是一成不变的，而是随着经济金融的发展，其发挥作用的方式、渠道和强度都在不断变化。

在发挥作用；第二，金融的服务功能和中介功能是金融后续功能得以产生的基础，也是讨论金融功能演进的起点。另外，虽然这里把服务功能和中介功能放在同一个层次上，但其关系仍不是完全并列的。一般来说，服务功能更为基础，正是在服务功能的基础上，中介功能的产生才成为可能；但现实发展过程中二者更多的时候是交织在一起，并不能很明显地区分出谁在前谁在后。当然就历史事实而言，直到19世纪中叶马克思那个时代也还只有货币、信用与银行的概念，并无金融的概念，但为求统一、前后贯通和简便，我们一言以蔽之称为金融功能。

（二）核心功能：资源配置

金融的核心功能是资源配置功能。如果从广义上来理解资源配置，货币的价值尺度功能（价格）本身就是一种重要的资源配置功能，前面的中介功能也可以视为资源配置功能的萌芽状态，而资源配置功能可以理解为是金融中介功能的复杂化和主动化。中介功能只是便利价值运动，而资源配置功能则直接是引导价值运动实现资源有效配置。

资源配置功能主要通过金融体系的运作进行储蓄动员和项目选择从而达到资源配置的目的，这里的流程与中介功能并无形式上的差别，即实现资金赤字者与资金盈余者之间的调剂，差别主要是内在的主动性与被动性。储蓄动员体现的是一种主动的负债创造业务，而项目选择体现的是主动的资产创造业务。储蓄动员和项目选择既可以通过传统的银行等金融机构进行，也可以通过非银行金融机构或在非银行金融机构的辅助下直接通过资本市场来进行。金融体系通过其资源配置功能，建立起整个经济中资金赤字者（需求者）与资金盈余者（供给者）之间的联系，调剂整个社会中资金的余缺（或不平衡），以达到对资金（进而对实际经济资源）的更有效利用进而提高整个社会的福利水平。更有效一方面体现在通过金融体系动员储蓄把社会上的闲散资金聚集起来，使资金的利用率大大提高，另一方面体现在金融体系对好项目的选择上，使资金的使用效率大大提高。

之所以把资源配置看作核心功能，主要是因为：一是从经济学金融学最基本的意义上来说资源配置是中心议题。例如萨缪尔森（Samuelson）就把经济学定义为“研究在不同的选择之间如何配置资源的学科”，默顿和博迪（Merton & Bodie）则把金融学定义为“研究人们在不确定的环境中如何进行资源的时间配置的学科”。二是从经济运行的本质过程来看，经济首先是价值的生产和流动过程，金融在便利价值流动的基础上进一步便利价值的生产，并直接引导价值流动促进价值生产，而价值生产直接依赖于资源配置。三是最近一二十年来随着经济货币化的不断提高以及经济金融化的日益增进，金融逐步成为经济的核心，逐步成为社会资源配置的主导与主体。四是后续功能的扩展和提升从广义上来说都是为了提高资源配置效率，或者说是服务于资源配置功能的。

（三）扩展功能：经济调节、风险规避

金融的扩展功能是经济调节功能和风险规避功能。扩展功能并不是意味着在核心功能充分发展以后才出现的，而是金融功能在横向上的一种扩展。其实从历史过程进行考察，两者在时间发展顺序上具有较大的重叠性。

经济调节功能从严格意义上来说并不是金融的功能，而是通过金融手段发挥的功能。在金融的核心功能显现出来以后，尤其是随着经济金融化的不断发展，金融在整个社会资源配置过程中日益居于主导地位，通过金融手段对经济进行调节便显得那么有效和直接。具体来说，金融的经济调节功能主要是指货币政策、财政政策、汇率政策、产业倾斜政策等通过金融体系的传导实现调节经济的目的。另外，政府也可以通过设立专门的政府金融机构（主要是相关政策性金融机构）引导经济发展，实现特定的战略目标与目的，这就是政策性金融过去一百多年来在全球各国普遍持续发展的深刻原因。

由于经济金融活动本身具有极大的不确定性，因而可以说从经济金融活动产生之日起就面临着如何规避风险的问题。金融的风险规避功能主要是利用大数定理把风险分散化社会化，例如货币便利促进了价值运动，体现了初步的风险规避功能；股票除了筹措大额资金以外还可以把投资风险进行分散，由众多的投资者或股东来共同承担投资风险；票据承兑、信用证、备用信用证等也都是为了避免经济交易中的风险；保单则体现了更为明确的风险规避功能。以上这些金融工具或金融契约以及相配套的金融机构如保险公司、信用担保公司等金融要素则是实现风险规避功能的具体手段。

之所以说这些功能是扩展功能，原因是，第一，在经济金融发展到一定程度才会出现对这些功能的需求，例如市场失灵表现得越来越明显、不确定性越来越大以及发挥功能的技术提高从而实施成本下降；第二，这些功能是在基础功能和核心功能基本完善以后，对金融功能的一种横向扩展。

（四）衍生功能：风险交易、信息传递、公司治理、引导消费、区域协调、财富再分配

衍生功能是金融体系为了进一步提高资源配置效率而在微观与宏观两个层面的“衍生”，其内容比较丰富，包括风险交易、信息传递、公司治理、引导消费、区域协调、财富再分配等功能，并可以概括为（微观）风险管理和宏观调节两类。风险管理主要包括风险交易、信息传递、公司治理等，而宏观调节主要包括财富再分配、引导消费、区域协调等。

风险来源于知识或信息的缺乏也即信息不对称，信息不对称会使整个经济的资源配置发生扭曲从而降低资源配置效率。而金融通过相关的金融工具、金融机构、金融市场和金融交易可以有效地回避风险，并实现风险的主动管理。例如上市公司的投资者与管理层是一种委托—代理关系，由于双方掌握信息的不同而容易出现内部人控制，损害股东及广大投资者的利益，而一个有威慑力的股权收购市场，加上强制性的信息披露制度，就可以较为有效地解决上市公司的内部人控制问题、改善公司治理结构①。再例如由于未来汇率的不确定性，进出口贸易中收款的时滞风险就可以通过一项与实际交易相对冲的期货交易从而把未来的损益固定下来从而消除风险。因而艾伦和萨托莫（Allen & Santomero，1998）指出“可以定义金融中介为通过金融资产而经营金融风险的机构。依据中介发行、交易或偿付金融资产的实际功能，中介正管理和交易着风险”。随着金融工具和金融市场的发展，金融体系已不再是被动地去管理风险，而是主动地进行风险的分拆与打包。

宏观调节功能可以视为经济调节功能的延伸，其本质内容并无差别，只是操作手段和传导机制已随金融体系的复杂化而发生了变化。例如，股票市场的财富效应可以实现一定的财富再分配功能，对落后地区的开发也可以通过资本市场的运作来筹集部分资金，政策性金融活动也可以借助于证券市场来表达政策意图等。而且在金融经济时代，经济金融安全问题和可持续发展问题更为突出，宏观调节也更为必要。

之所以把风险管理和宏观调节称为衍生功能，有两层含义：一是衍生功能是在核心功能与扩展功能的基础上产生，尤其是对扩展功能的复杂化与主动化，并且还在不断向前“衍生”；二是衍生功能的实现越来越倚重

---

① 例如白钦先、徐沛（2003）专门对股票市场的功能进行了探讨，对这里讨论的金融衍生功能也许是一个比较详细的诠释。

于各种各样的金融衍生工具及其交易，这显然是以 20 世纪七八十年代以来各种各样的金融创新为基础同时又是以之为表现的。

三、金融功能的演进轨迹：历史考察

前面对金融功能进行了重新界定，并把金融功能划分为具有递进关系的四个层次。这里则想进一步从历史发展的角度来考察金融功能的演进轨迹，着重探讨其中的逻辑演进关系。需要说明的是，金融功能的演进并不是完全意义上的更替关系，更多的是在共存情况下重要性的更替。因为在特定的历史时期某些金融功能是潜在的，只是当社会的经济技术水平发展到一定程度才有了对那些功能的需求，也才有了那些功能发挥作用的历史舞台，那些金融功能也才逐步由潜在变为现实。当然，金融功能演进的现实基础是金融体系由萌芽到成型到复杂化的发展，以及商品经济的发展特别是市场经济的普遍持续高度发展。

（一）金融体系的萌芽：基础功能的显现

金融体系的最初萌芽表现为货币的产生。也有观点认为信用活动（如实物借贷）是更早更为重要的金融活动，虽然我们不能完全确认到底是货币产生在前还是信用活动在前，但我们可以确认，货币参与信用活动大大拓展了信用活动的领域，提高了信用活动的效率，进而扩大了信用活动的规模，而信用活动规模的不断扩大又促使了货币更广泛的使用以及货币形式的效率化演变。基于此我们可以认定货币与信用活动是相伴而生并在发展过程中相互促进的。由于这里主要是考察金融功能演进的历史轨迹，为了使考察的思路更加明确、线路更加清晰，我们选择以货币为基准，把货币的产生视为金融体系的最初萌芽。

人类社会产生以后，随着社会生产力水平的提高，生产出来的物质财富并不能完全被当期消费掉，那么就有必要考虑剩余物质财富的处置问题。交换是首先被考虑的途径，开始进行交换只可能是物物交换，而物物交换所要求的需求双重巧合与时空双重巧合的苛刻条件严重阻碍了交换的顺利进行，迫切需要一种统一的度量标准和媒介手段，此时货币应运而生[①]，成为金融功能演进的起点。这一起点就人类历史而言始于 3000 ~ 5000 年以前，并且贯穿了整个漫长的农业经济时代。金融的交易媒介、

① 当然，货币的产生也并不是完全一帆风顺的，而是经历了一个漫长的发展过程才逐步统一到金银等贵金属上，直到 20 世纪才逐步发展到完全的信用货币。

价值尺度等基本的服务功能此时主要由货币来实现，并不断地朝着更有效率的方向发展（从货币形态的演变就可以看到这一趋势）。交换的需要促使了货币的产生，货币产生以后又通过降低交易成本而大大提升了整个经济的交易水平，并使以货币为基础的金融要素开始丰富起来。需要说明的是，金融发展并不是在货币已经充分发展的基础上才开始的，而是在货币出现以后就与货币发展交织在一起，相互影响相互促进。

对剩余物质财富的另一种处置方式就是保存到下一个时期，但保存是有成本的，并且许多物质财富根本难以保存。而在整个经济中，某些人拥有剩余物质财富的同时也必然有一些人需要物质财富，如果能够以一种合理而可行的方式进行物质财富的余缺调剂，必然可以提高整个经济的福利水平。此时金融的简单中介功能可以满足这一需要，如通过简单的票据或纯粹的信用把剩余物质财富在不同经济体之间进行转移。很明显，中介功能只是为了适应经济发展的需要而被动产生的。同时金融发挥中介功能也需要服务功能的支持，如果服务功能不存在，则中介功能也不可能产生。

可见金融的服务功能是随着生产力的发展而出现的，并以货币为起点开始向前发展；而中介功能则是在服务功能基础上发展起来的。两者共同构成金融的基础功能。

早期金融因素的基础功能对整个经济的发展起到了极大的促进作用，其中货币好像润滑油一样使整个经济的交易效率得到极大的改善，随着货币化水平的提高，生产分工进一步细化，进而经济发展水平不断提高，整个社会的财富积累速度也大大加快。但在这个漫长的时期内（主要是农业经济时代），经济自给自足的特征以及当时低下的生产力水平决定了社会经济对货币金融的需求是十分有限的，为数不多的交易主要发生在地主、贵族阶层以及家族、社区等狭小的圈子内，资金的余缺调剂以高利贷为主要形式，资金借贷的范围、形式与数量受到极大的局限，从而金融的中介功能也受到极大的局限。虽然也出现了一些现代金融的萌芽，如中国的汇票、钱庄、票号等和西方世界的货币兑换商等，但其作用主要集中于发挥金融的基础功能即服务功能和中介功能。经济的货币化水平有所提高但还相当低，因而金融也不大可能成为资源的主要配置方式或渠道。

（二）金融体系的成型：主导功能的显现

随着生产力水平的进一步提高，剩余物质财富的数量大大增加，尤其是工业革命以后，人类社会进入工业经济时期，整个经济有了明确的扩大再生产的投融资需要，金融体系被动的中介功能逐步转向主动的资源配置功能以适应这种需要。其实中介功能与资源配置功能并不是完全分离的，之所以做这种区分，只是为了凸显出其中的演进关系。因为在经济发展的早期阶段，物质财富的剩余并不多，对其保存和调剂也仅仅只是在很小的范围内进行（由盈余者补贴赤字者），也许还没有所谓时间价值的概念①，更谈不上主动地去动员储蓄和选择项目，所以这种调剂周转并不能等同于金融的资源配置功能。而随着分工水平的提高和剩余物质财富的进一步增加，偶尔的交换变成了有意识的自觉行为，人们就会开始考虑如何更有效地运用这些财富，商品经济的发展使金融的中介功能得到进一步提升，金融的资源配置功能逐步显现。

由于剩余财富的规模扩大，规模经济开始发挥作用；同时随着科学技术水平的发展，基础配套设施开始跟上，交易成本大大降低；而且随着经济发展水平的提高，人们的收入水平也开始提高，与此同时人们进行经济交易的“面子成本”② 也会逐渐增加，从而产生了进行匿名“调剂”的需要，而不再仅仅限于亲朋好友狭小的圈子内部，交易范围极大拓展。以上这些原因共同促成现代金融体系资源配置功能的发展和完善。为此，金融中介机构和金融市场也必然随之发展，例如投资银行、租赁公司、项目融资、股票市场、债券市场等，金融体系的逐步丰富提高了整个经济的货币化金融化水平，也为金融功能的进一步演进提供了现实的基础。所以不能仅仅认为金融的功能就是固定不变的，而是相对稳定的，相反它是不断发展变化，有时会随着其自身发展而变化，由此不断向前演进。

从整个人类历史发展过程来看，只是到了资本主义生产方式得以逐步确立，即商品经济得以普遍持续发展的时候，金融的资源配置功能才比较完整地显现出来。随着经济发展水平的提高即市场经济的高度发展，金融活动的规模迅速扩大、范围迅速拓展，经济的货币化与经济的金融化水平逐步提高，金融的资源配置功能日益显现：一方面通过金融体系动员储蓄的功能把社会上的闲散资金聚集起来，另一方面通过金融体系把资金投向具有效率的项目上。自工业革命以来，社会化大生产极大地提高了整个社会的生产力，生产规模迅速扩大，很多项目的上马并

① 一个可能的原因是交易的范围太小，大部分是亲属和朋友；另外一个可能的原因是配套设施发展不足，若真要进行现代意义上的投资和融资交易成本太高，高到难以维持这种交易。

② 关于面子成本的提法可以参见张杰（2001b）的讨论。

不是一个或几个人可以承担的，项目的不可分性必须通过金融体系的资源配置功能来解决。这也是熊彼特（Schumpeter，1912）和希克斯（Hicks，1969）认为金融对创新和工业革命的产生发挥着巨大的无可替代作用的主要原因。

当金融的资源配置功能发挥作用时，整个社会的闲散资金得到更充分更有效的利用，从而极大地促进了整个经济的发展。但与此同时，另外一些问题也开始突出：一是市场失灵问题，二是不确定性问题。这两个问题必须得到解决，否则将会严重影响金融的资源配置功能。而金融的经济调节功能和风险规避功能正是为了解决这两个问题，不过侧重于从横向上对金融功能进行扩展，在一定程度上体现了量性金融发展，以前专注于资源的配置，现在不仅关注资源配置，也关注资源配置过程中的其他伴随问题。（1）20 世纪 30 年代的大危机激发了人们对市场机制的深刻反思，以国家干预主义为特征的宏观经济学逐步确立起来。在金融业中，金融的经济调节功能也逐步得到重视：一方面是主要政策主张中都离不开货币政策，都强调货币政策调节经济的重要性；另一方面是对金融业的重新规范与管制，例如美国在大危机以后接连出台了有关银行、证券、投资的一系列法案。而且政府通过各种方式参与金融活动对经济进行调节以克服市场失灵。特别是第二次世界大战以后，政策性金融在发达国家与发展中国家得到普遍重视，尤其是发展中国家在取得民族独立以后面临着紧迫的发展问题，政府通过金融体系对经济的调节与干预更是盛极一时。（2）风险规避功能则主要是为了初步地解决不确定性问题。其实在经济金融活动产生之初就存在着不确定性问题，例如货币的出现也具有一定的风险规避功能，只是在早期并不显得那么重要而很少去关注它。应该说在资源配置功能发挥作用的同时，风险规避功能也开始出现。其最初的表现主要是股份公司、保险公司以及其他金融要素，通过金融活动把风险分散化社会化，以达到风险规避的目的。

当金融的资源配置功能、经济调节功能与风险规避功能都基本完善以后，金融的主导功能也就基本显现出来了。20 世纪末，随着科学技术的发展尤其是网络通信技术在金融业的广泛应用，一方面是发达国家的金融创新与放松管制，另一方面是发展中国家金融深化政策的推动，经济金融化的程度不断提高。正是在这样的背景下，金融在各种资源配置方式中日益居于主导地位，其资源配置功能的核心地位逐步显现出来。此时，人们开始关注金融的资源配置效率，金融功能必须进一步提升以适应这种需要。这就是金融的衍生功能。

(三) 金融体系的复杂化：衍生功能的显现

随着20世纪末经济金融化和金融全球化的不断发展，经济金融的交易范围逐步扩展到全球，交易的复杂程度和不可控性大大提高，信息不对称表现得更为突出。由于影响资源配置效率的主要因素是信息不对称所导致的不确定性风险，其表现形式有逆向选择、道德风险、委托—代理成本以及未来的不确定性，所以衍生功能首先是风险管理，即为了解决信息不对称问题以提高资源配置效率，也就是现在经常所说的改善公司治理结构问题、加强信息披露、风险的分拆与打包等。

在金融体系基本成型以后，金融机构在利润的驱动下与监管机构之间展开了创新—监管循环，新的金融工具、金融机构和金融市场纷纷出现，如垃圾债券、管理层收购、杠杆收购、过桥贷款等，金融市场也由简单的动员储蓄、分散风险发展到进行企业监控、信息传递等，整个金融体系逐步复杂化。这为资源配置功能的更有效发挥提供了可能，并通过在金融市场上的运作大大改善了公司的治理结构、部分地解决了信息不对称问题，从而大大提高了资源配置的效率。

由于未来始终是不确定的，随着金融活动的进一步复杂化，在大部分人厌恶风险的情况下，期货期权市场发展起来，后来逐步发展到广义的金融衍生品市场。随着金融衍生工具的产生和兴起，风险管理越来越成为金融的重要功能。尤其是在布雷顿森林体系崩溃以后，国际金融市场上的风险急剧增加；加上一些人力难以控制的突发事件（如石油危机、海湾战争等），使风险管理成为国际贸易和国际金融市场上的一项重要内容。与此同时，金融工程学作为一门新兴学科，把工程化的思想融入金融市场研究中，大大推动了金融衍生品市场的发展，金融的主动风险管理功能表现得淋漓尽致。

注意此时的风险管理功能与前面的风险规避功能已经有了本质上的区别，前面的风险规避功能主要是一种被动的风险管理，而这里才是真正意义上的风险管理，也即主动的风险管理。风险管理功能则可以理解为对金融功能的进一步提升，是风险规避功能的深化、复杂化与主动化。

不过金融体系的上述发展只关注了资源配置的微观效率，宏观上却在不断地累积与提升风险。[1] 金融衍生工具在为风险厌恶者提供有效保护的同时，也给风险偏好者提供了更为犀利的投机工具，从而大大提升了整个金融体系的系统性风险，极大地威胁着一国的金融安全与经济安全。因而金融的宏观调节功能也是衍生功能的主要组成部分。例如随着经济的发展，社会贫富差距扩大、地区发展失衡、经济金融动荡等问题逐步暴露，那么金融的财富再分配、引导消费、地区协调等功能就显得十分必要。尤其是20世纪末亚洲金融危机以来，世界各国不仅加强了本国金融的宏观调节，也在积极寻求国际金融协调的有效方式。

风险管理功能的发挥大大改善了经济的微观效率，提高了经济的活力；宏观调节功能的发挥则维持了整个经济金融的稳定以及国家的经济金融安全，从而实现宏观效率。可见包含风险管理功能和宏观调节功能的衍生功能，既关注了资源配置的微观效率，又关注了资源配置的宏观效率，并尽力实现微观效率和宏观效率的统一。到目前为止，金融的衍生功能还在不断向前发展，但这个方向不会改变。

（四）金融功能演进的历史轨迹

通过上面对整个金融体系功能演进过程的历史考察可以发现，先是经济发展对金融提出了功能上的需求，金融体系不断扩展和提升其功能来满足这种需求并进一步促进经济发展，如此相互促进共同发展。另外也可以看出，这里的金融既包括商业性金融也包括政策性金融，正是在两者的共同作用下才实现了金融功能不断扩展和提升的演进过程；但二者发挥作用的方式、渠道和强度并不完全一样，就市场经济总体而言，商业性金融是主体，政策性金融是辅助与补充，而就某一特定领域来说，则政策性金融更可能是主体或主角而非配角。根据前面的历史考察可以给出如下的以货币为起点的金融功能演进路线，如图2所示。

这种考察虽然凸显了理论上的逻辑连贯性和一致性，但显得比较简单和抽象，更不用说和实际历史进程之间建立起密切的联系，或者说是进行一些有实际意义的引申。但这些内容本身就是十分宏大的课题，也远远超出了本文的容量，只有留待以后再做进一步的深入探讨。

---

① 金融功能的演进或逐步复杂化，一方面提高了资源配置的效率，但另一方面也提升了整个经济金融体系的系统性风险。这也是金融发展被称为“一把双刃剑”的主要原因，具体讨论可以参见白钦先（2001）。

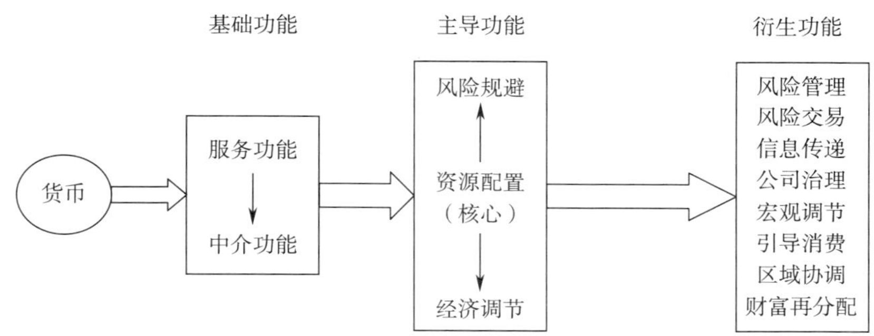

图 2　金融功能演进路线

四、金融发展：功能观点

关于金融发展最常用的定义当属戈德史密斯在《金融结构与金融发展》一书中提出的“金融发展就是金融结构的变化”，而金融结构就是“各种金融工具和金融机构的相对规模”。似乎这个概念是比较完美的，首先它所揭示的事实可以被真切感受到，从这样一个角度来定义金融发展最容易让人理解和接受。这也是为什么这个概念得到如此广泛应用并被视为经典的重要原因。但随着理论研究的发展，这一理论的局限性与片面性以及实践上的负面性日益显现，于是对这个定义的质疑与修正就越来越多。这是必然的正常的现象，同时也是对急剧变化的现实世界的反映。前面在对相关文献进行回顾的基础上对金融功能进行了重新界定，进而从历史发展的角度考察金融功能的演进轨迹，那么考虑从功能的观点来定义金融发展似乎是十分自然而然的事情。

在金融发展的过程中，金融最早显现出其基本功能，即服务功能和中介功能，随着经济发展水平的提高和金融本身的发展，金融的资源配置功能逐步显现出来。此后为了解决资源配置过程中的伴随问题，金融功能进行了横向扩展，即经济调节功能和风险规避功能。为了进一步提高资源配置的效率，金融的衍生功能开始显现出来，一方面是在改善公司治理结构以及对未来不确定性风险的克服，而且随着其应用得越来越广，风险管理功能引起人们的极大关注，甚至有人认为该功能是金融最核心的功能[①]；另一方面是宏观调节功能的显现，以进一步实现微观效率和宏观效率的统一。需要注意的是，在这样一个过程中，各种金融功能的作用发挥并不是无条件的，而是依赖于发展到一定程度的经济金融环境以及科学技术水平。只有当经济金融发展到一定程度才会产生对某种金融功能的需求，同样也只有当经济金融发展一定程度也才能供给某种金融功能，而且这种供给越来越依赖于当时的科学技术发展水平；在需求和供给达到均衡状态的环境中，该种功能的作用才能有效地发挥出来。可以用图 3 来粗略地表示这样一个发展过程。

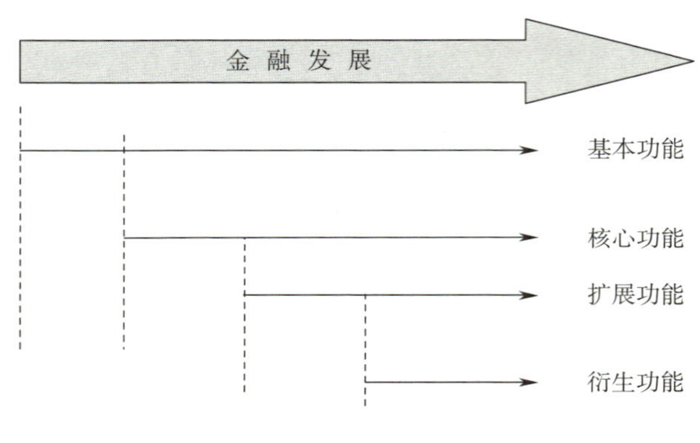

图 3　金融发展过程

如图 3 所示，最上面的黑心箭头反映的是整个金融发展过程，下面四条具有不同起始点的箭头则反映了在不同历史阶段逐步显现出来的金融功能，从上到下依次为基本功能、核心功能、扩展功能、衍生功能，并且反映出后面的功能是在前面功能发挥作用的基础上才开始显现的，而每一个功能都从出现之日起将一直贯穿整个金融发展过程[②]，只是随着时间的推移不同功能的重要性发生了更替。由此可以看出，金融发展可以理解为金融功能的逐步显现逐步扩展逐步提升逐步复杂化的演进过程，随着金融功能的演进，金融体系越来越复杂，金融发展程度越来越

① 例如何自云（2003）认为风险管理是商业银行及其他金融机构的核心功能，而把其他的交易媒介等认为是附属功能。这种看法从金融在现代社会中的重要性来看具有一定道理，但从整个金融发展历史来看则并不妥当，尤其是“附属性”的提法，如果没有附属性功能根本就不可能有风险管理功能。

② 虽然现实也有可能发生意想不到的变化，但至今仍然看不出有这种迹象。

高，对经济资源的配置效率也不断提高，从而极大地促进了整个经济的发展。或者可以这样说，金融功能演进即是金融功能的扩展与提升，金融功能的扩展与提升即是金融发展。这可以视为金融发展的功能观点。另外，由于金融功能扩展更多地体现为量性金融发展，金融功能提升更多地体现为质性金融发展，那么金融发展的功能观点就实现了量性发展观与质性发展观的有机结合。

传统上人们都或多或少地把金融发展理解为金融结构的变化，也就是戈德史密斯的定义。而本文通过对金融功能演进过程的重新界定和历史考察，进而提出金融发展的功能观点，应该说这和传统金融发展观都是对同一客观事物的描述，只不过视角不同：一个从与现实较为紧密的机构和工具的角度进行描述，一个从与现实有些距离也显得有些抽象但更为客观更为稳定和更为准确的功能角度进行描述。这与对金融中介进行考察的金融机构观和金融功能观有着完全一致的对应关系。所以可以这样说，传统的金融发展观是金融中介机构观的自然延伸，而这里的金融发展的功能观点则是金融中介功能观的自然延伸。

以往文献中关于机构观和功能观的比较分析在这里也是基本合适的，就不再进行展开阐述①，我们只是对需要修正的部分进行说明。以前我们认为，因为金融功能相对于金融机构来说更为稳定所以是更为恰当的研究视角，但这里却把金融功能纳入动态过程进行考察，正是从其动态的演进过程来研究金融发展，那么对其稳定性就有必要进行重新阐释。首先，金融功能的稳定性是相对稳定性，是相对于金融机构而言的；其次，如果站在现在的时点上对整个金融体系的功能进行先验性的考察，那么金融功能无疑具有稳定性，动态过程只是强调在经济发展的历史长河中金融功能的逐步显现过程；最后，前面已经指出这里的演进强调的是不同功能重要性上的更替，也即所有功能几乎都是同时存在的，只是到一定阶段某一功能的重要性才凸显出来。可见，金融功能的动态过程与金融功能的稳定性并不矛盾。

通过提出金融发展的功能观点，可以更为深刻地理解和把握金融发展过程（这就好比金融功能观能比金融机构观更深刻地理解和把握整个金融体系），并把金融功能观拓展到动态领域。似乎可以这样说，金融发展的

① 关于二者比较的详细讨论可以参见 Merton（1995）、张杰（2001）、朱宝宪等（2002）、谭庆华（2003）等。

功能观点是金融功能观的动态化。那么，提出金融发展的功能观点，不仅加深了对金融发展过程的理解和把握，而且也是对金融功能观的一种补充和拓展。应该说这也是其理论意义之所在。

在此基础上下一步可能的方向似乎是在对金融功能进行深入全面把握的基础上考察这些功能是如何演进的（例如在什么条件下才能出现、具备了什么条件才能发挥正常作用），从而对金融发展过程有一个更好地把握。只要这种把握足够深入，就可以对金融发展的内在机制有一个了解，而这对于提出具有针对性的金融发展政策进而指导实践改善整个经济的资源配置效率是极为重要的。不过很明显，后续研究的技术性必然加强。另外还需要指出的是，这里对金融功能的研究侧重于正向功能，但对金融负面功能的研究绝对不可或缺，甚至于有时有些方面，例如通货膨胀与通货紧缩、金融危机与经济危机等金融负面功能的研究还具有更强的政策含义与社会影响。同时也要加强对功能发挥作用的环境和条件的研究，因为在一定的环境和条件下金融可以优化资源配置，在一定的环境和条件下金融也可能劣化资源配置。这也是后续研究的另一个方向。

参考文献

[1] Allen, Franklin and Douglas Gale. 2001. Comparative Financial Systems: A Survey. http://finance.wharton.upenn.edu/~allenf/download/Vita/PublishedPapers.htm. Working Paper.

[2] Beck, T. and R. Levine. 2001. Stock Markets, Banks, and Growth: Correlation or Causality. Journal of Economic Literature.

[3] Beck, T. and R. Levine. 2002. Industry Growth and Capital Allocation: Does Having Market – or Bank – based System Matter? NBER Working Paper 8982.

[4] Filer, R., J. Hanousek and N. Campos. 1999. Do Stock Markets Promote Economic Growth? City University of New York Working Paper 9.

[5] King, R. and R. Levine. 1993a. Finance and Growth: Schumpeter Might Be Right. The Quarterly Journal of Economics 108: 717 – 738.

[6] King, R. and R. Levine. 1993b. Finance, Entrepreneurship and Growth: Theory and Evidence. Journal of Monetary Economics 32: 513 – 542.

[7] Levine, R. 1997. Financial Development and Economic Growth: Views and Agenda. Journal of Economic Literature 35: 688 – 726.

[8] Levine, R. and S. Zervos. 1996. Stock Market Development and Long – Run Growth. World Bank Policy Research Working Paper 1582.

[9] Rousseau, P. and P. Wachtel. 1998. Financial Intermediation and Economic Performance: History Evidence from Five Industrial Countries. Journal of Money, Credit, And Banking 30: 657 - 678.

[10] 白钦先．比较银行学［M］．郑州：河南人民出版社，1989.

[11] 白钦先．白钦先经济金融文集（第二版）［M］．北京：中国金融出版社，1999.

[12] 白钦先．金融全球化：一把双刃剑［J］．求是，2001（1）：57 - 58.

[13] 白钦先．百年金融的历史性变迁［J］．国际金融研究，2003（3）：59 - 63.

[14] 白钦先，徐沛．当代金融理论中的股票市场：功能与作用条件的再认识［J］．金融研究，2003（3）：45 - 53.

[15] 北京奥尔多投资研究中心主编．风险、不确定性与秩序［M］．北京：中国财政经济出版社，2001.

[16] 北京奥尔多投资研究中心主编．金融系统演变考［M］．北京：中国财政经济出版社，2002.

[17] ［美］兹维·博迪，罗伯特·默顿著，欧阳颖等译．金融学［M］．北京：中国人民大学出版社，2000.

[18] ［美］雷蒙德·戈德史密斯著，周朔等译．金融结构与金融发展［M］．上海：上海三联书店、上海人民出版社，1994.

[19] 何自云．商业银行的边界：经济功能与制度成本［M］．北京：中国金融出版社，2003.

[20] 黄达．由讨论金融与金融学引出的“方法论”思考［J］．经济评论，2001（3）：56 - 60.

[21] ［美］罗纳德·麦金农著．经济发展中的货币与资本［M］．上海：三联书店上海分店，1988.

[22] 托马斯·赫尔曼，凯文·穆尔多克，约瑟夫·斯蒂格利茨，1985，金融约束：一个新的分析框架，载青木昌彦等主编，政府在东亚经济发展中的作用［M］．中译本，北京：中国经济出版社，1998.

[23] 孙立坚，李安心，牛晓梦．金融体系的脆弱性不会影响经济增长吗？——来自对中国案例实证分析的答案［D］．厦门：全国金融理论高级研讨会会议论文，2003.

[24] 谭庆华．金融资源论：一种综合视角［D］．厦门：全国金融理论高级研讨会会议论文，2003.

[25] ［英］约翰·希克斯著，厉以平译．经济史理论［M］．北京：商务印书馆，2002.

[26] ［美］爱德华·肖著，邵伏军等译．经济发展中的金融深化［M］．上海：三联书店上海分店，1988.

[27] 张杰．金融中介理论述评［J］．中国社会科学，2001a（6）：74 - 84.

[28] 张杰．转轨经济中的金融中介及其演进：一个新的解释框架［J］．管理世界，

2001b（5）：90－100.
［29］张杰．中国农村金融制度：结构变迁与政策［M］．北京：中国人民大学出版社，2003.
［30］朱宝宪，唐淑晖．基于功能观点的金融体系改革论［J］．经济学动态，2002（8）：79－83.

责任编辑：肖丽敏
责任校对：刘　明
责任印制：张也男

图书在版编目（CIP）数据

中国改革开放四十年历程回眸：白钦先经济金融论文荟萃．上册/白钦先著．—北京：中国金融出版社，2019.7
（白钦先集）
ISBN 978 -7 -5220 -0127 -2

Ⅰ.①中…　Ⅱ.①白…　Ⅲ.①经济学—文集②金融学—文集　Ⅳ.①F0 -53②F830 -53

中国版本图书馆 CIP 数据核字（2019）第 111465 号

中国改革开放四十年历程回眸
Zhongguo Gaige Kaifang Sishinian Licheng Huimou

出版发行　中国金融出版社
社址　北京市丰台区益泽路 2 号
市场开发部　(010)63266347，63805472，63439533（传真）
网 上 书 店　http://www.chinafph.com
　　　　　　(010)63286832，63365686（传真）
读者服务部　(010)66070833，62568380
邮编　100071
经销　新华书店
印刷　北京市松源印刷有限公司
尺寸　155 毫米 ×235 毫米
插页　4
印张　20.25
字数　345 千
版次　2019 年 7 月第 1 版
印次　2019 年 7 月第 1 次印刷
定价　75.00 元
ISBN 978 -7 -5220 -0127 -2
如出现印装错误本社负责调换　联系电话（010）63263947